JN144966

道元禅師『永平広録』私解

窪田慈雲
Kubota Jiun

春秋社

はじめに

道元禅師は一二二七年八月二十八歳の時、中国から帰国して、しばらくの間、建仁寺に寓居され、一二三〇年に深草極楽寺のほとりにある安養院に移られた。一二三三年三十四歳の時、極楽寺の旧跡に観音導利興聖宝林禅寺を開かれた。

一二四三年四十四歳の時、「護国正法論」を著わすが、これが叡山側の恨みを買って、興聖寺が破却されると、波多野義重氏の招請で越前に移り、一二四四年九月大仏寺を開堂する。一二四六年四十七歳の時、大仏寺を永平寺と改称、五十四歳で遷化されるまで、ここで正伝の仏法を挙揚された。

永平広録は、興聖寺・大仏寺・永平寺に居られた、禅師三十四歳から五十四歳までの二十年間の上堂の語を中心に集録されたもので、いわば道元禅師の血滴滴の結晶といっても過言ではない。上堂の語であるから、簡にして要を得た言句であり、禅を修行する者の肺腑を抉る言句の珠玉といえるであろう。それだけに、よほど法眼が明らかでないと、その真意を把握することは難しい。

今回私があえて、この参究に挑戦しようと思ったのは、自らの六十六年余の修行の成果を、この上堂の語によって、自ら点検したかったのと、この不十分な参究が、今後の真剣な参禅者の参考になることを願ったからである。

そもそも永平道元和尚広録は、
宇治興聖禅寺語録（巻一）
大仏寺語録　（巻二）
永平禅寺語録　（巻三・巻四・巻五・巻六・巻七）
小参・法語・普勧坐禅儀（巻八）
玄和尚頌古九十則（巻九）
偈頌一五〇首　（巻十）
で構成されているが、このうち上堂の語録（巻一〜巻七）にしぼって、なおかつ各自の参禅に最も適確と思えるものを、私なりに選定した次第である。

従って永平広録を学術的に研究する立場からは、まったく不十分なものであるが、それを十分承知の上で、あえて上梓を試みたのは、真に参禅を志す者が、道元禅師の上堂の語を通じて、禅師が体験された身心脱落の境地を、自らのものとし、今や地に落ちんとする正法を後世に伝えて欲しいという熱願によるものである。

本書の参究に当っては、漢文の原典については鴻盟社発行の永平広録註解全書（上中下巻）を底本とし、その和訳文については、春秋社発行の道元禅師全集（第十巻〜第十四巻）永平広録（1〜4）を参考にさせて頂いた。そこで読者の参考のため、拙著の本文の番号は春秋社版の本文に相応するものとしたが、その訳文は漢文の原典を基本としたので、必ずしも春秋社版と一致しない箇所があるが了承されたい。

　また本書の出版に当っては、特に春秋社の鈴木龍太郎氏の貴重なアドバイスを頂いた。さらに神田明会長、澤畑吉和社長の何時も変らぬご支援に心から感謝を申し上げる次第である。

窪田　慈雲

目次

道元禅師『永平広録』私解

永平道元和尚広録第一

開闢本京宇治郡興聖禅寺語録

侍者　詮慧　編

師嘉禎二年丙申十月十五日に、始めて当山に就いて、衆を集めて説法す。

師は嘉禎二年（一二三六）丙申十月十五日に、始めて当興聖寺に上り、大衆を集めて説法された。

48上堂。山僧叢林を歴ること多からず。只是れ等閑に天童先師に見《まみ》えて、当下に眼横鼻直なることを認得して人に瞞《まん》ぜられず。便《すなわ》ち、空手《くうしゅ》にして郷に還《かえ》る。所以に一毫も仏法無し。任運に且《しばら》く時を延《の》ぶ。朝朝日は東より出で、夜夜月は西に沈む。雲収《おさ》まって山骨露《あら》われ、雨過《す》ぎて四山低し。畢竟如何。良久して曰く、三年一閏に逢い、鶏は五更に向って啼く。久立下座。

上堂。わしは多くの叢林を経歴したわけではない。たまたま先師天童如浄禅師に出合って、眼は横鼻は縦で申し分無いことを知ってから、人にだまされることは無くなった。そこで手ぶらで故郷に帰って来た。従って仏法なぞは何処にも見当らない。

何のはからいもなく時は過ぎていく。看よ毎朝日は東に昇るし、毎夜月は西に沈む。雲が収まると山肌が現われ、雨が通り過ぎるとあたりの低い山々の姿がはっきりする。所詮それは何か。しばらく沈黙の後言われた。三年ごとに閏年は一回やってくる。鶏は五更（午前四時）になると鳴くばかりである。しばらくして下座された。

●私解　道元禅師が天童如浄禅師から学んだ仏法は、眼横鼻直《がんのうびちょく》・空手還郷《くうしゅげんきょう》であって、結論は「一毫も仏法無し」という事実である。我々参禅者も、この事実が納得できるまで、仏道を極めなければならない。だが今日この事実を確信を持って教えてくれる師匠が何人いるであろうか。

1上堂。曰く。依草の家風附木の心《しん》、道場最も好《よ》きは叢林なる可し。禅床一撃・皷三下。伝説す如来微妙の音。正当恁麼の時、興聖門下且らく道え如何。良久して云く、湘《しょう》の南、潭《たん》の北。黄金の国。限り無き平人陸沈せらる。

上堂していわれた。依草附木の迷いの衆生にとって、最適の場所は叢林《そうりん》（坐禅道場）である。ここで正師が禅床を笏《こつ》で一撃する。或いは鼓をポクポクと三下する。それが如来の妙音であることがわかるかな。まさにその時、この興聖寺門下の諸君よ。何とかいってごらん。しばらく沈黙の後いわれた。北の果てから南の果てまで黄金ばかりの国に居ながら、その陸地で溺れている奴ばかりじゃないかと。

●私解　ご老師そんなことはありません。と飛び出して来なければ、何のために修行しているかわからない。さて飛び出して来たは良いが、何と道元禅師に申し上げたら良いか。大きな参究課題である。

2上堂。直饒《たとえ》、周辺大法界を道得すとも、未だ春夢に吉凶を説くことを免れず。直饒、微塵裏に出入すと道《い》い得るも、未だ紅粉の美女を作るを免れず。若し也《ま》た真に一微塵裏を見、親しく恒沙を見れば、忽然として従来狂用の功夫を省覚せん。沙界甚《なん》としてか大なる、微塵甚としてか小と為す。両般既に是れ未だ実《まこと》ならず。一句何ぞ的当するに堪えん。従来の法界の旧窠《きゆうか》を打破し、従来の微塵の旧鞋《きゆうあい》を脱落して、作麼生か道わん。海底の蝦蟆《がま》喫粥し天辺の玉兎《ぎよくと》洗鉢す。

上堂。たとえ「天上天下唯我独尊」ということが出来ても、それは未だ春の夢の中で吉凶を説くようなものである。またたとえ「大きさはどこにもありません」といい得ても、それは口紅や白粉《おしろい》で美女を作るようなもので、すぐに剝げてしまう。真に一微塵の本質、大千世界の本質、すなわち空性を見破ることが出来れば、忽ち今までの考えは、すべて観念の産物にすぎなかったと反省し自覚することができる。

わかってみれば、大千世界も大とはいえないし、一微塵も小とはいえない。大小の二見が無くなれば、どんな一句も本物でないものはない。従来の大小の古い考えを振り落として、さて何といったら良いであろうか。お粥を食べたら鉢盂を洗う。この事実のほかに何があろうか。

●私解　趙州は新参の僧に「お粥を食べたかどうか」と聞く。僧は「頂きました」と答えた。趙州は「お粥を食べたら鉢盂を洗い去れ」と指示している。趙州の仏法は完全無欠である。

3上堂。曰く。機を見て作すも未だ是れ好手ならず。身を現じて搆《かま》うるも、肯《あえ》て承当せず。所以に云う。是れ什麼物か恁麼にし来《きた》ると。如何なるか是れ什麼物か恁麼にし来る底の道理。良久して云く、真は偽を掩わず、曲は直を蔵《かく》さず。

上堂していわれた。相手の機根に応じた働きをしても、うまい手ではない。さりとて本来の自己を現じて直示しても、相手にはわからない。

そこで六祖は南嶽懐譲に対し「什麼物か恁麼にし来る」と示した。いったい六祖の云う「何者がそのように来たのか」とは、どんな道理であろうか。しばらく沈黙の後云われた。「真実は嘘で隠すことはできない。曲ったものは真直ぐなものを包みきれない（真実ばかり）」と。

●私解　南嶽は六祖に「什麼物か恁麼にし来る」と質問されて、六年間この公案に参じた。そして遂に「説似一物即不中《せつじいつもつそくふちゅう》」と提して許されている。道元禅師が示された、「空手還郷、所以に一毫も仏法無し」と同か別か。

4上堂。要妙を拈提《ねんてい》すれば、露柱も眉に皺《しわ》よせ、出格を玄談すれば、烏亀火に向かう。平実無事にして古今を褒貶《ほうへん》するも、豈に能く自救せんや。焉《いずく》んぞ敢えて他を救わんや。

諸人。此を離れて作麼生か商量せん。是れ三年閏に逢い、九月重陽《ちょうよう》なること莫しや。是れ大尽は三十日、小尽は二十九なること莫しや。斯の如くの見解喚んで驢前馬後の漢と作す。興聖敢て道う、直《たと》え

恁麼なるも是れ驢前馬後の漢と。

上堂。仏道の霊妙な理屈を説いても、柱さえ眉をしかめて皆いやな顔をする。またとてつもない高尚な教理を説いても、亀さえ火に飛び込んで見向きもしない。さりとてありふれた日常の中で、古今の人を賞めたり貶《けな》したりしても、どうして自を救い、他を救うことができようか。

諸君。それではこの二つを離れて、どのように仏道を商量したら良いであろうか。閏年は四年に一度やってくる。九月九日は重陽の節句。大の月は三十日、小の月は二十九日のほかに仏法は無いではないか。そのとおりですと云ったところで、人の口真似に過ぎない。興聖（わし）は敢て云う、たとえそのとおり人の口真似が出来ても、わしは許さんぞ。

●私解　道元禅師は何故許さないのか。理屈や観念は事実ではないからである。どうしても、一度自己を忘じて一毫無仏法の大悟の体験が必要である。

5 **上堂。観音院裏に挙し、上藍院裏に挙するも、亦是れ行脚。山を究め水を究めて草鞋《そうあい》を踏破するも、亦是れ行脚。行脚の事作麼生。脱落身心。**

上堂。趙州和尚が観音院に住して仏法を説き、馬祖が上藍院に住して仏法を示されたが、いずれも行脚である。山を究め水を究めてわらじを踏み破ることも、勿論行脚で修行そのものである。さてその行脚とは一体何か。それは脱落身心そのものである。

●私解　ここでも道元禅師は自らの体験から、身心脱落・脱落身心の大悟の体験が不可欠であることを示されている。

6上堂。**修行三祇劫、功満未だ休《や》まず。取証一刹那、染汚《ぜんな》することを得ず。古人道く、経に依って義を解するは、三世仏の寃讎《おんしゅう》なり。経の一字を離れれば、即ち魔説に同じと。既に経に依らず、既に経を離れず、又且《しばら》く如何が行履せん。諸人、経を看んと要すや。払子を竪てて云く、這箇は是れ興聖が払子。那箇か是れ経。良久して曰く、向下の文長し、来日に附在す。**

上堂。三祇劫という長い間修行しても、修行の功が満ちて、最早修行は不要ということはない。また一刹那に証りを得ても、それで修行をけがすことはできない。古人も云っておられる、「経に依って仏道の義を理解するのは、三世の仏の仇敵となる。さりとて経の一字を離れて説けば、それは魔説となる」と。

このように経に依らず、さりとて経を離れてはならぬとすれば、どのように修行したらよいであろうか。諸君。その経を看たいと思うか。払子を立てて云われた。「これはわしの払子である。こいつが経じゃ」と。しばらく沈黙の後云われた。「これ以上云うのは明日にしよう」と。

●私解　道元禅師は払子を立てた途端に、「こいつが本当の経じゃ！」と示された。これ以上いいようがないではないか。この真の経がわからなければ、活きた経も、真の悟りも絶対に手にすることは出来ない。

8上堂。挙す。馬祖云く、即心是仏と。大梅参学すること三十余年、頂きに居して跡を渓声山色に絶す。祖、遂に僧を遣わし去って、大梅に向って道わしむ。馬祖の仏法近日又別なりと。大梅曰く、如何が別なる。僧曰く、非心非仏と。大梅云く、さもあらばあれ非心非仏。我は祇管に即心是仏と。僧回って祖に挙似す。祖曰く、梅子熟せり。

師曰く、即心是仏最も親切、梅子年年盛夏に熟すと。

上堂して示された。馬祖は平生、即心是仏と大衆に示された。大梅法常禅師は、馬祖に参学すること三十余年、この言葉によって大悟してからは、山の頂きに住み、自分の跡を渓声山色の中にくらましてしまった。

馬祖は、或る時僧を遣わして、大梅に向って云わせた。馬祖の仏法は近頃別であると。大梅は云った、どう別なのかと。僧は云った、非心非仏と。大梅は云った、「さもあらばあれ、たとえ和尚は非心非仏であっても、我はひたすら即心是仏じゃ」と。僧は帰って馬祖に報告した。馬祖は云った、「梅の実は熟したなあ！」と。

師（道元禅師）は云われた。「即心是仏はずばり事実そのものじゃ。だからこそ、梅の実が年ごとに熟していったのじゃ」と。

●私解　真に事実を手に入れた者は、言葉に動揺することはない。非心非仏とは即心是仏のことだと直ちに受け取ることが出来るからである。

9上堂。一句や氷銷《き》え瓦解け、一句や溝を塡《うづ》め壑《たに》を塞《ふさ》ぐ。三世の諸仏、六代の祖師、這の一句の中に、生天《しようてん》し下天《げてん》し、托胎し、出胎し、成道し、転法輪す。故に云く、明明たる百草頭、明明たる祖師意と。是の如くなりと雖も、今日興聖門下、諸仏の未だ曽って挙せず、祖師の未だ曽って挙せざる底の一句あり。委悉《いしつ》せんと要すや。良久して云く、明明たる百草頭、明明たる祖師意。

上堂。仏道の真の一句は、それを聞くだけで迷いは氷のように消え、瓦のように砕け散る。また真の仏法の一句は、それを聞く者の心の溝を埋め、深い迷いの谷をふさいでくれる。

三世の諸仏も六代の祖師方も、この一句の中で生天し下天し、托胎し出胎し、成道し転法輪されてきた。だから古人（龐居士）は云われた。「明明たる百草頭、明明たる祖師意（一つ一つが祖師意の丸出し）」と。

このとおりであるが、今日わしの興聖門下で、諸仏が未だかって説かず、祖師方も未だかって取り上げたことのない一句がある。それを知りたいと思うか。しばらく沈黙の後云われた、「明明たる百草頭、明明たる祖師意」と。

●私解　この道元禅師のお言葉は、龐居士の口真似ではない。諸仏も諸祖も未だかって説いたことのない一句である。何故なら「一つ一つが仏の丸出し！」これは、道元禅師ご自身が、この世で初めて説いた言葉だからである。

11上堂。門前の刹竿を倒却するも、乃《すなわ》ち是れ流転生死。中心の樹子を分付するも、亦《また》是れ妄想顛倒なり。恁麼に参じ来れば、諸仏と同参なり。不恁麼に参じ来れば、自己と同参なり。諸仏に同参すれば自己に同参せず。丈と説き尺と説くは異あり、十と道い九と道うは異あり。如何なるか是れ不同参。自己即ち是なり。如何なるか是れ同参。諸仏即ち是なり。

挙す。南嶽因《ちな》みに馬大師、化を江西に闡《し》く。嶽、衆に問うて曰く、道一、衆のために説法するや否や。衆曰く、已に衆のために説法す。嶽曰く、総《すべ》て未だ人の箇の消息を持ち来るを見ず。衆、対《こと》うるなし。因みに一僧を遣《つか》わして去《ゆ》かしめて云く、伊《かれ》の上堂するときを待って、ただ「作麼生」と問え。伊の道う底の言語を記し持ち来れと。僧去《ゆ》いて師の旨に一如す。廻りて嶽に謂《い》って曰く、馬師は云えり。胡《う》乱《ろん》より後三十年、曽って塩醬を喫することを闕《か》かさずと。

師挙し了りて云く、這箇の因縁を以って、一円の団子を作りて、諸仏諸祖に供養す。三人有りて証明す。一人は曼陀《まんだ》曼珠沙華《まんじゅしゃげ》もて供養すと云い、一人は海岸の六銖香《ろくじゅこう》もて供養すと云い、一人は頭目髄脳《ずもくずいのう》もて供養すと云う。三人の証明は且《しばら》く致《お》く。現前の大衆、証明して他《か》の張三李四をして説かしむるに、如何が道わん。胡乱より以来《このかた》百万年、未だ曽って塩と醋とを欠かさずと。

上堂。迦葉《かしょう》尊者が阿難に「門前の刹竿を倒却著せよ」とせまって阿難を悟らせたが、阿難がその悟りに執着したならば、それは生死の迷いに流転することになってしまう。また雪峰が雲門に法の根本を分付したというが、分付した法があると思ったら、それは顛倒妄想《てんどうもうそう》に過ぎない。

このようにはっきり参ずることができれば諸仏と同参できるが、はっきり参ぜられなければ自己と同参して、その自己に迷うこととなる。本来諸仏と同参した時には、そんな自己は吹き飛んで、迷いの自己と同参することはない。丈と尺、十と九が全く異なるように明瞭である。更に諸仏と同参という意識も無い不同参に至ると、本来の自己（自己なき自己）が歴然と現われる。それが真の同参であり諸仏そのものである。

一つの公案を挙げてみよう。南嶽懐譲禅師が、馬祖道一禅師が江西で教化されていると聞いて、南嶽が大衆に聞いた、「道一禅師は大衆のために説法しているかな」と。大衆は云った、「已に大衆のために説法しておられます」。南嶽は云った、「でも、どんな説法をしているか、誰も便りを持って来た者はおらんぞ」と。大衆は誰も答えなかった。そこで一僧を馬祖の許に遣わして次のように云うよう指示した。「馬祖が上堂するのを待ってただ『作麼生《そもさん》』と言え。その時彼が云った言葉を記録して持って来い」と。僧は馬祖の処に行って、師の云われたとおり質問した。そして帰って来て、南嶽に報告した中味は次のとおりであった。「馬大師が云われるには、わしは南嶽の処でウロウロしてから、何時しか三十年経ってしまったが、未だ以って塩と醬油には事欠かんよでした」と。

師（道元禅師）は、この公案を取り上げ了って云われた、「この公案で一個の団子を作って諸仏諸祖に供養しよう。三人の祖師がこれを証明してくれるであろう。一人は、わしは綺麗な花で供養しようと云い、一人は、わしは香を以って供養すると云い、もう一人は、頭脳を以って供養すると云って讃歎するであろう。しかしこの三人の証明はしばらく措くとして、今眼の前の大衆諸君は、これを証明して太郎や花子に何と云って説くのか、試しに道ってごらん。わしは何時の頃からかな、この百万年、一切衆生は食事に塩と醋は欠かしたことはないわいと云おう」と。

●私解　道元禅師の手許には、悟りだの仏法だのという跡はすっかり消えてしまったようである。一切衆生は食事の準備に塩と醬油を使うという事実だけの人となってしまった。

13

月夕《げつせき》の上堂。無上菩提七顚八倒。転妙法輪落三落二。記得す。馬祖翫月《がんげつ》の次いで、南泉・西堂・百丈侍立す。祖云く、正当恁麼の時如何と。西堂云く、正に好し供養するに。百丈云く、正に好し修行するに。南泉払袖して出ず。馬祖云く、経は蔵に入り、禅は海に帰す。唯だ普願のみ独り物外《もつがい》に超えたりと。師云く、供養・修行・払袖に行く。三人正に好し一円成。江西の翫月縦《たと》い是の如くなりとも、天漢の兎《と》蟾《せん》自ら証明す。

八月十五日晩の上堂。無上菩提と云っても迷いである。転妙法輪と云っても二に落ち三に落ちた理屈である。

思い出すことだが、馬祖が八月十五日の月見の宴に、弟子の南泉普願・西堂智蔵・百丈懐海が側に居た。この時馬祖が云った。この中秋の名月の夜に当って何か一句云って見よと。西堂は、供養するには絶好の日ですなと。百丈は、修行するには絶好の日ですなと。南泉は何も言わずに、払袖して出て行った。馬祖は云われた、経は智蔵のものじゃ。禅は懐海のものじゃな。ただ普願だけは、すべてを超越した世界におるなと。

これに対し、師（道元禅師）は云われた、西堂は供養と云い、百丈は修行と云い、南泉は払袖して出て行ったが、三人とも完全無欠じゃわい。江西馬祖の月見の席での、三人に対する批評は、このように違うが、天空の月はちゃんと証明しているではないか。

●私解　この道元禅師の一句が、七顚八倒の無上菩提、落三落二の転妙法輪をぼっ越えた、一毫無仏法の仏道を露呈している。

14開炉上堂。**自家の炉鞴《ろはい》を開き得たり。仏祖従来練得す。箇の中の意旨を問うこと有らば、今朝十月初一。**

開炉上堂。この興聖寺の炉を開くに至った。仏祖方もこの炉鞴で昔から鍛錬されてきた。どのようにと理由を問う者がいるならば、今朝は十月一日と答えよう。わかったか！

●私解　若しわからなければ、この炉鞴に身を投じて徹底修行せよ。そうすれば、必ず成る程とわかる日が来るであろう。

15上堂。曰く。**仏種は縁より起こり、仏法は頭《はじめ》より起こる。良縁に遇うては蹉過すべからず。当《まさ》に修行すべし。修行には折伏《しやくぶく》有り、接取有り、這頭《ここ》に在って蹉過すべからず。当《まさ》に弁道すべし。弁道に修行有り、功夫有り。一朝に打徹せば万法円成す。若し也《ま》た未徹なれば、万法蹉過す。**

見ずや、玄則禅師、縁法眼に在り。嘗って法眼の会下にあって監寺《かんす》に充てらる。法眼云く、你此間《すかん》に在ること幾年ぞ。則云く、和尚の会に在って已に三年を得たり。法眼云く、你は後生なり。尋常《よのつね》、何ぞ法を問わざると。則云く、某甲敢《あえ》て和尚を瞞《まん》ぜず。某甲、青峰の処に在って已に安楽の処を得たり。法眼云く、你何の語に依り得入するや。則云く、某甲曾って青峰に問う、如何なるか是れ学人の自己と。峰曰く、丙丁童子来求火《びょうじょうどうじらいぐか》と。眼曰く、好語、只是れ恐らくは你会せざらん。則曰く、丙丁は火に属す。火を持《も》って火を求む、学人の自己を以って自己を求むるに似たり。眼曰く、真箇是れ你会せず。仏法若し是の如くならば、今日に到らずと。

則、懆悶《そうもん》して起つ。中路にして思惟す。他は是れ五百人の善知識なり。吾が不是を諫《いさ》むるに必ず長処あらん。再び法眼の処に上って、礼拝懺悔す。眼云く、你問うべしと。則曰く、如何なるか是れ学人の自己。眼云く、丙丁童子来求火。則大悟す。

師云く、前来も也《ま》た丙丁童子来求火、後来も也た丙丁童子来求火。前来甚《な》んとしてか悟らず解路に流落し、後来甚んとしてか大悟して臼窠《きゅうか》を脱落するや。会せんと要すや。良久して曰く、丙丁童子来求火、露柱灯籠幾《いく》ばくか明を惜しむ。埋《うず》もれて寒灰に在り、模《さぐ》れども未だ見えず。点じ来って吹滅《すいめつ》して再び行を生ず。

上堂して云われた。仏となる種は縁より生じ、仏法は最初誰に出合うかによって決まる。良縁に出合ったら、誤ることなく修行すべきである。修行に当っては、拒否すべき面と吸収する面があり、見誤ってはならない。ひたすら修行すべきである。そこで弁道に当っては、自ら修行することと、師匠について功夫を傾けることが大切である。この弁道により、一度び真実を大悟して徹することが出来れば、万法の真実を完全に手にすることが出来る。若しこの大悟の体験が無ければ、万法の真実を眼前にしながら見過してしまう結果となる。

その実例が玄則禅師であり、それは法眼との出合いによるものである。彼は最初、法眼の会下にあって監寺《かんす》の役にあった。或る時法眼が云った。「お前さん、ここに来て何年になるかな」と。則は答えた、「私は和尚の会に参じて已に三年が経ちます」。法眼は云った、「お前さんは、後輩の身でありながら、どうして参禅せんのか」と。則は答えた、「私は和尚を裏切るわけには参りません。私は以前青峰の処で安心の境地を得ました」。法眼、「お前さんは、どういう言葉で悟りを得たのかな」。則は答えた、「私はかつて青峰に問いました。『如何なるか学人の自己』と。すると青峰は『丙丁童子来求火』と答えられました」と。すかさず法眼は云った、「なかなか好い言葉じゃ。ただ恐らくお前さんはわかっていないであろう」と。則は云った、「丙丁は火のことです。火が火を求めるというのは、つまり学人が自己を以って自己を求めるようなものと思いました」と。法眼は云った、「思った通り、お前さんは全くわかっていない。仏法が若しそんなものならば、どうして今日まで伝わるはずはないぞ！」と。

玄則はこれを聞いて悶々とした挙句、法眼の道場を去った。途中まで来て反省した。「法眼和尚は五百人の善知識である。自分が間違いだというからには、必ず自分よりすぐれているからに違いない」と思って、再び法眼の処に戻って、礼拝し懺悔した。法眼は云われた、「わしに質問してごらん」と。則は聞いた、「如何なるか是れ学人の自己」と。法眼曰く、「丙丁童子来求火」。この言葉を聞いた途端、則は大悟した。

師（道元禅師）は云われた。「前も丙丁童子来求火という答えであり、後も丙丁童子来求火という答えである。前はどうして悟ることができず分別智解の穴ぐらに流され、後はどうして大悟して、その穴ぐらから脱け出すことができたのであろうか。その理由を知りたいと思うか。しばらく沈黙の後云われた、丙丁童子来求火の事実は、露柱燈籠さえ明らかに何の惜しむことなく示している。ただ玄則よ。お前さんが理屈のつめたい灰の中に落ち込んで、手探りしてもわからなかっただけである。それを法眼が火をつけて、その火を吹き消した手腕により、玄則が生まれ代ったからである」と。

●私解　この生まれ代るという大悟の体験が無い限り、真実を手に入れることは出来ない。それには法眼のような明眼の師について刻苦勉励するほかはない。現在の日本に果して明眼の師ありや。そして大悟せずんば止まないという強い意志を持った修行者ありや。共に無ければ、真の仏道（禅）は消滅するほかはない。

16上堂。挙す。善財文殊に参ず。殊云く、門を出でて一茎《きょう》の薬草を将《と》り持ち来れと。善財門を出でて尽大地を遍観するに、是れ薬ならずということ無し。還り来って文殊に向って道く、尽大地是れ薬、那箇をか把り将《も》ち来らん。文殊曰く、一茎の薬草を将り来れと。善財一茎草を把って文殊に度与す。文殊一茎を接得して便ち衆に示して云く、這の一茎草、亦能く人を殺し、亦能く人を活かすと。

師云く、前来も也《ま》た一茎草、後来も也《ま》た一茎草。前来と後来と相い去ること又多少ぞ。良久して云く、相い去ること一茎草許《ばか》りと。

上堂。公案を示された。善財童子が文殊菩薩に参じた時、文殊は云った。「門を出でて一本の薬草を持って来なさい」と。

善財童子が門を出て、くまなく尽大地を見渡したが薬草でないものはなかった。そこで帰って来て、文殊に云った。「尽大地薬でないものはありません。何を持って来たら良いでしょうか」と。文殊は云った。「一本の薬草を持って来なさい」と。そこで善財は一本の草を取ってきて文殊に渡した。文殊は一本の草を受け取ると、直ちに大衆に云った。「この一本の草は、よく人を殺したかと思うと又よく人を活かすよ」と。

師（道元禅師）は云われた、前も一本の草、後も一本の草。前と後でどう違うのかな。しばらく沈黙した後云われた、その違いは一本の草であると。

●私解　この公案の見所は、「尽大地是れ薬ならざるなし」を確信を持っていえるかどうかにある。確信を持っていえるならば、前来は「お早ようございます」、後来は「お休みなさい」と相い去ること一茎草ばかりということができる。これが仏道の薬草である。

18上堂。云く。十五日向上は風高く月冷《ひやや》かなり。十五日向下は海晏《しず》かに河清し。正当十五日は天長地久。

既に恁麼なることを得たり、須《すべから》く是れ恁麼なるべし。一歩を進得すれば仏来り祖来る。一歩を退歩すれば赤心片片。不進不退ならば、山僧、為人の手無かる好《べ》し。諸人、証契《しょうかい》の処無かる好《べ》し。既に恁麼なることを聞けり、恁麼なることを行ぜんと要すや否や。良久して云く、千人と万人とに背かず、身心脱落して参堂し去れ。下座す。

上堂して云われた、十五日（大悟）以前は悪戦苦闘の毎日であった。十五日の大悟の後は天下太平である。さてその十五日の大悟の中味は何かと云うと、天長地久で何んにも無い事実だけである。既にこのような人になると、このようになるほかはない。すなわち一歩を進めると仏祖が現われる。一歩退くと自分は何処にも無い。進みも退きもしなければ、わしも救うべき人も居なくなるし、諸君も悟ろうとしても悟るべきものが無くなってしまう。

さあこうなったら、どうすれば良いかな。しばらく沈黙の後云われた、誰も彼も、身も心も無くなってしまった。さあ止静の時間じゃ。僧堂に行って坐禅しよう。下座。

●私解　迷いは勿論、大悟も不要の人となって始めて仏祖を使い、救うべき人もいなくなる。この無所得・無所悟の人にして、坐禅の時間が来れば、禅堂に行って坐禅するだけが出来るようになる。まことに自由自在、平和な毎日である。

19上堂。云く。八方に弥綸《みりん》して一句有り。八面に玲瓏《れいろう》として一句有り。若し道得せば則ち滞累せず、若し未だ道得せざれば則ち滞累の人なり。

古仏道《いわ》く、仏の真法身は猶虚空の若《ごと》し、物に応じて形を現ずること水中の月の如しと。諸代の祖師、只応ずる底の道理を道い得て、未だ仏身の形を現ずるを道い得ず。所以《ゆえ》に半《なか》ばは道い半ばは道わず、半ばは現じ半ばは現ぜざるなり。

興聖門下、作麼生か道わん。仏の真法身は猶を是れ仏身、物に応じて形を現ずる、僧堂仏殿。

上堂して云われた。仏の真法身が八方に行き渡っていることを示す一句がある。またあらゆる方面に透き通っていることを示す一句がある。この一句を道《い》い得れば自由自在になれるし、この一句を道い得なければ、不自由千万の人となってしまう。

古仏も云っておられる。仏の真法身は虚空のようで、物に応じて形を現ずる様は、水中の月のようであると。歴代の祖師方は只物に応ずる道理は説いているが、未だ仏身がどのように形を現わしているかについては、道い得ていない。従って半分は説いているが、半分は説いていないし、半分は仏身を現じているが、半分は現じていない。

さて興聖門下では、どのように云ったら良いであろうか。仏の真法身とは仏身そのものである。従って物に応じて形を現ずる様は、僧堂であり仏殿である。

●私解　道元禅師は何をいっておられるのかというと、全く形の無い仏の真法身（虚空）が、その時その時の形あるものとして現われるのが仏身であり、その具体的なものが僧堂であり仏殿であると直示している。

この事実は、大悟の体験が無い者には、全くわからない。だから大悟する真の修行がどうしても必要である。

20上堂。挙す。東印土の国王、般若多羅尊者を請じて斎する次いで、王乃《すなわ》ち問う。諸人尽く経を転ず。尊者、甚麼としてか転ぜざると。尊者曰く、貧道、出息衆縁に随わず、入息蘊界に居せず。常に如是経

を転じること百千万億巻なりと。

師拳し了って云く、是の如く我聞いて信受奉行すと。

上堂。公案を取り上げて云われた。東印度の国王が般若多羅尊者を招待して斎を供養した折、国王が質問した。ほかの方々は、皆経を読まれるのに、何故尊者はお読みにならないのですかと。

尊者は答えられた。貧道は息を吐く時は吐くだけで相手はどこにも居りません。又吸う時は吸うだけで私はどこにも居りません。このとおりお経を百千万億巻読みどおしでございますと。

師（道元禅師）は話し了ると云われた。わしはこのとおりお聞きして、ただただ信受奉行するだけであると。

●私解　このとおり信受奉行する以外に仏道はない。

21**上堂。挙す。洞山衆に示して云く。千人万人の中にあって、一人にも向かわず、一人にも背《そむ》かざる。是れ什麼人ぞと。雲居、衆を出でて曰く、某甲参堂し去らんと。**

恁麼に見得せば、諸仏出世すとも某甲参堂し去らん。喫粥・喫飯にも也た某甲参堂し去らん。一句を道得するも也た某甲参堂し去らん。正偏中より来るも也た某甲参堂し去らん。須らく是れ恁麼なるも也た某甲参堂し去らん。

且く道え、雲居と同参せざる一句、作麼生か道わん。良久して曰く、大衆参堂し去れと。

上堂。公案を取り上げて云われた。洞山が大衆に示して云うには、千万人の中にあっても、誰にも向き合わず、誰にも背《そむ》かない奴は一体誰かと。すると雲居が、大衆の中から進み出て云った。私は僧堂に参りますと。

このように応対できれば、諸仏が出世しても「某甲参堂去」であり、喫粥喫飯しても「某甲参堂去」であり、一句で大悟しても「某甲参堂去」であり、正偏中いずれの時も「某甲参堂去」であり、何時もこの通りでも「某甲参堂去」と云うであろう。

それでは、雲居に同参しない一句を云えと云われたら、何と云ったら良いであろうか。しばらく沈黙の後云われた。「大衆よ。僧堂に行って坐れ」と。

●私解　さて皆さんだったら何というであろうか。その一句を室内で聞くことにしよう。

22上堂。挙す。道悟、石頭に問う、如何なるか仏法の大意。頭曰く、不得不知。悟曰く、向上更に転処有りや也《ま》た無しやと。頭曰く、長空白雲の飛ぶを礙《さ》えずと。

師云く、不得不知は仏の大意。風流深き処却って風流。長空白雲の飛ぶを礙えず。この度何ぞ労せん、石頭に問うことを。

上堂。公案を挙げて云われた。天皇道悟が師の石頭希遷に問うた、仏法の極意は何でしょうかと。石頭は云った、不得不知（知りようがない）。道悟は再び問うた、それ以上の事実がありましょうかと。石頭は云った、白雲は大空を自由に飛び回っているなあと。

師（道元禅師）は云われた、不得不知は仏の常識である。風流とは云えない深みに入ると真の風流となる。その様子が、白雲が大空を自由に飛び回る事実である。従って道悟は石頭に二度にわたって聞くことはないではないかと。

●私解　道元禅師は、我々に不得不知、すなわち全くご存じない仏になっているかどうか、更には不得不知を超えた真の風流がわかるかとせまっている。

23 **上堂。曰く、潜《ひそか》に見る、青山《せいざん》常《じょう》運歩《うんぽ》。自《おの》ずから知る、石女夜《せきにょや》生児《しょうに》。下座。**

上堂して云われた、よく眼をこらして見ると、青山は常に運歩するばかり。だから、石女が夜、子を生むのがよくわかる。下座された。

●私解　青山常運歩・石女夜生児は大陽山に住んでおられた芙蓉道楷《ふようどうかい》禅師の言葉であり、道元禅師も正法眼蔵「山水経」の巻でくわしく拈提《ねんてい》しておられる。

青山常運歩とは、我々が立つ・坐る・泣く・笑うことであり、石女夜生児は女性が夜子を産むことである。この時の上堂で、青山常運歩・石女夜生児の事実しかないことがわかったかといわれて下座された。

そういわれても、我々にはさっぱりわからない。そこでわかるまで正師について参禅工夫するほかない。そうすれば、必ず成程とわかる時が来る。問題は、それまで我慢して修行が続けられるかどうかである。

24 上堂。三世の諸仏、未だ曽って挙せざる底の法、尽十方世界に都《すべ》て無し。所以に釈迦老子の道く、三世の諸仏の説法の儀式の如く、我も今亦是の如く無分別の法を説くと。

師云く、現前の大衆も亦、是の諸仏の儀式の中に行道す。一動一静、是れ諸仏の法ならずということ無し。容易に軽忽《きようこつ》なることを得ること莫れ。

然も是の如くなりと雖も、吾に諸仏の未だ曽って挙せざる底の説有り。諸人会せんと要すや。良久して云く、三世諸仏の説法の儀式の如く、我も今亦是の如く無分別の法を説く。

上堂。三世の諸仏が未だかつて説かなかった法は、この全世界中どこを探しても一つも無い。だから釈迦牟尼仏も云われている。三世諸仏が説法された儀式のとおり、自分も今、このように無分別の法を説くのであると。

師（道元禅師）は云われた。ここに居る大衆諸君も、その行ずるところは、諸仏が教えられた儀式の中の行動であって、その一動一静すべて諸仏の法でないものはない。決してかりそめに考えてはならない。

そうではあるが、わしには諸仏が未だかつて説かなかった教えがある。諸君。それを知りたいと思うか。しばらく沈黙の後云われた、三世の諸仏が説法された儀式のとおりに、わしもまた今このように無分別の法を説くのであると。

●私解　道元禅師ばかりではない。我々もすべて、この無分別の法を説きどおしであるがわかるかどうか。若しわかるならば、それを示してもらいたい。

26上堂。云く。**身を箇裏に横たえ那畔に脱体す。如何なるか是れ那畔、歩歩綿綿。如何なるか是れ箇裏、心心片片。那畔・箇裏は且く致《お》く。如何なるか是れ恁麽の消息。主、十分の説を設くれば、賓、証明す。賓、十分の説を設くれば、主、証明す。諸人、十分の説を設くれば、山僧、証明す。山僧、十分の説を設くれば、諸人、証明す。山僧・諸人説く時は、払子・拄杖、証明す。払子・拄杖説く時は、諸人・山僧、証明す。脱体・横身、甚麽の道か有る。良久して云く、対説団圞《だんらん》其れ十分なり。賓となって叉手せば、主は元より在り。百千万度道《い》い来ること久し。此の番《たび》如何ぞ人会せざる。**

上堂して云われた。わしは此拠に身を横たえたかと思うと、あちらでは自分は無い。あちらとは何か。それは一瞬一瞬である。こちらとは何か。それは暑い寒いである。あちらやこちらは、しばらく置くとして、今この瞬間の消息はどんなものであろうか。

主人が十分に法を説けば、相手はその通りと証明する。相手が十分に法を説けば、主人はそれを証明する。同様に諸君が十分に法を説けば、わしはそれを証明するし、わしが十分に法を説けば、諸君はこれを証明する。わしと諸君が法を説くと、払子や拄杖はそれを証明するし、払子や拄杖が法を説けば、諸君もわしもそれを証明する。

あちらでは自己を忘じ、こちらでは横身する。それは一体何か。しばらく沈黙の後云われた、互いに説き合って一体となっている様は完全無欠である。だからしばらく客となって叉手当胸すると、あらゆるものが主となって法を説く。それも一度や二度ではない。百千万度説きづめである。だから、今日のわしの説法がわからない筈はないではないか。

●私解　この入我我入の説法は、まことに力強い。ただ一瞬一瞬・暑い寒いの事実のみである。

27上堂。挙す。**昔日《せきじつ》迦葉尊者、泥を踏《ふ》む時、沙弥有り問う。尊者、何ぞ自ら為すことを得る。尊者云く、我若し為さざれば誰か我が為に為さんと。**

師云く、心は臘月の扇の如く、身は寒谷の雲の如し。若し自ら為すことを見得せば、便ち誰か為すことを見得せん。若し誰か為すことを見得せば、便ち我が為すことを見得せん。

上堂。公案を挙して云われた。昔迦葉尊者が壁の土をこねていた時、或る沙弥が質問した。尊者はどうしてご自分で為されるのですかと。尊者は云われた。若し私がしなければ、誰が私の為にやってくれようか。

師（道元禅師）は云われた。尊者の心は十二月の扇のようにすがすがしい。又身は寒谷に浮かぶ小雲のように自由自在である。尊者がおやりになっている様を見ると誰も居ない。その誰もいないことがわかると、尊者がおやりになっている本当の姿がわかる。

●私解　このような人間になるのが、仏道修行の目標である。人にいうことはやさしいが、自分自身が実行してその人になることは難しい。それは修行が不十分だからである。

28上堂。曰く。多言は累繁《わざわいしげ》く、少語は力無し。是れ多言ならず、是れ少語ならず。且《しばら》く作麼生か道わん。良久して曰く、草に入って風を伝う。

上堂して云われた。べらべらしゃべり過ぎると、わざわいとなる。かと云って言葉が少ないと力が無い。多言でもなく少語でもなく言うにはどうしたら良いであろうか。しばらく沈黙の後云われた、草の中に入ると、そのそよぎで風が吹いているのがわかる。

●私解　このように自然に身をまかせる、すなわち喋る意識が全く無くなると、適時適切な言葉となる。そうなるには、毎日不断の坐禅を実行することに尽きる。

29上堂。曰く。聞法は曠劫にも希《まれ》なり。所以に先達・先徳は法の為に身を亡じ、法の為に身を喪なう。誠に夫れ身を帯ぶる者、凡夫・畜生・螻蟻《ろうぎ》・蚊虻《ぶんもう》・邪見・外道、皆身を帯び命を帯ぶ。然りと雖も、未だ聞法せざる者、尊ぶべきに非ず、重んずべきに非ず。幾許《いくばく》か無量の生生、身を受け来る。然りと雖も未だ是れ好生ならず。若し聞法することを得ば、即ち是れ好生なり。

夫れ聞法に上中下の三般有り。所謂上士の聴法は神を以って聴く。中士の聴法は心を以って聴く。下士の聴法は耳を以って聴く。我等、既に神・心・耳有り。且く作麼生か聴法し、什麼の法をか聴く。見ずや、釈迦老子道《のたま》わく。我が法は能く、生・老・病・死を離る。是の法は思慮分別に非ずと。生老病死を離るるとは、他《かれ》の離却し了るに任《まか》すなり。思量分別に非ずとは、他の非却し了るに任《まか》すなり。既に能く是の如し。且く道え、是の法を打破して、法中の髄を取り、髄を洮汰して、髄中の精を取る。且《しばら》く作麼生か道わん。

良久して云く、縦《たと》い寒風の我を吹いて冷を覚ゆとも、未だ知らず、明月の誰の為にか白きを。這箇は是れ同参底の道《ことば》。法を超え、髄を超え、上中下に非ざる、上上底の道《ことば》、作麼生か道わん。還って委悉するや。鷺鷥《ろじ》雪に立って同色に非ず。明月蘆花、他《かれ》に似ず。

上堂して云われた。真の仏法を聞くことは、永劫かけても稀なことである。それ故、先輩や先徳達は、法の為に身を投げ出し、法の為に命を捧げてきたのである。まことに、この三界六道の世界に在って、凡夫・畜生・蟻《あり》・蚊・虻《あぶ》・邪見の徒・外道の者に至る迄、すべて身体と命を持たないものはない。しかしながら、未だ仏法を聞かない限り、尊重すべきものではない。だがこの身を受けるまでに、今迄無量の生死を繰り返してきたのである。この無量の生は、決して良い生とは云えないが、若し仏法を聞くことができれば、好い生となるのである。

さて聞法には、上中下の三通りがある。上根の人は仏法を聞くのに魂を以って聴く。中根の人は仏法を聞くのに心を以って聴く。そして下根の人は仏法を聞くのに耳を以って聴く。我々は既に魂も心も耳も持ち合わせている。そこでどのように法を聴き、又どんな話を聴いたらよいであろうか。

知っているであろう。釈迦牟尼仏は云われた。我が法は、生老病死を離れる教えであり、この教えは思量分別ではわからないと。生老病死を離れるというのは、生老病死にまかせきって気にかからなくなることであり、思量分別ではわからないというのは、思量分別に頼る必要が全く無くなるということである。このように生老病死が気にかからなくなり、思量分別に頼る必要が無くなると、仏法を打破して法の髄を取り出し、更に髄の中の精を抜き出して跡かたもなくしてしまう。さてこの時何と云ったら良いであろうか。

しばらく沈黙の後云われた。寒い風が吹いて来ると、寒い！　と感ずる。だが明月は誰の為に輝いているかわからない。この語は未だ古人と同参底の言葉である。仏法を超え、髄を超え、上中下の機根を超えた最上上の言葉は何と云ったら良いであろうか。白鷺が雪の中に立つ。その色は雪の色と異なる。明月の色と蘆花の色も違うと。

●私解　この上堂での道元禅師の真意を把むことは難しい。それは道元禅師の境地に至ることが難しいからである。真の仏法に出合うことは、まことに難値難遇である。しかし漸く真の仏法に出合っても、どのように聞いたらよいかわからない。

道元禅師は先ず、生老病死を離れる修行をせよといわれる。そして、思量分別に頼る必要が無くなるまで修行せよといわれる。そうなると、仏法を打破し仏法に頼る必要が無くなってくる。その人の境地は、雪中に立つ白鷺となり、蘆花を照らす明月となる。仏道修行はまことに容易の看をなすことは出来ない。

30上堂。挙す。大潙仰山に問う。涅槃経四十巻幾許《いくばく》か仏説、幾許か魔説と。仰山云く、総に是れ魔説。大潙方丈に帰る。仰山後《しりえ》に随って云く、某甲心神昏昧にして、適来《せきらい》和尚に祇対す。猶石峰を畳《かさ》ねたるが如し。大潙云く、汝が眼の正しきを知んぬ。

師云く、大潙・仰山祗対すること恁麼なるも、猶是れ疎怠なり。山僧、他が与《ため》に一語せん。他《か》の仰山に代って、即ち衆を出でて礼拝し了って衆に帰らん。這の一語、他の仰山の与《ため》にす。更に一語あり。現前の龍象に供養す。良久して云く、摩訶般若波羅蜜、一等玄談両一に非ず。魔仏、縦《たと》い同口に説くと雖も、出頭して更に道うべし、是れ何必《かひつ》と。

上堂。公案を挙げて云われた。大潙が仰山に問うた。涅槃経四十巻のうち、どれだけが仏説で、どれだけが魔説かと。仰山は云った、総て是れ魔説と。大潙は直ちに方丈に帰った。仰山は後から随っていって云った。私は精神が昏昧のまま和尚にお答えしましたが、和尚に相対しますと、岩山を重ねたように歯が立ちませんと。大潙は云った、お前さんの眼は正しいよと。

師（道元禅師）は云われた。大潙と仰山との問答はこのとおりであるが、わしから見ると、猶お疎略である。わしは仰山のために一語するならば、仰山に代って大衆から出て来て礼拝し了ったら、大衆の許に帰ったであろう。しかしこれは仰山の為の一語である。更に一語を以って、眼の前の龍象の諸君に供養したい。しばらく沈黙の後云われた。摩訶般若波羅蜜は唯一の究極の事実である。この事実の前で悪魔と仏が口を揃えて説いたとしても、わしは直ちに云うであろう。是れ何必《かひつ》（事実のみ）と。

●私解　道元禅師のように摩訶般若波羅蜜（一切皆空の彼岸）に到った人にとっては、仏も居なければ悪魔もいない。ただ一瞬一瞬の事実だけである。

31上堂。挙す。鄧隠峰《とういんぽう》禅師、馬祖を辞す。馬祖云く、什麼の処へか去る。峰曰く、石頭に去る。馬祖云く、石頭の路滑《なめ》らかなり。峰曰く、竿木身に随う、場に逢うて戯を作さん。便ち去る。纔に石頭に到って即ち禅床を繞ること一匝、錫を振うこと一声して立って問う、是れ何の宗旨ぞと。石頭云く、蒼天蒼天。峰、無語。江西に却回して馬祖に挙似す。祖云く、汝更に去《ゆ》いて他の蒼天と道わんことを見ば、汝便わち嘘々せよ。峰、又石頭に去《ゆ》いて一《ひとえ》に前問に依る。是れ何の宗旨ぞと。石頭乃ち嘘々す。峰又無語、帰来す。祖云く、汝に向って道う。石頭の路滑らかなりと。

　師云く、這の一段の公案、多少の人認めて、他の江西、会に住すること無し、所以に恁麼に道うと作す。又教家算砂の輩曰く、一辺の会に住せず、所以に恁麼に道うと。

　山僧は不恁麼。隠峰の石頭に去らんと道うを待って、他に向って道わん、石頭の道平担と。縦い他の石頭と隠峰と同時に声を作して、蒼天蒼天と哭し、又同時に嘘々の両声を作すとも、隠峰帰り来って山僧に挙似せば、他に向って道わん、石頭の道は平坦なりと。聻《にい》。

　上堂。公案を挙げて云われた。鄧隠峰禅師が馬祖の許を辞する時、馬祖が聞いた。どこへ行くのかと。峰曰く、石頭和尚をお尋ね致します。馬祖は云った、石頭の路はよく滑《すべ》るぞと。峰は答えた、私は道具を持っておりますので、その場に応じた働きを致しますと。そこで隠峰は立ち去った。石頭の処に着くと、禅床をめぐること一周し、錫杖《しゃくじょう》を振るってガチャーンと慣らして立って尋ねた。これ何の宗旨ぞ！　と。石頭は直ちに蒼天蒼天（何と悲しいことよ）と云い放った。峰は何とも云うことが出来ず、江西に帰って来て馬祖に報告した。馬祖は云った、お前さん。もう一度行って、彼が蒼天蒼天と云ったら、ため息をついてごらんと。そこで隠峰は再び石頭の処に行って、前の通りにして、これ何の宗旨ぞ！　と尋ねると、石頭は直ちに大きなため息をついた。隠峰は又も何とも云えず馬祖の許に帰って来た。馬祖は云った、だからお前さんに云ったであろう。石頭の道はよく滑《すべ》るぞと。

師（道元禅師）は次のように云われた。この一連の公案について、多くの人は江西の馬祖は、悟りなぞ頭に無いので、このように隠峰を自由に扱うことができたという。又教相家の連中は、馬祖は一つの悟りに執われていなかったので、このように云うことが出来たという。

しかし山僧（わし）はこれ等に賛成しない。隠峰が石頭の許に行くと云った時、わしだったら、彼にこう云ったであろう。石頭の路は真《ま》っ平《たい》らで何も無いよと。たとえ石頭も隠峰も共に蒼天蒼天と悲しみ、共にため息をついたとしても、そしてそのことを隠峰が帰って来て山僧に報告したならば、彼にこう云ってやりたい。そうら石頭の路は真《ま》っ平《たい》らで何も無かっただろう。聻《にい》！（わかったか！）と。

●私解　道元禅師のいわれる、石頭の道は平坦（真っ平らで何も無いぞ！）ということが、どこまでわかるかが、この公案の眼目である。ここに到る修行は容易ではないが、やれば必ず出来る。

33上堂。云く。仏法を会し神通を得るは、古来の仏祖なり。成仏作祖、容易なることを得ず。ただ神通を得る者は、これを老老と称し、仏法を会する者は、これを大大と称す。大を会し老を得るは、只管《ただ》職《もともと》究理弁道に由るなり。

趙州云く、兄弟但だ理を究めて坐看すること三二十年にして、若し道を会せずんば、老僧の頭《こうべ》を取り去って、大小便を酌む杓と作すべしと。

古仏恁麼に説き、今人恁麼に行ず。甚《なん》としてか謾を作さん。只是れ声色に攀縁《はんえん》し、計会を期せずして、未だ解脱すること能わざるなり。憐れむ可き哉。恁麼の人を容得して、徒に労して声色塵中に出没す。如今、時縁に逢うことを得たり。焼香・礼拝・念仏・修懺・看経を抛却して祇管に打坐すべし。

記得す。趙州、雲居に到る。居云く、老老大大、何ぞ箇の住処を覓めざると。州云く、作麼生か是れ某甲の住処。居云く、山前に古寺の基あり。州曰く、和尚自ら住取せば好しと。恁麼の事、此れは是れ仏法を会する者の神通を現ずるなり。十聖・三賢等の行履する所に同じからざるなり。

興聖、雲居に代って、一上の神通を現ぜん。前面既に云う、作麼生か是れ某甲の住処と。後頭に云うことあり。和尚自ら住取せよと。既に恁麼なることを得たり、須らく是れ恁麼なるべし。作麼生か道わん。住せり住せりと。

上堂して云われた。仏法を会得し神通を得た者が古来の仏祖である。だから仏祖となることは容易なことではない。神通を得た者は、これを老老と云い、仏法を得た者は、これを大大と云われる。このように大大の仏法と老老の神通を得る者は、ただひたすらな究理弁道の力に由るのである。

そこで趙州和尚も云っておられる。兄弟達よ。ただ法の理を究めるために坐禅すること二三十年せよ。それで若し仏道を会得出来なかったならば、わしの頭を切り取って、大小便を酌む柄杓とせよと。

趙州古仏は、このように説いている。現代の人々がこのように実行するならば、どうして誤ることがあろう。それでも解脱できないというのは、只顔前の声色にとらわれて、あれこれと理屈を考えるからである。まことに憐れむべきは、このように完全な人であるにかかわらず、徒らに迷いの塵境に執われて、出たり入ったりしていることである。今趙州和尚の語に出合う好因縁を得たではないか。とにかく焼香・礼拝・念仏・修懺・看経等を投げ捨てて、ただただ真剣に坐禅に打ち込むべきである。

覚えているであろう。趙州が雲居の処に行った時の話である。雲居が云った、貴方のような老老大大たる和尚様が、どうして住処を求めないのですかと。趙州は云った、わしの住処はどこかねと。居は云った、雲居山の前に古い寺の跡がありますよと。趙州は云った、それなら和尚自身がそこに住みなされと。このようなやりとりは、仏法を会得した者の神通を現わしたもので、とても十聖・三賢等の行じ得ない世界である。

興聖（わし）も雲居に代って、一つの神通を現わしてみよう。前に趙州は、わしの住処はどこかね。と云い、後では、和尚自らそこに住めばよいではないか。と云っている。既に趙州はこのように云っているのであるから、直ちに次のように云うべきである。さてどう云ったら良いかな。それは、ご老師、貴君はとっくにお住いですね。である。

●私解　趙州は何処にとっくにお住いなのか。それは真の仏法を会し、神通を得た者のみがわかる住所である。

34**上堂。云く。是の一番の寒。骨に徹するにあらずんば、争《いか》でか梅華の偏界に香《かお》ることを得てん。下座。**

上堂して云われた。この一番の骨身に徹する寒さを体験しなければ、どうして梅の花が、その馥郁たる香りを、世界中に漂わせることが出来よう。下座された。

●私解　仏道修行も、一度骨身に徹する寒さに耐えて、自己を忘ずる大悟の体験が必要である。それが無い限り、本当の世界を味わうことは出来ない。しかしその大悟の体験も鼻にかけている間は、真の味はわからない。

35**上堂。云く。釈迦老子、復《ま》た是れ仏如来と為すや、復た是れ魔波旬《まはじゅん》と為すや。若し仏如来と道わば、天下太平ならず。若し魔波旬と道わば、祖父の恩未だ報ぜず。且《しばら》く道え、畢竟喚んで什麼とか作して始めて得てん。**

良久して云く、若し人、山僧が語を弁得せば、汝諸人に一隻眼を許す。

上堂して云われた。釈迦老子は仏如来と云ったらよいか、それとも天魔波旬と呼んだらよいか。若し仏如来と云うならば、そんな観念がある間は、心は天下太平にならない。若し釈尊は悪魔であると呼ぶならば、それは仏祖の恩を蒙りながら、その恩に報いないことになってしまう。さて何と呼んだら真実と云えるであろうか。

しばらく沈黙の後云われた。若しわしの言葉が本当にわかれば、その人は真の仏法を見る眼（一隻眼）がある人と許すことが出来る。

●私解　さて何と呼んだら、道元禅師から一隻眼を備えた人と許されるであろうか。これは室内での参究ものである。

さて私は次のようにいってみたい。

「お釈迦様は私の使い奴です」と。

多分道元禅師はいわれるであろう。

「馬鹿者！　失礼なことをいうな！」と。

さてそれでは何とお呼びしようか。

36上堂。云く。古経転じ来る出息入息。古仏今現ず一屙《あ》再屙《さい》。処処顕《あき》らかなり、条条貴なり。恁麼の道理、且《しばら》く作麼生か道わん。良久して曰く、天外の春将《まさ》に暮れなんとす。青青たる野色分かる。桃花千万朶《だ》。何れの処にか霊雲を覓《もと》めん。

上堂して云われた。昔から吐く息吸う息がそのまま経を転じている。今、小便をし大便をすることが、仏そのものである。このように古経古仏は、到る処明らかであり、その一つ一つが尊いものである。さてこの道理を何と云ったら良いであろうか。

しばらく沈黙の後云われた、見渡す限り春はまさに暮れようとしている。青々とした野の景色は、このように鮮やかである。千万本の桃の花は、今を盛りと咲いているではないか。さて桃の花を見て大悟したといわれる霊雲和尚は、今何処に居るのであろうか。

●私解　道元禅師は、そこらに霊雲和尚は居ないかと我々に催促している。ここで、道元禅師に何といったら良いであろうか。示してもらいたい。

37 **上堂。云く。釈迦牟尼仏道えり、明星出現の時。我と大地有情と同時に成道すと。作麼生か是れ成道底の道理。大道元来無なり。今日還《かえ》って始めて釈迦老子有り。什麼を喚んでか有情と作し、又什麼を把《と》り来ってか道と為して成ず。速やかに道え、速やかに道え。**

上堂して云われた。釈迦牟尼仏は明星を見た途端、我と大地有情と同時成道すと宣言された。さてその成道の道理とは何か。大道の本質はもともと無（カラッポ）である。今日でも大道即無の事実を悟れば、直ちに釈迦老子となれる。それでは何を以って有情とし、何を以って仏道と云うのか。さあ道え！　さあ道え！　と。

●私解　道元禅師は「さあ道え！　さあ道え！」といわれているのであるから、何といったら良いか参究に値する。

「梅雨に入って毎日うっとうしいですね」はどうであろうか。各自室内で明示してもらいたい。

38上堂。曰く。学道は千古得難し。如何が得難し。凡夫は七賢七聖に比すること莫し。七賢七聖は未だ十聖三賢に及ばず。十聖三賢は夢にも未だ諸仏の大道を見ず。恁麼に見得して便わち云う、恁麼の事を得んと欲せば、須らく是れ恁麼人なるべし。既に是れ恁麼人、何ぞ恁麼の事を愁えんと。

恁麼に追い得るや也《ま》た未だしや。若し道い得ば也《ま》た是れ得皮得髄。若し道い得ずとも也た是れ得皮得髄。道得・道不得、得皮、得髄は且《しばら》く致《お》く。作麼生か是れ恁麼。毘婆尸仏早く心を留む、直に如今に至るまで妙を得ず。

上堂して云われた。学道は千古にわたって得ることは難しい。どのように難しいかと云うと、凡夫は七賢七聖に比べることは出来ないし、七賢七聖は十聖三賢には及ばない。更に十聖三賢は、夢にも未だ諸仏の大道を見ることは出来ないからである。

このように見得するからこそ、雲居は云われた。恁麼の事を得んと欲したならば、直ちに恁麼人でなければならない。ところが、我々は既にこの恁麼人そのものである。従って恁麼の事を愁えることは全く無いと。

諸君は、この事実がわかるかどうか。若しわかったと云えるならば、達磨大師の皮と髄を得たということが云える。しかし、若しわからないと云っても、実はそのままで、そっくり達磨大師の皮と髄とを得ているのである。

さてこのわかったわからない。皮と髄を得た得ないは、しばらく置くとして、恁麼（これ）とは一体何か。一寸でもハテナと頭をひねったら、永久に真の仏法を会得することは出来んぞ！　と。

●**私解**　この恁麼とは何かは難しい課題である。ハテナと思ったら、永久に仏法は手に入らないというならば、ハテナと思わなければ良い。ハテナと思わないズバリ一句を云ってもらいたい。

39**上堂。挙す。鏡清僧に問う、内外什麼の声ぞ。僧曰く、雨滴声。清云く、衆生顛倒して己に迷うて物を逐う。僧云く、和尚作麼生。清云く、泊《ほとん》ど己に迷わざらんとす。僧云く、泊ど己に迷わざらんとする意旨如何。清曰く、出身は猶易かる可し、脱体に道うは難かるべし。**

師云く、脱体より已来《このかた》雨滴声。出身・門外什麼の声ぞ。己に迷い己に迷わざると、難易は你に一任す。物を逐い及び己を逐う。顛倒未だ顛倒ならずと。

上堂して公案を取り上げて云われた。鏡清が僧に問うた、門の外は何の声じゃと。僧は云った、雨だれの音ですと。清云く、衆生は皆迷いのため、自分を認めて、自分の外にある物を追いかけるなと。僧は云った、和尚は如何ですか。清云く、わしはもう少しのところで自分に迷いそうだったわいと。僧は云った、もう少しで自分に迷いそうだったとはどういうことですかと。清は云った、悟ることは未だ易しいが、悟りから脱け出ることは容易なことではないなあと。

師（道元禅師）は云われた、悟りから抜け出て以来、雨だれの音は雨だれの音だけ。悟ろうと迷っていようと、雨だれの音ばかり。己に迷い迷わない、難しい易しいは、すべてお前さんの問題である。物を追いかけ、己を追いかける。顛倒ばかりで顛倒でないものはないではないかと。

●私解　道元禅師の道眼は、このように明瞭である。迷悟を越えた事実しかないぞ！　と直示されておられる。

40 **上堂。云く。人人尽く衝天の志有り。但だ、如来の明処に向って明らむべし。下座。**

上堂して云われた。すべての人は天をも突き上げる高い志を持っている。ただ一途に釈迦牟尼如来が大悟した世界を明らめなければならない。下座された。

●私解　道元禅師は、仏道を修行せんとする者は、衝天の志があることが必要であること、それに修行の目標は、釈尊と同じ大悟の体験が必要であることを言明されておられる。

釈尊が大悟されたのであるから、我々は悟る必要はない。否悟ろうとするのは釈尊への冒瀆であるというのは妄説であり、天魔外道の説であって、真の仏道ではないことを認識しなければならない。

42 **浴仏上堂。曰く。今日我が本師釈迦牟尼如来毗藍園裏《びらおんり》に降聖す。年年今日有り。今日毎に毗藍園裏に在り。且く道え、大聖降誕すや也《ま》た否や。若し降誕すと道わば、一枚の修行を許す。若し降誕せずと道うも、一枚の修行を許さん。既に能く是の如くなれば、山に礙えられず、海に礙えられず、王宮に誕生す。既に山に礙えられず海に礙えられずば、生に礙えられるや也た否や。先仏先祖、縦い生に礙えらる**

ると道うと雖も、今日山僧祇だ道う、生に礙えられずと。

既に能く山に礙えられず海に礙えられず、生に礙えられずんば、尽界尽地の諸人、釈迦牟尼如来と同生して言わん、天上天下唯我独尊と。十方七歩以後、乃ち是れ獅子吼なり。乃ち是れ嬰児《ようじ》啼《たい》なり。

恁麼に見成す。作麼生か道わん。良久して云く、尽界弥天、嘉運至る。老婆親切聖降誕。聖降誕す。什麼を以ってか供養し、奉覲し、礼拝し、灌浴せん。清浄大海衆を将《ひき》いて、仏殿に入りて行儀を有《も》たん。

釈尊降誕会に上堂して云われた。今日我が本師釈迦牟尼如来は、ルンビニ園に降誕された。毎年毎年、今日を迎えるが、今日ごとにルンビニ園において、釈迦牟尼如来は降誕されるのかどうか云ってごらん。若し降誕すると云うならば、お前さんは、相当に修行したと云える。若し降誕しないと云っても、お前さんは相当修行したと云える。つまりお前さんの修行と関係なく、釈迦如来は、山にも海にも礙えられず、王宮に誕生された。このように山にも海にも妨げられないならば、生に妨げられたと云えようか。たとえ、先の仏祖方が生に妨げられたと云われても、今日わしは、その生にも妨げられなかったと云うであろう。

このように釈迦如来は、山にも海にも生にも妨げられない。それなら全世界の人々も、釈迦如来と同じく、生まれた時に、天上天下唯我独尊と言った筈である。この言葉は、釈尊が生まれて十方に七歩あゆまれた後に獅子吼された言葉であるが、これは赤子が生まれた時、オギァーオギァーという泣き声に外ならない。

このとおりわかったならば、何んと云ったらよいであろうか。しばらく沈黙した後云われた、世界中が祝うこの上ない佳節がやってきた。世界人類を救わんという老婆親切の聖者の降誕の日である。我が釈迦牟尼世尊が降誕された。我々はこのご恩に対し、何を以って供養し、見奉り、礼拝し、灌仏すべきであろうか。さあ清浄の大海衆たる雲水諸君よ。共に仏殿に入って、降誕の儀を執り行なおうではないかと。

●私解　道元禅師は、この降誕会上堂において、我々一人一人が釈尊と一分一厘違わない存在であることを悟らせようとされている。従って我々も、この事実が成程そうだと納得できるまで修行しなければならない。

43 **上堂。曰く。諸人、二祖を識らんと要すや。海嶽を掀翻《きんぽん》し知己を求む。初祖を識らんと要すや。乾坤を撥動して太平を建つ。**
畢竟、作麼生か道わん。二仏、知らず何れの処にか去る。宗風、万古嘉声を播《ほど》こす。

上堂して云われた。諸君は、二祖慧可大師を知りたいと思うか。彼は海山《うみやま》をひっくり返して、真の指導者を求めた祖師である。諸君は初祖達磨大師を知りたいと思うか。大師は天地を払い動かして、天下太平の基を打ち建てられた祖師である。

そこで結局何と云ったらよいであろうか。二人の古仏は一体何処へ行ってしまったのであろうか。昔昔の大昔から吹き渡っている真の仏道の風は、宇宙に遍満して余すところがない。

●私解　さてそれはどのように宇宙に遍満して余すところがないのであろうか。それが言えなければ、折角の道元禅師の上堂も無駄となってしまう。室内で明示してもらいたい。

44 **結夏上堂。云く。百草如今《にょこん》、将《まさ》に夏を結ばんとす。拈じ来る尽地、万千茎。一華五葉、天沢に開く。結果自然、必ず当生あり。**

結夏の上堂で云われた。百草たる諸君。今まさに夏安居に入ろうとしている。よく拈じ見ると、この宇宙の万物も一斉に夏安居に入った。この一花は五葉となって、天地一杯に開いている。その実は自然に結んで今此処に現われているではないか。

●私解　さてどのように現われているのか。「我と大地有情と同時に成道す」か。それとも「天上天下唯我独尊」か。はたまた、只「ム！」きりか。

45 **上堂。云く。一生の年月是れ何《か》必《ひつ》。万事回頭すれば得失にあらず。覚路の荘厳、誰か道わざらん。摩訶般若波羅蜜と。**

上堂して云われた。一生の年月が長いと云っても、どれ程のことがあろうか。万事を振り返ってみても、どれ程の是非得失があろうか。この悟りの道のすばらしさを、どうして誰も云わないのであろうか。それは摩訶般若波羅蜜（彼岸の世界に到るこの上ない大きな般若の智慧）であると。

●私解　摩訶般若波羅蜜を実現する道は坐禅である。毎日の正身端坐こそ大切であるし、またそれだけで十分である。

46上堂。挙す。初祖、門人に命じて曰く、時将《まさ》に至らんとす。汝等、蓋《なん》ぞ各々所得を云わざる。時に門人道副対《こた》えて曰く、我が所見の如きんば、文字に執せず文字を離れずして而も道の用《ゆう》を為すと。祖曰く、汝吾が皮を得たり。

尼総持《そうじ》曰く、我が今の所解《しょげ》は、慶喜の阿《あ》閦仏国《しゅくぶつこく》を見るに、一見して更に再見せざるが如しと。祖曰く、汝吾が肉を得たり。

道育曰く、四大は本空《もとくう》、五陰《ごおん》は有にあらず、しかも我が見処は、一法の得べき無しと。祖曰く、汝吾が骨を得たり。

最後に慧可、礼拝して後、位に依って立つ。祖曰く、汝吾が髄を得たり。

師云く、後人認めて浅深有りと為すも、祖意は是ならず。汝吾が皮を得たりは猶燈籠露柱と道うが如し。汝吾が肉を得たりは即心是仏と道うが如し。汝吾が骨を得たりは山河大地と道うが如し。汝吾が髄を得たりは拈花瞬目と道うが如し。是れ浅有り深有り、勝有り劣有るに非ず。恁麼に見得すれば、便ち祖師を見るなり、便ち二祖を見るなり。便ち衣盂を伝え得るなり。

諸人若し未だ信ぜずんば、重ねて我が一偈を聴け。仏祖の法輪、其の力大なり。尽界に転じ微塵に転ず。衣盂は縦い可伝の手に入るとも、聴法は普《あま》ねく男女の人に通ず。

上堂して公案を取り上げて云われた。初祖達磨大師は門人に命じて云われた。いよいよ其の時が来た。お前達それぞれ手に入れた世界を明示せよと。

時に門人の道副が答えた。私の見解は、文字に執われずかつ文字を離れず、何時も仏道を行じております と。達磨は云われた、お前はわしの皮を会得したな。

尼の総持は云った、私の見解は、阿難が阿閦仏国《あしゅくぶっこく》を見た時のように、一見するだけで二度とは見ませんと。達磨は云われた、お前はわしの肉を会得したな。

道育は云った、この世界も身心も、もともと空であり、一法といえども得るものはありませんと。達磨は云われた、お前はわしの骨を会得したな。

最後に慧可は、達磨を礼拝した後自分の席に戻って立った。達磨は云われた、お前はわしの髄を会得したな。

以上に対し師（道元禅師）は云われた。後世の人達は、このやりとりを見て、皮肉骨髄の間に浅深があると思っているが、達磨大師の真意は違う。汝吾が皮を得たりは燈籠露柱と云ったのと同じである。汝吾が肉を得たりは即心是仏と云ったのと同じである。また汝吾が骨を得たりは山河大地と云ったのと同じであり、汝吾が髄を得たりは拈華瞬目と云ったのと同じである。従ってその間に、浅深勝劣の差は無い。このように見ることが出来れば、達磨の真意及び二祖の本意を見ることが出来、袈裟と応量器を伝えることが出来る。

諸君は未だこのことが信じられなければ、重ねてわしの次の一偈を聞いてもらいたい。仏祖の法輪の力は絶大である。全宇宙を変え、一微塵をも変えてしまう。達磨大師の法衣と応量器は、たとえ慧可大師の手に入って伝えられたが、その教えを聞く者は、男女の別なくあまねくその法益を被っているではないか。

●私解　どのように法益を被っているか明示せよというのが道元禅師の真意である。室内でお互いに示し合おうではないか。

47**上堂。云く。忽ち仏法の二字を聞くも、早く是れ我が耳目を汚す。諸人、未だ僧堂の門根を跨《こ》えず、未だ法堂《はっとう》を踏まざるに、便ち三十棒を与え了りぬ。然も是《かく》の如くなりと雖も、山僧、今日也た力を竭《つく》して衆の為にす。喝、一喝して下座す。**

上堂して云われた。仏法の二字を聞いただけで、わしの耳目は汚れてしまう。だから諸君が未だ僧堂の門をまたがず、法堂に一歩も入らぬうちに、三十棒を与えなければならない。そうは云っても、わしは今日もまた力を尽くして諸君の為に法を説かねばならない。喝！　わかったか。もう一度説こう、喝！。ここで下座された。

●私解　この一喝は何を説かれているのであろうか。それは説くべき法も聞くべき仏道も無いぞ！　と云っておられる。しかし、我々には何のことかさっぱりわからない。従って、この一喝がわかるまで、僧堂に行って坐り、法堂に上って道元禅師の説法を聞かねばならない。

49**上堂。曰く。山僧久しく衆のために話せず。甚《なん》としてか恁麼なる。代りて仏殿・僧堂・渓水・松竹有**

りて、毎毎喃喃《なんなん》、諸人の為に了ぜり。諸人、聴得すや未だし也。若し聴得すと道わば、箇の甚麼をか聴く。若し聴かずと道わば、五戒を持《たも》たず。

上堂して云われた。わしは久しい間、諸君の為に説法しなかった。どうしてかと云うと、わしに代って、仏殿・僧堂・渓水・松竹が、毎日毎日諸君の為に説法してくれているからである。諸君は、この説法を聞けたか。若し聞けたというならば、何を聞いたのか。若し聞かないというならば、嘘をつくなという戒さえ守らないことになるぞ。

●私解　全世界はこのとおり説きどおし説いており、諸君はこのとおり聞きどおし聞いている事実がわかるかと道元禅師は云われている。我々はこの事実がわかるまで、修行するほかはない。

50 上堂。曰く。百丈、馬祖に一喝せられ、直に三日耳聾することを得たり。叢林、今古尽く奇特と称す。其の謂《いい》無きに非ず。

更に奇特の在る有り。山僧未だ馬祖に一喝せられざるに、甚《なん》としてか一生・両生・三生・四生祇管に耳聾なる。

三世の諸仏は半耳半聾、六代の祖師は少許《すこしく》耳聾す。作麼生か這箇の道理。良久して云く、好箇の風流流布の処、六耳をして等閑に知らしむること莫れ。

上堂して云われた。百丈は馬祖に一喝されて三日間耳が聞こえなくなったと云われる。叢林では、昔も今もこれを世に勝れたこととの評判であるが、これも一理ないことではない。

しかし世にはもっと勝れたことがある。それは山僧（わし）は未だ馬祖に一喝されたことはないが、どういうわけか一生・二生・三生・四生にわたって、さっぱり耳が聞こえない。

よく見ると、三世の諸仏は半分しか耳が聞こえず、六代の祖師（六祖大師）は少ししか耳が聞こえない。どうしてこうなってしまったのであろうか。道元禅師は、しばらく沈黙の後云われた、このようなまことに風流な語は、他人に云ってはならんぞと。

●私解　百丈禅師も三世の諸仏も、六祖大師も道元禅師も、永久に耳が聞こえなくなってしまった人々である。すなわち、聞くべき仏道が無くなってしまった人達である。こうなって初めて、自己を救い他を救う、真の仏道を説くことが出来る。

51**上堂。云く。人人具足、箇箇円成。甚麼としてか、法堂上草深きこと一丈なる。這箇の消息を会せんと要すや。良久して曰く、華は愛惜に依りて落ち、草は棄嫌を逐うて生ずと。**

上堂して云われた。人人は完全に仏性を具え、一人一人完全無欠である。それなのに、何故法堂の上に草が一丈も生えているのであろうか。この道理を知りたいと思うか。

しばらく沈黙の後云われた。昨日の風で綺麗な花が散ってしまって惜しいなあ！。この暑さで二、三日前とった草がまた生えてきていやになってしまうなあ！　と。

●私解　この上堂で道元禅師は、何を我々に示そうとされているのであろうか。室内で明示してもらいたい。

52上堂。云く。任教《さもあらばあれ》。薦得することを、切に忌む当頭することを。明頭に合するも也《ま》た三十棒、暗頭に合するも也た三十棒。既に恁麼なることを得れば、諸人少しも虧闕《きけつ》すること無し、如何が悟らざる。悟は悟を惜まず、祇だ是れ声色の帯累を被《こうむ》る所以なり。声色の悟を帯累するの時の如く、声色も悟を帯累せるや也た無しや。然も恁麼なりと雖も、身を声色の中に放ち、手を声色の中に撒《はな》ち、那裏に在って功夫を作せば、決定して露柱禅を悟得し、決定して尼乾禅を会得せんも、祖師禅・如来禅は夢にも也た未だ見ざるなり。苦なる哉、苦なる哉。

一時錯って声色の衣を著得し、声色の媚を作す。爾の時に当って家に白沢《たく》の図有り、家に黒暗女を養なう。期せずして忽然として自己の漆桶を打破し、頭を挙げ胸を槌つの時、忽然として悟道す。

一人悟道すれば、自類・他類一同に悟道す。一朝悟道すれば、前身・後身一同に悟道す。譬えば船橋の如し。自他共に行き、道に達し道に通ず。東に向かい西に向うも、一時に無滞にして倶に無礙なり。東に向う者も此の船一艘《そう》を用得し、西に向う者も此の船一艘を用得す。船同じうして人別なり。東に去《ゆ》き西に去く、各々其の処に達す。乃ち悟りの模様なり。悟る時余物を以って悟らず、但だ声色を以って悟る。迷う時余物を以って迷わず、但だ声色を以って迷う。迷人悟人、時を倶にして一船を用い、而も各々所礙無き也。

昔日、法眼因に僧問う、声色の両字如何が透得せんと。法眼曰く、大衆、若し這の僧の問処を得せば、声色を透ること也《ま》た難からじと。この一段の因縁、如何が参究せん。耳に没絃琴を聴き、眼に無影

樹を見る。恁麼の道理、大家知了せり。更に委悉せんと要する処有り。耳に有絃琴を聴き、眼に有影樹を見る。既に恁麼なることを得たり。且く大衆に問う。什麼を喚んでか声色と作さん。声色而今什麼の処にか在る。

上堂して云われた。ともかく悟りを手に入れることは大切だが、それに執着することは最も嫌わねばならない。悟りに頭を突っ込んでも三十棒、迷いに頭を突っ込んでも三十棒が必要である。このことがわかれば、諸君はもともと完全無欠である。どうして悟れないのか。悟りは惜しみなく現われている。それがわからんのは、声色の客観界の姿形に執われているからである。客観界の声色への執われが悟りを妨げているように、客観界の声色が諸君の悟りを妨げているとも云えよう。このように互いに妨げ合っているので、この身を声色の中に投げ入れ、手を声色に差し出して功夫をしても、精々露柱禅（境に執われた禅）や尼乾禅（異教徒の禅）を会得するだけで、祖師禅・如来禅は夢にも見ることは出来ない。まことに情けない、苦々しいことである。

このように一時は誤って目前の声色に執われ、その声色を追い回すことがあるであろう。その時は、自分の中に厄払い神（白沢の図）と疫病神（黒暗女）を共に養っているのである。そこでこの疫病神を追い払った途端、忽然として自己の桶の底が抜けて、本来の自己の頭を持ち上げ胸を打って、これこそ真の自己であると悟ることが出来る。

一人が悟れば全存在が悟道する。一度び仏道を悟れば、自他の別なく全人類が悟道する。丁度渡し舟のようなもので、自他共に向う岸に渡って仏道を手に入れることが出来る。東に向かい西に向かうも共に自由自在で何の妨げもない。東に向かう者も、この船一艘を用い、西に向かう者も、この船一艘を使う。人は別だが船は同じ。しかし東に行く者も西に行く者も各々その目的地に至る。これが悟りの様子である。悟るのは他のものを以って悟るのではない。ただ目の前の声色という船によって悟る。迷うのも他のものを以って迷うのではない。ただ目の前の声色という船によって迷うのである。人が迷うのも悟るのも、時を同じうして声色という一般の船を自由自在にあやつっているだけである。

昔法眼に或る僧が尋ねた。声色の二字をどのように透過したらよいでしょうかと。法眼は云った、大衆諸君、若しこの僧の質問の急所がわかれば、声色を超えることはいとも簡単であろうと。さてこの一段の問答をどのように参究したらよいであろうか。耳に没絃琴を聴き眼に無影樹を見る（耳無くして聴き、眼無くして見る）ことである。この道理は大半の人はよく承知しておる。だが更に進んでよく知らねばならないことがある。それは耳に有絃琴を聴き眼に有影樹を見る（耳っきりで聴き、眼っきりで見る）ことである。さてここまで来て大衆諸君に聞きたいことがある。耳に聞こえるもの、目に見えるものは一体何か。それは今何処にあるのかと。

●私解　道元禅師は、この上堂で我々に懇切丁寧に修行の道程を示されている。客観界の声色に執われている限り、真の仏道を手に入れることは出来ない。さりとて声色を離れて真の仏道はない。自己無き自己に目覚めて声色無き声色を楽しむ。これこそ真の仏道の実現であり原点である。

53**上堂。云く。直《じき》に道う本来無一物と。還って看る、遍界曽《か》って蔵《かく》さざることを。下座。**

上堂して云われた、事実は本来無一物。だが見た通り、全宇宙何も隠すことなく現われているなあと。下座された。

●私解　この時道元禅師に問わねばならない。それでは、本来無一物は間違いでしょうかと。道元禅師は何と答えられるのであろうか。お互い十分に参究に値いする。

54**上堂。云く。現身は汝が現ずるに任《まか》す。説法は汝が説くに任す。且く道え、作麼生か度生せん。良久して云く、鼻孔長きこと三尺、面目重きこと半斤。**

上堂して云われた。衆生の中に身を現わすことはお前さんの自由にまかせる。又衆生に説法することは、お前さんの自由である。さて衆生をどのように救ったら良いか。しばらく沈黙の後云われた。鼻孔が三尺も長く、顔が半斤も重いという大人物ばかりじゃなあ！

●私解　どっちを向いても大人物ばかりならば救いようがない。それでは救わなくてよいのか。我々の参究課題である。

55**上堂。云く。赤心片片誰か知得せん。笑殺す黄梅路上の児《こ》**

上堂して云われた。誰も彼も仏性ばかりということはわかっているであろう。それなのに、黄梅山の路上で、五祖弘忍《こうにん》禅師が四祖道信禅師に、姓を問われて、私は常姓にあらずと応じ、それでは姓は何かと云われて、仏性と答えているが、こいつは何と笑止千万なことではないか。

●私解　どうして笑止千万なことなのであろうか。それは一切衆生悉有仏性は、仏様の世界では常識だからである。

56**上堂。挙す。僧修山主に問うて云く、芥子に須弥を納《い》れ、須弥に芥子を納れると。如何なるか是れ須弥。主云く、汝が心を穿破すと。僧云く、如何なるか是れ芥子。主云く、汝が眼を塞却《そつきやく》すと。或《も》し、興聖に如何なるか是れ須弥と問うことあらば、只伊《かれ》に向って道わん、可惜許、心と。如何なるか是れ芥子と。只伊に向って道わん、可惜許、眼と。**

上堂して公案を取り上げて云われた。或る僧が修山主《しゅざんしゅ》に問うた。芥子の中に須弥山を納れ、須弥山の中に芥子を納れると云いますが、須弥山とは何でしょうかと。修山主は云った、お前さんの心をぶち抜けと。僧は云った、芥子とは何でしょうか。修山主は云った、お前さんの眼をふさいでしまえ。若し興聖（わし）に須弥山とは何かと問う者がいれば、彼に向って云うであろう。それはお前さんの心じゃと。また芥子とは何かと問うならば、彼に向って云おう、それはお前さんの眼じゃと。

●私解　道元禅師は、修山主の修証辺（修行上の心得）からの答えに満足していない。事実を直示するのが真の仏道であることを示された。

57 **上堂。云く。如何なるか是れ古仏心。伊《かれ》に向って道うべし、鴬啼く、処処同じと。如何なるか是れ本来人。伊に向って道わん、枯骨痩漢《ここつそうかん》と。**

上堂して云われた。古仏心とは何かと聞かれたら、伊に向って道おう、鴬はあちらこちらで啼いているなあ！　と。それでは本来人とは何かと聞かれたら、伊に向って答えよう。皺くちゃで痩せこけた男よと。

●私解　この上堂の語が、成程それしかないなあ！　とうなづくことが出来るまで、修行しなければならない。

58 **上堂。云く。言うこと莫れ、仏法多子無しと。黄檗老婆の六十棒。**

上堂して云われた。仏法多子無し（仏法は何も難しいことはない）なぞと言ってはならんぞ！　臨済は黄檗の六十棒によって、初めて一人前になったではないか。

●私解　道元禅師の云う通り、真の仏道は手に入れるのは容易なことではない。しかし一度豁然大悟してみると、黄檗の仏法多子なし！　と豪語することが出来る。すなわち仏道修行に当って不可欠のことは、この豁然大悟の体験である。それには豁然大悟の体験がある師匠が必要であり、豁然大悟せずんば止まない覚悟と求道心を持つ弟子が必要である。

59上堂。挙す。法眼禅師、因に琛《ちん》禅師に参ず。問う、上座何《いず》くに往くかと。法眼云く、邐迤《いり》として行脚《あんぎゃ》し去ると。琛云く、行脚の事、作麼生。法眼云く、不知。琛云く、不知是れ最も親切。法眼豁然として大悟す。

師云く、若し是れ興聖ならば、地蔵和尚に向って道わん。不知是れ最も親切、知も也た最も親切。親切は最も親切なるに一任す。且く地蔵に問う。親切とは箇の甚麼ぞと。

上堂。公案を取り上げて云われた。法眼文益禅師が地蔵桂琛《けいちん》禅師に参じた時、琛禅師が問うた、上座はこれからどちらへお出でかなと。法眼は答えた、足の向くまま行脚に参りますと。琛は云った、行脚とは何か。法眼は答えた、不知と。琛は云った、不知最も親切。これを聞いた途端、法眼は豁然として大悟した。

師（道元禅師）は云った、若しわしならば、地蔵和尚にこう云うであろう。不知が最も親切なら、知もまた最も親切でありましょう。親切が最も親切かどうかは別にして、地蔵和尚にお聞き致します。親切とは一体何でしょうかと。

●私解　道元禅師は地蔵和尚にこの質問をぶつけているが、本当は我々に向けられている。親切とは一体何かわかるか！　と。

それは自己を完全に忘じた世界を云っている。この世界がわかったからこそ、法眼も忽ち豁然大悟したのである。

60上堂。云く。諸人は直《ぢき》に須らく箇の見成公案《げんじようこうあん》を弁肯すべし。作麼生か是れ見成公案。便ち是れ十方の諸仏、古今の諸祖是れなり。而今現成す。諸人見るや。而今、掲簾《けいれん》放簾、上床下床是れなり。好箇の見成公案、諸人甚麼としてか不会不参なる。

山僧、今日性命《しようみよう》を惜しまず、眉毛を惜しまず、諸人の為に再説し、諸人の為に重説せん。卓拄杖一下して便ち下座す。

上堂して云われた。諸君はこの通り現成公案している事実をわからなければならない。この通り現成公案している事実とは何か。それは十方の諸仏、古今の諸祖が現成公案そのものであり、今此処に現にあらわれている。諸君はそれがわかるか。今此処に、どう現われているかというと、僧堂の簾を上げたり下げたり、僧堂の単に上ったり降りたりがそれであり、一つ一つが立派な現成公案である。それなのに諸君は、どうしてそれを会得せず参究しないのか。

山僧（わし）は、今日も命を惜しまず、眉毛が脱け落ちるのをいとわず、諸君のために繰り返し繰り返し説いている。こう云われて拄杖をドーンと一下して下座された。

●私解　道元禅師は、この丸出しの事実がわからんか！　と必死になって説いておられる。我々はその親切が骨身にしみなければならない。

61上堂。挙す。洞山、雲居に謂って曰く、昔南泉、弥勒下生《みろくあしよう》経《きよう》を講ずる僧に問うて曰く、弥勒什麼れ

の時か下生すると。曰く見《げん》に天宮に在り、当来下生せん。南泉曰く、天上に弥勒無く、地下に弥勒無しと。雲居挙するに随って問うて曰く、只天上に弥勒無く地下に弥勒無きが如きんば、未審誰か与に字を安ず。洞山、直に禅床震動することを得たり。乃ち曰く、膺闍梨と。

師曰く、天上に弥勒無く地下に弥勒無し。弥勒に弥勒無く、弥勒是れ弥勒。然も恁麼なりと雖も、諸人弥勒を見んと要すや。払子を拈起して云く、弥勒と相見し了れり。既に相見することを得たり。諸人試みに云え、弥勒有りや弥勒無しや。払子を抛下して下座す。

上堂。公案を取り上げて云われた。洞山が弟子の雲居道膺に云われた。昔南泉が弥勒下生経を講ずる僧に問うた。弥勒菩薩は、何時この世に生まれるかと。僧は云った、現在は天上界に居られるが将来この世にお生まれになられますと。南泉は云った、天上界に弥勒は居ないし地下にも弥勒は居らんぞと。

雲居はこの話を聞くと次のように問うた。天上界にも地下にも弥勒菩薩はいないならば、一体誰が弥勒の名を付けたのでしょうかと。洞山はこれを聞くと、禅床をガタガタ震動させて云った。道膺和尚！　と。

師（道元禅師）は云われた。天上に弥勒無く地下にも弥勒はいない。弥勒は何処にもいない。それが本当の弥勒である。そうではあるが、諸君は弥勒菩薩にお目にかかりたいか。払子を手に取って云われた。こいつが弥勒じゃ。この通り弥勒に相見することが出来た。さて諸君試みに云ってごらん。弥勒は居るのか居ないのか。そこで払子を抛り出して下座された。

●私解　さて弥勒はいるのかいないのか、を示さなければならない。室内で明示してもらいたい。

62**上堂。百丈野狐の話《わ》を挙し了って云く。将《まさ》に為《おも》えり胡鬚赤《こしゆしやく》と、希《まれ》に赤鬚胡有り。不落と不昧と因果更に因果なり。諸人、因を知り果を識らんと要すや也《ま》た無しや。払子を挙して云く、看よ、因果歴然たり。払子を擲下して下座す。**

上堂。百丈野狐の公案を提唱した後に云われた。胡人《えびす》の鬚は赤いと思ったら、たまには赤鬚の胡人がおるなと。ということは、百丈野狐の公案がわかる奴がたまには居るなと云っておられる。どうわかるかというと、不落因果も不昧因果も因果の中味は全く同じだということである。

さて諸君は、その因果の道理を知りたいと思うかと問題提起して、払子を取り出して看よ看よ！　払子は払子と因果歴然だぞ！　と示した。これで払子は用済みとなったので投げ出して下座された。

●私解　不落因果も不昧因果も因果の中味はどう同じなのか。これも室内で明示してもらいたい。

66**上堂。云く。十州の春色是れ東蹊。天上人間唯だ我れのみ知る。参。**

上堂して云われた。仙人が住むという十州の春の景色がどこにあるかと思ったら、東の道の両側に、この通り現われているではないか。わしにはわかるが、諸君はどうかな。わからなかったら、禅堂で一坐してみてごらん。

●私解　わかったかな。只ムーの春色ばかりということが。

67上堂。云く。**分明に諸人に挙示す。直に古今の不悟に到るも、無始より如の端的有り。何《いず》くんぞ。吾常に親切の労を労《わずら》わさん。**

上堂して云われた。今はっきりと諸君に示そう。たとえもともと悟る余地はなかったわいという境地に到っても、始めから完全無欠の事実しかないので、それは不必要である。まして況んや「吾、常にここに於て切なり」の洞山の言葉を煩わす必要は全く必要ないではないか。

●私解　悟りもここまで徹底しない限り、本物ではない。だから道元禅師は、悟りという言葉をあえて使わなかったのである。全宇宙は証の事実しかないからである。

68上堂。云く。**力を竭《つく》して道著すれば、露柱も旁《かたわら》に半語を助く。心を練って証悟すれば、木杓も強いて一口を加う。聴得する人、参得する底、情もまた未だ生ぜず、形もまた未だ興らず、声声喃喃《なんなん》、条条裸裸。**

覚えずして一歩を進めれば、脚跟を踏破す七錯八錯。未だ休せずして一歩を退けば、赤脚を踏穿して二達三達。須弥を趯倒《てきとう》して諸人の眼睛裏《がんぜいり》に拈在せしめ、大海を踏破して諸人の鼻孔裏に著得せしむ。如

何が諸人不覚不知なる。

良久して云く。昨夜花開いて世界香ばし。今朝果満ちて菩提熟す。

上堂して云われた。力を尽くして仏道を手に入れてみると、柱もそのまま仏道を説いて手助けをしているではないか。心を練りに練って悟りを開いてみると、木杓もそのまま悟りの強い声をあげているではないか。このように法を聴き取り悟りを手にした者は、主観（情）だの客観（形）だのという観念を起こす余地は無く、暑い寒いと声を出し、暑けりゃ脱ぐ寒けりゃ着るという自由自在なる働きができる。

思わず一歩を進めてみると、迷いは足許に踏み破られている。休まず一歩をひっ込めると、悟りの粕が踏み破られて、ただ二歩三歩と歩くだけ。もう一度云おうか。須弥山のような大きな悟りは踏み倒されて、諸君の眼には映らない。大海のようなでっかい迷いも踏み破られて、諸君の鼻にはにおわない。諸君はどうしてそれがわからんのかな。

道元禅師は、しばらく沈黙の後云われた。昨夜沈丁花が咲いたようだな。その香りがあたり一ぱいではないか。そして今朝は、このとおり菩提の実がたっぷり熟しているではないかと。

●私解　道元禅師の今日の上堂は、ご自身のすべてを露呈して完全無欠である。我々は道元禅師のこの境涯を一日も早く手にする修行に邁進しなければならない。

我々も正師について真剣に修行すれば、必ずこの境地を得ることは出来る筈である。

70 **上堂。云く。山僧今日上堂するに、三世の諸仏も亦今日上堂す。諸代の祖師も亦今日上堂す。丈六の金身を帯ぶる者も上堂す。百草の妙用を具する者も上堂す。既に倶《とも》に上堂す。甚麼の法をか説く。他の法を説かず、這箇の法を説く。作麼生か是れ這箇の法。上藍院裏にも挙し、観音院裏にも挙し、僧堂裏にも挙し、仏殿裏にも挙す。**

上堂して云われた。わしは今日このように上堂した。すると三世の諸仏もまた今日上堂し、歴代の祖師方もまた今日上堂し、丈六の金身を具した応身仏も上堂し、更には山川草木のすべても上堂する。

このように一斉に上堂して、何の法を説くのかというと、外でもない這箇の法（この法）である。這箇の法とは何かというと、上藍院でも観音院でも、僧堂でも仏殿でも説いた法である。

●私解　さてその這箇の法とは何か。「誰々さん」と呼ばれると「ハイ」と答える。それである。そんなことなら誰でもやっていると云うであろうが、ちゃんと答えている人は殆んどいない。偉い人程答えない。何故か。上堂していないからである。道元禅師のように、自信を持って上堂できるまで修行して、初めて這箇の法を自由に説くことが出来る。

71 **上堂。云く。但だ看る業識太《はなは》だ茫茫。一切衆生無仏性。下座。**

上堂して云われた。看てごらん。ほとんどの人は、無始劫来の自我意識に翻弄されて七転八倒と大忙しではないか。本来具有している筈の仏性は、一体何処へやってしまったのじゃ！　と言って下座された。

●私解　この道元禅師の叫び声を「その通り！」と受け止めて、この見失った仏性を何としてでも手に入れようと奮闘努力する人こそ真の仏道修行者である。そしてそれが正しい菩提心である。しかし現在そのような真摯な修行者が果して何人いるであろうか。

だがこれだけでは情無い。「冗談じゃありません。仏性はこのとおり明々白々です」と道元禅師に食ってかかるのでなければ、真の仏道の継承者とは云えない。さあ何と云ったらよいか。室内でお示し願いたい。

72上堂。云く。**如今雲水兄弟《ひんでい》、還って得る底の人有りや。時に僧有り、出でて礼拝す。師云く、有ることは是れ有り、只是れ未在と。僧問う、箇の甚麼をか得てん。師云く、情《まこと》に知んぬ、你は未だ得ざると。**

師乃ち云く。如何が是れ得たる底の人。良久して曰く、身心質直・語声高しと。

上堂して云われた。今雲水諸君の中で悟りを得た者がいるかどうかと。時に一人の僧が出て来て礼拝した。師（道元禅師）は云われた。悪くはないが未だ十分ではないと。僧が問うた、何を得たらよいでしょうか。師は云われた、それでお前さんが十分でないことがはっきりしたわいと。

師はそこで云われた、悟りを得たとは、どんな人を云うのかな。しばらく沈黙して云われた。身心質直・語声高し（身も心も忘れて喋れる奴）じゃと。

●私解　この僧が「何を得たらよいでしょうか」と聞くだけ、未だ自己が残っている。自己を忘じた体験が無い限り、悟った人とは言えない。道元禅師の指示は明瞭であり適確である。

73上堂。云く。声は是れ境。境を動著《どうじやく》することを得ずして、山僧が与《ため》に一句を道過し来ることを得てんや。良久して云く、常に憶《おも》う江南三月の裏《うち》、鷓鴣《しやこ》鳴く処百花香《かん》ばしと。

上堂して云われた。声は客観界の代表である。さてこの客観界が無くなった世界の一句をわしに持って来てもらいたいと。

しばらく沈黙して云われた。何時も思い出すのだが、揚子江の南岸では、三月になると鷓鴣が鳴き出すが、それと併せて爛漫とすべての花が咲きほこる、何んとも言えんなあ！　と。

●私解　道元禅師には百花爛漫の世界（境）があるように見えるが何処にもない。何故なら道元禅師は何処にも居ないからである。

74上堂。挙す。円悟禅師道わく、生死去来真実人体と。南泉道わく、生死去来是れ真実体と。趙州道わく、生死去来是れ真実人と。長沙道わく、生死去来是れ諸仏真実体と。

師云く、四員の尊宿、各々家風を展《の》べて倶に鼻孔を端《ただ》す。道うことは也た道い得たり。只是れ未在。若し是れ興聖ならば、又且《か》つ然らず。生死去来只是れ生死去来。

上堂して公案を取り上げて云われた。円悟禅師は云われた、生死去来は真実人の本質と。南泉は云われた、生死去来は真実そのものと。趙州は云われた、生死去来は人の真実と。長沙は云われた、生死去来は諸仏の真実と。

師（道元禅師）は云われた。四人の尊宿は各々家風を現わして仏道の本質を明らかにされた。道われた内容はそれぞれ特長があるが、未だ十分ではない。わしならば、そうは云わない。わしは生死去来は只是れ生死去来と云うであろう。

●私解　若し諸君ならば何と云うかは好箇の公案である。お互い室内で参究してみようではないか。

75 **仏生日の上堂。尽界多時にして、天暁《あ》けなんと欲す。乾坤、今日採光彰《あら》わる。周行七歩、全力を費す。未だ免れず、傍観の笑い一場するを。**

降誕会の上堂。全宇宙の全時間を尽くして一斉に夜が明けようとしている。今日、天地は光り輝いている。釈迦牟尼仏は生まれると同時に、四方に七歩あゆまれて、全力をふりしぼって「天上天下唯我独尊」と叫ばれたが、これを側で見ていた人々は、思わず一場の笑いを発せざるを得なかったであろう。

●私解　何故一場の笑いを発せざるを得なかったのか教えてもらいたい。一体、衆生本来仏なら、そんなことをする必要があったのであろうか。

76**上堂。云く。秋雲秋日両《ふたつ》ながら悠悠たり。半《なか》ばは年時を逐い、半ばは留まるに似たり。且《しばら》く問う、儂《わ》家《れ》相対《あいたい》して話るとき、知らず方外若《いか》んが為に酬いん。**

上堂して云われた。秋の雲秋の日ざしは、共に悠々としているではないか。半ばは過ぎ去るようにも見え、半ばは何の動きも無いようにも感ぜられる。そこで尋ねるが、このわしの感慨は、方外（迷悟を超えた世界）に居られる諸君は、どのように思われるかな。

●私解　「まさに午睡に良し」とでも応答したらどうであろうか。

77**中秋の上堂。月中の桂樹を折り尽くし来る。這箇は恋わず旧這回。胡来れば胡現じ、漢来れば現ず。限り無き清光、十五枚。**

八月十五日中秋の上堂。今宵の月は、月の中の桂樹を折り尽くして何の影も無い。すばらしい今夜の月の輝きを見れば、昨夜の輝きをしたう必要は無い。胡人は胡人と現じ漢人は漢人と映している。今夜の十五夜の月は、限り無く清らかであることよ。

●私解　これは道元禅師の境涯をそのまま完全に現わしている。我々の修行も、この世界を目指さなければならない。

78上堂。云く。条条として明らかなり、条条として存す。頭頭《ずず》十方を坐断し、頭頭一境を参究す。究了の力恁麼なることを得、体了の容《かたち》恁麼なることを得。十虚《じっこ》算《かぞ》え来って対無きが如く、半空証し来って脱落することに似たり。

這箇の道理を委悉せんと要すや。良久して云く、玄黄染むることなし我が明珠。浄鏡何ぞ夢みん好と嫫《ぼ》と。覚えず重輪、塵刹の海、夜来の倒景、珊瑚に在り。

上堂して云われた。一つ一つがこのとおり明らかで、一つ一つがあるがまんまに現われている。それは一つ一つが在りつぶれたまんま、一つ一つがこのとおり現われているということである。仏道を完全に悟ると、このことがわかる。そしてその悟りを身につけてしまうと、それが当り前のこととなる。世界どこを見ても対立するものはない。悟って身心脱落したということさえ意識に上らない。

さてこの世界を自分のものとしたいと思うかな。しばらく沈黙の後云われた。一人一人が持っているこの明珠（本質の珠）は天地もよごしようがない。だから美と醜を明鏡のように判断することができる。従って何の力こぶも入れずに、悟りの清らかな天を照らし、同時に迷いの深い海をも照らす。更には、その海の底にあって、誰も気がつかない珊瑚にも救いの光を照らすことができる。

●私解　道元禅師は、天童浄祖の許で、身心脱落・脱落身心の語で大悟され帰国されたが、この頃は身心脱落したことさえ忘れてしまわれた。そして、在るがまんまのありつぶれの世界を、この日の上堂でも明示された。

今やこの境地に到った修行者は殆んどいないであろう。しかし誰も彼も、本来この境地に到り得る明珠である。粉骨砕心の修行を願うや切である。

79 **上堂。云く。仏祖翻身す五万回。見成公案《げんじょうこうあん》、百千枚。一茎草に十方刹を立てれば、雲水、期せざるに得得として来る。**

上堂して云われた。仏祖方は皆五万回も、悟ってはその悟りを捨て、悟ってはその悟りを捨てるという猛修行をされた方々ばかりである。従ってその都度、新たな悟りの境地を百千枚も味わって来られた。

その結果、仏祖方は一本の草の上に、十方に開かれた梵刹（寺院）を建てることができる指導力を、いとも簡単に発揮された。その結果、修行僧が期せずして、雲霞のように集まって来るのである。

●私解　今日、日本の禅が衰えてしまったのは、この五万回の翻身と百千枚の悟りの体験を持つ師家が居なくなってしまった為である。

道元禅師は、この正師になる条件を、この日の上堂で明示された。

80 **上堂。曰く。識知多般なり。赤鬚胡《しゃくしゅこ》の識知有り、胡鬚赤《こしゅしゃく》の識知有り。神頭の識知有り、鬼面の識知有**

り。諸人、若し学道を要せば、仏祖の身心を借りて学道すべし。

仏祖若し識知を要せば、諸人の識知を借りて受用すべし。所以に破顔して正眼を得る、乃ち霊山の玄風なり。断臂《だんぴ》して祖髄を得る、乃ち嵩山《すうざん》の勝躅《しょうちょく》なり。

若し恁麼ならずんば、何ぞ能く恁麼ならん。既に恁麼なることを得たり、還って体悉すや。

良久して云く、喪身失命、君に報じて知らしむ。換面回頭、一《もっぱ》ら大いに疑がう。玉石拋《はな》ち来って管せずと雖も、道衣・道法・道心の時。

上堂して云われた。道を学ぶのにいろいろの方法がある。赤鬚胡や胡鬚赤（赤鬚のエビス人）について学ぶものもあれば、神頭や鬼面について学ぶものもある。諸君が、若し仏道について学ぼうとするならば、仏祖の身心にならって学ばなければならない。

仏祖が若し悟れというならば、諸君も自ら悟る体験が必要である。昔の例で云うならば、釈尊の拈華を見て摩訶迦葉が破顔微笑して正法眼蔵を得た（悟った）のは、霊鷲山のすばらしい例である。また二祖慧可大師が断臂して達磨大師の真髄を得た（悟った）のは、嵩山におけるすぐれた実績である。

若しこのような行跡が無ければ、どうして今日までこのように仏道が伝わることがあろうか。既にこのように真の仏道がわし（道元禅師）の手許に届いている。諸君はこのことを腹の底からわかっているか。

しばらく沈黙の後云われた。わしがこのように身命を投げ打って諸君に真の仏道を知らしめんとしているが、お前達は顔をそむけたり頭を回したりして、ただただ疑うばかりではないか。お前達は頭の良い奴も悪い奴も、挙げてわしの言う事がわからんでいるが、それがそのまま道衣・道法・道心で仏道の丸出しであることがわかるか！。

●私解　道元禅師は渾身の力を振りしぼって叱咤激励されているが、大衆にはわからない。否わかっている者も何人かはいたであろう。彼等はこの道元禅師の言葉が、身にしみたに違いない。骨身にしみたからこそ、五万回の翻身と百千枚の悟りを得ることが出来たのである。

81**上堂。云く。昨夜清風太虚より落つ。朝来、柏樹立ちどころに成仏す。下座。**

上堂して云われた。昨夜は夜通し大風が吹いておったなあ！　今朝見ると、柏の樹の葉はすべて振り落されて、立派な仏様ばかりではないか。下座された。

●私解　さてどんな仏様ばかりなのか。室内で示してもらいたい。

82**上堂。云く。霊根、向背無し。大悟二三升。弁じ来って乳粥を作りて、十方の僧に供養す。良久して曰く、也大有也大有**《やたいう》**。消息一たび通ずれば、古も今に似たり。一衆生界蔵有らば、拳頭霹歴、老婆心。**

上堂して云われた。我々の霊妙なる本質は、面も裏もない。二三升もの量の大悟をするのはごく当り前。仏祖方はこの事実を手にれて乳粥を作り、十方の僧達に供養して来た。

しばらく沈黙の後云われた。何とすばらしいことではないか。すばらしいことではないか。この消息を一度手に入れれば、今の人も昔の人と変らない。一人でもこの世界で、迷える衆生がいるというなら、俺の処に連れて来い。目が醒める程の拳骨《げんこつ》を食らわせる老婆心を発揮してやるぞ！

●私解　この力強い道元禅師の老婆心切が本当にわかるかどうか。若しわからなければ、わかるまで禅堂で坐れ。

83**上堂。**云く。**是れ心・仏にあらず、是れ物にあらず。自己の為にせず、人の為にせず。汝等をして少しく知及《ちぐ》せしむるなし。海裏の春秋、海神に有り。**

上堂して云われた。是の事実は、心でも仏でも物でもない。だから自分の為だとか、人の為だとか思う余地はない。

だからお前達がさっぱりわからないのも無理はない。海の底の春秋の景色は、海神にしかわからないように、この事実の世界は仏だけしかわからないからなあ！

●私解　「冗談じゃありません。そんな海神がどこにいるのですか」と飛び出して来る者がいれば、道元禅師もあわてるに違いない。

84**雪朝の上堂。**云く。**明白露《あらわ》れて堂堂たり。光明豁《あきら》かにして巍巍《ぎぎ》たり。師乃ち挙す。**

雲居、雪峰に問う、門外の雪銷《しょう》するや也た未だしや。雪峰曰く、一片も也た無し。箇の什麼をか銷せん。雲居自ら代って曰く、銷せりと。

雲居の、門外の雪銷するや也た未だしや、と云えるに、師著語して云く、我、分外底の他を見ず、他、分外底の我を見ずと。

雪峰の、一片も也た無し。箇の什麼をか銷せんと云えるに、師著語して云く、好雪片片、什麼の処にか落在せんと。

雲居自ら代って、銷せりと云えるに、師著語して云く、大千界是れ何物ぞ。万億の身妙門を開くと。

雪の朝に上堂して云われた。この通り真白い雪がきらきらと輝いて積もっているなあ！　こう云って次の公案を示された。

雲居が雪峰に問うた、外の雪は銷《と》けたかなあと。雪峰が答えた、雪など一かけらもございません。何が銷《と》けるのですか。雲居は自ら代って云った、そのとおり完全に銷けているなあ！　と。

雲居が云われた、外の雪は銷けたかなあについて、師（道元禅師）は次のように著語された。わしの外に誰もおらんと思ったら、向こうもわしなど眼中になかったわいと。

次に雪峰が云われた、雪など一かけらもありません。何が銷けるのですかについて師は次のように著語された。お！　まことに好い雪じゃ。何処にも落ちとらんなあと。

雲居が自ら代って銷けりと云われたことについて、師は次のように著語された。この大千世界は全部わしの物じゃ。どんな働きでも出して見せるぞ！　と。

●私解　この道元禅師の著語に、更に著語をつけろと云われたら、何と云ったらよいであろうか。「ご老師。上堂はその位にして、今日は大分寒いので、甘酒でも如何ですか」はどうであろうか。

85**上堂。云く。人人道を修め行治に力《つと》む。此の力、条条として自《おの》ずから期する在り。日日、祇《た》だ人事に陪して過ぎなば、山林、那《なん》ぞ道の成ずる時を見ん。**

上堂して云われた。皆おのおの仏道を修行し、仏道にかなった行ないをしようと努めている。この力が一つ一つ積み重なって、やがて仏道を成就することとなる。

それなのに、毎日ただ世間のことに心を費やして過ぎるならば、たとえ山林に在ったとしても、どうして仏道を成就する時が来るであろうか。

●私解　云うまでもなく仏道を成就する基本は、毎日の坐禅の実行である。毎日必ず坐禅に励み、更に正師について独参することができれば、人種・国籍・性別の如何を問わず、やがて仏道を成就することは可能である。

86**上堂。云く。粥足り飯足る。神通妙用。雲来たり水来たる。現身説法。這の恁麼、作麼生。良久して云く、分疎《ぶんそ》不下《ふげ》、雍容《ようよう》を得たり。**

上堂して云われた。朝の粥も十分、斎座の飯も不足がない。この通り神通妙用が発揮されている。

だから雲水が四方から集まって来る。集まってくると、わしもこのように上堂して説法する。こいつは一体何か。しばらく沈黙して云われた。分疎不下（さっぱりわからんなあ！）、だからこの通り雍容（申し分ない）わいと。

●私解　このように言明できる真箇の師家がいる道場が、今日日本にどの位あるであろうか。

87 **上堂。**云く。**力を用いること十二面、従容す千万般。大疑も親切、模索不著。如何が恁麼なる。還って委悉すや。露布の説得、用いる処なし。子細に体取せよ古人の心。**

上堂して云われた。仏祖方は力を尽くして、相手の気根に応じて、手を替え品を替えて説法される。これ程説いてもわからんかと学人に大疑団を起させるのも親切の現われである。どうしてそんな働きが出てくるのかさっぱりわからない。

さてどうしてそうなのか、くわしく知りたいと思うか。それは古人が説いていながら説いている中味が全くカラッポ（露布）だからである。だからこの古人のカラッポの説法を十二分に聞き取らなければならない。

●私解　本日の道元禅師の上堂はわかりにくい。それがはっきりわかるには、どうしても一度自己を忘ずる底の大悟を体験して、カラッポの世界をはっきりさせる必要がある。

88臘八《ろうはつ》上堂。（問答録せず）師乃ち云く、二千年より以来《このかた》子たり孫たり、二千年より向上に祖たり父たり。拕泥帯水、随波逐浪。便ち恁麼に道うも、更に将錯就錯《しょうしゃくしゅうしゃく》底の道理有り、作麼生。仏の在ると仏の在らざるは、脚跟下に一任す。面面仏面、成《じょう》成り仏成る。山僧夜来、覚えず一踏すれば、他便ち称して云く、我が名は釈迦牟尼と。山僧、又覚えず一踏すれば、一隻の乾尿橛《かんしけつ》出で来って、跨跳して蓋天蓋地す。山僧、又覚えず一踏り来って金剛座に坐し、明星を見ることを得て、孃生《じょうしょう》の羅籠《らろう》を咬破し、従来の旧窠《きゅうか》を脱落す。啐啄を待たずして、諸仏と同じく三十二相を弄し、山僧と同じく二十八字を頌す。云く、

倒踏胸に当って背骨折《くだ》け
山河眩転《めいてん》して暁風吹く
七通八達衝天の気
体得す一枚の黄面皮《おうめんぴ》

臘八接心での上堂。（問答は記録せず）

師（道元禅師）は云われた。我々は二千年より以来《このかた》、釈迦牟尼仏の子孫であり、釈迦牟尼仏は二千年以前の我々の祖父である。仏は泥水をかぶりながら、我々の機根に応じた指導を、手を代え品を代えて、このとおり行って来られたが、我々の方は錯りの上塗りをするばかりである。これは一体どういうことか。仏がいるかいないかは、お前達の足許の問題であり、今此処に歴然とおられることがわかれば、各人は忽ち仏と成ることが出来る。

わしは昨夜夢の中で、思わず一踏みしたところ、一本の乾尿橛（くそかきべら）が飛び出して来て

天地いっぱいとなった。わしは又思わず一踏みしたら、そいつが云うには、自分は釈迦牟尼仏だと。わしは又思わず一踏みしたところ、彼の胸に突き当った。そうしたらすぐに帰って来て、金剛座に坐し、明星を見ることが出来た。忽ち、母親から生まれた殻を食い破ったかと思うと、今迄の古い皮袋から抜け出してしまった。

このように仏の誘い（啐啄）を待たずに諸仏と同じように、三十二相を手にすることが出来た。それと共に諸仏もわしと同じように、七言四句の頌を唱えられた。その頌というのは、

仏の胸に当ったら背骨を打ちくだいた
山河は目がくらんで倒れ涼風が吹き渡る
忽ち天をも衝く気概が身体に湧き起り
黄色い面《かお》の釈迦牟尼仏がわがものとなる

●私解　衆生本来仏の事実は、このとおり明々白々である。この事実に気付くのが、真の報恩行である。

89上堂。挙す。雲門因みに僧問う、不起一念、還って過有りや也《ま》た無しやと。門云く、須弥山。師良久して曰く、須弥山、須弥山と道う。拈華有ることを見て、自ら破顔す。一念百年、三万日。樵夫の消息山間に在り。

上堂。公案を取り上げて云われた。雲門に僧が問うた。一念も起こさない時、何か過りがありまし

ようかと。雲門は云った、須弥山《しゅみせん》（須弥山ほどの過《とか》ばかりじゃ！）と。

師（道元禅師）はしばらく沈黙の後云われた。これは須弥山が自ら須弥山と云っただけである。丁度釈尊が拈華された時に、摩訶迦葉が破顔したのと同じである。

一年が百年経つと三万日、その間の樵夫《きこり》の消息は山中にある者だけがわかるように、雲門の消息は、真に仏道を得た者以外にはわからない。

●私解　雲門の須弥山（須弥山程の大きな過ばかりじゃ！）という答えが、何故道元禅師のコメントと一致するのかを、室内で明確に示してもらいたい。

90 **歳旦の上堂。天宇廓清にして、一《いち》、一《いち》を得て清《す》めり。地区含潤にして千通万達す。正当恁麼の時、作麼生**

良久して曰く、春信通和して、遍界芳《かんば》し。東君兀兀《ごつごつ》として、雲堂に坐す。枝枝花笑う、珊瑚の色。世界花開く、是れ帝郷。


元旦の上堂。天はからりと晴れて一月一日を迎え、さわやかである。大地は見渡す限り潤って果てしがない。まさにこの時は、何としたら良いであろうか。

しばらく沈黙した後云われた。春の便りを知らせる梅花の香りは、全宇宙に遍満している。春の神々は兀兀として禅堂で坐っている。枝々に咲く梅花は、珊瑚の色を呈し、世界中が花盛りである。これこそ本当の極楽浄土ではないか！

●私解　道元禅師は、今まさにそして此処が真の極楽浄土であることをはっきり確信しておられる。我々も坐禅修行する以上、この境地を得ずして、どうして人を救うことができるであろうか。

91 **上堂。云く。自我《じが》得仏来常住此《とくぶつらいじょうじゅうし》説法《せっぽう》と。道うことなかれ、我が宗に語句無しと。真箇、我は是れ謝三郎。諸法住法位《しょほうじゅうほうい》世間常住《せけんじょうじゅう》と。鴻雁回《かえ》り林鶯出ず。恁麼ならざるを得て既に恁麼なることを得たり。既に恁麼なることを得たり。又且《か》つ如何。**

良久して云く、三春、果満つ菩提樹。一夜、花開いて、世界香《かんば》し。

上堂して云われた。釈尊は、自我得仏来常住此説法（我、仏となってから、常に此《ここ》に住して説法す）と云われた。従って仏法に説くべき語句は無いと道《い》ってはならない。まことに玄沙大師は、我は是れ謝三郎　と親切に説いている。

釈尊は、諸法住法位世間相常住（あらゆるものは、あるべき位にある。世間の相はこのように常住である）と説いておられる。まことに春になると雁は帰って来て、林の鶯は出て行く。このとおり、じっとしてはいないが、何時もこのとおり変りはない。何時もこのとおりとは、一体どういうことか。

しばらく沈黙の後云われた。春になると菩提樹の実が熟して一夜にして花が開く。世界中が香ばしさに包まれるわいと。

●私解　一瞬一瞬の香ばしい姿のほかに、世界中を包む仏法の香りはない。

92上堂。云く。**衆中に箇の大悟底の漢有り。諸人知及するや未だ知及せざるや。若し如今知及せば、対面するも相識らず。若し如今未だ知及せずんば、咨参《しさん》問道すべし。**

上堂して云われた。大衆の中に一人の大悟した者がおるが、諸君はそれをよく知っておるか、それとも未だ知らないか。若し今知っておるならば、そいつは面と向っていてもわからんぞ。若し今未だ知らんというならば、よくよくそいつに道を尋ねるべきである。

●私解　本来の自己は、昔から識っていながら相識らない。そこで道を求めて尋ねるが、その尋ねる奴は何者であるか。その正体を見破れば、今日の道元禅師の上堂は円成する。

93上堂。云く。**衆中に箇の大悟底の人有り。大衆知及するや未だ知及せざるや。若し知及せば、咨参に問道すべし。若し未だ知及せずんば、対面するも相識らざるなり。**

上堂して云われた。大衆の中に一人の大悟した者がおるが、諸君はそれをよく知っておるか、それとも未だ知らないか。若し、知っているならば、そいつによく道を尋ねよ。若し未だ知らないというならば、そいつは、面と向っていてもわからん奴じゃ。

●私解　大悟した奴は、大悟を捨てて真の道を尋ねよ。未だ悟らん奴は、その悟らん奴の正体を見破ってみよ。そうすれば今日の道元禅師の上堂が円成する。

94 **上堂。百丈野狐の話《わ》を挙し了り、師乃ち云く、山河大地野狐の窟。受脱一枚の皮肉骨。因果明明として已が物に非ず。鷓鴣頻りに囀《な》いて百花没《お》つ。**

上堂。百丈野狐の公案を取り上げて提唱された後、師（道元禅師）は云われた。山河大地はすべて野狐の住家である。野狐の身を受けるのも、脱《ぬ》け出すのも、一枚の野狐身の大活躍である。因果の道理は明々として私の物ではないから昧ますことはできない。春が来れば鷓鴣はしきりに鳴き、百花は咲きほこって散るばかりである。

●私解　不昧因果と真に悟ることが出来れば、そのまま不落因果の丸出しであることが、手に取るようにわかる筈である。それがわからなければ。不昧因果も単なる観念に過ぎない。

95 **上堂。云く。二十年来、祖宗を学す。遍《あまね》く秋菊及び春松に参ず。瞻風《せんぷう》撥草して道を伝えんと欲す。先仏の受功、各各跳封《ちょうふう》す。**

上堂して云われた。わしは二十年このかた祖師の宗風を学び、秋菊・春松の山野を歩いて正師を求めて参禅してきた。今日本に帰って来て、草の根を分けても、この国に真の仏道を伝えようと思っている。先の仏祖方から受けた教えの功は勿論大切にするが、更にその一つ一つを飛び越える気概を以ってのぞむ所存である。

●私解　この道元禅師の熱烈たる気概を受け継ぎ、更にはそれをも乗り越えんとする気迫の士が、世界のどこかに居ることを念ずるのみである。

96 **上堂。曰く。仏法の参学は容易なるを得ず。後漢の永平に名相纔《わずか》に聞こえ、梁代の普通に祖師西来す。**

祖師西来に非ざるよりは、余外は未だ法の実帰を知らず。何《いか》に況《いわん》や能《よ》く仏向上の事を知らんや。談玄説妙は未だ是ならず、説心説性も未だ是ならず。

若し玄妙を放って所住の処無く、若し心性を遣って所繋の処無くんば、是れ但だ声色裏に活計を求むるに由るのみなり。既に玄妙・心性を除く、この時声色但だ無主なり。

甚為としてか恁麼なる。良久して云く、麁心是れ失、細胆是れ得。

上堂して云われた。仏法の参学は容易なことでは手に入らない。後漢の永平年間に、仏法の名がわずかに伝わり、梁代の普通年間に、達磨大師がインドから西来された。

達磨大師が西来されなければ、その他の人では到底仏法の真実の帰する処はわからない。まして況んや仏法を超えた世界なぞ知るすべもない。仏法は玄々微妙の法を説くというのは未だ正しくない。仏法は心性を説くものというのも正しくない。

若し玄々微妙の処を放ち忘れ、そこに住《とど》まることを忘れ、心性をも打ち捨てて、執《とら》われるところが無くなれば、ただ声色のままに活発々な働きをする外は無くなる。既に玄妙・心性への執われが無いので、この時の声色には自我が無い。

どうしてこのようなことになるのであろうか。しばらく沈黙の後云われた。麁心（自我に執われた心）は×。細胆（自己を完全に忘じた心）はすべて○。

●私解　自己を忘ずる体験は極めて難しい。だから真の仏法の参学は容易なことではないのである。

しかし一度自己を忘ずる体験をすれば、仏法をも超えた世界を知ることが出来る。そこが道元禅師の云われる身心脱落・脱落身心の世界である。

97 **上堂。云く。人人自《にんにんおのず》から光明の在る有り。仏殿・僧堂更に壊すること莫し。且《しばら》く問う、人人何《いず》れの処よりか来る。光明は光明に対《たい》有らしめよ。**

上堂して云われた。一人一人はそのまま光明。仏殿も僧堂もそのままで光明。さて、お前達に聞くが、一人一人は何処からやって来たのかな。どこもここも光明ばかりじゃよと。

●私解　道元禅師の今日の上堂が本当にわかれば、人間は生まれたこともなく、死ぬこともない事実が手に入る。この事実がわからずして、どうして仏道が真の宗教だということが云えようか。またどうして人を根本から救うことができようか。

98**浴仏上堂。我が仏如来、今日生まれ十方に七歩して一時に行く。誰か知る、歩歩諸仏を生じて、諸仏今日の声を単伝することを。過去・未来並びに現在、同生同処亦同名の南無釈迦牟尼仏。香水・洗頭・老兄を浴す。這箇は是れ浴底降生の道理。**

作麼生か是れ浴儀・長時に我が仏、衆僧を浴す。今日衆僧、我が仏に澆《そそ》ぐ。良久して云く、大衆同じく仏殿に到って、我が仏を灌浴せよ。下座す。

降誕会の上堂。我が釈迦牟尼如来は今日生まれ、十方に七歩同時に歩まれた。その一歩ごとに諸仏が生まれ、諸仏は釈迦牟尼仏の「天上天下唯我独尊」の声を単伝されていることを誰が知り得ようか。だから過去・未来並びに現在の諸仏は、同じく生まれ、同じ処に同じく名づけられた南無釈迦牟尼仏である。そこで、香水を以って老兄（釈迦仏）の頭に注いで浴《ゆあみ》してさし上げよう。これは釈迦牟尼降誕会の作法である。

それでは灌仏の真の儀式はどうであろうか。長い間我が釈迦牟尼仏は、我々衆僧に法水を注いで下さった。今日は、我々衆僧が釈迦牟尼仏に香水を注ぐ日である。しばらく沈黙して云われた、諸君よ。共に仏殿に入って、我が釈迦牟尼仏を灌浴せよ。こう云われて下座された。

●私解　我々修行者の釈迦牟尼仏への真の灌仏は、報恩の坐禅である。そしてその結果、我々一人一人が「天上天下唯我独尊」と云えることである。

99上堂。云く。仏仏祖祖単伝の大道は、親故も未だ知らず、旧識も未だ説かず。甚としてか恁麼なる。有《う》と道い無《む》と道い、四句百非、思量・不思量、仏量・不仏量、金襴衣伝・金襴外伝、正法眼蔵涅槃妙心、恁麼・不恁麼、知有・不知有、力を尽くして道得す。任他《たとい》力を尽くして道得すとも、設使《たとい》汝が臂を断ち、設使吾が髄を得るとも、山僧に呈示せば、山僧他に向って道わん。我が王庫の内、是の如きの刀無しと。

上堂して云われた。仏祖が単伝された大道は、親しい友も知らず、昔の善知識も説くことが出来ない。それは何故かと云うと、仏祖の大道を、有と道い無と道い、四句百非と道い、思量・不思量と道い、仏量・仏量に非ずと道い、金襴衣に伝わると道い、金襴衣の外に伝わると道い、正法眼蔵涅槃妙心と道い、恁麼・不恁麼と道い、有を知り有を知らずと道う。このように力を尽くして言い表わそうとする。

たとえ力を尽くして言い表わそうとして、慧可のように臂を切り、達磨から髄を得る努力をしても、山僧に呈示するならば、わしは彼に向って道おう。わしの手許には、そんなものは、一かけられ無いわいと。

●私解　まさに「空手にして故郷に還る。一毫も仏法無し」の境涯を吐露されておられる。

100上堂。云く。行は別行ならず、道は親道にあらず。所以に云く、諸仏未だ向上の関捩《かんれい》を知らず、万祖

那《なん》ぞ直下の承当を会せん。只向上の人あって、手に無孔の鑰匙《やくし》を把って、八鬚《はつしゅ》の鏁子《さし》を打開す。

上堂して云われた。仏祖の行といっても、特別な行があるわけではない。又仏道と云っても、特にすぐれた道というわけではない。それ故、諸仏は今以って、特別な肝心要であることなぞは知らないし、諸祖も直下に大悟したものなぞ頭にはない。

そこで仏道を超えた人はどうかというと、手に孔の無い鍵を持って、八枚の錠前を開け放し、何もない世界を自由自在に歩き回るだけである。

●私解　このような完全な自由人を育成するのが真の禅の目的である。

101**上堂。挙す。進山主、修山主に問うて云く、明らかに生不生の性を知るに、什麼としてか生の為に留めらるると。修云く、筍《たかんな》畢竟竹と成る。如今篾《べつ》と作して使わんに還って得てんや。進云く、汝向後自ら悟ること在らんと。修云く、某甲只此《かく》の如し、上座の意旨如何と。進云く、這箇は是れ監院房、那箇は是れ典座房。修便ち礼拝す。**

師良久して云く、公案現成す三四尺。羅籠新たに結ぶ五千年。

上堂。公案を取り上げて云われた。進山主が修山主に問うた。生不生の本性が空であるとはっきりわかっていながら、どうして生死に振り回されるのであろうかなと。修山主は云った。竹の子は必ず竹となりますが、今は竹細工として使うことは出来ませんと。

進山主は云った、お前さんは今後必ず、自ら悟ることができるであろうと。修山主は云った、私の考えはこの通りです。ご老師のお考えは如何ですかと。進山主は云った、是れは監院房、あれは典座房じゃと。修山主は礼拝した。

師（道元禅師）は、しばらく沈黙の後に云われた。この二人の問答は、真実が完全に丸出しになっているが、わからん者にはますますわからんだろうなあ！　と。

●私解　我々の大部分は、多分このわからん者の部類に入ってしまうであろう。それは進山主の云う「這箇は是れ監院房、那箇は是れ典座房」の事実がわからないからである。しかし真剣に坐禅して、自己を忘ずる体験をすれば、まことにその通りとはっきりする。

102 **解夏の上堂。古も今も現身度生す。或いは百丈の身を現じ、或いは臨済の身を現じ、或いは釈迦老子の身を現じ、或いは達磨大師の身を現じて得度せん者には、即ち皆之れを現じて而《しか》も為に説法す。或いは亘古《ごうこ》身《しん》を現じて得度せん者には、即ち亘古身を現じて為に説法し、或いは亘今身《ごうこんしん》を現わして得度せん者には、即ち亘今身を現じて為に説法す。**

今夏も全機現し、古夏も全機現す。既に能く恁麼ならば、九旬安居、大幸大慶なり。既に安居を得たり、功徳多少《いくばく》ぞ。良久して云く、大地の衆生、泥多ければ仏大なり。

夏安居最終日の上堂。昔も今も、仏は相手の身を現じて救いの手を差し伸べる。或いは百丈の身を現じ、或いは臨済の身を現じ、或いは釈迦牟尼となり、或いは達磨大師となって、救うべき者には、皆それらの姿を現じて説法される。或いは昔の人の身を現じて救うべき者には、その昔の人の身を現わして説法し、或いは現在人の身を現じて救うべき者には、忽ち現在人の身を現わして説法される。今年の夏安居は全力を尽したし、昔の夏安居も全機を発揮してきた。既にこの通りであるから、この九十日の夏安居は、まことに大幸大慶であったと云わねばならない。既にこの安居を終えた諸君は、どれだけの功徳を受けたであろうか。しばらく沈黙の後云われた。この大地の衆生は、迷いが多ければ多い程、より大きなすばらしい仏となることであろう。

●私解　安居の功徳はこの通り限り無い。現在この日本に於て、たとえ五日間でも七日間でも真の接心を行なっている道場が果して何か所あるであろうか。真の接心とは必ずそこで提唱と独参が行なわれていることが最低の必須条件である。

103 **上堂。云く。仏言《のたま》わく、六道に往来すること停止《じようし》無し。一句の正法聞くこと是れ難し。汝等大衆瞎睡《かつすい》することを休《や》めよ。光陰百歳流丸を転ず。**

上堂して云われた。仏が云われるには、「衆生は、地獄・餓鬼・畜生・修羅・人間・天上の六道の世界を輪廻転生すること間断はない。しかも仏の正法の一句さえ、聞く機会を得ることはまことに難しい」。だから皆の衆よ。居眠りすることを止めよ。百歳の命も弾丸のように過ぎ去ってしまうぞ！　と。

●私解　道元禅師のこの言葉が、どれ程深刻に受け止めることが出来るかで、自分の修行の決意が決まるし、体験する悟りの深浅も決まる。

しかし大部分の人達は、六道の存在なぞは仏の方便に過ぎず、従って到底信ずることは出来ないであろう。

だが現在の科学でわかっている宇宙は、精々五～六％に過ぎず、残余はダークマター（暗黒物質）と云われている。何時の日にか、科学が六道の存在を証明する日が来るかもしれない。

106 **中秋の上堂。云く。前仏後仏同じく共に証明し、這辺那辺互いに相い円照す。当陽顕赫、直下承当。的《まと》を破り塵を破り、殺《せつ》有り活《かつ》有り。是の如きの標格《かく》を具し、是の如きの威権を得る。何れの処にか尊と称せざる。何れの処にか法を説かざらん。然も恁麼なりと雖も、冷地に看来れば、一場の好笑なり。還って委悉すや。良久して云く、目前に法の商量すべき無し、法外に何の心か点検するに任せん。**

中秋の日の上堂で云われた。月の本質は、すべての仏が証明しているし、月の光は、あちらにもこちらにもすべてを照らしている。このように月は煌煌と照らすだけ、直下にうけがう外はない。悟りも無ければ、迷いの塵もない。だから殺活自在の働きを示す。このように月は高い品格を備え、絶対の権威を持っていて、尊いという言葉さえ必要ない。だからこれ以上説くべき法はない。

さてこのとおりではあるが、冷静に見てみると、そんなこと言うだけお笑い物である。どうしてかわかるかな。しばらく沈黙の後云われた。目前に仏法というべきものは無い。さりとて仏法の外に何か特別な心があるわけではない。煌々たる光あるのみである。

●私解　ここでもまた、道元禅師の、空手にして故郷に還る。一毫も仏法無し、の高い境涯がうかがえる。我々も坐禅修行する以上、この境地を目指したいものである。

107上堂。云く。尽十方界を把《と》って発足し、尽十六界を把って修行し、尽十方界を把って明心し、尽十六界を把って翻身し、尽十方界を把って転脳す。

挙す。僧玄沙に問う。和尚云えること有り、尽十方世界是れ一箇の明珠と。学人如何が得会せんと。沙云く、尽十方世界是れ一箇の明珠、会を用いて作麼《なにかせん》と。沙、来日却って其の僧に問う。尽十方世界是れ一箇の明珠、汝作麼生か会すと。対《こた》えて曰く、尽十方世界是れ一箇の明珠、会を用いて作麼《なにかせん》と。沙云く。知んぬ、汝黒山鬼窟裏に向って活計を作すことを。

挙し了って云く。尽方尽界一明珠、日月星辰兎烏に似たり。団圝《だんらん》を会せんと要せば、会せざるが如し、黒山鬼窟好功夫。

上堂して云われた。宇宙大の発心を以って、宇宙大の修行をし、宇宙大の悟りを開いて宇宙大の悟りを捨てる。そしてその宇宙大の悟りを捨てたことも忘れる。

ここで公案を取り上げてみよう。或る僧が玄沙に問うた。和尚は尽十方世界是れ一箇の明珠と云われますが、どのように理解したら良いでしょうかと。玄沙は云った、十方世界は一箇の明珠のみ、理解のしようは無いわいと。

玄沙は翌日、その僧に尋ねた。尽十方世界は一箇の明珠のみを君はどう思うかねと。僧は答えた、尽十方世界は一箇の明珠のみで理解のしようはありませんと。玄沙は云った。お前さんは全くわかっていないことがよくわかったわいと。

この公案を挙し了って道元禅師は云われた。全宇宙は明珠のみ。日月は兎馬のように過ぎ去るのみ。この事実は知ろうと思ってもわかりようはない。丁度黒山裏の鬼窟に落ち込んだようになと。

●私解　全くご存じない人間になって始めて真の仏道が身についたと云える。問題はそこに到る迄、徹底した修行を続けることが出来るか否かである。

108**上堂。曰く。従来の諸仏祖を超越して、南北及び東西を関せず、風雲感会して糊餅を喫す。聖を打し賢を打し、打つこと一斉。**

上堂して云われた。歴代の仏祖方は何処にも居ない。東西南北見渡す限り誰も居ない。風にまかせる雲のような生活は、子供さえ見向きもしない田舎餅の味である。さて、こうなると聖人にも賢人にも用はない。何が出て来ても打ちすえるばかりである。

●私解　道元禅師の境涯は、このように、手打ち払って何も無い。だから何人もうかがい知ることは出来ない。

109開炉上堂。火炉、今日大いに口を開き、諸経の次第文を広説す。寒灰と鉄漢とを錬磨して、心心片片目前に殷《あか》し。

開炉に当っての上堂。僧堂の火炉がこの日口を開き、パチパチと広く諸経を読み始めた。悟りに固執する奴（寒灰）も悟りなぞ眼中に無い奴（鉄漢）も錬磨して、般若一片心の焔を燃え立たしめるぞ！

●私解　道元禅師の菩提心は、このように半端ではない。この師あるからこそ、真の道人が輩出する。

110亡僧慧顗《えぎ》の為の上堂。曰く。一華五葉を開き、死を打し生を打す。結果自然に成り、仏と作《な》り祖と作る。慧顗上座。恁麼の面目を得るや也《ま》た未だしや。還って委悉するや。娑婆の皮一枚を巻却すれば、万年も一年も直に須らく灰なるべし。箇中仏祖頭を競うて現じ、閻老・業鬼も作仏し来る。

亡僧慧顗《えぎ》の為の上堂で云われた。達磨大師の一法は五葉となって開き、生死問題を忽ち打ち砕き、その結果多くの仏祖を輩出することとなった。

慧顗上座よ。君はこの仏祖の面目を手に入れたか、それとも未だか。よいかよく聞け。この娑婆世界の身体の皮を完全にめくり上げれば、万年の命もこの一念も、忽ち一片の灰となってなくなってしまう。

そうすれば、仏祖方が競い合って現われ、閻魔大王も業鬼も、そのままで仏とならざるを得なくなるぞ！　と。

●私解　このような引導が渡せるようになりたいものである。

111 **亡僧僧海首座の為の上堂。彼の終焉の頌を挙して曰く。二十七年古債未だ転ぜず。虚空を踏翻して獄に投ずること箭《や》の如しと。**

師、挙し了って云く。夜来僧海枯れぬ。雲水、幾《いく》ばくか嗚呼《あお》す。底に徹して汝に見《まみ》えんと雖も、胸に満つる涙、湖を鎖《とざ》す。昨《さき》に一払を拈じて魂魄《こんぱく》を打つ。一語、臨行して蘇《そ》を待たず。

亡僧僧海首座の為の上堂。彼の辞世の頌を次のように取り上げて云われた。二十七年の命の間に過去の負債を償うことは出来なかったが、今虚空を一飛びして、矢のように地獄に行くぞ！　と。

師（道元禅師）は、この頌を挙し了って云われた。昨夜僧海は逝った。雲水達は、こぞって歎き悲しんだ。海の底に行って、お前に逢いたいと思っても、胸に満ち満ちた涙が海をとざしてしまう。昨夜払子を拈じてお前の魂を慰めたが、一語ではあの世に行くお前を生き返らせることは出来ない。

●私解　道元禅師も、僧海首座に対しては、将来を大いに嘱望していたに違いない。従って、二十七歳という若さでの死は、痛恨の極みであったと思われる。

112**僧海首座の為に又上堂。挙す。趙州道く。老僧を一見してより後、更に是れ別人ならずと。師乃ち曰く、老僧を一見してより旧面に非ず。生前未だ一叢林を出でず。風寒く菓落ちて頭脳を換う。水沫は身となり、雲は是れ心。**

僧海首座の為の追悼の再上堂。挙す。趙州和尚は云われた。老僧を一見して後は、決して迷うことはないと。

師（道元禅師）はこれを引用して云った。海首座も老僧を一見してから後は、最早旧面（迷いの人）ではなくなった。従って、生前この叢林を離れることは一度もなかった。だが風寒く木の葉落つるこの季節に、この娑婆をおさらばし、身は水沫、心は雲のような自由な世界に游んでいることであろうと。

●私解　道元禅師は痛恨の思いを持って、海首座の為に再び追悼の上堂をされている。二十七歳で既に大悟していた愛弟子を失なうことが、如何に残念なことであったであろう。

113**上堂。云く。全機の活眼、機先に現成す。牙は剣樹の如く、口は血盆の如し。**

上堂して云われた。我々一人一人が備えている全智全能の活眼の働きは、とっくの昔に現成している。その有様は、どんな難しい問題も、鋭い牙で噛みくだき、口の中は、血だらけで何の残り物もないではないか。

●私解　さてそんな自由さはどこから来るのであろうか。真に大悟した人のみが云えるし、また実行できる。

114**上堂。云く。仏仏、仏仏に正伝す。此の中必ず三物《さんもつ》有り。驢胎・馬腹・牛皮となり。這裏に仏仏を現成す。**

上堂して云われた。仏法は仏から仏へと正伝されてきた。この正伝に当っては、必ず三物《さんもつ》が授受されてきた。三物とは、驢胎・馬腹・牛皮である。この三物によって、仏から仏への伝法が実現する。

●私解　曹洞宗門では古来真の伝法に当っては、師匠から付法の弟子へ、血脈《けちみゃく》・嗣書《ししょ》・大事《だいじ》の三物が授受されてきた。この三物の存在を知る者、今日何人いるであろうか。それは真の大悟の体験者が、師資共に居なくなった証拠である。

117**上堂。云く。学道は須らく志を専らにして、真箇なるべし。若し是れ真箇ならば、道は乃ち徹す。良久して云く。歩歩春を履《ふ》んで罣礙無し、人人歳を受けて消息を通ず。**

上堂して云われた。仏道を学ぶに当っては、専心一意かつ真剣でなければならない。若し本当に真剣になりさえすれば、仏道に徹することが出来る。

しばらく沈黙の後云われた。一歩一歩がそのまま仏道の丸出しである。従って歳を取るに従って純熟して、その消息が手に取るようにわかるようになる。

●私解　このような真剣かつ着実な修行を続けることが必須である。修行せずして、理屈だけで仏道を手に入れようとしても、到底不可能である。

118**結夏上堂。云く。衲僧の布袋頭を結ぶ。宝林（興聖宝林寺）拈得して皮毬《ひきゅう》を弄す。趯《おど》り来る仏祖、尽く無数なり。叢林に留与して、馬牛を牧《かわ》しむ。**

夏安居の上堂で云われた。いよいよお前達の布袋《ほてい》頭を結びつけて禁足させる夏安居が始まった。興聖宝林寺では、布袋頭を毬《まり》にして、とことん訓練するぞ。そうすれば、きっと沢山の仏祖が飛び出して来るであろう。飛び出してきたら、更に叢林に留めて馬や牛を飼うように、徹底した悟後の修行をさせるぞ！　と。

●私解　仏道修行はこのように着実なものでなければならない。少々の悟りで自慢の鼻を動かすようでは、独り善がりのお山の大将禅となってしまう。

123**上堂。鈍置一枚厚きこと三寸。顚倒三条長きこと五尺。山僧、夜来虚空を打つこと一頓す。拳頭は痛まず、虚空痛みを知る。大地競頭し来り、糊餅を面目と為す。忽ち一人有り、山僧に向って吾れ糊餅を買わんと要すと道う。山僧、他に向って道く、你は是れ**

什麼人ぞと。他、山僧に向って答う、吾は是れ観音菩薩、姓は張名は李と。山僧他に向って道う、你、銭を将得し来るやと。他道う、銭を将得し来らずと。吾、他に向って道く、銭既に将《も》ち来らず、将た買うことを得てんや也《ま》た無しやと。他、対すること無し。他又道う、買わんと要す、買わんと要すと。

還って這箇の道理を委悉すや。良久して云く、観音菩薩出頭し来れば、大地山河、死灰ならず。常に念う、須らく知るべし。三月の裏《うち》、鷓鴣啼く処、是れ花開くことを。


上堂。坐禅は三寸の坐蒲の上に、迷った五尺の身を置きさえすればよい。

わしは昨夜、虚空を一打ちしたところ、わしの拳は痛まないのに、虚空の方が痛がっていた。すると大地が競いやって来て、餅を欲しがる様子である。すると一人がわしに向って餅を買いたいというので、そいつに向って、お前は何者だと云うと、彼の答えは、自分は観音菩薩で、姓は張名は李だという。わしは彼に向って、お前さん金を持っているかと云うと、お金は持っていないと云う。わしは彼に向って、お金が無くて一体買うことができるかと云うと、彼は答えない。それでいて、買いたい買いたいと云う。

これは一体どういうことかわかるかな。しばらく沈黙した後云われた。観世音菩薩が現われると山河大地は、すっかり綺麗になる。そこで思い出すことだが、春三月になると鷓鴣がしきりに鳴く。すると花が一斉に咲き出して来るではないかと。

●私解　道元禅師は昨夜の夢の話にかこつけて、坐禅の功徳が如何に大きいかを示しておられる。

我々は自分は迷いの凡夫だと思っているが、ひとたび坐蒲の上に坐って坐禅すると、忽ち観世音菩薩が現成する。だから坐禅を続けていくと、自分はもともと観世音菩薩だったと大悟することが出来る。

しかしよくよく考えてみると、我々は大悟する前から観世音菩薩が居られる極楽浄土の真只中《まっただなか》に居たのである。その景色は、「三月の裏、鷓鴣鳴くところ百花香《かん》ばし」なのである。だがこれを知る者は、今日殆んど居なくなってしまった。

124上堂。云く。**近来好坐禅の時節なり。時節若し過ぐれば、什麼の著力か有らん。如し著力無くんば、如何が弁肯せん。時節の力を借りれば、容易に弁道すべし。如今春風飀飀《ひょうびょう》たり、春雨霖霖《りんりん》たり。父母所生の臭皮袋すら猶之れを惜しむ。況んや仏祖正伝の骨肉髄、豈之れを軽んぜんや。之れを軽んずる者は、真箇是れ畜生なり。**

良久して云く。春功到らざる処、枯樹復た花を生ず。九年人識らず、幾度か流沙を過ぐ。

上堂して云われた。近頃は坐禅をする好時節である。この時節をのがせば、どうして力をつけることが出来よう。力がつかなければ、これで何の申し分が無かったと悟ることは出来ない。この時節の力を借りれば容易に悟ることが出来る。

今や春風は軽やかに吹き、春雨はしっとり降って心地良い。父母から授かったこの身体でさえ、この時節を惜しむ。まして況んや仏祖正伝のこの身体を、軽率に扱って良いであろうか。この身体を軽んずる者はまさに畜生である。

しばらく沈黙の後云われた。春の恵みも届かない嵩山で、達磨大師が坐禅すると、枯木も花を生じたという。その達磨大師の面壁九年の本意が誰にもわからないので、幾度も流沙をわたって、インドに沢山の僧が渡る羽目となったたと。

●私解　道元禅師は、坐禅の好時節に一意専心坐禅して大悟せよと厳命されておられる。インドに渡って、仏典をいくら渉猟しても、仏典の中には真の仏道がないからである。

125 **上堂。云く。未だ一歩を移さずして三台を拝す。久しく玄関を鎖《とざ》せるも今豁開す。葛藤を坐断す千百万、万機倶に透って風雷を起こす。**

挙す。黄檗衆に示して云く。汝等諸人尽く是れ噇酒糟の漢。与麼に行脚せば、何れの処にか今日の事あらん。還た大唐国裏に禅師無きことを知るやと。時に僧有り出でて曰く。只諸方徒を匡《ただ》し衆を領するが如きんば又作麼生と。檗云く、禅無しとは道わず、只是れ師無しと。

師良久して云く。禅無しとは道わず已に三十年。只是れ師無し、自自肩を斉《ひと》しうすと。

上堂して云われた。我我は本来一歩も歩き出さずに既に三台の星（仏）を拝んでいる。長い間閉《とざ》されていた千百万の迷いの葛藤は坐断され、扇は開放されて、あらゆる働きが風雷のように起こっているではないか。（諸君はこの事実がわかるかな）

ここで公案を一つ示そう。黄檗禅師は、大衆に云われた。お前達は皆んな酒粕《さけかす》食らいばかりではないか！　そのように、あちらこちら行脚したって、どうして今日の大事（真の悟り）がわかろうか。

だいいちこの広い大唐国に、禅を教えてくれる師匠なぞ何処にもおらんぞ！　と。時に一人の僧が出て来て云った。あちらこちらで大衆を集めて禅の指導をしている人達はどうなのでしょうかと。黄檗は云われた。禅が無いとは云っていない。教えてくれる師は、何処にもおらんぞ！　と。

師（道元禅師）はしばらく沈黙の後云われた。黄檗が「禅無しとは云わず」と云われてから已に三十年経つ。「只是れ師無し」というのは、お前達一人一人が、とっくに師と肩を並べているぞ！　ということじゃと。

●私解　道元禅師の今日の上堂は、自《みず》から大悟の体験が無い限り本当にはわからない。従って真剣に坐って大悟する外はない。実は、道元禅師はそれを我々にせまっている。

126上堂。挙す。大満禅師、夜に逮《およ》んで密《ひそ》かに碓坊《たいぼう》に詣《いた》りて、能居士に問うて曰く、米白《しろ》き也否やと。能曰く、白きも未だ篩《ひ》すること有らずと。大満、碓《うす》に於いて杖を以って三たび之れを撃《う》つ。能、即ち箕《み》の米を以って三たび簸《ひ》いて入室す。

師、良久して曰く、白きも未だ篩《ふる》わせざる四五升。再三一合、始めて燈を伝う。華開く五葉、夜間の錦。劫外の春風、暗裏に興る。

上堂。公案を取り上げて云われた。大満禅師は、夜になって密《ひそ》かに米つき部屋に行き、慧能居士に問うた。米は白くなったかどうかと。慧能は云った、白くなりましたが、未だ篩《ふるい》にかかっていませんと。そこで大満は、杖で臼を三度打った。慧能は箕の中の米を三度び篩《ふる》って、大満禅師の部屋に入っていった。

師（道元禅師）はしばらく沈黙の後云われた。慧能の米はとっくに白くなっていたが、未だ篩にかけられていなかった。そこへ、大満が杖で三打し、慧能が箕の中の米を三度び篩って師弟が一つの灯に合したので、始めて法灯が伝えられた。この時達磨伝来の仏法の華が開いて五葉となったが、夜間の錦のように人には知られなかった。しかしながら、この無限の過去から伝わる仏道の春風は、今に至る迄、人知れず吹き渡っているではないか。

●私解　さてこの仏道の春風は、今日の日本ではどのように吹き渡っているのであろうか。是非教えて頂きたい。

興聖禅寺語録終り第一

永平道元和尚広録第二

開闢越州吉祥山大仏寺語録

侍者　懐弉　編

師、寛元二年甲辰七月十八日に、当山に徙《うつ》る。明年の乙巳、四方の学侶、座下に雲集す。

師（道元禅師）は、寛元二年（一二四四）甲辰《かのえたつ》七月十八日、当山（大仏寺）に移られた。明年の乙《きのと》巳《み》、四方の学人が座下に、雲の如く集まった。

127 結夏の上堂。払子を拈じて一円相を作りて曰く。安居は遮箇を超越す。又一円相を作りて曰く。安居は這箇を究参す。所以に道く、威音空王仏、這箇の命脈を稟《う》けて作仏作祖し、拳頭・拄杖子這箇の処分を得て伝法伝衣す。枚枚の夏安居、時時に頂骨と作る。然も恁麼なりと雖も、這箇を拈じて最初と為すこと莫れ、這箇を拈じて向上と為すこと莫れ。縦《たと》い最初を見るとも最初を趯倒《てきとう》し、縦い向上を見るとも向上を踏翻《とうほん》す。既に恁麼なることを得。最初に拘わらず、向上に拘わらず、又且つ如何。乃ち払子を拈じて一円相を作りて曰く、這箇の巣裏《そうり》に安居せよ。

夏安居に当っての上堂。払子を以って一円相を作って云われた。安居はこれを超越する。又一円相を作って云われた。安居はこれを究め尽くせ。それ故、威音空王仏は、この一円相の命を受けて仏となり祖となった。又このわしの拳も拄杖子も、この一円相の働きで仏法を伝えることが出来る。毎回の夏安居も、その時その時の一円相の事実を示すだけである。

このとおりではあるが、この一円相を取り上げて、一番に参究するものであるとか、究極の目標であるとか考えてはならない。たとえ最初と思ったら、この最初という観念を趯倒し、たとえ究極のものと思ったらその究極のものという観念を踏翻しなさい。さてこのように最初と思わず、究極のものとしない場合はどうしたら良いであろうか。

そこで師は払子を取って一円相を作って云われた。此処に安居せよ！　と。

●私解　参禅は一切の観念から脱却して、只一円相そのものになるだけである。

128晩間の上堂。曰く。先来、慈明円禅師の会に大叢林・小叢林の論有り。是れ先徳の論なりと雖も、猶一隻眼を欠く。且《しばら》く道え、甚麼を喚んでか大叢林と作し、甚麼を喚んでか小叢林と作すや。衆多く院闊《ひろ》きを以って大叢林と為すべからず。院小さく衆寡《すくな》きを以って小叢林と為すべからず。縦《たと》い衆多くとも如《も》し道人無くんば、実《まこと》は是れ小叢林なり。縦い院小さくとも如《も》し道人有らば、実に是れ大叢林なり。人多く衆聚《あつま》るを以って国と為さず、一聖一賢有るを以って国となす也。人の家も亦復是の如し。

仏仏祖祖の大叢林、必ず晩参あり。茲に因《よ》りて汾陽の善昭禅師の会は、その衆只七八人なり。然りと雖も、常に晩参を行なう。乃ち勝躅なり。趙州は不満二十衆、乃ち大叢林なり。薬山は不満十衆、最も大叢林なり。近代五百七百及び一千僧を聚会すと雖も、豈に大叢林となして、薬山・趙州・汾陽等の会に比せん者なる也。所以は一箇半箇の道人無き也。所以は席主、又、薬山・趙州・汾陽等に比す可からざれば也。所以に近代断えて晩参無き也。

先師天童の出世は、乃ち千載の一遇なり。澆運の軌則に拘らず、或いは半夜或いは晩間、或いは斎罷《さいは》、総に時節に拘らず、或いは入室鼓を撃《う》って乃ち普説す。或いは小参鼓を撃って乃ち入室す。或いは自ら手ずから僧堂槌《つり》三下を打ち、照堂に在って普説す。普説了り、入室す。或いは首座寮前の板を打ち、首座寮に就いて普説す。普説了り入室す。乃ち希代の勝躅なり。

今大仏、既に天童の子たり。亦晩参を行なう。是れ則ち我が朝の最初なり。記得す。丹霞和尚挙す。徳山衆に示して云く、我が宗は語句なし、亦一法の人に与うる無しと。徳山恁麼に道うは、只是れ草に入りて人を求め、通身泥水を覚えず、子細に観来《み》れば、只一隻眼を具す。若し是れ丹霞ならば即ち然らず。我が宗は語句有り、金刀剪《き》れども開けず。玄玄深妙の旨、玉女懐胎すと。

師云く、丹霞恁麼に道う。眼睛、藞苴《らさ》たる徳山を照破し、古今の等閑の仏祖を笑殺す。然も是の如くなりと雖も、若し是れ大仏ならば即ち然らず。大衆、大仏の道うを聴かんと要すや。良久して云く、我が宗は唯語句のみ、眼口競頭して開く、拈出為人の処、驢胎と馬胎と。

晩の上堂で云われた。かつて慈明楚円禅師の会下で、大叢林・小叢林の議論があった。これは先徳の論ではあるが、悟りの眼を欠いていると思う。さてそれでは、何を呼んで大叢林と云い、何を呼んで小叢林と云うのであろうか。大衆の数が多く、寺院が大きいのが大叢林とは云えない。亦寺院が小さく大衆の数が少ないのを小叢林と云ってはならない。たとえ大衆の数が多くても、真の道人がいなければ実は小叢林であり、たとえ寺院は小さくても、本当の道人がいればそれは大叢林である。丁度人民が多く集まっても大国とは云えない。そこに聖人賢人がいるからこそ大国と云えるのと同じであり、これは人の家においても同様である。

仏祖方の大叢林では、必ず晩参が行なわれる。汾陽の善照禅師の会下は、大衆は七八人であったが常に晩参があった。すばらしいことである。趙州和尚の大衆は二十人足らずであったが大叢林である。薬山の衆僧は十人に満たなかったが最大叢林であった。近頃は、五百人・七百人、一千人の僧が集まるが、とてもこれを大叢林と称して、薬山・趙州・汾陽等の法会に比べることは出来ない。何故なら、真箇の道人が一人も半人も居ないからである。又叢林の主人に薬山・趙州・汾陽に比肩する人が居ないからである。従って近頃の叢林では、晩参は絶えて行なわれていない。

先師天童如浄禅師が天童山に出世せられたのは、千年に一度の勝縁であった。先師は末代の劣えた軌則に従わず、或いは夜中に、或いは夕方に、或いは昼食後に、あらゆる時節に拘らず、或いは入室鼓を打って普説された。或いは小参鼓を打って入室独参させた。或いは自らの手で僧堂の槌を三下打って照堂で普説され、普説が終ると入室独参があった。或いは首座寮前の板を打って、首座寮に於いて普説され、終ると入室独参となる。これは世に稀なすぐれた行跡である。

今大仏寺におけるわしは、天童如浄禅師の法嗣として又晩参を行なうものである。これは我が国において行なう最初の晩参である。ここで思い出した丹霞子淳和尚の公案を示そう。丹霞は云った。或る日徳山が大衆に示して云った、わしには語句がない、従って一法も人に与えるものは無いと。徳山がこのように云うのは、真の人材を求めて自ら泥をかぶることをかえりみないもので、確かに一見識はあるが、わし（丹霞）はそうは云わない。わしならば次のように云う、即ちわしの手許にはすばらしい語句があり、金の刀でも切り開けない。その玄妙さは、天女が夜中に懐胎するように、誰にもわからないぞと。

ここで師（道元禅師）は云われた。丹霞がこのように云う見識は、がさつな徳山を照破し、古人の不十分な仏祖を笑殺する力はあるが、わしは違うぞ。さて諸君。このわしの見解を聞きたいと思うか。しばらく沈黙した後云われた。眼から口から飛び出して、世の為人の為、驢馬の腹の底まで届く慈悲の語口は、すべてわしの法の血滴々じゃぞ！　と。

●私解　道元禅師は、法のみあって己れの身無しで、常に仏法の挙揚一途に専念された。だからこそ曹洞宗が今日の一大宗門となったのである。それだけに、真の道人を作るべき後輩の任は大きい。

129晩間上堂。曰く。昔唐虞《とうぐ》に法を犯す者有れば、只其の衣服に画くのみ。然りと雖も法を犯すの人無し。後来、五刑の辛法を行うと雖も、屡屡《しばしば》法を犯すの人多し。唐虞の衣に画くも人の法を犯すなき、道を重くし法を重くする所以なり。

今我が儻《ともがら》、幸いに唐虞に比すべからざる仏法に値う。設使《たとい》衣服に画かずとも、豈《あに》仏法を犯さん者ならんや。如し犯さん者有らば、乃ち仏法を重んぜざる也。苦なるかな仏陀耶。

記得す。南泉、黄檗に問う、甚麼の処にか去《ゆ》く。檗云く、択菜《たくさい》に去くと。泉云く、甚麼を将ってか択ると。檗、刀子を竪起《じゆき》す。泉云く、只客と作《な》ることを解して主と作ることを解せずと。

南泉・黄檗の作家《さつけ》の相見是れ恁麼なりと雖も、若し是れ大仏ならば、別に商量有り。黄檗の刀子を竪起せん時に当りて、南泉に代って黄檗に向って道うべし、我が王庫の内、是の如きの刀無しと。

晩間に上堂して云われた。昔の堯舜の時代には、法を破る者が出ると、只その者の衣服に印をつけただけであった。しかし誰も法を破る者はなかった。後の時代になると、五刑という重刑を行なうが、しばしば法を破る者が多くなった。堯舜の時代に衣服に印をつけるだけで法を犯す者がなかったのは、人々が道を重んじ、法を重んじたからである。

今我々は幸いにも、堯舜の時代の掟とは較べものがない尊い仏法に値うことができた。たとえ衣服に印をつける罰則が無くても、どうして仏法を破ることができよう。若し破る者があるならば、それは仏法を尊ばないからである。そのような者が出るのは、まことに苦苦しいことではないか。仏陀達よ！。

ここで思い出すことだが、南泉が黄檗に問うた、何処へ行くのかと。黄檗が答えて野菜を取りに行きますと。南泉は云った、何で採るのかなと。黄檗は小刀を突っ立てた。南泉は云った、お前さんは物に使われるが、物を使うことは出来んなあと。

南泉と黄檗の名人のやりとりは以上のようであるが、若しわしならば別のやり方がある。それは、黄檗が小刀を突き立てた時、南泉に代って黄檗に云ってやる。わしの倉の中には、そのような刀は無いわい！　と。

●私解　この時黄檗は何と応じたら良いであろうか。お互いに参究に値する。

130解夏上堂。払子を以って一円相を打って便ち曰く。這箇を認めて法蔵周円と作すこと莫れ。這裏に向って更に飯椀を打破すること莫れ。正当恁麼の時如何。良久して曰く、万里直に須らく寸草なかるべし。石頭、足を垂れて高山に住す。

解安居解制に当っての上堂。払子で一円相を描いて云われた。こいつを見て、やれやれ夏安居が終了したと思ってはならない。また一円相を見て、これで飯椀は不用になったので打ち砕こうと思ってはならない。さてこの時お前達はどうするかな。

しばらく沈黙の後云われた。洞山が云われたように、更に無寸草の世界を求めねばならない。又石頭が足を垂れて、嵩山南岳の峰に住して大法を示された世界を究めねばならない。

●私解　洞山・石頭の世界とは何か。それは一切の観念を放擲した世界である。さてどんな世界であろうか。

131晩間上堂。挙す。黄檗百丈に問う。従上の古人何の法を以ってか人に示すと。百丈拠坐す。黄檗曰く、後代の児孫何を将てか伝授せんと。百丈払袖して起座して曰く。我将に謂《おも》えり、汝は是れ箇の人と。

這の両箇の老漢、只虎斑を道い得て未だ人斑を道い得ず。又未だ虎不斑・人不斑・鳳不文・龍不文を道得せず。甚《な》んとしてか恁麼なる。大衆諦聴すべし従上の為人や只是れ拠座なり、後代の為人也便ち帰方丈なり。是なることは則ち是なるも、尽《つく》すことは未だ尽さず。甚《いず》れのところか未尽なる。大衆須く知る可し、問処未だ尽さざれば、道処未だ尽さざるなり。

黄檗如何が問わざる。従上も後代も師の指示を蒙る、即今の関捩又且らく如何と。恁麼に問わん時、看るべし他の百丈如何が垂手するや。

若し是れ大仏ならば、人あって問わん、従上の古人何の法を将ってか人に示すと。即ち他《かれ》に向って道うべし、他家の鼻孔は他家穿つと。又問わん、後代の児孫何を将ってか伝授せん。即ち他に向って道うべし、自家の鼻孔は自家牽くと。又即今の関捩子又且《しばら》く如何と問わば、即ち他に向って道うべし、一人虚を伝うれば、万人実を伝うと。

晩間の上堂。公案を取り上げて云われた。黄檗が百丈に問うた。これまでの祖師方はどのようにして法を人に示されたのかと。百丈はじっと坐られた。黄檗は云った。後代の児孫は、どのように法を伝えたらよいでしょうかと。百丈は袖を払って座より立って云われた。わしはお前さんは、十分に悟っていると思うがなと。

この二人の老漢は、見易い虎の斑《まだら》は道い得ているが、見にくい人の心の模様は云い当てていない。又虎に斑が無く、人の心にも模様が無いこと、鳳凰に綾が無く龍にも綾が無いことは道い得ていない。どうしてそう云えるのか。お前達はよく聴くがよい。

今までどのように法を伝えたかについて百丈は拠座であり、又後の児孫にどのように法を伝えたらよいかについて、百丈は帰方丈であった。これらは決して悪くはないが十分ではない。どう十分ではないか、お前達は良く知らねばならない。問いが十分でないと答えも十分ではなくなることを。

黄檗はどうして問わなかったのか。これ迄及び今後のことについては、師の教えをうけたまわりましたが、即今一番大切なところは何でしょうかと。このように問うた時、百丈がどのように教えられたかを、よく見るべきである。

若し大仏（わし）に人あって、これまでの祖師はどのように法を教えられたかと問うたならば、彼に云ってやる、他人の鼻の孔はそいつが開けると。又後の児孫にどのように法を伝えたら良いかと問うならば、彼に云ってやる。自分の鼻は自分で引っぱれと。又即今一番大切なところはなにでしょうかと問うならば、彼に云ってやる、一人が間違うと万人がそれが本当だと云い出すことになると。

●私解　真実は自ら悟って知る外はない。しかしそれが真の悟りかどうかは、明眼の師の判断がどうしても必要である。自分勝手に決め込むと、それがやがて万人の迷惑となってしまう。

132上堂。眉毛を剔起《てつき》するに全提借らず。速に頂骨を回《めぐ》らすに衡天無依。所以に三世仏を呑尽する底の人、従来口を開くに懶《もの》うし。你が口は是れ我が口なればなり。三千界を照破する底の人、而今眼を開くに懶うし。他の眼は即ち自らの眼なればなり。然も是の如くなりと雖も、向上の一句子を錯り対せば、未だ喪身失命を免れず。

記得す、鏡清玄沙に問う。学人乍入叢林、乞う箇の入路を指したまえと。沙曰く、還って偃谿《えんけい》の水声を聞くやと。清曰く、聞く。沙云く、這裏より入れ。鏡清此に於て箇の入処を得たり。五祖山の法演禅

師曰く。果して是れ得入せば、四方八面に一任せん。若し也た未だ然らずんば、輙《たやす》く這裏を離却することを得ざれと。

若し是れ大仏ならば、又且《か》つ然らず。真箇、箇の入処を得んと要せば、可惜許、這の一橛子。忽ち人有って、正恁麼の時又作麼生と問わば、大仏、良久して遂に他に向って道わん、一場の懡㦬と。

上堂。眉を上げ眼を見開くだけ。首を回して只振り向くだけ。このように三世諸仏を呑み尽くした人は、口を開こうとしない。口ばかりになってしまったからである。又三千世界を見破ってしまった人は、もはや眼を開いて見ようとしない。彼は眼だけになってしまったからである。この通りではあるが、この悟りの世界に執われてしまうと、忽ち悟りという迷いに落ち込んでしまう。

ここで次の公案が頭に浮んだ。鏡清が玄沙に尋ねた。私は叢林に入ったばかりでございます、悟りへの道をお示し下さいと。玄沙は云った、お前はせきとめた川の水音が聞こえるかと。鏡清は云った、聞こえます。玄沙は云った、そこから入るが良いと。鏡清は忽ち悟った。五祖山の法演禅師は云われた。果してここから仏法に入る（悟る）ことができれば、四方八方自由自在となる。しかし悟ることができなければ、簡単に此処を離れてはならんぞと。

若し大仏（わし）ならば、このようには云わない。本当に悟ろうと思うならば、この一橛子《いっけつし》（事実）を惜しんではならんぞ！　そこに人あって、その本当の精神は何かと問うならば、そこで大仏（道元禅師）は、しばらく沈黙して、わしは最後彼に向って云うであろう。悟りなぞ云うだけ恥さらしだぞ！　と。

●私解　仏道修行に於て、悟らなければ全く話にならないが。悟っても少しでもその悟りに執われている限り真の仏道ではない。ここが最も大切であり、かつ最も難しいところである。

133 **上堂。去年の冬間、特に兄弟《ひんでい》に示す。若し堂内・廊下・谿辺・樹下に於て、兄弟相見する処毎に、互いに相合掌低頭《ていず》して如法に問訊《もんじん》すべし。然る後説話せよ。未だ問訊せざる前に大小の要事を相語ることを許さず。永く恒規《ごうき》と爲すべしと。**

是れ仏祖相見の家常茶飯也。仏祖豈に礼儀無からんや。仏祖の会処に焼香・散香・雨華・散華有り。四大の調和を慰問し、受化の易《い》不《ふ》を問訊す。若し是の如く有れば、仏法僧宝現前するものか。

記得す。僧睦州に問う。一言道尽の時如何と。州云く、老僧你が鉢嚢裏《はのうり》に在りと。又僧雲門に問う。一言道尽の時如何と。門云く、古今を裂破すと。

人有って大仏に問わん。一言道尽の時如何と。払子を指前に擲下《さつか》して便ち云く、大衆還って会すや。若し也た未だ会せずんば、可惜許。一柄の払子と。

上堂。昨年の冬に特別に大衆に示した。若し堂内・廊下・谷川の畔《ほとり》・樹下において、兄弟が顔を合わせたら、互いに合掌し低頭して作法どおり挨拶せよ。その後に言葉を交わす。未だ問訊しない前に、大小の要件を話してはならない。これは永くわが門下の規則としようと。

是れは仏祖が相見する時の通常の作法である。仏祖にどうして礼儀が無くてよかろうか。仏祖が会う時は、香を焼《た》き香を撒く。或いは花を降らし花を撒く。身体の具合を尋ね、教化の様子をお聞きする。これらの事が行なわれて始めて、仏法僧の三宝が、現に存在すると云えるのである。

ここで思い出すことだが、僧が睦州に尋ねた。一言で仏法を道い尽くせばどういうことになるのでしょうかと。睦州は云った。わしはお前の応量器の中におるぞと。又この僧が雲門に尋ねた。一言で仏法を云い尽くせばどのようになるでしょうかと。雲門は云った、昔も今もぶっこわれてしまったわいと。

若し誰かが大仏（わし）に、一言で仏法を云い尽したらどうなるでしょうかと問うたならば、わしは払子を須弥壇の端に投げ出して言う。皆の衆よわかったか！　と。若しわからなかったら、ああ！この払子は、可愛想だったわいと。

●私解　さて皆さんは、一言で仏法を説いてみよと云われたらどうしますか。そんなに難しいことではありません。「夕べの台風はすごかったですね！　庭の梅の木が倒れるかと思いましたよ」で十分です。では何故それで十分なのでしょうか。

134上堂。朝家、賢に乏しき時は、才を山野に索《もと》む。所以に百里奚《けい》を索め得て政を委《ゆだ》ね、傅《ふ》師巌を索め得て国を輔《たす》けしむ。乃ち古の勝躅なり。明らかに知りぬ、山野に才子賢人無きにあらず、山野は曽って才子賢人に豊かなることを。

然れば則ち汝等雲水、身心を山野に寄せ、身心に仏道を学するに、俗人より劣るべからず、朝臣より劣るべからず。汝等、即今未だ人臣の心操に及ばず、寧《なん》ぞ聖賢の意略に達するものならんや。職《もと》として不学と疎怠とに由るなり。慚《は》ずべし、悲しむべし。汝等須く知るべし、光陰は箭の如く人命は駐《とど》め難し。頭燃を救《はら》って学道せん、乃ち先仏の面目、曩祖の骨髄なり。

記得す。須菩提、維摩詰の家に持鉢す。維摩詰、香飯を満たし盛りて、須菩提に向って説いて云く、汝能く仏を謗り法を謗《そし》り衆数に入らずんば、乃ち取りて食すべしと。須菩提未だ是の義を知らず、鉢を置いて去る。這の一段の因縁、二千余年人の料理する無し。箇箇、但言う。須菩提是の義を暁《あきら》めずと。人人未だ須菩提是の義を暁了すと道わず。

大仏、且《しばら》く先徳古賢に問う。汝等、還た須菩提の鉢を置いて去るの一則を見るや也た無しやと。既に鉢を置いて去ること有り。須菩提の道声、雷の如く今に至るまで休まず。然りと雖も、声聞乗・縁覚乗・菩薩乗等の声を脱落する也。所以に維摩詰聴くこと能わざるに相似たり。

又維摩詰に、汝須菩提の仏を謗り法を謗り衆数に入らず説く声を聴くや也た無しやを問う。汝未だ他の説くを聴かずんば、汝をして鉢盂飯を擎《ささ》げて立地し、一劫二劫を経ること在らん。

然も是の如きと雖も、大仏須菩提に代りて維摩に向って道わん。汝能く仏を謗り法を謗り衆数に入らざらんに、更に鉢盂に香飯を満たし来れ。吾即ち取りて食わんと。維摩の道わんと擬せんを待って、即ち鉢盂の飯を奪取して直に進まん。

上堂。国に賢者が居ない時は、才能ある人を山野に求める。こうして秦王は、百里奚《ひやくりけい》を探し出して政《まつりごと》をまかせたし、殷王は傅《ふ》の巌中に隠れていた説《えつ》を探し出して宰相とした。これらは昔のすぐれた事跡である。これで明らかなように、山野に賢人がいないことはないし、嘗っては山野に沢山の才子賢人がいたのである。

従ってお前達雲水は、こうして身心を山野に置き真剣に仏道を学ぶ以上、俗人より劣ってはならないし、昔の朝臣に及ばないことではいけない。しかし現実は、お前達は昔の朝臣の心操にも及ばないし、まして聖賢の心に匹敵するとは思えない。それは真剣に学ぶことを怠けているからである。まことに恥ずかしく悲しいことである。よくよく心得なければならない。光陰は矢のように早く、人の命は留まることはない。だから頭についた火を払いのけるように、一生懸命学道に励まなければならない。これこそ上古の仏祖方の面目であり、骨髄である。

そこで思い出すことだが、須菩提が維摩居士の家に托鉢に行った時、維摩詰が香飯を山盛りにして、須菩提に向って説いて云われた。君は仏を誹《そし》り法を謗り僧衆と和合することがなければ、この供養の食を取りなさいと。須菩提は、その意味がわからなかったので、応量器を置いて立ち去った。この一投の公案は、爾来二千年余が経ったが、誰も料理する者がいない。人々は須菩提は、わけがわからず立ち去ったというだけで、須菩提は、その意味がはっきりわかった人だという人はいない。

大仏（わし）はしばらく先聖古賢に質問したい。皆さんは須菩提が応量器を置いて立ち去った一則の公案の意味が本当におわかりでしょうかと。須菩提が鉢を置いて立ち去ったということは、須菩提の道声が、雷のようにとどろいて、今日に至る迄止むことがないということである。ところが、それは声聞乗・縁覚乗・菩薩乗の声をはるかに超越したものであるから、維摩居士も聴いてもわからなかったようである。

又維摩居士にも質問したい。あなたは、須菩提が仏を誹り法を謗り衆僧と和合せずに説く声を聞いたかどうかと。若し未だ聞かないと云うならば、その声が聞けるまで、鉢盂の飯を捧げて大地に立ち、一劫二劫という長い間待ち続けることにしよう。

さりながら、わし（大仏）は須菩提に代って維摩に向って道おう。あなたが仏を謗り法を謗り衆僧と和合しないというなら、もう一度応量器に香飯を山盛りにして持って来なさい。わしはすぐに食べてしまうぞと。そこで維摩が何か言おうとしたならば、直ちに応量器の飯を奪い取ってしまおう。

●私解　この日の上堂は難しい。須菩提が応量器を置いて立ち去ったのは、この外に真の仏道は無いという雷鳴のような響きであるぞと道元禅師は断言されておられる。さてそれは何故か。この上堂が本当にわかる迄坐り抜かなければならない。

135 冬至上堂。挙す。宏智《わんし》古仏、天童に住せし時、冬至に上堂して曰く。陰極まって陽生じ、力窮まって位転ず。蒼龍骨を退《ひ》いて驟《はし》り、玄豹霧を披《ひら》いて変ず。三世諸仏の髑髏《どくろ》を将って、穿ちて数珠子《じゅずし》一穿を作すことを要す。道うこと莫れ、明頭暗頭真箇日面月面なりと。直饒《たとい》你が斗《ます》満ち秤平らかなるも、也《ま》た我が貴きを売って賤を買うに輸《ま》く。諸禅徳、還って会すや。盤裏の明珠、撥《はじ》かざるに自ら転ずと。

挙す。雪峰僧に問う、甚麼の処にか去る。僧曰く、普請し去る。雪峰曰く、去れ。雲門曰く、雲峰語に因って人を識ると。宏智曰く、動著すること莫れ。動著せば三十棒と。什麼としてか此の如くなる。

師曰く。三位の尊宿、恁麼に道うと雖も、大仏老漢又然らず。大衆、諦聴して善く之を思念せよ。皓
皓《こう》玉瑕《きず》無し、文を彫《え》れば徳を喪すと。
玉瑕無し、琢磨せば輝きを増す。

今日一陽の佳節、君子の長く至る。是れ俗人の佳節なりと雖も、実に乃ち仏祖の慶祐なり。昨日一線

短く去り、陰極まって遏剌剌《あらつらつ》たり。今朝一線長く至り、陽生じて閙聒聒《にようかつかつ》たり。乃ち是れ衲僧、慶祐を納め、時に応じて仏祖、賀して舞踏す。直に空王威音の境界を超ゆ。豈春秋冬夏の時候に拘わらんや。恁麼の見得、賢聖の命脈・人天の肝胆たりと雖も、未だ是れ祇園の鼻孔、鶏足の眼睛にあらず。諸人、這箇の時節佳辰を会せんと要すや。払子を以って一円相を作して云く、看よと。良久して云く、雪裏の梅花、設使い明らかなりとも、這辺更に問うべし、一陽の至ることを。

　冬至の日の上堂で云われた。宏智古仏が天童山に住していた時、冬至の日の上堂で云われた。陰が極に達すると陽が生ずる。陰の力が究まると陽の位に変る。すると龍も骨を換えて雲に乗って奔《はし》り出す。豹も霧にぬれて毛並みを変える。だから諸君も、修行の成果として、三世諸仏の髑髏に換骨脱体することが必要である。それは迷悟が、そのまま日面月面仏だというのではない。そんな理屈を斗《ます》に一杯にして持って来ても、安く買って高く売るわしの自由な手腕には及ばんぞ。お前達はこのわしの自由な手腕がわかるかな。それは丁度盤の上にある珠は、何の手を加えなくても、自由にころがるようなものである。

　ここで次の公案を示そう。雪峰が僧に問うた。どこへ行くのかと。僧は云った、作務に参ります。雪峰は云った、行くがよいと。これについて法嗣の雲門が云った。雪峰は言葉の響きで人物がわかるのじゃと。宏智が云った、雪峰や雲門の言葉にうろたえるな！　うたたえれば直ちに三十棒だぞと。何故かと云うと、白い玉はもともと何の瑕《きず》もついていない。それに理屈の模様をつければ折角の徳が失なわれるからよと。

　師（道元禅師）は云われた。三人の尊宿は以上に云うが、大仏（わし）は違うぞ。皆の衆よ。よく聞いてよく考えるのじゃ。白い玉（自己の本質）はもともと瑕《きず》は無い。しかしこの珠は磨けば磨く程光り輝くものなのじゃ。

今日は一陽来復の佳節で、君子の命も長くなる日である。この日を世俗の人は祝うが、仏祖にとっても慶賀する日である。何故なら、昨日は一線日が短くなって一年中で陰極まる厳しい日であったが、今朝は一線日が長くなって、陽が生じてにぎやかになった。だから衲僧にとっても、慶賀すべき日であり、仏祖も時に応じて踊り出す。その喜びの表現は、空王威音王の境界を超えたものであるから、春夏秋冬の一年の中の一時の祝いとは比較にならない。

だから冬至を祝うことは、この世の聖賢にとって大切なことであり、人間界天上界の者にとっても大事なことである。さりながら、釈迦牟尼仏の悟りや摩訶迦葉尊者が正法を伝授された喜びとは比較にならないことは云うまでもない。さて諸君。この冬至の時節の佳辰の持つ意義を会得したいと思うか。そこで払子で一円相を描いて云われた。よく看よ！ と。しばらく沈黙の後云われた、雪の中にあって咲く梅の花は、はっきりしているが、さて一陽は果して何処に来たのかなあ！ と。

●私解　さてここで我々はどんな風に一陽を示したら良いのであろうか。大仏寺は、北陸の山の中の寺である。冬至の時節は、まだまだ深い雪に囲まれている。思わず出る「未だ未だ寒いなあ！」は冬至上堂の日の最高の話ではないだろうか。

136 臘八成道会の上堂。落草六年老作家、夜来覚えず梅花に入る。春風罅《ほ》耐《たい》箇の中より起こり、紅白の枝

枝謾に自ら誇る。

汝等諸上座、瞿曇《くどん》比丘の因由を知らんと要すや。一つには天童脱落の話を聞き得るに由って仏道を成ず。二つには大仏の拳頭力に由って諸人の眼睛裏に入ることを得。神通智慧衆生を化度して忽ち明星を見る。

或いは諸人の渾身を奪って金剛座に坐し、把放一に明らめ一挙に三十三人に相見す。然も恁麼なりと雖も、世尊の命根、甚としてか却って諸人の手裏に在る。

諸人還って世尊に相見せんと要すや。拳頭を挙起して良久し、又五指を開き竪てて良久して曰く。諸人已に世尊に相見し了れり。既に相見を得て又且つ如何。良久して曰く、即今悟道明星を見る。便ち是れ如来喫粥の処。


臘八成道会の時の上堂。釈尊は六年間の苦行を経て、昨夜見明星と共に梅の花と一つになられた。するとどこからか春風が吹いて来て、紅白の梅の花は天地いっぱいに咲き誇った。

皆の衆よ。釈尊がどうして悟ったか知りたいと思うか。一つには天童如浄禅師の身心脱落の話がわかれば仏道が手に入る。もう一つは、大仏（わし）の拳頭が諸君の眼の中に入れば（自分のものとなれば）手に入る。すると、その神通智慧の力で、衆生を教化して明星の輝きを見ることが出来る。

或いは自分の全身が吹き飛んでしまって、専一に金剛座に坐して迷悟の無い一つの世界の何たるかが明らかとなり、迦葉尊者から六祖に至る三十三人の祖師方と忽ち相見することが出来る。そうなれば、釈尊の命はもう諸君の手の内にあるではないか。

それでもなお世尊と相見したいと思うか。そこで道元禅師は拳頭を拈起し五指を開いて、しばらく沈黙して云われた。諸君は、既に世尊に相見し了ったぞ！　と。さて相見した後はどうなるかな。しばらく沈黙の後云われた。今ここで明星を見て悟れ！　それは僧堂でお粥を食べているのは、仏様ばかりじゃよと云うことじゃと。

●私解　道元禅師にこんなに親切に云われても我我にはわからない。それは頭で考えて禅を理解しようとしているからである。一度自己を忘ずる底の坐禅に徹底すれば、誰でも忽ち手に入る道である。

138 典座《てんぞ》に謝する上堂。我が日本国寺院の典座の法、大仏初めて伝う。前来未だ曽って有らず。現在何を以ってか有る。実に是れ潙山・夾山・無著・雪峰等の古聖先徳、手を伸べて修習し来るの跡なり。生前の弁肯乃ち最大の功徳なり。誰か其の辺際を籌量《ちゅうりょう》せん。唯だ一仏二仏三四五仏の所に諸《もろもろ》の善根を植えるのみに非ず、明らかに知る、無量無数の諸仏の所に於いて、諸の功徳を修め乃ち能く之れを勤め、乃ち能く之を得、乃ち能く之を満たし、乃ち能く之を進め、乃ち能く之を退く。所以に道う、你に鼻孔子有らば、我你に鼻孔子を与えん。你に鼻孔子無くんば、我你が鼻孔子を奪わんと。

払子を取って竪起して曰く、這箇は是れ不奪不与底の道理なり。所以に這の鼻孔子、我が瞞と你が瞞とを被らず。忽然として有時に無孔の笛児に換却す。旧に依って唇觜上に掛けて端正なることを得ず。少林の曲を奏せんと欲すれば便ち梅華の引《いん》に落奏し、祇園の曲を奏せんと欲すれば、便ち大食調《だいじきちょう》に落奏す。是の如く錯を将って錯に就き、還って日面月面の上関に依って掛る。鼻孔気を吹き、気鼻孔を穿つ。眼睛光を放ち、光眼睛を開く。既に信得及す。世世の諸仏、即今你と手眼を同じうして三十六句を弁肯し、代代の祖師即今你と身心を一にして一・十二月を提掇《ていてつ》す。日は円かに月満ち、功帰し道成る。忽然として木杓・飯桶《はんつう》・羹桶《こうつう》に敲磕《こうかつ》して、異口同音に摩訶般若波羅蜜を念誦す。頻頻に念じ来って覚えざる一声、高声に摩訶般若波羅蜜を念ず。法身は驚起し築著磕《ちくじやくかつ》著《じやく》、撞墻《どうしよう》撞壁《どうへき》して廻避の処無し。無廻避の処若為《いかん》が論ぜん。良久して云く。

雲門の三昧塵塵を現ず、能く食輪と法輪《とを》兼転ず。満桶を担い来って満鉢ならしむ。世尊の授記用い来って新たなり。

典座に感謝する上堂。我が日本国寺院の典座の規則は、大仏（わし）が始めて伝えたものである。今迄は無かったものであるから今日有ろう筈はない。実に典座の法は、潙山・夾山・無著・雪峰等の古聖先徳の方方が、自ら修め行じて来られた行跡であって、一生の中で典座を務める功徳は最大のものであり、誰もその偉大さを推量することは出来ない。このような功徳を得るのは単に一仏二仏三・四・五仏の下において、諸々の善根を植えただけでなく、明らかに知れるのは、無量無辺の諸仏の下において諸々の功徳を修め、その職を務め、その職を手に入れ、その職を満たし、その職を進め、その職を退いてきた結果である。だから古人も云っておられる。お前さんの鼻孔子（典座の職）は完全にお前さんに与えられており、お前さんがその鼻孔子を鼻にかけない自信は、誰も奪いようがないと。

ここで道元禅師は払子を取って竪起して云われた。これこそ不奪不与の道理である。だからこの鼻孔子（典座）は、わしもお前も欺きようがない。そこで忽ち或る時、孔《あな》の無い笛に換えてみると、その笛は今迄のように唇の上にきちんと治まらない。だから少林の曲を奏しようとしても、忽ち梅花の曲を奏してしまい、祇園の曲を奏しようとしても、忽ち大食調《だいじき》となってしまう。このように誤りに誤りを重ねているうちに、鼻孔は元の日面月面の上におさまり、鼻から息を吐き出し、眼から光を放つようになる。典座は既にこの本分の世界を信得でき、歴代の諸仏と同等の手眼を持って三百六十日の典座職を務め上げた。また代々の祖師方も、君と身心を同じうして、典座の職を実らせてくれた。

　このように恙《つつが》なく一年を終ることが出来たので、その功が無心のものに迄及び、忽ち木杓も飯桶《めしびつ》も汁桶《しるおけ》も異口同音に、摩訶般若波羅蜜経を念誦するに至った。しかもしきりに念ずるので、一声大きな声で摩訶般若波羅蜜と唱えた途端、仏の法身もびっくりして飛び起き、あちらこちらに突き当り、桓根にぶつかり壁にあたって、避けようが無くなってしまった。その避けようが無くなった結果どうなったのか。しばらく沈黙の後云われた。

　雲門の三昧が一つ一つに現われ、食輪と法輪が一つに転じて、典座が桶や鉢に一杯盛りつけた飯や汁を持ってきて、大衆一人一人の応量器を満たしてくれる。それこそ釈迦牟尼世尊が未来成仏を約束してくれた真の仏道を、今日新たにしてくれているのである。

●私解　これ程までに典座の職の功徳を示された上堂はない。一般の家庭においても、台所の仕事の尊さをよくよく知らねばならない。

139 **監寺《かんす》・典座《てんぞ》を請する上堂。知事は乃ち三世諸仏の護念する所也。難陀《なんだ》尊者の勝躅《しょうちょく》・沓婆《とうば》尊者の勤修《ごんしゅう》な**

り。当山、功を草創に樹て、土木未だ備わらず、万事蕭疎《しょうそ》にして人の堪忍する無し。若し発心種草の結縁にあらずんば、焉《いずく》んぞ能く職に臨まんや。

便ち払子を取って曰く、清浄海中に龍鱗・金鱗を釣り得たり。叢林を離れずして一茎両茎を拈来す。牛と倣《な》っては便ち犂《すき》を拖《ひ》き杷《くわ》を拽《ひ》くことを要し、馬と倣《な》っては便ち鉄を噛《ふく》み鞍を負うことを要す。披毛載角、尾を擺《はら》い、頭を揺《ゆす》って、禹門を直に透り、上関を踏翻す。諸聖を求めず、職《もと》より人を得たり。己霊を重んぜず、寰中の主たり。三条の椽下を跳出して十字街頭を管せず。人に逢って未だ錯って挙することを得ず。作仏は須らく是れ鉄漢なるべし。鉄漢底の句、還って聞かんと要すや。良久して曰く、箇は是れ監院房、箇は是れ典座房と。

監寺《かんす》・典座《てんぞ》を請する上堂。叢林における知事職は、三世諸仏が大切に護ってきたものであり、釈尊時の難陀尊者のすぐれた足跡であり、沓婆《とうば》尊者が勤修された行跡である。当山（大仏寺）は寺院を草創して日も浅く土木の仕事も完全ではない。万事物さびしく不自由で、人も容易に辛抱できない状態である。従って余程菩提心が厚くなければとても知事職を勤めることは出来ない。

ここで払子を取って言われた。今日此処に龍鱗とも金鱗とも云うべき監寺と典座の二人を選ぶことが出来た。二人は不離叢林の傑物であり、牛となっては犂《すき》を拖《ひ》き杷《くわ》を拽き、馬となっては鉄の口輪をくわえて、鞍《くら》を背負う骨折りが待っている。そして、身に毛をまとい角《つの》をはやし、その毛と角をゆすって禹門三級の滝の関門を昇りきり、諸聖の位なぞは相手にしない。職に応じて人を使って自分の身はかえりみない。ただ相手あるのみという主人公を見失うことはない。時には禅堂を飛び出して十字街頭に出て、人の相手もするが、決して正しい仏法を挙揚することを忘れない。以上のようなことができるには、鉄石のような志気を持つ鉄漢でなければならない。さて、その鉄漢の言葉を聞きたいと思うかな。しばらく沈黙の後云われた。是れは監院房、あっちは典座房。

●私解　この道元禅師の最後の言葉である「箇は是れ監院房、箇は是れ典座房」は、一切の観念を透脱した事実のみの世界しかないことを直示されておられる。ここに到る迄の修行の道のりは長い。

140上堂。曰く。記得す。僧趙州に問う。未だ世界有らざるに早く此の性有り。世界壊する時此の性壊せず。作麼生か是れ不壊の性。趙州曰く、四大五蘊。僧曰く、是れ猶壊する底。作麼生か是れ不壊の性。趙州曰く、四大五蘊。

師曰く。趙州恁麼に道うと雖も、大仏更に這箇に道うべし。水長くして船高く、泥多くして仏大なりと。

上堂して云われた。思い出すことだが、僧が趙州に問うた。未だ世界が現われる前に、此の性は有り、世界がこわれる時も、この性はこわれないと云われますが、この不壊の性とはどんなものでしょうかと。趙州は答えた。この身と心じゃと。僧は云った、それも又こわれます。不壊の性とは何ですかと。趙州は答えた。この身と心じゃと。

師（道元禅師）は云われた。趙州はこのように云ったが、大仏（わし）は更にこのように云うわい。水の底が深い程、舟は高い処を静かに進む。衆生の泥（迷い）が多い程、仏の働きは大きくなると。

●私解　何の理屈も無くなると、壊・不壊のない性となる。この上堂は我々に理屈がある間は絶対にわからない。それは理屈のレンズを通しては事実はわからないからである。

141**上堂。曰く。一切の仏祖を呑尽して、なお鼻孔を借りて出気す。迦葉当年《そのかみ》の破顔、今に至って猶を未だ瞥地《べっち》ならず。**

上堂して云われた。一切の仏祖を呑み尽くして、その仏祖の鼻で息をしてごらん。すると迦葉尊者が、その昔世尊の拈華を見た途端に破顔微笑した世界が、今此処にあるということがわかるぞ！と。

●私解　さあどうはっきりわかるのかを示してもらいたい。道元禅師様。そんなこと云うだけ野暮ではありませんかと云いたいところである。

142**歳朝の上堂。挙す。宏智《わんし》古仏、天童に住せし時歳朝の上堂に曰く。歳朝の坐禅、万事自然。心心絶待、仏仏現前す。清白十分なり江上の雪、謝郎満意釣魚の船。参ぜよと。**

師曰く、今朝大仏、其の韻を拝読せん。良久して曰く、大吉歳朝に喜んで坐禅す。時に応じて祐を納む。自から天然たり。心心慶快にして春面を笑う。仏仏牛を牽いて眼前に入る。瑞を呈し山を覆う天に

盈《み》つる雪、人を釣り己を釣る、釣魚の船。

元旦の上堂。挙す。宏智古仏が天童山に住持されていた時、元旦の上堂で次のように云われた。元日の坐禅は、すべてが自然。心は何のはからいも無く、この通り仏がすべてに現われている。揚子江上に清らかな雪が降り、釣り船に乗る謝三郎（玄沙大師）は、満面の笑みをたたえている。参ぜよと。

師（道元禅師）は云われた。今朝わしは宏智古仏の詩に和韻しようと思う。そこでしばらく沈黙して云われた。大吉祥の元旦の坐禅を喜ぶ。互いに新年の賀詞を述べるのもごく自然。心は晴れ晴れとして、春の到来を喜ぶ。仏達は各々牛を牽いて眼の前に現われ、深々と積った雪は、瑞気を呈して山を覆う。謝三郎の釣魚の船は、人を釣り己を釣り、更に釣魚の船までも釣り上げてしまったわいと。

●私解　一切を釣り上げてしまった道元禅師のすがすがしさを、我々はどこ迄味わうことができるか。まさに、更に参ぜよ三十年である。

143上堂。木老、化機を運載して糸毫も動ぜず。石頭、心印を全提して文彩未だ彰われず。這の田地に到って、人眼天眼覷れども及ばず、迷智悟智測《はか》れども明らめず。職《もともと》瞿曇の眼睛、山僧が手裏に在って木《もっ》患子《かんす》のごとく、山僧が鼻孔、瞿曇が手裏にあって竹筒児がごとくなるに由る。所以に山水を隔てて烟煙を見て定めて知る是れ火なりと。牆壁を隔てて頭角を見て、定めて知る是れ牛なりと。払子を挙して云く。且く道え、諸人這箇を隔てずして定めて知らば、又且つ如何。還って体悉せんと

要すや。天暁《あ》けて報じ来る山鳥の語《ことば》。陽春の消息早梅香し。

記得す。僧雲門に問う。如何なるか是れ、透法身の句。雲門曰く、北斗裏に身を蔵すと。師曰く、雲門老人、只法身の句を道い得て、未だ透法身の句を道い得ず。或《も》し大仏に如何が是れ透法身の句と問う有らば、即ち伊に向って道わん、法身裏に身を蔵すと。下座。

上堂。造化の働きを運転する法性の理は、寸分の違いもない。心性の全活動を司どる仏性の働きは、文字や言葉で云い現わすことは出来ない。この法性・仏性の働きは、人間や天人の眼で見ることは不可能であり、迷悟の智慧の及ぶところではない。それは何故かと云うと、もともと釈尊の眼は山僧（わし）の手中にあって数珠玉となっており、わしの鼻は釈尊の手中にあって竹筒となってしまっている（わしと釈尊は一如であり一体である）からである。従って山水を隔てて煙を見ただけで、あれは火だなということがわかり、垣根の向こうを通る角を見ただけで、あれは牛だなとわかるのである。

ここで払子を取って云われた。さて諸君これら一切の理屈を取り除いて知る世界はどんなものか体得したいと思うか。それは、夜が明けると山鳥がしきりにさえずる。そして陽春が訪れると、早咲きの梅の香がほのかににおってくる、ということじゃと。

ここで思い起こすのであるが、或る僧が雲門に尋ねた。法身を飛び超えた一句（透法身の句）とは何でしょうかと。雲門は答えた、北斗星になってしまったわいと。師（道元禅師）は云われた。雲門老人は法身の句は道い得たが、透法身の句は道い得ていない。若し大仏（わし）に透法身の句は如何と質問する者がいたら、彼に向って道うであろう。法身しかないぞ！　と。こう云われて下座された。

●私解　この法身しかない世界は、完全に自己を忘じ、その忘じた自己をも忘じなければ手に入らない。まさに、更に参ぜよ六十年の世界である。

144上堂。拳を挙し足を垂れ、西と説き東と道う。翻身回頭せしむと雖も、未だ喪身失命を免れず。記得す。趙州に問う有り。如何なるか是れ毘盧頂相と。趙州曰く、老僧小より出家し、曽って眼華《がんげ》せず。

師曰く、趙州古仏恁麼に道うと雖も、大仏に問う有らば、只他に対《こた》えて道わん。大底、許多の大有り。小底、許多の小有りと。払子を抛下《ほうげ》して下座。

上堂。宗師家が拳を挙げたり足を垂れたり、或いは西と説き東と道うのは、修行者に何とか気付かせようとする働きではあるが、未だ完全なものではない。

ここで思い出すことだが、趙州に或る僧が尋ねた。毘盧遮那仏の頭の頂きは、どんなお姿でしょうかと。趙州は答えた。わしは小さい頃出家してからずっと、眼をわずらったことはないよ（わしはちゃんと見えるよ）と。

師（道元禅師）は言われた。趙州古仏はそのように仰言るが、若し大仏（わし）に問う者がいたら、次のように答えよう。

「大きいものは大きいだけ、

小さいものは小さいだけ」と。
払子を放り出されて下座された。

●私解　若し私に問う者がいるならば、次のように答えよう。
「そろそろ昼の時間じゃよ。ぐずぐずせずに早く食事の仕度をしなさい」と。

145上堂。三寸の舌頭動処無く、一条の空手拳と成らず。記得す、僧同安に問う。如何なるか是れ和尚の家風と。同安曰く、金雞子を抱いて霄漢に帰り、玉兎児を懐いて紫微に向かう。僧曰く、忽ち客の来るに遇わば何を将ってか祗《し》待《たい》せん。同安曰く、金果早朝に猿摘み去り、玉花晩後に鳳《ふく》啣んで帰ると。師曰く、同安襄祖の家風最も奇なり。大仏遠孫の家風楼《ろう》捜《そう》たり。或《も》し人有って、如何なるか是れ和尚の家風と問わば、即ち他に向って道わん。灼然として道著すれば頭角生じ、龍蛇混雑の馬牛多し。忽ち客の来るに遇わば何をもってか祗待せん。未だ山門に到らざるに汝に放《ゆる》す三十棒と。下座す。

上堂。真の仏道は、三寸の口先では言いようがない。丁度一本の指では拳とならないのと同様である。そこで思い起こすことだが、或る僧が同安に問うた、和尚の家風はどのようなものですかと。同安は言った。太陽は子を抱いて大空に帰り、月は児を抱いて天宮に帰ってしまった（跡かた無し）。同僧は問うた、若し客人が来たら、どのように応対されますかと。同安は答えた。すばらしい木の実は、早朝に猿が摘み取ってしまった。そして綺麗な花は、晩遅く鳳《おおとり》が来て、ついばんでしまったわい（手許には何も無い）と。

師（道元禅師）は言われた。同安和尚の家風は何ともすばらしい。大仏（わし）の家風はまことに見苦しい。若し誰かが和尚の家風はどのようなものかと尋ねる者がいれば、彼に向って言おう。はっきり是れだと言いきると、その言葉尻にひっかかる。一人一人がそのままで申し分がないのに、それに気付かぬ馬や牛ばかりであると。そこで忽ち客人が来たらどう応対するかと言うならば、山門に到るや否や三十棒を与えよう。こう言って下座された。

●私解　同安和尚の本分の世界の境地をたたえながら、道元祥師はきびきびとした修証辺の世界を示されている。何と言ってきても三十棒あるのみである。この痛みがわかれば清風明月の本分の世界が手に入る。

146 二月十五日の上堂。今我が本師釈迦牟尼大和尚、鳩尸那《くしな》城跋提河《じょうばつだいが》の沙羅林《しゃらりん》に般涅槃したまう。何ぞ啻《た》だ釈迦牟尼仏のみならんや。過去未来現在十方一切の諸仏も悉く皆、今日の半夜に般涅槃したもう。唯諸仏のみにあらず、西天二十八祖・唐土六祖、巴鼻有り頂𩕳有るは、悉く皆今日の半夜に般涅槃す。前なく後無く、自無く他無し。

未だ今日の半夜に向って般涅槃せざるは、其れ仏祖に非ず其れ作家に非ず。既に今日の半夜に向って般涅槃すれば、乃ち仏祖なり乃ち作家なり。既に作家たれば家業を一にす。所謂鐺児《とうに》の折脚無脚、木杓の柄短く柄長く、鼻孔匾㔸《へんだん》・高直、面目の東出・西落、拄杖を識得すれば一生の事畢《おわ》る。死水龍を蔵し、尽地人無し。泥団々・土塊《かい》々。当門の歯を缺《か》き、左辺の臂を断つ。今日は有・明日は無。空手にし

て此の半夜を拈じ、喚んで三祇百劫の修行と作す。尽力して這の一著を挙し、喚んで五百塵点の寿命と作す。恁麼の道理、大家、覷見《ちょけん》し了れり。

更に端的の処有り。還って体悉せんと要すや。良久して言く、別人の面に瞿曇の眼を掛け、拳手胸を槌《う》ちて空しく懊懊《おうのう》す。叵《ほ》耐《たい》たり天魔と生死魔、七顛見仏八顛倒。払子を擲下して下座す。

二月十五日（涅槃会）の上堂。この日我が本師釈迦牟尼仏大和尚は、鳩尸那《くしな》城の跋提河《ばつだいが》の沙羅双樹のもとで涅槃に入られた。それは只釈迦牟尼仏だけではない。過去現在未来の十方一切の諸仏が、皆今夜半に涅槃に入られたのである。ただ諸仏だけではない。インド二十八祖。中国の六祖、仏道を悟得されたすべての人が、今夜半涅槃に入られた。それはこれらの祖師方は、釈尊と前後・自他の別が無いからである。

従って今夜半に涅槃に入らない者は、仏祖でもなく宗師家でもない。今夜半、涅槃に入れて初めて、仏祖であり宗師家と言える。既に宗師家であれば、仏祖と家業を一にすることができる。たとえ鍋や釜の脚が折れたり無かったり、木杓の柄が長かったり短かったり、鼻が高かったり低かったり、目玉が出ていたり窪んでいたりしている人でも、大悟大徹して拄杖を我がものとすることが出来れば、一生参学の事畢《おわ》るという大安心の人となるのである。

このような宗師家は、龍が水底にかくれているような権威があるので、蓋天蓋地に只一人という全く自己が無くなった人であり、それでいて泥だらけ土だらけとなって人を救う。だから欠歯の達磨大師や、臂を断った二祖慧可大師のように、今日はあって明日は無い。全く自分が無いので自由自在な働きが出来る。即ち三祇百大劫の修行をしたかと思うと、今日《こんにち》只今の一事に全力を尽して、五百年の命をこの一瞬に発揮する。このような偉大な働きが仏祖の行事であることはわかったであろう。だが更に端的な大切なところがあるが、諸君はこれを体得したいと思うか。しばらく沈黙の後言われた、この涅槃会の釈尊の眼になってごらん。その眼は永久に開くことはない。拳を挙げ胸を打って悲しんでも空しい。我慢がならない天魔や生死魔も、七転八倒しても何の効果も無くなる。ここで道元禅師は払子を放り出して下座された。

●私解　この道元禅師の説法の最期の箇所は難しくて手が出ない。真の仏道は釈尊の涅槃と共に消え去って永久に帰ってこない。さて何とかして、自分の手許に取り戻す必死の修行をしなければならない。

147晩に至って上堂。拄杖を拈じて卓一卓して曰く、這箇は是れ大仏が拄杖子。河沙の諸仏河沙の国土、総て拄杖の一口《いっく》に呑却し了れり。其の中の衆生は不覚不知。汝等諸人の鼻孔・眼睛・精魂・頂顊、什麼の処にか在る。若し在処を知らば、虚空中に於て横に按じ竪に卓せん。若し也た知らずんば、長連床上に粥有り飯有らん。

記得す。僧百丈大智禅師に問う、如何なるか是れ奇特の事。百丈曰く、独坐大雄峰と。又先師天童曰く、人有りて浄上座に、如何か是れ奇特の事と問わば、只他《かれ》に向って道わん、甚《なん》の奇特か有らん。畢竟如何。浄慈《じんず》の鉢盂、天童に移過して喫飯すと。

這の二尊宿、道うことは太煞《はなはだ》道う。未だ傍観の笑いを免れず。若し人有りて大仏に、如何なるか是れ

奇特の事と問わば、即ち他に向って対《こた》えん、大仏の拄杖日本国に卓すと。卓一拄杖して下座す。

晩に至っての上堂。拄杖を取り上げてドーンと一突きして言われた。これは大仏（わし）の拄杖じゃ。無量の諸仏、無量の国土は、すべてこの拄杖が一口で呑み込んでしまったわい。だがその中の衆生は全くわからない。お前達の鼻・眼・心・頭は一体どこにあるのかな。若しその場所がわかれば、虚空の中で拄杖を横に置き縦に立てて自由自在に使えるであろう。しかし若しその場所がわからなければ、僧堂の単には、粥や飯があるから、しっかり坐って修行を続けよ。

ここで思い出したが、或る僧が百丈大智禅師に尋ねた。最も奇特なこととは何でしょうかと。百丈は言った、独坐大雄峰と。又先師天童如浄和尚が言われた、若し誰かがこのわしに、最も奇特なこととは何でしょうかと問うたならば、その者に向って答えよう。別に奇特なことなぞは無いよ。結局どうなのかと言うと、浄慈寺で使っていた応量器を、天童山に移してご飯を食べているということだよと。

このお二人の尊宿は、大変良いことを言われているが、未だ傍《はた》から見ると笑われてしまうな。若し大仏（わし）に奇特の事を尋ねる者がいたら、その者に答えよう。わしの拄杖は、この日本国を一呑みして立派に立っているぞ！　と。そこで拄杖をドーンと一突きして下座された。

●私解　もし皆さんが、最も奇特な事とは何かと問われたら、どう答えるか。室内でお示し願いたい。

148上堂。古に曰く、天地と我と同根、万物と我と同体と。払子を拈起して曰く、這箇は是れ大仏が払子。那箇か是れ箇の体と同じうし、那箇か是れ箇の根を同じうす。而今性命を惜しまず、諸人の為に説かん。

良久して曰く、虚陵の米価は高く、鎮州の蘿蔔《らふ》は大なり。払子を擲下して下座す。

上堂。古人は言っておる、天地と我と同根、万物と我と同体と。そこで払子を取り上げて言われた、これは大仏（わし）の払子じゃ。何が万物と体を同じくし、何が天地と根を同じくするのか。今わしは命を惜しまずに諸君の為に説こう。

しばらく沈黙の後言われた。盧陵の米の値は高く、鎮州の大根はでっかいなあ！　と。払子を投げ出して下座された。

●私解　「天地と我と同根、万物と我と同体」なぞという理屈が無くなれば、真の払子の働きが現われる。それが「盧陵の米価は高く、鎮州の蘿蔔は大なり」である。最早払子は必要ない。そこで道元禅師は、払子を放下して下座された。まことに見事な上堂である。

149上堂。曰く。仏を見て是れ仏を排し、牛に騎って是れ牛を覓《もと》む。甚としてか是の如くなる。理、合《まさ》に是の如くなるべし。智、自ら到らざる処、切に忌む更に道著することを。道著すれば、則ち頭角生ず。

払子を拈起して曰く、頭角生じ了れり。道著則ち了れり。既に頭角生ずることを得たり。是れ牛か是れ馬か。瞿曇か達磨か。風條《えだ》を鳴らし雨塊《つちくれ》を破る。蝦蟆啼き蚯蚓啼く。唯見る山家の桃李の発《ひら》くこと

を。千門万戸春蹊に対す。払子を抛下して下座す。

上堂して言われた。真の仏道は仏を見たら仏を礼拝し、牛が来たら牛に騎るだけである。それは何故かと言うと、この外に仏道はないからである。理屈のつけようがないから、頭で理屈をこね回してはいけない。理屈を言い出すと忽ち迷ってしまう。

そこで払子を取り上げて言われた。さて迷ってしまって理屈で頭が一杯である。このように迷ってしまった。こいつは一体、牛なのか馬なのか。それとも釈尊なのか達磨なのか。よーく耳を澄まし眼を開いてごらん。風が枝々を鳴らして吹き過ぎ、雨が土くれを流していく。蛙やみみずの鳴き声がするし、眼に入るのは、山家に桃の花が咲き、沢山の家々が春めいた小道に面して立ち並ぶ。道元禅師は払子を投げ出して、下座された。

●私解　真の仏道ほど明々歴々のものはない。だが迷っている我々にはわからない。迷悟を離れた事実の世界に着目すれば問題は解決する。道元禅師は、問題はとっくに解決しているぞ！　と払子を放下した。

150**晩間上堂。拄杖を拈じて言く、夫れ仏法は仏法を以って批判して、天魔・外道・三界・六道の法を以って批判すべからず。釈迦牟尼仏、三阿僧祇劫を満たして諸仏を供養して後、乃ち自ら成仏したまう。所謂、古釈迦仏より罽那尸棄《けいなしき》仏に至る七万五千仏に値うて、初阿僧祇劫を満たす。罽那尸棄仏より燃灯仏に至る七万六千仏に値うて、第二阿僧祇劫を満たす。燃灯仏より毗婆尸仏《びばしぶつ》に至る七万七千仏に値う**

て、第三阿僧祇劫を満たす。然る後今日成道す。

大仏而今大家の為に説かん。古釈迦仏より蒲団《ふとん》に至る七万五千の烟煙を坐断して、初阿僧祇劫を満たす。蒲団より拄杖に至る七万六千の土塊を打破して、第二阿僧祇劫を満たす。拄杖より払子に至る七万七千の鉄額を咬嚼《こうしやく》して第三阿僧祇劫を満たす。然も恁麼なりと雖も、更に第四・第五・第六・第七・第八・第九・第十阿僧祇劫有り。子細に参究して始めて得てん。

大衆、初阿僧祇劫を知らんと要すや。卓拄杖一下して言く、這箇便ち是れなり。第二阿僧祇劫を見んと要すや。卓拄杖一下して言く、這箇便ち是れなり。第三阿僧祇劫を見んと要すや。卓拄杖一下して言く、這箇便ち是れなり。但恁麼に参じて始めて得てん。古釈迦・今釈迦、鏡鋳像の処に向って、錯って鏡鋳像の如しと会すること莫れ。


晩の上堂。拄杖を持ち上げて言われた。仏法は仏法の立場から批判すべきであって、天魔外道や三界六道の世間法の立場から批判すべきではない。それは仏法は、釈迦牟尼仏が三阿僧祇劫という長い長い間、諸仏を供養し、その後に自ら成仏した教えであるからである。

諸仏への供養の中味は、古釈迦仏より罽那尸棄仏《けいなしきぶつ》に至る七万五千の仏に会い供養して第一阿僧祇劫を成就した。次に罽那尸棄仏より燃灯仏に至る七万六千の仏に会い供養して第二阿僧祇劫を成就した。更に燃灯仏より毗婆尸仏《びばしぶつ》に至る七万七千の仏に会い奉って第三阿僧祇劫を成就されたのである。そうした後に今日成道されたのである。

大仏（わたし）は今、諸君の為に説こう。古釈迦仏よりこの坐蒲に至る七万五千の烟煙（無明）を坐断して、初阿僧祇劫の修行を成就した。次にこの坐蒲よりこの拄杖に至る七万六千の土塊（迷い）

を打破して、第二阿僧祇劫の修行を成就した。更にこの拄杖よりこの払子に至る七万七千の鉄額（執着）を噛み砕いて、第三阿僧祇劫の修行を成就した。この通りではあるが、更に第四第五第六第七第八第九第十の無限の修行があり、これ等を子細に参究して始めて成仏することが出来るのである。

さて大衆諸君。初阿僧祇劫の修行を知りたいと思うか。拄杖をドスーンと一突きして言われた。これじゃ！　と。第二阿僧祇劫の修行を知りたいと思うか。拄杖をドスーンと一突きして言われた。これじゃ！　と。第三阿僧祇劫の修行を知りたいと思うか。拄杖をドスーンと一突きして言われた。これじゃ！　と。この事実を知ることが出来て始めて、真の仏法が手に入る。だから古釈迦・今釈迦が何処にいるかと探し回って、頭に描いた釈迦が本物だと思うことがあってはならんぞ！　と。

●私解　禅は自己を完全に忘ずる底の実参実究でなければ役に立たないし決して自分のものにはならない。正師について、真剣に坐禅することが肝要である。この修行をせず頭で理解した禅をいくら説いても、それは妄想に過ぎない。

151上堂。釈迦牟尼仏大和尚、舎利弗に告げて道く、汝、慎んで利根の人の為に広く説法し、鈍根の人の為に略して説法すること勿れと。舎利弗言く、我憐愍の為の故に説く、具足根力の為にするに非ずと。世尊道く、広略の説法は、諸の声聞・縁覚の知る所に非ずと。這箇は是れ霊山古仏の道《ことば》なり。若し人有って大仏に、作麼生か是れ利根の人と問わば、伊《かれ》に向って道わん。頭辺双耳、車輪に似たりと。作麼生か是れ鈍根の人には、伊に向って道わん。頂骨面皮、笑具と作ると。作麼生か是れ舎利弗の言える憐愍の為の故に説く底とは、箇の憐愍、汝に放《ゆる》す三十棒。

然も恁麼なりと雖も、世尊の道える広略の説法は声聞・縁覚の知る所に非ずとの意旨は作麼生。良久して言く、虎を射るに人に逢わずんば、鈍置す千鈞の弩と。下座。

上堂。釈迦牟尼仏大和尚が舎利弗に告げた。汝は決して利根の人には広く説法し、鈍根の人には略して説法することをしてはならないと。舎利弗は言った。私は衆生を憐れむ為に説法するのであって、相手の機根に応じて説くことは致しませんと。世尊は言われた。広略の説法ができるのは仏のみで、諸々の声聞・縁覚の到底出来るものではないと。これが霊鷲山における釈迦牟尼仏のお言葉である。

若し人があって大仏（わし）に利根の人とは何かと問う者がいれば、彼に向って言おう、頭と耳の働きが共に早い人であると。又鈍根の人とは何かと問われれば、彼に向って言おう、頭と耳の働きがよくない人と。又舎利弗の言う衆生を憐れむ為というのは何かと問われれば、この憐む人というのは、三十棒与えても未だわからん者と言おう。

さてこのようではあるが、世尊が道われる広略の説法は、声聞・縁覚の知る処ではないという意味は何かと言うならば、ここでしばらく沈黙して言われた。

さてこのようではあるが、世尊の言われる広略の説法は、声聞・縁覚の知る処ではないという意味は何か、ここでしばらく沈黙の後言われた。虎を射ることが出来る千鈞の弓があっても、それを使いこなす人がいなければ、空しく留めて置く外はないということじゃ。こう言われて下座された。

●私解　真の仏道は、機根の利鈍、説法の巧拙とは全く関係はない。千鈞の弩を使いこなす人になっているかどうか、又そのような人にめぐり会えるか否かにかかっている。

152　三月二十日上堂。云く、遼天是れ諸人の鼻孔、匝地是れ諸人の脚跟。所以に祖師西来し、方《まさ》に解《よ》く諸仏出世して、耳処に眼処の仏事を作し、眼処に耳処の仏事を作す。六根互用し諸塵同参す。所謂《いわゆる》に道えり、石人汝に似たり、巴歌を唄うることを解す。汝石人に似たり、須く雪曲に和すと。

正当恁麼の時、一切処に一切智を発す。諸人這箇の道理を委悉せんと要すや。良久して曰く、誰か恨まん、春光覓むるに処無し、分明に青草百華新たなりと。下座。

三月二十日の上堂。諸君の鼻孔は天まで届き、諸君の足は大地に広がる。この世界（唯我独尊の世界）を手に入れた達磨大師は西来し、諸仏はこの世に出世して、只聞くだけ只見るだけ、主観も客観も超越した仏事を我々に示された。その有様は、誰かが「木曽のなあー」と歌い出すと、お前さんが「なかのりさーん」と和する趣がある。

さてまさにこの時は、この一瞬の時と所の感覚しかない。諸君はこの事実をくわしく知りたいと思うか。しばらく沈黙の後言われた。春の光はどこにも無いと恨むことはない。青草が萌え百花が咲いている。そこにはっきりと春が来ているではないか。こう言われて直ちに下座された。

●私解　立つ。坐る。泣く。笑う。この事実の外に何も無い。今日の上堂は完璧である。これがわからないのは、誰のせいでもない。すべて自分のせいである。

153上堂。尽十方世界山河大地、瓦解氷消。尽十方世界山河大地、什麼の処に向ってか安身立命せん。還って人の道い得る有りや。若し人の道い得る有らば、参学の眼分明なり。若し道い得ずんば、三十年人に逢って錯って挙することを得ざれ。三十年の外《のち》、大仏、祇管に他《かれ》を笑わん。他箇《かれ》の什麼をか笑う。他箇の人に逢うて錯って挙すること得ざるを笑わん。

上堂。全世界の山河大地が完全に崩壊する時、全世界の何処に安身立命の地を見つけるか。これについて、はっきり答え得る人がいるか。若し道い得る人がいれば、その人の参学の眼は明瞭であると言える。若し道い得ないならば、今後三十年は人に逢うて誤って仏法を説いてはならない。

だが三十年後、大仏（わし）は只、只彼を笑うであろう。彼の何を笑うかというと、彼が相変らず人に逢うて誤って仏法を説いてはならないと思っているからである。

●私解　道元禅師が、何故このように言うのかをはっきりさせなければならない。その理由を是非室内で明示して頂きたい。

154上堂。挙す。僧趙州に問う、如何なるか是れ不錯底の路。趙州曰く、明心見性是れ不錯底の路と。後来言く、趙州は祇《ただ》八九成を道い得たり。我は即ち然らず。若し人有り、如何なるか是れ不錯底の路と問わば、即ち他に向って道わん、家家の門裏長安に透《とお》ると。

師言く、恁麼に道うと雖も観るに足らず。趙州古仏道《い》い得て是なり。趙州道の明心を知らんと要すや。欬《がい》一欬して曰く、便ち是れ這箇。趙州道の見性を知らんと要すや。笑一笑して曰く、便ち是れ這箇。然も恁麼なりと雖も、趙州古仏、眼東西を観て意南北に在り。

忽ち人有って大仏に、如何なるか是れ不錯底の路と問わば、即ち他に向って道わん、輙《たやす》く這裏を離るべからずと。忽ち人有って和尚柱に膠《にかわ》して絃を調べるやと道わば、更に伊に向って道わん、你、柱に膠して絃を調べることを知り得てんやと。

上堂して言われた。或る僧が趙州に尋ねた、誤りの無い道とは何でしょうかと。趙州は言った、心を明らめ自己の本性を悟ることこそ誤りのない道であると。これについて、後世の人が言うには、趙州の言い方は八〇点か九〇点の出来であり、自分は違うと。若し人が錯りのない道は何かと問う者がいたら、彼に向って言おう、家々の門前の道は長安に向っていると。

師（道元禅師）は言われた。後人はこのように言うがとても聞くに耐えない。趙州古仏の言うことが正しい。では趙州の言われる心を明らめるとは何か知りたいか。師は咳ばらいを一つして、この通り！　と言われた。次に趙州の言われる自己の本性を悟るとは何か知りたいか。師はひと笑いして、この通り！　と言われた。さりながら、趙州古仏の眼は東西を見ながら心は南北に在る（宇宙一杯となっている）ことを知らねばならない。

さて人がこの大仏（わし）に誤りのない道とは何かと問うならば、彼に向って言おう。ここを離れてはならんぞ！（ここきりだぞ！）と。更にその彼が、和尚は古人の言にひきずられて、ご自分の曲の調べが無いのではないかと言うならば、彼に向って言おう。お前さんは、古人の言葉にひきずられた曲の調べがわかっているのかと。

●私解　道元禅師の咳ばらい、一笑いが、趙州の明心見性であるとわかるまで、坐り抜くだけの菩提心が自分にあるかどうかが問われている。

155
四月八日浴仏上堂。曰く、我が本師釈迦牟尼仏大和尚、二千年前の今朝、浄飯王宮毘藍園裏に現生降誕して、十方に周行すること七歩して、一手は天を指し、一手は地を指し、目、四方を顧みて言く、天上天下唯我独尊と。

師言く、大家、世尊の降生を見んと要すや。払子を拈じて一円相を作りて曰く、世尊降生し了れり。都《すべ》尽十方界山河国土、其の中の諸人有情無情、三世十方の一切諸仏、瞿曇世尊と同時に降生し了れり。都《すべ》て一物も先となり後となること無し。甚に因って斯の如くなる。所以は世尊、大仏が降生を受けて降生し、大仏の脚跟を受けて周行七歩し、大仏の開口を受けて便ち、天上天下唯我独尊と道えばなり。畢竟して更に道う。諸受を受けざる是れを正受と名づくと。若し也《ま》た恁麽ならば、涓滴も別処に落ちず。作麽生か是れ別処に落ちざる底の道理。良久して曰く、若し法を伝え衆生を度せざれば、終に名づけて仏恩に報ずと為さず。作麽生か是れ伝法報恩底の道理。下座して大衆と同じく、仏殿に詣《もう》じて、如来清浄の法身を拝洛す。

四月八日釈尊降誕会の上堂で言われた。我が本師釈迦牟尼仏大和尚は、二千年前の今朝、浄飯王王宮殿のルンビニ園に於いて、降生し誕生され、十方に周行すること七歩、一手は天を指し、一手は地を指し、四方を見回して天上天下唯我独尊と叫ばれた。

師（道元禅師）は言われた。皆さんは、大家世尊の降生を見たいと思うかと。そこで払子を取り上げて一円相を作って言われた。世尊は、この通り降生し了った。全世界の山河大地、その中の諸人、生きとし生けるもの、三世十方の一切諸仏は、釈迦牟尼世尊と同時に降生し了った。そのすべては、何一つとして世尊の降生より先となり後となるものはなかった。それは何故かと言うと、世尊は大仏（わし）の降生を受けて降生し、わしの歩き出すのを受けて周行七歩され、わしの口の開くのを受けて天上天下唯我独尊と言われたからである。

畢竟して更に言うならば、一切の観念から脱却したのが正受（事実）である。その通りならば、事実でないものは涓滴もない。事実でないものは涓滴もないとは、どういうことか。しばらく沈黙の後言われた。若し仏法を伝え衆生を救わなければ、最後は仏恩に報いたとは言えない。それでは仏恩に報いるとはどういうことか。直ちに下座され大衆と共に仏殿にお詣りして、如来の清浄な法身である誕生仏に香湯をおかけした。

●私解　「衆生本来成仏」を空念仏で終らせてはならない。実参実究して始めて、釈迦牟尼仏と同時に降生した自分に気付き、その仏恩に報ずる真の衆生済度の活動が可能となる。

156上堂。曰く。若し仏法を説いて兄弟に供養せば、未だ眉鬚堕落することを免れず、若し法を説いて兄弟に供養せざれば、地獄に入ること箭射が如し。此の二途を超えて、大仏今日什麼を将ってか兄弟の為にせん。良久して曰く、天上に弥勒なく、地下に弥勒なし。面を見るは名を聞くに勝れり。人に逢うて譏ずることを得ず。

上堂して言われた。若し仏法を説いて兄弟に供養すると、眉鬚堕落する報《むく》いを受けること必定である。さりとて兄弟に説法供養しなければ、これまた地獄に入ること箭の如しという結果となる。

さてこの二つの途を離れて、大仏（わし）は今日、兄弟達の為にどうしたら良いであろうか。しばらく沈黙の後言われた。弥勒菩薩は天上にも地下にもいない。この菩薩のうわさをするよりも、直接お顔を見ることの方が勝っている。一度はっきりとお目にかかることが出来れば、決して人をあざむくことは出来なくなる。

●私解　さてどのように弥勒菩薩にお目にかかることが出来るのか。若しはっきりとお目にかかることが出来れば、一法も説かずに平気で人を救い、かつ自分の人生を堂堂と送ることが出来る。この道元禅師の真意を汲み取らねばならない。

157知客《しか》を請するを賀する上堂。当山に今日始めて知客を請す。所謂知客は雲を見水を見る。雲水に相見するの時、雲水を以って面と為し目《まなこ》と為す。諸仏の行李たりと雖も、宛《あたか》も一色の弁道なり。道心を挙して以って方来を顧愛し、仏法を以って叢席を一興するの職なり。

乃ち言く、仏法は人の説くことなければ、恵ありと雖も、了ずること能わず。上頭の関を驀跳して、南面して北斗を看るなり。這の田地に到る、是れ什麼人ぞ。他《か》の過量の人をして能く過量の事を行ぜしむ。過量の人已に見《あら》われ、過量の法今聞く。

然も是の如しと雖も、且《しばら》く言詮に渉らざる一句作麼生か道わん。良久して曰く、仏に入り魔に入り、雲足り水足る。

知客《しか》を請するのを祝う上堂。当山に今日始めて知客を招請した。知客は雲水を相見する役であるが、雲水に相見する時は、雲水の心を以って我が心としなければならない。それは諸仏の行ないであると同時に、純一な弁道修行なのである。道心を起こして、四方から集まってくる雲水を大切にし、仏法を通じて叢林を盛んにする役職である。

それ故華厳経も言う、仏法は人が説かなければ、どんなに知恵があっても、これを理解することは出来ないと。真一文字に関門を飛び越えて、南を向きながら同時に、北斗星を見る自由無礙な境地を持たなければならない。この境地に到るのは何人《なんびと》であろうか。この境地を得る大力量の人にして始めて過重な大事を成し遂げることが出来るのである。今その大力量の人が現われ、過重な大事の任務を聞くことが出来た。

以上の次第であるが、一切の理屈を離れた一句をどう示したらよいであろうか。しばらく沈黙の後言われた。仏界にも魔界にも自由に行き来が出来る人にして、初めて雲水が満足し信頼する。

●私解　道元禅師の時代には、このような破格の知客が現われ任命できたと思われる。まことにうらやましい限りである。

158結夏の上堂。仏祖の心髄五六合、喚んで安居九旬と作す。衲僧の眼睛百千枚、喚んで護生三月と作す。雲、山に閑《しず》かなり乃ち父乃ち子。水、海に清し弟たり兄たり。骨肉同参・龍蛇一弁。仏仏這箇を提持して喫飯着衣し、人人此の事を保任して安身立命す。

十方の古仏渾身碌磚《ろくせん》なる、乃ち禁足なり。一切の露柱挙体木頭なる、乃ち結制なり。蒲団果を結んで時時に熟し、拄杖華を開いて日日香し。当に恁麼の時、波旬見仏、笑い咍咍《かいかい》。頑石点頭、閙聒聒《にょうかつかつ》。箇の什麼をか笑い咍咍《たいたい》し、箇の什麼をか閙聒聒《かつかつ》する。箇の拄杖華開くを笑い咍咍し、箇の蒲団の果を結ぶを閙聒聒《かつかつ》す。

夏安居最終日の上堂。仏祖の心髄をありったけ集めたのが九旬安居であり、修行者の眼睛をありったけ集めたのが結制三か月である。この間、雲は山に静かに横たわって父子のように親しく、水は海に澄み渡って兄弟のように和する。同様に修行者も骨肉のように親しく参究し、機根の別なく一堂に集まって弁道する。諸仏はこれを加護して同じく喫飯着衣し、修行者も修行に専心励んで安身立命する。

十方の古仏も全身で只管打坐するのが、この禁足安居であり、一切の丸柱が木頭のように兀坐するのが、この結制安居である。坐蒲も修行の功を積んで次第に純熟し、拄杖も華を開いて悟りの香りをただよわせる。まさにこの安居の時は、天魔波旬も仏を見て喜び笑い、かたい石もうなづきながら、喜び騒ぎ出す。一体何を喜び笑い、何を喜び騒ぎ出すのか。それは、この拄杖が花を開いて悟りの香りをただよわせるのを喜び笑うのであり、坐蒲が修行の功を積んで、次第に純熟するのを喜び騒ぎ出すのである。

●私解　結制安居で、すべての修行者が坐に徹し切ると、自ずと悟りの華は開き、坐蒲も拄杖も諸仏も天魔波旬も喜びに包まれ、禅堂も世界も忽ち極楽浄土となって現われる。我々もこのような接心を是非実現しなければならない。

159上堂。曰く。雲、嶺に生じて瑞《ずい》を為し祥を為す。潙山の水牯牛、九九八十一。月、潭に在って明有り清有り。雪峰の鼈鼻蛇、七九六十三。

記得す。趙州、大慈に問う、般若何を以ってか体と為すと。大慈曰く、般若何を以ってか体と為すと。趙州、呵呵大笑して出ず。大慈明日、趙州の掃地するを見て問う、般若何を以ってか体と為すと。趙州、掃箒《そうそう》を放下し、掌を拊して呵々大笑す。大慈便ち方丈に帰る。

師乃ち曰く、大慈・趙州只相似底の句を道い得て、相体底の句を道い得ず。若し人有って大仏に、般若何を以ってか体と為すと問わば、即ち他に向って道わん、相い随い来れと。

上堂して言われた。雲が山の嶺に漂って、吉祥の気を示している。その境界は、丁度潙山の水牯牛そのもの（九九八十一）である。また月が潭中に映って清明そのものである。その境界は、丁度雪峰の鼈鼻蛇そのもの（七九六十三）である。

ここで思い出したが、趙州が大慈に問うた、般若の体は何かと。大慈は答えた、般若の体は何かと。すると趙州は呵呵大笑して出て行った。翌日、趙州が地を掃いているのを見て大慈は問うた、般若の体は何かと。趙州は直ちに箒を放り出して呵呵大笑した。大慈はすぐに方丈に帰った。

師（道元禅師）は言われた、大慈と趙州は、互いに似たような句を道い得たが、互いにぴったり一致した真実の句は道い得ていない。若し人が大仏（わし）に、般若の体は何かと問うたならば、直ちに彼に向って言ってやる。わしについて来い！　と。

●私解　大慈は趙州の心が全くわかっていない。従って一致する筈はない。道元禅師の「わしについて来い！」の真意は、「わしそのものじゃ！（四九三十六）」と言っている。それがわからなければ、この上堂の真意は全くわからない。

160上堂。挙す。大潙、臨済悟道の因縁を挙して、仰山に問う。臨済当時、大愚の力を得たるか、黄檗の力を得たるかと。仰山曰く、但だ虎鬚を捋《な》ずるのみに非ず、亦虎頭に騎ることを解すと。師乃ち曰く、大潙、仰山道うことは太煞《はなはだ》道う。祇だ八九成を道い得たり。若し是れ大仏ならば、又且《か》つ然らず。忽ち臨済、当時大愚の力を得たるか黄檗の力を得たるかと問う有らば、即ち他に向って道わん、粥力飯力と。然も恁麼なりと雖も、誰か知らん、黄檗は臨済の拄杖力を得、大愚は臨済の拳頭力を得たることを。

上堂して言われた。大潙禅師が臨済の悟った因縁を取り上げて、弟子の仰山に問うた。臨済は当時、大愚の力によって悟ったのか、それとも黄檗の力によって悟ったのかと。仰山は言った、虎の鬚をなぜただけでなく、虎の頭を騎りこなしました（大愚も黄檗も全く眼中に無かったわい）と。

師（道元禅師）は直ちに言われた。大潙も仰山も悪くはないが精々八九十点だなあ。若し大仏（わし）ならば、そうは言わない。忽ち或る人が臨済は、当時大愚の力で悟ったのか、黄檗の力で悟ったのかと問うならば、彼に向って言うであろう。それはただ粥を食い飯を食ったお蔭であると。それはその通りであるが、実は黄檗は臨済の拄杖力に助けられ、大愚は臨済の拳頭力に助けられていることを、誰が知り得ようかと。

●私解　道元禅師は、臨済は臨済のほかに臨済は居ないということがわかるかと我々に言っておられる。

161恵信比丘尼、先考の為に上堂を請するに曰く、一法通ずれば万法通ず。三才知り諸仏知る。所以に道う、恩を知って方に恩に報いることを解すと。

記得す。漸源、道吾と施主家に弔慰する次いで、棺を撫して曰く、生か死かと。吾言く、生とも道わじ死とも道わじと。漸源曰く、什麼としてか道わざる。吾曰く、道わじ道わじ。

師言く、生か死か、三世諸仏も有ることを知らず。死か生か、狸奴《りぬ》百牯《びやくこ》却って有ることを知る。生とも道わじ死とも道わじは、鉄牛旧きに依りて煙沙に臥す。什麼としてか道わざるは、舌頭長く口門窄《せま》し。道わじ道わじは、大虫と虎と始めて親となすと。

恵信比丘尼が亡父の為に上堂を乞うたので言われた。一つに通ずれば万事に通ずることができ、天・地・人の三才を知れば、諸仏の心がわかる。それ故、先人も恩を知って始めて恩に報いることができると言われたのである。

ここで思い出すことだが、漸源が師の道吾と施主の家に弔問に行った際、漸源が棺を撫でながら

「生か死か」と聞いた。道吾は「生とも言えぬ死とも言えぬ」と言った。漸源は言う、「どうして言えないのですか」と。道吾は言った、「言えぬ言えぬ」と。

師（道元禅師）は言われた、生か死かは三世諸仏は絶対にご存じない。それに反し普通の人（猫や牛）は、生だ死だと盛んに論議する。「生とも言えぬ死とも言えぬ」というのは、鉄牛（生死を超えた人）は、今迄どおりの煙沙の中に安住している（平気で普段の生活を送ることができる）ということである。又「どうして言えないのか」というと、舌頭長く口門窄し（口が一杯で飲み込むことができない―言いようがないわい―）だからである。更に「言えぬ言えぬ」というのは、言いようがなくなったので大虫（漸源）と虎（道吾）が始めて心が通じ合うことができたのである。

●私解　この上堂は難しい。何故なら我々は生まれた自分がいて死ぬ自分がいると思っており、それが我々の常識だからである。

生死は本来無い。即ち人間は生まれたこともなければ死ぬことも無いと大悟しない限りわからない。それではどうすれば生死無しと言えることができるか。正師について正身端坐して、自己を忘ずることが出来れば必ず実現できる。そしてこれこそ参禅の本領である。

162上堂。曰く。記得す、仰山東寺に到る。寺問う、什麼の処よりが来る。山曰く、広南より来る。寺曰く、承り聞く、広南に鎮海の明珠有りと、是なりや否や。仰曰く、是。寺曰く、何の形状をか作す。仰曰く、白月には即ち隠れ、黒月には即ち現ず。寺言く、還って将《も》ち得来るや否や。仰言く、将ち得来

る。寺曰く何ぞ老僧に呈示せざる。仰言く、昨《さき》に潙山に到るに亦此の珠を索《もと》めらるるに、直に得たり、言の対すべき無く。理の伸ぶべき無きことを。寺曰く、真の獅子児、大獅子吼すと。

師曰く、這箇の因縁、叢林喚んで呈珠の話《わ》と作す。作麼生か是れ珠。払子を以って一円相を作りて言く、是れ這箇にあらずや。這箇は且らく致《お》く。那裏か是れ他の呈珠の処。乃ち言く、飯足り粥足り日用に足る。諸人著力の処、明得するも三十拄杖ならん。

上堂して言われた。思い出すことだが、仰山が東寺如会の処に行ったところ、寺が問うた、どこから来たかと。仰山は言った、広南より来ました。寺言く、聞くところによると、広南には海を鎮める明珠があると言うが本当かと。仰山曰く、その通りです。寺言く、どんな形をしているのかね。仰山は言った。月が満ちていく時は隠れておりますが、月が欠けていく時は姿を現わしますと。寺は言った、それを持ってくることは出来るかどうかと。仰山は言った、持ってくることは出来ます。寺言く、どうして老僧に示さんのかね。仰山は言った。以前潙山和尚の処に行った時、この珠を求められましたが、言葉では言い現わすことも出来ず、道理の示しようもありませんでしたと。寺は言った、真の獅子児が大獅子吼したなあ！　と。

師（道元禅師）は言われた。この公案は叢林では「呈珠の話《わ》」と言われている。さてその珠はどんなものか。払子で一円相を作って言われた。「こいつじゃ！」と。こいつはしばらく置くとして、仰山の呈珠とはどんなものか。直ちに言われた、それは朝夕粥飯を喫する日用底であると。さて諸君が一生懸命修行に励んで、たとえこの明珠を明らめたとしても、わしは三十棒をお前さんに与えるぞ！と。

●私解　何故三十棒が与えられるのか。そんなものがある間は、真の明珠ではないからである。そんな生意気なことを言うならば、是非真の明珠を室内で示してもらいたい。道元禅師は、きっと三十棒をお前さんに与えるであろう。有り難いことである。

163上堂。曰く。古人道う、一翳眼《いちえいまなこ》に在れば空華乱墜すと。払子を拈じて言く、這箇豈に是れ一翳眼に在るにあらずや。百千の諸仏、総に払子頭上に在って、丈六紫磨金色の身を示現し、其の国土に乗じて十方に遊歴し、一切の法を説いて一切の衆を度す。豈に是れ空華乱墜にあらずや。一切の祖師、梁に遊び魏を経て、衣を伝え法を付す。豈に是れ空華乱墜にあらずや。

而今、若し向来払子を拈ずる前に、巾斗を翻し得る底有らば、出で来って大仏と相見すべし。如し無くんば、切に忌む、眼本《もと》翳無く、空本《もと》華無き処に著到することを。便ち払子を塔下に擲下《さつか》して言く、然も是の如しと雖も、未だ免れず、今年の塩貴《たか》く米賤《やす》きことを。

上堂して言われた。古人は言う、一寸でも眼に影があると、空中に本来無い花が乱れ落ちると。そこで払子を取り上げて言われた。これは一翳眼《まなこ》にあるのではないのか。又百千の諸仏が、この払子頭上で、一丈六尺の金色の身を現わして、あらゆる国土に行って、一切法を説いて一切衆生を済度する。これも空華乱墜ではないのか。又一切の祖師が、梁の国に生き魏の国を経て、袈裟を伝え法を付する。これも空華乱墜ではないのか。

今わしが先程払子を取り上げる前に、トンボ返りをすることが出来る者があるならば、出て来て大仏（わし）と相見してもらいたい。若し居ないならば、決して眼には本来かげりは無く、空中に実は華なぞ無い世界に執着してはならない。そこで払子を須弥壇の階段の下に投げて言われた。だが今年の塩の値は高く、米の値は安いことよなあ！　と。

●私解　今年の塩の値は高く、米の値は安い。この事実の外は、すべて一翳眼であり空華乱墜にすぎない。道元禅師の法眼は、このようにすっきりしている。

165上堂。挙す。須菩提説法すれば帝釈花を雨ふらす。尊者問うて曰く、此の華天より得たるや。天帝曰く、弗《しか》らず。地より得たるや。天帝曰く、弗らず。人より得たるや。天帝曰く弗らず、何れ従り得たるや。天帝手を挙す。尊者曰く、如是如是と。雲門言く、天帝手を挙す処作麼生。你が四大五蘊と釈迦老子と同か別かと。

師乃ち曰く、尊者恁麼に問う、未だ是れ問い尽さず。天帝恁麼に答う、未だ是れ答え尽さず。若し是れ大仏ならば、即ち天帝に向って問わん。是れ老僧が眼華か、是れ天帝が眼華かと。若し天帝ならば、尊者に向って道わん、眼華眼華と。尊者若し、此の花天より得たりや地より得たりや人より得たりやと問わば、若し是れ天帝ならば、即ち尊者に向って道わん。天は此の花に因って清く、地は此の花に因って寧《やす》く、人は此の花に因って栄ゆと。尊者の如是如是と道わんと欲するのを待って、花を拈じて便ち尊者の頂額上に雨著して始めて得てん。天帝の手を挙す、善きことは是れ甚だ善し、恐らくは雨花遅一刻なること在り。

今日大仏、諸の大衆の為に法堂上に上って乃ち是れ説法す。雷声轟々たり。必ず雨花繽紛紜紜《ひんぷんうんうん》たることを見ん。即ち拄杖を擲下して曰く、且く大衆に問う、説法や先、雨華や先と。

上堂して言われた。須菩提尊者が説法すると帝釈天が讃歎して花を雨降らした。尊者が問うた、此の花は天から得たものかと。帝釈は言った、違います。では地から得たものか。帝釈は言った、違います。では人より得たものか。帝釈は言った、違います。では何処から得たものか。帝釈は手を挙げて示した。尊者は言った、その通りその通りと。ここで雲門は言った、帝釈が手を挙げたのはどういうことか。またお前さんの身心と釈尊の身心は同か別かと。

師（道元禅師）は言われた。尊者はこのように質問しているが、未だ問い尽していない。又帝釈はこのように答えているが、未だ十分に答え尽していない。若し大仏（わし）ならば、天帝に向って問うであろう。これは老僧の眼の病いで空中の花が見えるのか、天帝の眼の病いで空中に花が見えるのかと。この時わしが若し天帝ならば、尊者に向って言うであろう。眼華眼華（わしの眼の病い、天帝の眼の病い）と。尊者が若し、この花は天から得たのか、地から得たのか、人より得たのかと問うならば、若しわしが天帝ならば、尊者に向って言うであろう。天はこの花によって清らかとなり、地はこの花によって安らかとなり、人はこの花によって栄えるであろうと。この時、尊者が、その通りその通りと言おうとしたら、花をつまみ上げて、直ちに須菩提尊者の頭の上に雨のように降らすであろう。この時帝釈天が、手を挙げて示したのは、善いことは大いに善いが、尊者の頭に花を雨降らしたのには少しく及ばない。

今日大仏（わし）はこうして大衆の為に法堂に上って説法する。その声は雷声のように轟々と響き渡る。必ずや諸君は、花の雨が降り乱れるのを見るであろう。ここで直ちに拄杖を投げて言われた。しばらく、大衆に問う、説法が先か花が雨降るのが先かと。

●私解　この道元禅師の問いに、どう答えたら良いであろうか。「雨花既に降り了る。乞う和尚直ちに下座せよ」はどうであろうか。

167上堂。曰く。挙す僧保福に問う。雪峰平生何の言句有りてか、霊羊の角を掛けたる時に似たることを得たると。保福曰く、我雪峰の弟子と作り得ずんばあるべからずと。

円悟禅師曰く、孔翠《こうすい》の羽毛・麒麟の頭角、重々の光彩的々相承す。陥虎の機を明めんと要せば、須らく嶮崖の句を施すべし。然も是の如くなりと雖も、只与麼に来たることを知って、与麼に去ることを知らず。或《も》し山僧に五祖平生何の言句有りてか霊羊の角を掛けたる時に似たることを得と問うこと有らば、只他に対して道わん。敢て先師に辜負せずと。還た委悉するや。山高くして豈に白雲の飛ぶことを礙げんやと。

師曰く、大仏門下ならば、又且つ然らず。遮般の事を知らば便ち休せん。然も是の如くなりと雖も、只頭角の生ずることを知って、未だ脚跟の力を知らず。箇の釘觜《ていし》鉄舌の漢有って、古今の旧公案を皷尽《こうじん》せん。或いは山僧に、天童平生何の言句有りてか霊羊の角を掛くる時に似たることを得んと問うことあらば、只他に対して道わん。我が先師を瞞ずることを得ずと。

上堂して言われた。或る僧が保福に問うた。雪峰は平生どんな言句によって、かもしかが角を樹上に掛けて眠るような大安心の境地を和尚に示されたのかと。保福は言った、わしは雪峰の弟子でなかったことはないと。

円悟禅師は言われた。保福の言葉は、孔雀の羽毛のようにすばらしく、麒麟の頭角のように抜群で、雪峰の光彩を放つ法を、十分に受け継いでいる。このように虎をもひっとらえる働きを明らかにするには、嶮崖から踊り出るような句をはかなければならない。さりながら、保福はこのような働きをやって来たが、どこへ行くのかはっきりしない。若しわしに五祖は平生どんな言句で大安心の境地を示したかと問う者がいるならば、彼に向って答えよう。わしは、先師にそむくことはしていないと。更に、くわしく知りたいと思うか。それは山は高くても、白雲は自由にさわりなく飛ぶことが出来るということである。

師（道元禅師）は言われた。大仏（わし）の門下ならば、以上の二師とは違うぞ。以上の問答は、それが理解出来れば良いとするであろう。しかしそれは頭の中の理解であって、未だ身体全体で納得したものではない。それが本当にわかるのは、鉄の釘のような口ばしと舌を持った人物で、古今の公案をすべて噛み砕くことが出来る者だけである。さてこのわしに、天童如浄禅師は平生どんな言句で大安心の境地を示したのかと問う者がいれば、彼に向って言うであろう。我が先師を馬鹿にするな！と。

●私解　大安心の境地があると思う間は、真の仏道とは遙か遠い存在となるであろう。さてそれではどうすれば良いか。その極意を是非室内で示してもらいたい。

169端午の上堂。卓拄杖一下して言く、五月五日は天中節。尽大地の人、薬纆《やくる》を帯す。記得す、善財、文殊に参ず。殊曰く、門を出でて一茎の薬草を将《も》ち来れと。善財、門を出でて尽地を遍観するに、是れ薬草ならざる無し。還り来って文殊に向って道く、尽大地是れ薬、那箇をか把り将ち来らん。文殊言く、一茎の薬草を将ち来れと。善財、一茎草を把って文殊に度与す。文殊、一茎草を接得して便ち衆に示して曰く、這の一茎草、亦能く人を殺し、亦能く人を活かすと。

師言く、這の因縁を参ぜんと要すや。善財道く、尽大地是れ薬、那箇をか把り将ち来らんと。便ち是れ一茎草を把り将ち了れり。然も是の如くなりと雖も、善財只眼に見ることを得て、未だ心に会することを得ず。

文殊道く、一茎草を把り来れとは、文殊、你門より入る者は是れ家珍にあらざるの道理を知るやとなり。若しまた未だ知らざれば、文殊、你将ち来ると雖も、未だ曽って親しからざる也。善財門を出ず、便ち是れ草草悤悤《そうそう》にし了れり也。未だ拳頭に把り将ち来らずと雖も、還って是れ脚跟踏著し得る也。善財、一茎草を把って文殊に度与す。便ち是れ一番両番の公案を将ち来り了れり。正当恁麼の時両箇の漢、腕頭力有る在り。文殊接得して便ち曰く、亦能く人を殺し亦能く人を活かすと。作麼生か是れ人を殺す、作麼生か是れ人を活かす。

卓拄杖一下して曰く、這箇は便ち人を殺す。又卓拄杖一下して曰く、便ち是れ這箇人を活かすなり。這の両頭に拘らず、更に一箇の道理あり。大家知らんと要すや。良久して卓一拄杖して下座す。

端午の上堂において、拄杖をドーンと一突きして言われた。五月五日は天中節じゃ。この日は、す

べての人々は薬袋を首に掛ける。（魔よけのため）

ここで思い出したが、善財童子が文殊に参じた。文殊は言った、門を出て一本の薬草を持って来ておくれと。善財は門を出て尽大地を見渡したが、薬草でないものはなかった。そこで帰って来て文殊に言った。尽大地は薬草ばかりです。どれを取って来たら良いでしょうかと。文殊は言われた、一本の薬草を持ってお出でと。そこで善財は、一本の草を取ってきて文殊に渡した。文殊は、その草を受け取ると、直ちに大衆に示して言われた。この一本の草は、よく人を殺し又よく人を活かすと。

師（道元禅師）は言われた。この因縁に参じてみよう。善財童子が言う尽大地は薬草ばかりです、どれを取って来たら良いかと言うのは、既に一茎草を取り終えたということである。さりながら、善財はこの事実を眼で見ただけで、未だ心で会得していない。

文殊が一茎草を持っておいでと言ったのは、文殊がお前さん門より入るものは本当の家の宝ではない道理がわかっているか、若し未だわかっていないならば、文殊がお前さんは一茎草を持ってきたと言っても、未だ草と一つではないよと言っているのである。従って善財が門を出たといっても、未だ迷いの草で一杯で、本物を手に入れたことにはならない。その通りではあるが、実は本当の世界を一歩一歩踏みしめているのである。だから善財が一茎草を取って来て文殊に手渡したのは、一則二則の公案を完全に示しているのである。こう見て来ると、文殊と善財二人の腕前力量は相当なものと言える。文殊は一茎草を受け取ると、直ちに大衆に言った。この草は又能く人を殺し又能く人を活かすと。一体人を殺すとはどういうことか。又人を活かすとはどういうことか。

師は拄杖をドーンと一突きして、これこそ人を殺すことじゃと。又拄杖をドーンと一突きして、これこそ人を活かすことじゃと。さてこの殺活の二つにかかわらない更なる道理がある。諸君は知りたいと思うか。しばらく沈黙の後、拄杖をドーンと一突きして下座された。

●私解　道元禅師の今日の上堂は、言葉尻を追いかけるとさっぱりわからない。さて殺活の二つにかかわらない道理とは何か。五月五日の端午の節句が来ると、昔はみんな魔よけの薬袋を首に掛けたという。この事実の外に何があると言うのか。

171上堂。曰く。十五日已前、若し同牀に眠らずんば、争《いか》でか被底の穿つことを知らん。十五日已後、機輪曽って未だ転ぜず。転ずれば必ず両頭に走らん。正当十五日、古壁幾ばくか青丹なる。秋を俟って蟋《こお》蟀《ろぎ》吟ず。

然も是の如くなりと雖も、大仏門下、如何が高く掲げん。霊山の老古錐に相逢うて、手裏に果然として拈出す。少室の老臊胡を相瞞じて、胸襟韋然として著実なり。諸人、這箇の道理を委悉せんと要すや。良久して曰く、平生の肝胆、人に向って説く。拄杖一条、何ぞ黒漆なる。

上堂して言われた。十五日以前（大悟する以前）は、明眼の善知識と同床に眠る底の修練を積まなければ、決して自分の迷いの穴を穿つことは出来ない。また十五日以後（大悟した後）でも直ちに法輪を転ずることはしない。転ずれば必ず説く者と説かれる者との両頭に落ちてしまう。正当十五日（一切皆空の世界）は、古い壁に青味が残っており、秋になってコオロギが鳴く時節まで待つ必要がある。

この通りではあるが、大仏（わし）の門下では、この事実をどのように高く掲げたら良いであろうか。霊山の釈尊に出合って、その手腕を発揮する。或いは少室の達磨大師をあざむいて、胸襟を開いて人の為に尽すのみである。諸君はこの事実を、もっとくわしく知りたいと思うか。暫く沈黙の後言われた。平生わしは、肝胆を傾けて、人に向って説きどおしであるが、その中味は、このわしの一本の拄杖は、何と黒びかりしているではないかと言うことだけである。

●私解　まことに「道元の仏法多子無し」である。

172**上堂。曰く。仏仏授手し祖祖相伝す。箇の什麼をか相伝し、箇の什麼をか授手す。大家、若し而今《にこん》の落処を知らば、三世の諸仏、六代の宗師、破草鞋・破木杓、力を尽くして曳くとも、未だ肯て止らず。**

若し也た擬議せば、大仏你が脚底に在らん。

上堂して言われた。仏が自ら仏に授け、祖師から祖師へと伝えて来られた。それは、何を手ずから授け、何を伝えて来られたのであろうか。

諸君が、若しこの脱落の事実を知ることができれば、過去・現在・未来の三世の諸仏及び六代の祖師方が、わらじを破り、ひしゃくをこわし、全力を尽して諸君を曳きずろうとしても、到底不可能である。

これだけ言っても未だわからずに疑うならば、この大仏（わし）が、お前さんのすぐ足許にいることに気付くことはできまい。

●私解　諸君は朝起きたら何と言うかね。「お早ようございます」だね。又夜ねる時何と言うかね。「お休みなさい」だね。そこにはっきりと道元禅師がおられる。

しかし朝起きたらお早よう。夜ねる時はお休み。それが仏道であると言ったら大間違いであることがわかってのことである。

173 **上堂。曰く。万象の中に独露し、百草頭上に相逢う。我分外底の我を見ず、他分外底の他を見ず。三十年来分疎不下。十二時中一物不中。所以に道う。是れ神通妙用にあらず、是れ法爾如然にあらず。正当恁麼の時作麼生。良久して曰く、今日の和羅昨日の如く、薫風の気味、春風に似たり。**

上堂して言われた。万象の一つ一つに仏祖が露われ、百草の一つ一つに真の自己に出逢う。自分以外の自分は無く（自きり）、他以外の他は無い（他きり）。この事実は三十年来変らないし、朝から晩まで、そうでないものはない。

そいつは神通妙用か。そんな不思議なものではない。そいつは法爾自然のものかというと、そんな枠にもはまらない。では、一体それは何であろうか。

しばらく沈黙の後言われた。今日も昨日と同様、応量器でご飯を頂く。するとさわやかな初夏の風が、まるで春風のように吹くではないか。

●私解　さて真の仏道はどこにあるのであろうか。何処にあるかと探し出すと行方不明となってしまう。探すべき仏道はどこにもなかったと大悟すると本来の独露身となるが、それ迄のひたむきな修行が必要である。

174上堂。云く。什麼物か天よりも高き、天を生ずる者是れなり。什麼物か地よりも厚き、地を生ずる者是れなり。什麼物か虚空よりも寛《ひろ》き、虚空を生ずる者是れなり。什麼物か仏祖より超えたる、仏祖を生ずる者是れなり。

然も是の如くなりと雖も、什麼に因ってか却って諸人の眉毛上に在り、什麼に因ってか却って一粒の粟米裏に在る。正当恁麼の時、句裏に宗を明らむることは則ち易《やす》く、宗中に句を弁ずることは則ち難し。心を縁ずること能わず、口も議すること能わず。直に須らく退歩して荷担すべし。切に忌む。当頭に諱に触るることを。

諸人、這箇の道理を委悉せんと要すや。良久して曰く、晴天を搬《はこ》び得て白雲を染め、渓水を運《はこ》び来って明月を濯《あら》う。

上堂して云われた。何ものが天より高いかというと、それは天を生み出すものである。何ものが地より厚いかというと、それは地を生み出すものである。何ものが虚空より広いかというと、それは虚空を生み出すものである。また何ものが仏祖を超えているかというと、それは仏祖を生み出すものである。

このとおりではあるが、その生み出すものが、実は諸君の眉毛の上に在り、一粒のもみ米の中に在る。それはどういうわけかを理屈で明らかにすることは簡単だが、その宗旨そのものを表現することは難しい。何故かというと、心に映し出したり口で議論することが不可能だからである。だから直ちに、そのものそれに成り切る外はない。決して頭に描いて、その宗旨を探ろうとしてはならない。

諸君はこの事実を、もっとくわしく知りたいと思うか。しばらく沈黙の後云われた、晴天に白い雲が浮かぶのは、晴天が白雲を映し出したものではない。又谷川の水に明月が映るのは、谷川の水が明月を洗っているからではない。

●私解　道元禅師ご自身も遂に理屈の桎梏から解き放たれたのであろう。理屈で仏道を論じ、それが真の禅であると思うのは、全くの間違いであると厳しく叱っておられる。事実を事実として受け取れるまで、真剣に坐に取り組む外はない。

175上堂。云く。記得す。趙州南泉に問う。有ることを知る底の人、什麼の処に向ってか去ると。泉曰く、山前檀越の家に向って、一頭の水牯牛と作り去る。州曰く、師の答話を謝す、と。泉云く、昨夜三更、月、窓に到る。

師曰く、牛前人後、眼中の眼。有ることを知る底の人、鼻孔長し。繋《つな》ぎ得たり、窓に当る先夜の月、三更旧きに依って山堂を照らす。

上堂して云われた。思い出すことだが、或る時、趙州が南泉に尋ねた。大悟した人は何処へ行くのでしょうかと。南泉は云った、山前の檀家の家で一頭の水牯牛になるのさ。趙州は云った、師のお答えに感謝致します。南泉は云った、昨夜真夜中に月が皓々と窓からさし込んでいたよと。

これについて師（道元禅師）は云われた。前世は牛この世は人間。そんなことは眼の玉と同様、別に変ったことではない。このことを知る大悟底の人は、何時も大安心で一向に気にするものはない。そうそう、昨夜も輝いていた明月が、今夜も夜中に、この大仏寺の堂内にさし込んでいるではないか。

●私解　趙州の心が手に取るようにわかる道元禅師のこの日の上堂の提唱は、明月のように明らかである。我々も参禅する以上この境涯を手に入れなければならない。それには正師について只管に正身端坐を続けさえすれば、人種・性別・国籍の如何にかかわらず、必ず実現することができる。

176 **上堂。曰く。直《じき》に一歩を進むるも、未だ国王の水草を犯すことを免れず。直に一歩を退くも、未だ祖父の田園を踏むことを免れず。不進不退の処、還って出身の路有りや也《ま》た無しや。良久して云く、権《かり》に垢衣を掛く、是れを仏と云う。却って珍御を装《よそお》って復た誰とか為さん。**

上堂して云われた。外に仏を求めて一歩を進めるのは、国王の水草を犯す罪となる。さりとて、仏を求めようとしないのも、祖父の田園を踏みにじる誤りとなる。それでは外にも内にも求めなければ、解脱の道があるのだろうか。

しばらく沈黙の後云われた。方便でよごれた衣服を身につけて衆生済度するのが仏であるが、時には立派な衣服を身につける自由さも仏の作用そのものである。

●私解　仏道は相手に成り切って法を説くのみ。従ってその力を十二分に備えた師家が是非とも必要である。

177 **大仏寺を改めて永平寺と称する上堂。（寛元四年丙午《ひのえうま》六月十五日）天道有って高く清《す》めり。地道有って以って寧《やす》きこと厚し。人道有って以って安穏なり。所以に世尊降生して、一手は天を指し、一手は地を指し、周行七歩して曰く、天上天下唯我独尊と。世尊道えることあり。是れ恁麼なりと雖も、永平道うこと有り。大家、証明せよ。良久して曰く、天上天下当処永平と。**

大仏寺を改めて永平寺と称する時の上堂。（寛元四年丙午《ひのえうま》六月十五日）天は高く清《す》み地は厚く安らかである。人は道に従って安穏となる。そこで釈尊は生まれると、一指は天を指し、一指は地を指し、四方に七歩周行して、天上天下唯我独尊と宣言された。世尊のお言葉は、このとおりであるが、永平（わし）も道う言葉がある。諸君、証明せよ。しばらく沈黙の後言われた。天上天下当処永平と。

●私解　道元禅師のお言葉は、まことにその通りである。若し私ならば道いたい。天上天下即今即今と。

178上堂。曰く。参学の人須らく衲僧の眼睛を具して始めて得べし。既に衲僧の眼睛を具して、旁観に木《もく》患子《かんす》に換えられて始めて得べし。若し木患子に換却せらるれば、大地に瞞ぜられず、蓋天に瞞ぜられず、仏祖に瞞ぜられず、拄杖に瞞ぜられず、水に入り火に入りて溺れず焼けず、仏を見魔を見て、自処自在なり。

良久して曰く、作麽生か是れ適来道底の者若し有らば、出で来って衆に対して呈せよ看ん。永平你に参学の事畢ることを許さん。脱《も》し或いは未だ然らずんば、拄杖子你を笑うこと在らん。然も是の如くなりと雖も、若し喚んで伊《かれ》とせば、眉鬚堕落せん。

上堂して云われた。仏道を学ぶ人は、必ず衲僧の眼を具《そな》えて始めてそれで良しと云える。既に衲僧の眼を具えて、善知識に正法眼（木患子《もくかんす》）有りと許されて始めて衲僧と云える。若しこの正法眼を備えれば、大地に騙されることもなく、天に騙されることもなく、仏祖に騙されることもなく、拄杖に騙されることもなく、水に入っても溺れず火に入っても焼けず、仏を見ても魔に出合っても自由自在に対処することができる。

しばらく沈黙の後云われた。今まで述べてきたような人物が居るならば、出て来て大衆の為に見所を呈してもらいたい。永平（わし）はそいつに一生参学の事は畢ったと許すであろう。若し未だそうでないならば、わしの拄杖子は、お前さんを笑うであろう。さりながら、若しわしがお前さんはそうではない（参学の眼無し）と云ったならば、それこそわしの眉毛は嘘を云った罪で落ちてしまうであろう。

●私解　道元禅師は、このように云って、お前達一人一人は完全無欠の正法眼の持主であるんだぞ！　と我々を叱咤している。

179上堂。曰く。世尊道《のたまわ》く、一人真を発して源に帰すれば、十方虚空悉く皆消殞《しょういん》すと。

五祖山の法演和尚道く、一人真を発して源に帰すれば、十方虚空築著磕著《ちくじゃくかつじゃく》すと。

夾山《かっさん》円悟禅師道く、一人真を発して源に帰すれば、十方虚空、錦上に華を添うと。

仏性法泰和尚道く、一人真を発して源に帰すれば、十方虚空、只是れ十方虚空と。

先師天童道く、一人真を発して源に帰すれば、十方虚空、悉く皆消殞す。既に是れ世尊の所説、未だ免れず、尽く奇特の商量を作すことを。天童は則ち然らず。一人真を発して源に帰すれば、乞児飯椀を打破すと。

師曰く、五尊宿は恁麼、永平は不恁麼。一人真を発して源に帰すれば、十方虚空真を発して源に帰すと。

上堂して云われた。世尊は云われた。一人でも真に大悟して真実に帰入すれば、十方の虚空世界は完全に消え失せてしまうと。（唯我独尊となってしまうから）

五祖山の法演和尚は云った。一人でも真に大悟して真実に帰入すれば、十方の虚空世界は互いに頭をぶつけ合ってしまうと。

夾山円悟禅師は云った。一人でも真に大悟して真実に帰入すれば、十方の虚空世界は錦上に花を添えたように光り輝くと。

仏性法泰和尚は云った。一人でも真に大悟して真実に帰入すれば、十方の虚空世界はただ十方の虚空世界となるだけであると。

先師天童如浄禅師は云われた。一人でも真に大悟して真実に帰入すれば、十方の虚空世界は完全に消え失せてしまうというのは、世尊のお言葉であるが、これはまことに特別すぐれた見解である。しかし天童（わし）の見解は違う。一人でも真に大悟して真実に帰入すれば、すべての僧は（最早修行する必要が無くなるので）飯椀をぶちこわしてしまうと。

師（道元禅師）は云われた。五人の尊宿の見解は以上のとおりであるが、永平（わし）は同じではない。一人でも真に大悟して真実に帰入すれば、十方の虚空世界は、こぞって大悟して真実に帰入すると。

●私解　さて若し諸君だったら「一人でも大悟して真実に帰入したら、十方の虚空世界はどうなるか」と聞かれたらどうするか示してもらいたい。私の見解は「骨折り損のくたびれもうけ」である。

180**上堂。記得す。天親、弥勒の内宮より下る。無著問うて曰く、人間の四百年を彼の天の一昼夜と為す。弥勒一時の中に於て、五百億の天子の無生法忍を証することを成就すと。未審《いぶかし》甚麼の法をか説く**

と。天親云く、只是れ這箇の法を説くと。無著聞いて便ち成就す。
永平且《しばら》く問う、過去現在未来・拳頭頂𩕳・露柱燈籠、作麼生か是れ這筒の法。拄杖未だ到らず、払子用いず。是れ花開き花合すること莫しや。是れ掃地掃牀なること莫しや。
良久して曰く、三千刹海一《ひとえ》に秋と成る。明月珊瑚、寒と与《とも》に照らす。

上堂。思い出すことだが、天親が弥勒菩薩の内宮から降下した時、無著が天親に問うた、人間界の四百年が弥勒の兜率天の一昼夜に当たるという。ところが弥勒菩薩は一時に五百億の天子に不生不滅の真理を悟らせたと聞くが、一体どんな法を説かれたのかと。天親は云った、只是の法を説いただけであると。無著は、それを聞くと直ちに悟りを成就した。

永平はしばらく、これについて尋ねたい。過去現在未来にわたって、拳頭頂𩕳・露柱燈籠があるのに、只この法とはどういうことか。拄杖も役立たず払子も不用なのか。是れとは花が開き花が散ることではないのか。是れとは地を掃き床をふくことではないのか。

しばらく沈黙の後云われた。全宇宙が秋一色となってしまった。明月は天に輝き、珊瑚は寒々と光っているではないか！　と。

●私解　只是の法のみと成り切るのに、何十年何百年の修行が必要であろうか。自分の修行の過程と程度がどうなっているのか。大反省すべきである。

181上堂。曰く。記得す、僧石霜に問う。教中に還って祖師意ありやと。石霜曰く、有り。僧云く、如何が是れ教中の祖師意。石霜曰く、巻中に向って求むること莫れ。雲門代って云く、老僧に辜負すること得ざれ。却って屎坑裏に向って坐地して恁麼をか作さんと。

師曰く、二老宿道うことは也《ま》た道う。是れ但だ恨むらくは八九なることを、若し是れ永平に、或いは人有って教中に還って祖師意有りやと問わば、即ち他に向って道わん。若し是れ教中にあらずんば、豈に祖師意有らんや。他或いは如何なるか是れ教中の祖師意と問う有らば、即ち他に向って道わん。黄巻朱軸と。畢竟如何。払子を階前に擲下して下座す。

上堂して云われた。思い出すことだが、僧が石霜に問うた、教中に達磨西来意があるでしょうかと。石霜は云った、有るよと。僧は云った、教中の達磨西来意はどんなものでしょうか。石霜は云った、経巻の中に求めてはならないと。雲門が代って云うには、老僧（本来の自己）にそむいて、何時までも糞壺の中に坐り込んでいてどうするんだと。

師（道元禅師）は云われた。二老僧の云うことは正しいが、遺憾ながら十分ではない。若し永平（わし）に人あって教中に祖師意があるかと問う者がいれば、彼に向って云おう。若し教文の中でなければ、どうして祖師意があり得ようかと。又その者が、教中の祖師意はどんなものですかと問うならば、彼に向って云おう、黄巻朱軸（経典）であると。それでは結局のところはどうなのか。と云って、払子と階段の前に投げ出して下座された。

●私解　道元禅師が払子を階前に放下されたことが、経文朱軸そのものである。それがわかる為には、毎日経文を唱えて自己を完全に忘ずることが必要である。この修行をしないで頭で理解しようとしても、それは結局似非《えせ》仏法に過ぎない。

182上堂。我が本師釈迦牟尼仏大和尚、先世瓦師と作りしとき、名づけて大光明と曰う。爾の時に仏有り、釈迦牟尼仏と名づく。彼の仏世尊、寿命・名号・国土・弟子・正法・像法、一《ひとえ》に今の仏の如し。彼の仏と弟子と倶に瓦師の舎《いえ》に至って宿す。瓦師、草座・燃灯・石蜜・水漿を以って、仏及び比丘に施して誓願を発す。当来五濁の世に仏を作り、仏及び弟子・寿命・名号・国土・身量・正法・像法、一切皆今の釈迦牟尼仏の如くにして異ならず。其の昔の願の如く、今日仏と作って、国土・弟子・正法・像法・寿命・名号、一切皆古釈迦牟尼仏の如し。

日本国越宇《えつのくに》、開闢永平寺沙門道元も亦誓願を発す。当来五濁《ごじょく》の世に仏と作り、仏及び弟子・国土・名号・正法・像法・身量・寿命、一《ひとえ》に今日の本師釈迦牟尼仏の如くにして異ならざらんとす。唯願わくば、仏法僧の三宝・天衆・地衆・雲衆・水衆・拄杖・払子、この願を証明せんことを。然も是の如くなりと雖も、今の釈迦牟尼仏は親しく曽ての古釈迦牟尼仏の国に在って、仏及び弟子自《おの》が舎《いえ》に来宿し一《ひとえ》に与《ため》に草座・石蜜を供養して誓願を発し、今已に其の願を成就したもう。

而今道元亦今釈迦牟尼仏及び仏弟子に見《まみ》え、亦仏の説法を聞く也また無しや。釈迦牟尼仏言《のたまわ》く（法華湧出品）、始めて我が身を見、我が所説を聞き、即ち皆信受せば如来の慧に入らんと。既に是の如く仏の所説を聞くことを得れば、即ち仏身を見るなり。始めて仏身を見て也《ま》た自ら能く信受し、如来の慧に入る也《なり》。況んや耳に仏身を見、眼に仏説を聞き乃至六処亦復《またまた》是の如し。仏家に入って住し、仏所に入って誓願を発す。一《ひとえ》に昔の願の如くにして異なることならざらん。

上堂。我が本師釈迦牟尼仏大和尚は前世に於て瓦職人であり、名を大光明と云った。其の時釈迦牟尼仏と名づける仏が居られた。その仏世尊の寿命・名号・国土・弟子・正法・像法すべて今の仏と同じであった。その仏が弟子と共に、瓦職人の家に来て泊られた。その瓦職人は、草座をしつらえ灯燭をかかげ、石蜜や氷砂糖を以って、仏及び比丘達に供養し次の誓願を起こした。即ち来世の五濁の世に生まれて仏と作り、仏と弟子・寿命・名号・国土・身量・正法・像法等、一切今の釈迦牟尼仏と異なることがないようにというものであった。その昔の誓願のとおり、瓦職人は今日仏となられ、その国土・弟子・正法・像法・寿命・名号の一切皆昔の釈迦牟尼仏のとおりとなったのである。

今日本国越前に永平寺を開いた沙門道元も又誓願を起こしたい。それは来世の五濁の世に仏となり、仏と弟子・国土・名号・正法・像法・身量・寿命等一切が今日の本師釈迦牟尼仏の様子と異なることがないようにというものである。従ってひとえに願うところは、仏法僧の三宝及び天地の衆生・雲水・拄杖・払子が、この私の誓願を証明して頂きたい。ところで今の釈迦牟尼仏は、かつては親しく古釈迦牟尼仏の国にあって、仏及び弟子達を自分の家に来宿せしめ、心から草座や石蜜を供養して誓願を起こし、その結果仏に生まれる願を成就したのである。

さて今の道元も又今の釈迦牟尼仏及び仏弟子とお目にかかり、仏の説法を聞くことができるであろうか。釈迦牟尼仏は次のように申されている（法華経湧出品）。即ち始めて我が身を見、我が説法を聞いて、それをすべて信受すれば、始末の知慧に入ることができると。私は既にこのように仏の所説を聞くことができた。だから直ちに、仏身を見ることができることとなる。始めて仏身を見てよく信受すれば、如来の知慧に入るのである。況んや私は耳で仏身を見、眼で仏説を聞き乃至他の六根で仏身を見、仏説を聞いている。従って仏の家に入って住し、仏の所に入って誓願を起こすことは過去世の釈迦牟尼仏の発した誓願と、何ら変わることはないのである。

●私解　過去世の仏の誓願はこのように強大である。道元禅師も、昔の釈迦牟尼仏にならって、強大な誓願をお立てになった。必ずや近い将来、この世に再来されて、現在の滅亡寸前の法を再興して頂けることを願うばかりである。しかし同時に、我々も道元禅師と同じ強大な誓願を立て、修行に励むべきである。

183解夏上堂。曰く。正令提綱す。飲水の鵝《が》、能く淳味を取り、一線道を通ず。採花の蜂は余香を損せず。布袋自恣開口すれば、十方世界も也《ま》た一時に自恣開口す。蒲団法蔵周円なれば、十方世界も也《ま》た一時に法蔵周円す。所以に有心の者も知り、無心の者も得。賓所にして用い、主中にして尊なり。位を借りて功を明らかにし、功を借りて位を明かす。父子の気和し、君臣の道合す。良久して大衆を顧視して曰く、瞿曇の一著九旬弄す。手に信《まか》せて拈来す木杓の柄。雲水叢林自恣の人。果して是《かく》の如くならば、也《ま》た須らく相慶すべし。

夏安居の解制上堂で云われた。この安居中正令を行ない綱要を提起してきた。諸君は水を飲む鵝《が》のように、法の淳味だけを吸い取って、法の一筋の道に通ずることができたに違いない。それは丁度蜜蜂が、花の蜜だけ吸い上げて、花の余芯を残しておくのに通ずる。諸君が布袋の口を開いて禁足から解放されたので、十方世界も又一時にお役ご免となる。

僧堂の坐蒲（僧達）が法蔵を円成したことは十方世界が法蔵が円成したことである。従って有心の衆生も、この解制を知り、無心の十方世界も、この解制を自分のものとする。賓位にある衆僧が、この安居を尊び用いるので、主人である私も同じく尊び用いる。この安居中、主人は正位を借りて、修行の功を明らかにし、衆僧は賓位にあって修行の功徳である悟りを明らかにする。この両者は親子のように和合し、君臣のように道に叶っている。

しばらく沈黙の後、大衆を見渡して云われた。釈尊の定めた安居の制を九十日間勤め上げた。その間私は手にまかせて木杓の柄を用い、雲水諸君は叢林にあって自恣の修行を勤め上げた。このように互いに努力を傾けたのであるから、大いに慶賀すべきである。

●私解　現在の我々の接心は、わずか一週間程度の短いものではあるが、師弟共に心を一にして勤め上げ、互いにその成果を分かち合えるのは、まことに幸運というべきであろう。今夏も此処ドイツのミュンヘン郊外にあるヴァイアン禅堂において、ドイツ人を始め欧米の人々が五十名近く集まって熱心な接心が行なわれた。今や世界の人々は、自らが体験する真の宗教を求めている。問題はその要望に答えられる真の指導者が必要とされていることである。（二〇一三年八月）

永平広録第二終り

永平道元和尚広録第三

永平禅寺語録

侍者　懐弉　編

186上堂。曰く。記得す、法眼一日坐する次いで、忽ち面前の簾子を指す。時に二僧有り、同じく去って巻《ま》く。法眼曰く、一得一失《いっとくいっしつ》と。

師曰く、永平は恁麼に道わず。良久して曰く、地を開いて月を待たず。池成れば月自ら来る。

上堂して云われた。思い出すことだが、法眼が或る日坐っていた時、面前の簾《すだれ》を指した。時に二人の僧が進み出て、同じように簾を巻き上げた。法眼は云われた、一得一失（一人は上手だが一人は下手だなあ）と。

師（道元禅師）は云われた、永平（わし）はそのようには云わない。しばらく沈黙の後云われた。池を掘って月を待つ（頭で考えて悟りを求める）ことはするな。池があれば月は自ら影を宿す（坐禅した途端、悟りは自ら現われる）と。

●私解　道元禅師のこの日の上堂の説には賛成できない。やはり法眼の示し方の方がすっきりしていて簡明である。どう簡明なのかは参じて明らかにしてもらいたい。

187上堂。曰く。達磨九年、一則の語を垂る。直に如今に至って、諸方賺《あやま》って挙す。賺って挙せざることを欲すや。

永平、汝諸人の為に再挙せん。鉄囲、外に遶《めぐ》り、須弥、中に処す。恰好《こうこう》相宜《よろ》し、恁麼に挙し了る。還って賺《まさ》って挙せざらんことを得んや。

良久して曰く、玉女喚び回《めぐ》らす三界の夢、木人坐断す六門の機。下座。

上堂して云われた。達磨は九年間坐禅して、一則の語を示されたが、今に至って諸方では誤って挙示されている。誤って挙示されないことを望むか。

永平（わし）は諸君の為に再び挙示しよう。鉄囲《てっち》山《せん》は四州の外を囲み、須弥山は、その中にある。このとおり、あるべきものがあるべきように相応している。挙示はこれで終り。今度こそ誤って挙示されないであろう。

しばらく沈黙の後云われた。達磨九年兀坐の一則の語とは、王女が三界は夢であったと悟ることであり、木人が六根門はとっくに坐断されていたと悟ることであると。ここで下座された。

●私解　あるがまんまのありつぶれの外に真の禅（事実）はない。

188上堂。曰く。天下太平、鉢盂処々に喫飯す。万姓安楽、露柱時々に開花す。所以に迦葉微笑破顔し、慧可礼拝得髄す。直饒《たとえ》這の田地に到るも、更に参ぜよ三十年。所以は何《いか》ん。太山に登らざれば、天の高きを知らず。滄溟を渉《わた》らざれば、海の闊《ひろ》きを知らず。

若し是れ箇の漢ならば、天地を一粒粟中に納れ、大海を一毫頭上に置かん。花蔵界常寂光、尽く眉毛眼睫の上に在り。且く道え、這の人什麽の処に在ってか安身立命せん。

還って委悉するや。良久して曰く、山川磨破す草鞋の底、到り了って方《まさ》に知る、眼に瞞ぜらるることを。

上堂して云われた。天下太平であるから、鉢盂（修行者）は至る処で食事が出来る。人々が安楽であるから、露柱（法筵）が何時も開かれる。だから摩訶迦葉も破顔微笑し、慧可大師も礼拝得髄することができた。だが、この境地に至っても、更に参ずること三十年を要する。それは何故かと云うと、大山に登らなければ、天の高いことはわからないし、大海原を渡らなければ、海の広いことはわからないからである。

若し真の修行者ならば、天地を一粒の栗の中に納めることができ、大海を一本の髪の毛の先に置くことができるであろう。又蓮華蔵世界も寂光浄土も、尽く眉毛睫《まつげ》の先に置くこともできよう。このような人は、どのように安身立命するのであろうか。

よくよく知りたいと思うか。しばらく沈黙の後云われた。山川を渡り歩いて、草鞋の底をすり切れる程修行をしても、到り着いた境地は、依然として眼があざむかれる残り物があることに気がつく筈である。

●私解　道元禅師もこのような気持ちを持つことがしばしばあったに違いない。

修行は無限向上の道である。若しここが頂上だと思って腰をすえた途端、眼をあざむかれることとなる。だがこのことを指摘してくれる師は今日殆んど居ないので、常に自粛自戒して修行を続ける外はない。

これを怠ると、悟りの深穽に落ちて、悟ったつもりの迷いの生活を続けることとなってしまう。

189 **中秋上堂。曰く。天上月円かにして古鏡の闊きの如く、人間月半ばにして世界の闊きの如し。暗は巻く二千三千、明は舒《の》ぶ七通八達。七仏の眼睛笑い咍咍《たいたり》、雲門の餬餅閙聒聒《かつかつ》。還って是の如くの田地に到り、還た能く此の如く遊践するや也《また》無しや。**

良久して曰く、明明たる百草幾多《いくばく》の地ぞ。諸処の蟾蜍《せんじょ》活潑潑たり。

中秋の上堂で云われた。天上の月は円《まど》かにして広い古鏡のようであり、人間界も十五夜の月で広い世界のようである。暗闇《くらやみ》は二千里三千里の外に巻き上げられ、その明るさは七通八達している。

この月は七仏の眼睛であると人々は喜び笑い、また雲門の餬餅であるとにぎやかに談じてさわがしい。さて諸君は、このような境地に到り、またこのように楽しむことが出来るかどうかな。

しばらく沈黙の後云われた。皓々たる月は百草の上を限り無く照らしている。またその百草は、実に生き生きとしているではないかと。

●私解　皓々たる月が百草の上を照らし、その一つ一つが活き活きしている様子が、どの程度手に入っているかが問題である。さもなければ、単なる風流人の月見の宴にすぎない。

191上堂。曰く。記得す、僧投子に問う、如何が是れ一大事因縁と。投子曰く、尹司空《いんすくう》、老僧を請じて開堂せしむ。

師曰く、若し是れ永平ならば則ち不恁麼。或いは人有って如何なるか是れ一大事因縁と問わば、只他に対して道わん。早朝喫粥、午時飯。健なれば即ち坐禅、困ずれば即ち眠と。

上堂して云われた。思い起こすことだが、僧が投子に尋ねた、仏法の一大事因縁とは何かと。投子は云った、尹司空《いんすくう》がわしを招請して開堂したことであると。

師（道元禅師）は云われた。若し永平（わし）ならば、そうは云わない。若し人あって仏法の一大事因縁とは何かと問うたならば、彼に答えて云おう。早朝に粥を頂き、昼はご飯を食べる。元気ならば坐禅をし、くたびれれば眠るだけと。

●私解　道元禅師は、仏道とか禅とかを遙かに超えた境涯に遊んでいる。我々の修行の目標もそこにある。

192上堂。曰く。記得す僧巌頭に問う。古帆未だ掛けざる時如何と。巌頭曰く、小魚大魚を呑むと。這の則の因縁を会せんと要せば、永平の一頌を聴取せよ。小魚大魚を呑む。和尚儒書を読む。仏魔の

網を透出して、法塵も也た掃除せよ。

上堂して云われた。思い出すことだが、僧が巌頭に問うた。古帆未だ掛けざる時如何（一切の観念が頭に無い時は如何でしょうか）と。巌頭は云った。小魚が大魚を呑み込んで大小の枠が無くなってしまったわい。

この公案の精神を会得したいと思うならば、永平の一頌をよく聞くべきである。小魚が大魚を呑むというのは、和尚が儒書を読むようなものである。仏法への執われの網を抜け出すだけでなく、その抜け出したという法の塵もまた掃除し尽すことである。

●私解　まことにその通りで全く云うことなしである。

193**上堂。曰く。今朝九月初一。蒲団を拈出して坐禅す。是れ箇中の欸起《くつき》にあらず、亦五日の斎前に非ず。**

兀兀たる思量匝地、茫茫たる業識弥天。然も恁麼なりと雖も、還って向上の関捩子を委悉せんと要すや也《ま》た無しや。

良久して曰く。朝打三千暮八百、当機切に忌む、錯って流伝することを。

上堂して云われた。今朝九月一日は、坐蒲を取り出して坐禅する日である。このしきたりは、永平の処でにわかに始めたことではないし、又五日以前に相談して決めたことでもない。

坐禅は兀兀として非思量底を思量して、茫茫として果てしない業識を打ち破るのであるが、更にその上に大切なことがあるのを知りたいと思うかどうか。

しばらく沈黙の後云われた。諸君は朝晩の行事をやっていきさえすれば良いという、誤った考えを語り次いではならない。

●私解　仏道はやるべきことをやるべきようにやっていさえすれば、それで良いという考えは大きな誤りである。何故か。それは観念であって、事実そのものではないからである。

194 **上堂。云く。記得す、僧古徳に問う。深山巌崖還って仏法有りや也た無しや。徳云く、石頭大底は大、小底は小と。先師天童道く、深山巌崖の問い、石頭大小の答え、崖崩れ石迸裂《ほうれつ》す。虚空閙聒《かつかつ》たりと。**

師曰く、両位の尊宿恁麼に道うと雖も、永平更に道理有り。忽ち人有って、深山巌崖還って仏法有りや也た無しやと問わば、他に向って祇対せん。頑石点頭し更に点頭す、虚空消殞し転た消殞す。這箇は便ち是れ仏祖辺の事。作麼生か是れ深山巌崖裏の事。卓拄杖一卓して下座す。


上堂して云われた。思い出すことだが、僧が古徳に問うた。深山の切り立った崖にも仏法があるでしょうかと。古徳は云った、大きい石は大きいまま、小さい石は小さいままじゃと。先師天童如浄禅師は云われた。深山巌崖の問いと石頭の大小の答えは未だ不十分である。巌は崩れ石は飛び散り、虚空は大さわぎしているではないかと。

師（道元禅師）は云われた。お二人の尊宿の見解はこのとおりであるが、永平（わし）の見解は違う。若し人が深山巌崖にも仏法有りやと問うならば、彼に向って云ってやる。岩石はただうなづくだけ、虚空はただ消え去るだけであると。それでもこれは未だ仏祖辺の見解である。深山巌崖裏の仏法は一体何か。拄杖を高く揚げドーンと一突きして下座された。

●私解　ドーン！　これっきり！　道元禅師の見解には残り物が無い。

195上堂。曰く。作家は須らく六神道を具すべし。所謂一には神境通・二には天耳通・三には他心通・四には宿住通・五には天眼通・六には漏尽通なり。

諸人神境通を見んと要すや。師指を鳴らすこと一下す。宿住通を見んと要すや。師払子を竪《た》つ。天眼通を見んと要すや。師拳頭を竪《た》つ。他心通を見んと要すや。師一足を垂る。天耳通を見んと要すや。師払子を以って一円相を打す。漏尽通を見んと要すや。師払を以って画一画して云く、然も恁麼なりと雖も、畢竟六六三十六。

上堂して云われた。宗師家は六神通を具えなければならない。六神通とは一には神境《じんきょう》通（出入自在）・二には天耳《てんに》通（遠方の音を聞く）・三には他心《たしん》通（他人の心がわかる）・四には宿住《しゅくじゅう》通（過去世を知る）・五には天眼《てんげん》通（先を見通す力）・六には漏尽《ろじん》通（滅煩悩を知る）である。

諸君は神境通を見たいと思うか。師は拳《こぶし》を挙げた。他心通を見たいと思うか。師は片足を垂れた。天耳通を見たいと思うか。師は指を鳴らされた。宿住通を見たいと思うか。師は払子を立てた。天眼通を見たいと思うか。師は払子を以って一円相を描いた。漏尽通を見たいと思うか。師は払子を以って一の字を画いて云われた。この通りであるが、結局のところ、六六三十六の事実だけであると。

●私解　六六三十六。その一つ一つが六神通であることがわかるまで修行することが肝要である。そうすれば、あとは六六三十六神通の日常生活があるのみとなる。

196上堂。大証国師の大耳三蔵を試験する因縁を挙し了って、師乃ち曰く、這の一段の因縁・多少の人拈じ来たる。

僧有り、趙州に問うて曰く、大耳三蔵・第三度に国師の在処を見ず、未審国師什麼の処にか在ると。趙州曰く、三蔵の鼻孔上に在り。

僧玄沙に問う、既に鼻孔上に在り、什麼としてか見ざる。玄沙云く、只太だ近きがためなり。

僧仰山に問うて曰く、大耳三蔵・第三度に什麼としてか国師を見ざる。仰山曰く、前両度は是れ渉境心、後には自受用三昧に入る。所以に見ず。

海会の端曰く、国師若し三蔵の鼻孔上に在らば、什麼の見難きことか有らん。殊に知らず、国師三蔵の眼睛裏に在ることを。

玄沙三蔵を徴《め》して曰く、汝道へ前両度還って見るや。雪竇の顕曰く、敗也敗也。

遮《こ》の五位の老人、未だ遮の一段の因縁を会せざる在り。若し是れ永平ならば即ち然らず。而今、国師現在して三蔵を試験せんと欲す。国師三蔵に向って道く、汝道え、老僧即今什麼の処にか在ると。三蔵に代って道わん、即辰季秋、霜冷かなり、伏して惟《おも》んみれば、和尚法候、動止万福と。

上堂。大証国師の大耳三蔵を試験する公案を取り挙げて、師（道元禅師）は云われた。この一段の公案については、多くの人が取り上げている。

或る僧が趙州に問うた。大耳三蔵が三度目に国師の居場所がわからなかったが、国師は何処に居られたのでしょうかと。趙州は云った、三蔵の鼻先じゃと。

また或る僧が玄沙に尋ねた。既に鼻先にいたのにどうして見えないのでしょうかと。玄沙は云った、それは近すぎたからじゃと。

また或る僧が仰山に問うた。大耳三蔵はどうして三度目には国師が見えなかったのでしょうかと。仰山は云った、前の二回は、国師は境に心を置いていたが、三度目は、自受用三昧に入っていたので見えなかったのじゃと。

海会の端和尚が云うには、国師がもし三蔵の鼻先にいたならば、どうして見えないことがあろうか。国師は実は三蔵の眼の中に入ってしまったんだよと。

玄沙は又三蔵を召して云った。お前さんは前の二回、本当に国師を見たのかどうかと。雪竇重顕は云った、三蔵のころ負けじゃと。

以上の五人の老漢達の言葉は、この一則の公案について十分にわかっていない。若し永平（わし）ならばそうは云わないぞ。今大証国師がここに現われて、三蔵を試験しようと思って、三蔵に向って、お前さん云ってごらん、わしは今何処におるかなと云ったならば、三蔵に代って云ってやろう。時はまさに秋の季節、霜が冷たい時節であります。伏しておうかがい申し上げます。老大師には、お身体及び日常のすべてが、万福でありますことをと。

●私解　この最後の道元禅師のご挨拶こそ真の神通妙用である。それは道元禅師が、とっくの昔に神通力を超えてしまったからである。この超神通の境涯でなければ、真の神通力は使えない。

197上堂。挙す。世尊在世に二比丘有り。仏所に詣ぜんと欲す。二人倶《とも》に渇す。路に虫水を見る。一人は虫水を飲まずして渇死し、天に生じ仏に見《まみ》えて得道す。一人は水を飲んで後に仏の所に至る。仏、其の故を問い已《おわ》って、憂多羅僧《うったらそう》を脱《ぬ》いで黄金身を示して曰く。汝は是れ癡人なり。是の四大身を観て我と為す。幻成の臭処なり。其れ法を見る者は即ち我が身を見ると。師曰く、天比丘は仏の法身を見、人比丘は仏の四大身を見る。未審《いぶかし》、仏比丘は箇の甚麼をか見る。良久して曰く、其の師を視んと欲せば、先ず弟子を観よ。畢竟如何。師合掌して唱えて曰く、南無仏陀耶。南無仏陀耶。

上堂して公案を挙げられた。世尊在世の時代に二人の比丘が居た。仏の所にお詣りしたいと思った。途中で二人は喉が渇いたので水を飲もうとしたが、水の中に虫がいるのを見た。一人は水を飲まず、その為渇死して天に生まれ、仏にお目にかかって仏道を成就した。もう一人は水を飲んで助かり、後に仏にお会いすることができた。

仏は比丘が訪ねて来たわけを聞いた後、七条衣を脱いで黄金身を現わして云われた。お前は愚か者である。私の肉身を見て仏と思っているが、この身は仮りの臭い皮袋に過ぎない。私の法を見る者こそ、本当の私の身を見る者であると。

そこで師（道元禅師）は云われた。天に生まれた比丘は仏の法身を見、人間界に留まった比丘は仏の肉身を見た。一体仏弟子としての比丘は何を見るのであろうか。しばらく沈黙の後云われた。其の師を見たいと思うならば、先ずその弟子を見ればよい。結局どうかと云うと、合掌して唱えられた。南無仏、南無仏と。

●私解　一心に仏に帰命頂礼しさえすれば、天に生まれようと人間界に現われようと、問題ではなくなる。ただ無字三昧の修行に徹底することが肝要である。

200 上堂。曰く。夫れ学道は道心を先と為す。玆《ここ》に於て、当山は山遠く谷深くして、至ること容易ならず。海に航して来たり、山に梯《はしご》して到る。道心を履《ふ》むに非ずんば難到の田地なり。米白の由来は糟糠《そうこう》を先ず去る。好弁道の所在なり。但恨《うら》むらくは主人元より相待少《すく》なきことを、然も是の如くなりと雖も、渓は乃ち昼声夜声、運水に落便宜なり。山は又春色秋色、搬柴に得便宜なり。且希すらくは雲水、道を以って念と為すべし。

記得す。僧首山に問う。一切諸仏皆此の経より出ず、如何なるか是れ此の経と。山云く、低声低声。僧曰く、如何が受持せんと。山云く、切に染汚することを得ざれ。

或《も》し永平に問うこと有らん。如何が是れ此の経と。祇だ他に対して道わん。若し喚んで此の経と作さば、眉鬚堕落すと。如何が受持せんには、云く、夜間背手にして枕子を摸すと。

上堂して云われた。仏道を学ぶに当っては、先ず道を求める心が大切である。ここ永平寺は、深い山中に在り谷も深くて容易には至り得ない。ここに来るには、海を渡り山を攀じ登って来なければならない。従って道を求める心が切実でなければ、到底至ることは出来ない。

六祖が五祖の許で米を白く出来たのは、先ず糠《ぬか》を除き去ったからである。当山も、弁道には最も適した場所である。残念なのは、主人のわしのもてなしが十分でないことである。さりながら、谷川は昼も夜も音をたて続けで水を運ぶのに不便は無い。又山々は春も秋も景色がすぐれ、柴を運ぶに好都合である。願うことは、雲水諸君が、道を常に念頭に置いてもらいたいことである。

ここで思い起こすことであるが、或る僧が首山に問うた。一切諸仏は皆この経より出るといいますが、此の経とは何でしょうかと。首山は云った、小声で！　小声で！　と。僧は云った、どのように保持したらよいでしょうかと。首山は云った、この経を汚してはならんぞと。

若し永平（わし）に、この経とは何かと問う者がいれば、直ちに彼に云うであろう。此の経と云っただけで罪作りだぞ！　と。又どのように保持したらよいでしょうかと問われたならば、云ってやろう。お前さん、夜中に枕をはずすと、手を後に回して探すだろうと。

●私解　道元禅師は、夜《や》間《かん》背《はい》手《しゅ》摸《も》枕《ちん》子《す》の事実しかないぞ！　と我々に突きつけておられる。これがわからなければ、わかるまで端坐する外はないし、わかるまで求めることを止めない純粋な求道心が肝要である。

201　上堂。曰く。西天を出でて東土に入る。雲は龍に従い、風は虎に従う。諸方の転身点頭するに一任

す。払子を挙して曰く。只遮箇の順行三千、逆行八百の如きは、又作麼生か商量せん。若し商量し得るならば、七仏の鼻孔を穿過し、諸人の眼睛を爍破《れきは》す。商量し得ずんば、唯衲僧に無底の鉢有り。依然として飯を盛り、又羹を盛らん。

上堂して云われた。達磨大師がインドを出て中国に渡って来たが、それは雲が龍に従い、風が虎に従って来たように絶対権威のものである。諸君が、この西来に呼応してうなずくことが出来るかどうか。それは諸君に一任する。

そこで払子を取って云われた。この払子を右に三千、左に八百振るとき、諸君はそれをどのように受け取るか。直ちに受取ることが出来れば、過去七仏の鼻をうがち抜いて、諸君の迷いの眼を溶かし尽すことが出来るであろう。若し受け取ることが出来ないならば、わしの処には、底の無い応量器があるから、それに今までどおり、飯を盛り吸い物を盛ってやることにしようと。

●私解　このように底の無い応量器に盛りつけられたご飯を食べ続けて、只管に打坐する修行を必死に続けていけば、必ず達磨大師西来の世界を手にすることが出来るぞ！　という我々に対する道元禅師の強い強い激励の上堂である。我々も何とかして、この激励に答えねばならない。

202**上堂。曰く。教中に道う、一切の賢聖は、皆無為法を以って而も差別有りと。人有り、若し作麼生か是れ差別の法と問わば、他に向って道わん。纔《わず》かに差別に渉れば、便ち不是了也。作麼生か是れ無為の法。他に対して道わん。差別智は明らめ難しと。**

畢竟作麼生か是れ這箇の道理。長連牀上に粥有り飯有り。

上堂して云われた。教の中（金剛経）に、一切の賢聖は、皆無為の法のまんま差別を現わすと。そこで若し誰かが、差別の法とは何かと問うならば、彼に向って言おう。一寸でも差別だと頭に描いたら、それは間違いだと。それでは、無為の法とは何かと問うならば、彼に向って言おう。差別のつけようがない智慧がそれだと。

一体それはどういうことか。坐禅の単の前に粥が出てきたりご飯が出てきたりするだろう。そいつじゃよ！

●私解　一切の理屈が無くなると、眼の前に現われるもののすべてが、無為法上の差別となる。こうなるためには、只管に打坐して一切の理屈の無い世界を大悟し、それを生活化することが必要である。

そしてそれは、正師について参禅すれば人種・国籍・性別の如何を問わず体験できる世界である。問題は、それを最後まで、やり遂げようとする菩提心があるかどうかということである。

203
雪に因む上堂。曰く。宏智《わんし》古仏天童に住せし時上堂。僧有り問う。雪千峰を覆う時如何と。宏智曰く、滴水滴凍。僧曰く、清光寒うして眼を照らし、野色皓にして家に迷うと。宏智曰く、露地の白牛甚麼の処に向ってか去る。僧曰く、在り。宏智曰く、又是れ頭角生ぜり。僧曰く、畢竟甚麼の処に向ってか去る。宏智曰く、底処に転身する時、孤峰元白ならず。

師云く、若し永平に、雪千峰を覆う時如何と問うものあらば、他に対して道わん、此の色を過ぎずと。露地の白牛甚麼の処に向ってか去るには、他に対して道わん、鼻孔両辺に穿つと。畢竟甚麼の処に向ってか去るには、他に対して道わん、昼夜和同して日月明らかなり、虚空年老いて眉毛白しと。

雪に因んで上堂して云われた。宏智古仏が天童山に住持していた時上堂された。或る僧が問うた、雪が千山を覆ってしまった時、（大悟徹底の時）は如何ですかと。宏智は云われた、水がしたたる毎に凍ってしまうわい（何の役にも立たぬぞ！）と。僧は云った、あたりは雪の清光ばかりで寒く、見渡す限りの野原も雪に覆われて、家に帰る道にも迷ってしまいました（完全に死に切りました）と。宏智は云われた、お前の露地の白牛（本来の自己）は何処に行ったのかね。僧は云った、ちゃんとございます。宏智は云われた、そうら迷いの角が出てしまったではないか。僧は云った、では結局どうしたらよいでしょうかと。宏智は云われた、理屈の底が抜ければ、忽ち白くない本来身が跳り出るよと。

そこで師（道元禅師）は云われた。若しわしに、雪が千山を覆ってしまったら如何ですかと問う者がいれば、彼に云おう、白っきりじゃ！　と。お前さんの露地の白牛はどこへ行ったのかというのに対しては、彼に向って云おう、モオー！　と。結局どうしたらよいかに対しては、彼に向って云おう、日月の運行どおり昼と夜が現われ、何時の間にか年とって眉毛がすっかり白くなったわいと。

●私解　一切の理屈が無くなれば、あるがまんまのありつぶれで何の問題も無くなる。しかしそうなるには、雪竇ではないが、幾度か蒼龍《そうりゅう》の窟《くつ》に下るという不撓不屈の猛修行が必要である。

204上堂。曰く。永平老漢二十年前、一頓の痛拳を諸人に与《あた》え了る。諸人還って知る也。若し也た知得せば、露柱証明し木杓も同参せん。若し也た未だ知らずんば、払子跳《おど》り上って梵天の鼻孔に築着せん。忽然として梵天、叉手して又且つ如何と問わば、永平他に対えん。人、飯を喫し、飯、人を喫すと。木杓速礼三拝して、向上又如何と問わば、永平他に対えん。目前に異草無し、頂顊に門の開く有りと。

上堂して云われた。永平老漢（わし）は、二十年前痛拳を、思い切り諸君に与え了っているが、諸君はそれを知っているであろうか。若し知っているならば、柱もそれを証明し、木杓も同意するであろう。

若し未だ知らんと云うならば、払子はびっくりして飛び上って、梵天の鼻にぶち当るであろう。それにびっくりした梵天が、叉手してそれはどうしたことかと問うならば、永平（わし）は梵天に答えよう。人が飯を食べ、飯が人を食べるのじゃと。そこで又木杓が速礼三拝して、更にそれは一体何かと問うならば、永平（わし）は木杓に答えよう。目の前は仏法ばかり、頭の天辺の門は開き放しだよと。

●私解　道元禅師が、これ程明瞭に仏法を説いておられるが、我々にはさっぱりわからない。それは論理でわかろうとするからである。「ムー！」と只管に打坐した途端そこに丸出しとはっきりする。

205上堂。百丈野狐の話《わ》の因縁を挙し了って曰く。前百丈の不落因果、甚麼に因ってか野狐身に堕す。後百丈の不昧因果、甚麼に因ってか野狐身を脱す。

師自ら曰く、尀耐《ほたい》な野狐の変恠。頭を揺《うご》かし尾を擺《うちは》らう、休《や》めよ休めよ。

上堂。百丈野狐の公案を取り上げて云われた。前百丈が不落因果と答えて、どうして野狐身に堕し、後の百丈が不昧因果と答えて、どうして野狐身を脱することができたのであろうか。

師（道元禅師）は自ら云われた。野狐が化け回るのはとても我慢がならぬ。頭を動かし、しっ尾を振り回して何たることじゃ。休めよ！　休めよ！　と。

●私解　不落も不昧も所詮は観念の産物である。観念から脱却すれば、只一つの事実のみ。

207上堂。曰く。参学の人須く邪正を知るべし。所謂、憂婆毱多《うばきくた》より已後、五部の仏法を称するは乃ち西天の陵替《りようたい》なり。青原と南嶽より已後、五家の宗風を擅《ほしいまま》にするは、乃ち東地の訛謬《けびよう》なり。況んや仏法を呼んで禅宗と称する、古仏曩祖《のうそ》の代に未だ嘗って見聞することを得ず、未だ嘗って有《あ》在り得ざる也。今禅宗と称するは実に仏法に非ず、仏法豈に禅宗と称せん者ならんや。若し仏法を称して禅宗と為す者、舌盍《なん》ぞ堕落せざらん。初心・晩学知らざる可からず。測り知りぬ、禅宗と号するの学人は、釈尊の遺弟に非ざることを。

記得す。僧雲門に問う、承る古に言えること有り。牛頭横説竪説《じゆせつ》するも、未だ向上の関捩子有ることを知らずと。如何なるか是れ、向上の関捩子と。門云く、東山西嶺青しと。

或《も》し永平に、如何が是れ向上の関捩子と問う有らば、祇だ他に対して道わん。帝釈の鼻孔長きこと三尺と。

上堂して云われた。仏道を学ぶ人は何が間違いで何が正しいかをわきまえなければならない。世間では優婆毱多尊者より後に、五部の仏法に分かれたと云われるが、これはインドにおける仏法の衰退である。また中国では、青原・南嶽以後、五家の宗風が盛んとなったが、これは中国における仏法の大きな誤りである。

況んや仏法を呼んで禅宗と称するのは、古仏や歴代の祖師方の世では、未だ嘗って見聞したこともないし、未だ嘗ってあり得なかったことである。今禅宗と称するのは、実に仏法ではない。仏法をどうして禅宗と称することができよう。

若し仏法を称して禅宗と称する者がいれば、その者の舌は必ず落ちるであろう。仏法を学ぶ初心者も晩学者も、よくよくこのことを知らねばならない。禅宗と称する修行者は、決して釈尊の遺弟ではないことを重々知らなければならない。

嘗って或る僧が雲門に尋ねた。承け給わることによると、牛頭法融は仏法を縦横無尽に説いたが、未だ仏法の肝心な処はご存じないと。一体仏法の肝心な処とは何んでしょうかと。雲門は云った、東の山も青く西の峰も青いと。

若し永平（わし）に仏法の肝心な処とは何かと問う者がいたら、ただその者に云ってやろう。帝釈天もご存じないと。

●私解　道元禅師は、仏道を禅宗と称することを強く嫌い、厳しくそれをいましめた。それは一乗法の仏道である禅を、五宗の一つと位置づけて一宗派の地位におとし入れることを強く恐れたからである。真の仏道は、帝釈天もご存じない事実を直示した真の宗教である。

208上堂。曰く。記得す、陳尊宿因に僧有り来って参ず。尊宿曰く、汝豈に是れ行脚僧にあらずや。僧曰く、是。尊宿曰く、礼仏するや未だしや。僧曰く、那《か》の土壊を礼して作麼《なに》かせんと。尊宿曰く、自領出去と。

師云く、陳尊宿、放去は太だ奢《しや》、収来は太だ険《けん》なり。是れ人に逢うて肝胆を露わすと雖も、和泥合水して何ぞ人に本分の草科を与えざる。這の僧、恁麼なるも也た是れ杓卜《しやくぼく》、虚声を聴くのみ。

上堂して云われた。思い出すことだが、陳尊宿の所へ、或る僧が来て参じた。陳尊宿が云った、お前さんは行脚僧ではないかな。僧は云った、その通りです。尊宿は云った、仏さんを拝んだかね。僧は云った、あんな土くれを礼拝してどうするのですか。尊宿は云った、出て行け！　と。

師（道元禅師）は云われた。陳尊宿のやり方を見ると、始めは大変良いが、収めるのは下手だな。人に向って肝玉を示してはいるが、相手と一つになって、この僧に、本来の自己を気付かせる働きはしていない。僧の方も、このように大きな声を出してはいるが、木杓を投げて占うような空虚な音を聞いているようだなと。

●私解　一部で誤解されているように、大言壮語して相手の肝っ玉をつぶすのが禅だとするならば、それは全くのにせ物にすぎない。そんな自我のカケラが無くなって、相手とピッタリ和泥合水の働きが出来なくて何で真の禅と云えよう。

209 **上堂。曰く。記得す、雲門上堂して衆に示して曰く、和尚子。直に須らく衲僧の鼻孔を明取して始めて得べし。且《しばら》く作麼生か是れ衲僧の鼻孔。乃ち曰く、摩訶般若波羅蜜。今日大普請。**と云って便ち下座す。

師曰く。雲衆水衆、直に須らく衲僧の鼻孔を明取して始めて得べし。且く作麼生か是れ衲僧の鼻孔。乃ち曰く、摩訶般若波羅蜜。且く作麼生か是れ摩訶般若波羅蜜。乃ち曰く、雲水搬柴。且く作麼生か是れ運水。飲む者は皆死す。且く作麼生か是れ搬柴。担う者力有り。

上堂して云われた。思い出すことだが、雲門が上堂して大衆に示して云われた。和尚さん達よ。直ちに自分の鼻（本来の自己）を明らかにすればそれで良い。それでは、本来の自己とは何か。それは般若の智慧である。今日は大普請の日じゃ。と云って、下座された。

師（道元禅師）は云われた。雲水諸君よ。直ちに自分の鼻（本来の自己）をはっきりさせればそれで良い。それでは本来の自己とは何か。それは般若の智慧である。それではその般若の智慧とは何か。それは水を運び柴を担うことである。水を運ぶとは何か、それは水を飲んで死ぬ（自己を忘ずる）ことである。それでは柴を担うとは何か。それは般若の智慧を手に入れると力が出るということであると。

●私解　道元禅師は、このようにはっきりと、自己を忘ずる大悟の体験が仏道修行では不可欠であると主張されておられる。そして一度大悟の柴を担ぐことが出来れば、真の般若の智慧の力を得て、自由自在に法を説くことができると明言されておられる。大悟無き禅の修行は、単なる定力の錬磨にすぎないことを銘記すべきである。

210**上堂。曰く。夜来三世仏・箇々永平が窟裏に落在す。面々米を搬んで庫堂に入れぬ。典座米を得て粥を煮て僧堂に行く。兄弟、喫粥し了る也未だしや。乃ち云く、喫粥了、喫粥了と。粥是れ喫し得ば、箇の鉢盂を洗うや也た未《ま》だしや。鉢盂未だ曽って洗わず。且く作麼生か未だ嘗って洗わざる。良久して曰く、鉢盂底無し未だ曽って洗わず。敵《てき》勝す。瞿曇の親しく授記するに。**

上堂して云われた。昨夜三世諸仏が、一人一人永平の山にやって来て、各々米を運んで庫裏に入れてくれた。お蔭で、典座は米が手に入ったので、粥を煮て僧堂に持っていく。諸君はこの粥を食べたかどうかと聞くと、喫粥了、喫粥了と叫ぶ。さて粥を食べ了ったならば、応量器を洗ったかどうか。ところが、応量器は未だ洗ってないという。どうして洗わないのか。

しばらく沈黙の後云われた。そうか。応量器に底が無いので洗えんというのか。若しそう云えるならば、釈尊から、お前は将来必ず仏になれるぞと証明されたよりも、すばらしいことだぞ！　と。

●私解　洗うべき応量器はどこにもありませんという見解を示すことができるかどうか。よくよく点検してもらいたい。若し、それが云えないならば、更に参ぜよ三十年の修行が必要である。

211上堂。曰く。学道は須らく道得・不道得を知るべし。諸人、道得を知得するや未だしや。若し也《ま》た未だ知らざれば、応に弁取すべし。諸人の道処、如何が未だ道わざる。

倶胝和尚一指頭の禅を挙し了って、師乃ち云く。其の後の倶胝和尚、広く人天の為に説法し、横説竪説するに終《つい》に礙滞無し。或いは仏を問うこと有らば便ち仏を道い、或いは道を問うこと有らば便ち道を道う。乃至黄を問えば黄を道い、黒を問えば黒を道う。しかのみならず、倶胝一代蔵教を説くこと已に三十六遍、八万法蘊を説くこと八十一遍なり。七仏如来も倶胝の処分を得て説法度生し、二十八祖も倶胝の処分を得て説法度生す。

諸人倶胝老漢に相見せんと要すや。払子を竪起して曰く、看よ。倶胝老漢の説法を聴かんと要すや。払子を以って禅床を撃って曰く、聴くや。既に倶胝と相見し了れり、倶胝の説法を聴き了れり。然も是の如くなりと雖も、指頭に向って、開口長舌することなかれ。

上堂して云われた。仏道を学ぶに当っては、真実を道い得るか、道い得ないかをわきまえなければならない。諸君は、真実を道い得ることを、はっきり知っているか未だか。若し未だ知らないというならば、よくわきまえなければならない。諸君は、とっくに道えるのに、どうして道わないのか。

そこで倶胝和尚一指頭の禅を提唱し了って、師（道元禅師）は云われた。その後の倶胝和尚は、広く人間界・天上界の為に説法すること縦横無尽で、遂にとどこおることはなかった。仏を問う者がいれば、仏を説き、道を問う者がいれば忽ち道を説く。乃至黄色を問えば黄色を説き、黒を問えば黒を説く。それだけではない。倶胝は一代蔵経を説くこと三十六遍。八万の法蔵を説くこと八十一遍。だから七仏如来は、倶胝のさばきで自由に説法度生し、インドの二十八祖も倶胝のさばきで自在に説法度生した。

さて諸君は、その倶胝和尚に相見したいと思うか。そこで払子を立てて云われた、見えたか！と。倶胝和尚の説法を聴きたいと思うか。そこで払子で禅床を一撃して云われた、聞こえたか！と。このとおり諸君は倶胝と相見し了り、倶胝の説法を聴き了った。だから倶胝のこの一指頭に向って、余計なことをしゃべるでないぞ！

●私解　この上堂もすばらしい。倶胝和尚は只指一本で大悟し、それ以後は縦横無尽にその指を使い尽して、あの世に旅立った。どうせ修行し悟りを求めるなら、このような大悟でなければ意味はない。参ぜよ！　徹底参ぜよ！

212 **上堂。曰く。但だ曹谿に無きのみに非ず、西天竺にも亦無し。仏法を会する人を得んに、和尚も還た得ず。**

露柱は是れ古仏、燈籠は新如来。這箇は是れ長連床上の学得底。向上又如何。良久して曰く、将に謂えり胡鬚天下に赤しと。元来更に赤鬚胡有り。

上堂して云われた。真の仏法は、ただ曹谿山に無いばかりでなく、インドにも又ありはしない。だから仏法を悟った人を得ようとしても、どんな和尚も得ることは不可能である。

だがよくよく見ると、柱はもともと古仏であり、灯籠は活き活きとした如来ではないか。しかしこれは僧堂の単の上で学び得たものである。ではそれをぼっ越えた世界はどうであろうか。しばらく沈黙の後云われた。エビス人の鬚が赤いのは、天下の周知である。だがよく見ると、誰も彼ももともと鬚は赤いではないか。

●私解　衆生本来仏の事実は、もともとだから変えようがない。だがこの事実を本当に納得するには、僧堂内での厳しい修行がどうしても必要である。そしてその修行を実現できる正師と熱烈な求道者が、どうしても必要である。

213 **臘八の上堂。曰く。瞿曇の老賊、魔魅に入る。人天を悩乱して狼藉なる時、眼睛を打失して覔むるに処無し。梅花新たに発《ひら》く旧年の枝。**

十二月の臘八接心での上堂で云われた。釈迦牟尼仏は、すっかり悪魔の檎となってしまって、「我と大地有情と同時成道」などと口走って、人間界・天上界を大騒ぎさせているが、自分自身は見明星と共に、眼《まなこ》をすっかり無くしてしまって、探しても永久に見つからなくなってしまった。その凡眼を無くした眼で見てみると、新しい梅花が旧い枝に見事に咲いているではないか。さて、諸君には見えるかなと。

●私解　勿論見えますとも、私を馬鹿にしないで下さい。と云ってみたい。

214新旧の監寺《かんす》・典座《てんぞ》に謝する上堂。州中の黄米を羅得《かいえ》て来れば、柴頭《さいとう》、火を帯びて山隅《さんわい》に上る。風雲感会して、龍、水を得たり。功徳円成して眼、豁開《かつかい》す。

新旧の監寺・典座に感謝する上堂。国中から良い米を買って来て、柴に火を添え、この永平の山寺の隅《すみ》にある炉に持って来て、飯を炊いてわしや大衆に振るまってくれる。

そのお蔭で、風雲の縁に応じて集まってきたわしも大衆も、龍の水を得たように、つつがなく修行ができる。監寺も典座も、その功徳が円成して、きっと正眼を開くことであろう。

●私解　新旧の監寺・典座に対する有り難い感謝の上堂である。その姿は、我々凡人と全く変りはない。さて道元禅師と我々と一体どこが違うのであろうか。

215上堂。払子を拈じて衆に示して曰く。且《しばら》く大衆に問う。這箇の払子、甚麼の処よりか来る。記得す、明招、泉州の担《たん》長老の処に到る。担曰く。夫れ参学は、一人の所在にも亦須らく到るべし。半人の所在にも亦須らく到るべしと。招便ち問う、一人の所在は即ち問わず、作麼生か是れ半人の所在と。担無語。後に却って小師をして問わしむ。招曰く、你半人の所在を識らんと欲すや。也《ま》た祇だ是れ、箇の泥団を弄する漢と。

師曰く、若し是れ永平ならば即ち然らず。或《も》し作麼生か是れ半人の所在と問うこと有らば、只他に対して道わん。七仏未だ免れず、僧堂に在って、初夜に被を開き、後夜には被を摺《たた》むことを。也《ま》た未だ免れず、一句を道い将《も》ち来るを求むることをと。

上堂。払子を取り上げて大衆に示して云われた。大衆諸君に聞くが、この払子はどこから来たかと。

思い出すことだが、明招が泉州の担長老の処にやって来た。担が云った、仏道を学ぶには、一人の明眼の師の処に行かねばならない。亦半人の明眼の師の処に行かねばならないと。そこで明招が問うた、一人の明眼の師のことは問いません。半人の明眼の師とは、どういう人ですかと。担はそれには答えなかった。その後担は弟子を明招の処に行かせて問わしめた。すると明招は、半人の明眼の師を知ろうと思ったら、それは只一箇の泥の団子をいじくる男（ごく普通の男）のことだよと。

師（道元禅師）は云われた。若しわしならばそうは云わない。若し半人の明眼の師はどこにいるかと問われたならば、彼にこう答えよう。過去七仏は皆僧堂にあって、初夜（夜中）には寝具を敷き、後夜（明け方）には夜具をたたむ。そして必ず一句を道うであろう。

●私解　さてどんな一句を云うのか。室内で示してもらいたい。このような工夫が、真の修行となる。

217上堂。記得す。雲門、曹山に問うて曰く、密密の処、甚麼としてか有ることを知らざる。山曰く、祇だ密密なる為に、所以に有ることを知らずと。

若し是れ永平ならば、或《も》し密密の処、甚麼としてか有ることを知らざると問う有らば、祇だ払を拈じて劈面《へきめん》に打し了って他に問わん。是れ有ることを知るや、是れ有ることを知らざるやと。他道わんと擬せば、又打つこと一払子せん。

上堂。思い出すことだが、雲門が曹山に問うて云った。仏道の極意を、どうしてこれだと知ることができないのでしょうかと。曹山は云った、極意はあまりに近すぎて、知ることができないのだと。若しこの永平（わし）ならば、或る人が仏道の極意はどうして知ることができないのかと問うならば、直ちにこの払子で横面《よこづら》を打ちすえてそいつに聞く。こいつは有るのか無いのかと。相手が何か云おうとしたら、又払子で打ちすえてやる。

●私解　道元禅師の指導は直截ではっきりしている。この事実の外に仏道はない。何故なら一切の理屈が無いからである。

218上堂。見色明心、釈迦老漢翻筋斗《ほんきんと》す。聞声悟道、達磨祖師鉢盂を撃ぐ。十五日已前霊山に月を語り、十五日已後錦上に華を鋪《し》く。這箇は未だ言端語端を免れず。又且く如何が人に逢うて人の為にせん。良久して云く、精金も百錬せずんば、争か光輝を見ん。至宝も酬価せずんば、争か真仮を弁ぜん。当《まさ》に恁麼の時作麼生。孟春猶寒し、伏して惟《おもん》みれば、諸人尊候、居起万福。

上堂。見明星大悟して、釈迦牟尼仏はトンボ返りをする（価値観を一変する）ことが出来た。祖師達磨大師も、師の教えを聞き大悟して、応量器を捧げ持つ（法を継承する）ことが出来た。しかし十五日以前（大悟する前）も霊鷲山には月は輝いていたし、十五日以後（大悟の後）も花は咲きほこって別に変ったことは起らない。大悟といっても言葉の遊戯に過ぎない。

それでは、どのように人に説いたらよいであろうか。しばらく沈黙の後云われた。純金も鍛えなければ輝きは出ないし、至宝もこれを鑑別できる人がいなければ、真価はわからない。同様に百錬千鍛の修行がなければ、どんな修行者も本物にならないし、それを証明することができる師匠が居なければ、その修行者の真価は発揮できない。

ではとどのつまりはどうなるのか。春とはいえ未だ寒い。よくよく観察してみると、修行者の皆さんは、何の不足もない生活をしているではないか。

●私解　この上堂も、まことにすっきり、はっきりしている。我々は一体どのように何の不足もない生活をしているのか。室内で明示してもらいたい。

219
正月十五日上堂。万徳に富めり、蒲団・木杓崢嶸《そうこう》たり。纎塵を蕩《とろ》かす、禅板・倚子体会す。拈起するや玲々瓏々、千差万別之れ歴々たり。放下するや灑々落々、十方三世之れ明々たり。且《しばら》く道え、作麼生か行履して、恁麼に相応し去ることを得ん。還って委悉するや。良久して曰く、清白の家風、梅・雪・月、花の時幸いに護身の方有り。雲明らかに水悦び、功円満す。覚えず渾身、帝郷に入る。

正月十五日の上堂。すべての徳よりすぐれていることは、衲僧が蒲団に坐し木杓を用いている時である。この時一切の塵が無くなって、禅板の音・坐禅の椅子と一体となる。その一つ一つを拈起してみると、全く澄み切って明らかに他を寄せつけない独立性を保っている。だがそれを手から放してみると、明らかに十方世界見渡す限り、何も残らない。

それでは、どんな修行をすれば、そのような境涯を手にすることが出来るのか。くわしく知りたいと思うか。しばらく沈黙の後云われた。清白な家風は、梅にも雪にも月にも現われている。その梅花の時節には、坐禅のお護りによって、雲を見るも明々、水を見るも悦びが湧き上る功徳が円満する。思わずこの身そのままに、帝郷（極楽浄土）に入るではないか。

●私解　この上堂の語が、まことにその通りと受け取れるまで、正身端坐して自己を忘ずることが肝要である。坐禅の功徳は、このように絶大である。

220上堂。一機を拈じて千機万機を通透し、一句を演べて千句万句を流布す。古仏の家風を仮らず、全く自己の巴鼻を彰す。既に恁麼なることを得れば、棒を行ずるや一千箇の百丈の野狐窟を棒殺し、喝を放つや三万箇の雪峰の猢猻隊《こそんたい》を喝散す。

這箇は止《た》だ無生法忍のみならず、還って永く転妙法輪を作さしむ。直に這の田地に到ることを得るとも、須らく向上の一路を知るべし。

如何なるか是れ向上の一路。還って委悉せんと要すや。良久して曰く、少林の妙訣・父子不伝。飢飡《きさん》渇飲、健坐困眠。直下に会得せば、此土西天。

上堂。仏道では一つの働きが、千万の働きに通じ、一句を述べるだけで千句万句を述べた働きを現わす。古仏の家風を真似ることはせずに、全自己の働きを露呈することが出来る。この働きが出来れば、一棒のもとに、一千箇の百丈の野狐の巣窟を打破することが出来るし、一喝をもって、三万箇の雪峰の猿の仲間をけちらすことも出来る。

これが出来るのは、不生不滅の法が手に入っただけでなく、無窮にこの妙法を転ずる力を身につけたからである。しかしこの境地を手に入れても、更に向上の一路があることを知らねばならない。

このことを更にくわしく知りたいと思うか。しばらく沈黙の後云われた。少林の達磨大師の妙法は、師から弟子へ伝えようがない。何故なら、それは腹がへれば飯を食べ、喉が渇けば水を飲み、健康であれば坐禅をし、疲れれば眠るだけだからである。これが直ちにわかれば、此処がそのまんまインド（極楽）となる。

●私解　道元禅師は、このようにいとも簡単に仏道を説いておられるが、それは生まれたまんまの自分そのままで、坐禅なぞしなくても救われているという無事空白の禅を説いているものではない。正師について命掛けの修行をして始めて手に入れることができる境地であることを忘れてはならない。

221上堂。曩祖石頭大師上堂に曰く。吾が法門は先仏の伝受なり。禅定精進を論ぜず、唯仏知見に達すと。

師云く。且く大衆に問う、作麼生か是れ石頭の道う箇の仏知見。卓拄杖一下して云く、上来無限の勝因、仏知見に廻向す。仏知見をして喫飯・着衣・屙屎・送尿し、雲堂裏に弁道し、長連床に功夫せしむ。

永平門下又且つ然らず。我若し坐する時は汝須らく立つべし。我若し立つ時は、汝須く坐すべし。若し也《ま》た斉しく坐し斉しく立すれば、二り倶《とも》に瞎漢なり。所以に洞山、五位の君臣を排《なら》べ、臨済、四種の賓主を列《つら》ぬ。門内底は推推《ついつい》地に坐し、出でんと欲するも終《つい》に出不得なり。門外底は波波地に走って、入らんと欲するも終に入不得なり。彼彼相い知らず、彼彼相到らず。你は你たり、我は我たり。妨げず各々其の封彊《ほうきょう》を守ることを。若し忽然として四方、位を易《か》え、主賓を互換せば、途にある底は家舎を離れず、家に在る底は途中を離れず、你が底は即ち是れ我が底、我が底は即ち你が底。謂つ可し彼此一家、主賓力を斉しくす。恁麼に見得すれば、更に二途倶に渉らず、四句能く収むる底莫きこと有り。還た甚麼の処に向って伊《かれ》と相見せん。卓拄杖一下して云く、且らく堂裏に帰って商量せよ。

上堂。曩祖石頭大師が上堂して云われた。わしの教えは、先仏より伝受されたものである。それは禅定精進は問題としない。ただ仏知見（仏の悟り）を得ることが先決であると。

師（道元禅師）は云われた。しばらく大衆諸君に聞きたい。石頭大師が云われる仏知見とは何か。そこで拄杖をドーンと一下して云われた。仏道には無限のすぐれた因縁があるが、それを仏知見に集約されたのである。従って喫飯も着衣も屙屎も送尿も、又僧堂内の弁道も、長連床上での功夫も、すべて仏知見を開くために行なわれる。

しかし永平門下ではそうではない。わしが坐る時は諸君は立ち、わしが立つ時は諸君は坐らねばならない（賓主独立）。若しわしも諸君も、共に坐し共に立つならば、それは共に仏道を見る眼が無い者となる。

　だから洞山は、五位君臣を配列して主と賓の回互を明らかにし、臨済は四賓主を設けて、主と賓の働きを明確にしたのである。門内の者（主）は身動きが出来ず、門から出ることは出来ない。また門外にある者（賓）は動き回っているので、中に入ろうとしても絶対に入れない。主は賓を知らず、賓は主を知ることはない。汝は汝、我は我で、各々自位を守って相い犯すことはない。

　ところが忽然として四方の壁が崩れて、主賓が相交じ合って一体となるならば、途中に在る者は、そのままで家舎を離れることはなく、又家舎に在る者は、そのままで途中を離れていないことがはっきりする。即ち汝はそのままで我であり、我はそのままで汝となるのである。彼と此れとは家を同じうし、主と賓とは全く力を同じくすると云えよう。

　このように見得することが出来れば、真実は主と賓と二途に渉ることはなく、一異有無の四句に収まるものではないことがわかるであろう。さて、その真実とは何処でお目にかかることができるか。拄杖をドーンと一突きして云われた。且らく禅堂に帰ってよく参究せよと。

●私解　この上堂は、道元禅師特有のやや理に偏したきらいがある。しかしこのような明解な智的理解が出来なければ、参禅は盲信となってしまう。

　さりながら、やはり石頭大師の云われるように、仏道修行の最大の眼目は、仏知見を開くことにある。真の仏知見を開くことが出来れば、洞山の五位も臨済の四料見も賓主互換も、自ずとその本質を理解することができるのである。

222 **上堂。夾山《かつさん》因に僧問う。塵を撥って仏を見る時如何。山曰く、直に須らく剣を揮《ふる》うべし。剣若し揮わずんば、漁夫巣に栖まんと。**

師曰く。若し是れ永平ならば、又且つ然らず。若《も》し人有り、塵を撥って仏を見る時如何と問わば、祇だ他に対して道わん。石鏡を懸げることを労せず。天暁《あ》くれば自《おの》ずから鶏鳴く。喫飯喫茶、出入同門なりと。

上堂。夾山に僧が問うた。塵を払って仏に出合う（悟った）時はどうでしょうかと。夾山は云った。直ちに剣を揮って（その悟りを）ぶち切れ。さもないと、漁父が巣にこもるように、悟りのとりことなってしまうぞ！　と。

師（道元禅師）は云われた。若し永平（わし）ならばそうは云わない。若し人があって、塵を払って仏に出合う時如何と問うならば、彼に対して云ってやる。何もわずらわしく石の鏡（悟り）を高く懸げる必要はない。夜が明ければ、鶏は自ら鳴き出す。ご飯を食べ、お茶を飲むところ、仏は出入自在ではないかと。

●私解　道元禅師のこの説示に間違いはないが、悟りの体験を度外視して、あるがまんま、そのまま仏道だと誤解すると、忽ち無事空白の禅に落ち入ってしまう。

大悟して、その大悟の体験を剣を振るってぶち砕き、大悟する必要はもともとなかったとわかった時、道元禅師のお言葉の真意が受け取れるようになる。

223**上堂。一九と二九・相対し相逢う。疑著と道著・春雨春風。黄檗禅師は舌を吐き、玄沙和尚は眉を揚ぐ。神通、設使《たと》い超仏越祖なるも、未だ免れず、自西自東。**

若し永平門下に拠らば、殊に衲僧の長処有り。大衆、衲僧の長処を委悉せんと要すや。良久して曰く、窓前潜《ひそ》かに綻ぶ春を含む梅、撮《と》り得たり、劫壺空裏の月。

上堂。一九と二九の問答は、相対しているが相い応じている。疑問を提すれば、ぴったり答える。それは春の雨と風のように、互いにぴったり相い応じている。その禅問答のすばらしさに、黄檗禅師は舌を巻き、玄沙和尚は、眉を揚げて驚いた。この神通の働きは、仏祖を超える力があるが、なお西より来れば東からも来るという相対性が残る。

若し我が永平門下ならば、更にこの相対を超えた衲僧の働きがある。さて大衆諸君その衲僧のすばらしい働きを知りたいと思うか。しばらく沈黙の後云われた。窓の外には春を告げる梅が咲き始めている。その梅の中に、永遠の別天地があって、真空の月が輝いているではないかと。

●私解　道元禅師の境地は高く深い。そこには悟りだの仏道だのという跡は全く見当らない。

224**上堂。挙す。洞山因に僧問う。如何が是れ沙門の行。山曰く、頭の長さ三尺、頸の長さ二寸。僧有り、挙して帰宗権《きすごん》和尚に問う、只洞山の意の如きんば作麼生。権曰く、封皮厚きこと二寸。**

師曰く、今日若し人有り、永平に洞山の意作麼生と問わば、祇だ他に対して道わん。半穿の鼻孔、一定五尺と。

上堂して云われた。洞山に或る僧が尋ねた。沙門の行はどんなものでしょうかと。洞山は云った。頭の長さは三尺、首の長さは二寸じゃと。僧は帰宗澹権《たんごん》和尚に聞いた。洞山の意図は何でしょうかと。権は云った、身体の皮の厚さは二寸ということじゃと。

師（道元禅師）は云われた。今日、若し永平（わし）に洞山の意図は何かと問う者がいれば、彼に向って云おう。鼻の長さの半分は五尺にきまっているじゃないかと。

●私解　洞山も帰宗も道元禅師も、全く自分が無い生活をしているだけである。そうでなければ老師とは云えない。

225 **涅槃会の上堂。双林は仮らず東君の力。雪後焉《いずく》んぞ知らん半夜の霜。虚空を拈転して世界に横たわる。如来両度の毫光を放つ。然も是の如くなりと雖も、誰か道う喪身失命すと。坐脱立亡を愛せず。七仏の鉢盂底没《な》し。衆生の災殃、荒唐たり。若し滅度すと道わば弟子に非ず。滅度に非ずと道うも、言《ことば》未だ当らず。既に今日に到って又作麼生。如来の命脈を見んと要せば、焼香・礼拝・帰堂せよ。**

涅槃会の上堂。釈尊の涅槃に合わせて、沙羅双樹が枯れたが、春を司る東君の神も、これを如何ともし難かった。その上雪後の夜中に霜が降っても全く見分けがつかない。釈尊は、ただ虚空の世界に身を横たえ、二度も眉間から白毫光を放たれた。このように遊戯三昧におられる釈尊を、喪身失命したなぞと誰が云えよう。もともと釈尊は、坐脱立亡なぞは好んでおられない。釈迦牟尼仏が過去七仏から受け継いだ鉢盂《はう》（応量器）には生死の底はない。仏の入滅は、衆生にとっては、この上もない災厄であるが、釈尊は滅度されたとしか云えないのは、真の仏弟子ではない。さりとて、滅度されないというのも適当ではない。さて既に今日に至って、どう云ったらよいであろうか。如来の本当の命を見たいと思うならば、焼香し礼拝して、僧堂に帰って端坐するのがよいであろう。

●**私解**　碧巌録第五五則「道漸弔慰」の公案では、若い僧漸源《ぜんげん》が弔慰に訪れた家人の棺を叩きながら「生か死か」と悲痛の叫びを挙げて、師の道吾《どうご》に質問している。道吾はそれに対して「生とも道《い》わじ死とも道わじ」と答えている。この道吾の心がわからなければ、この道元禅師の上堂の精神はわからない。やはり私も、焼香礼拝して僧堂に帰って端坐せよとしか云いようがない。

226**上堂。僧趙州に問う、狗子に還《かえ》って仏性有りや也《ま》た無しや。州云く、有《う》。又僧問う、狗子に還って仏性有りや也た無しや。州云く、無《む》。**
這の一投の因縁、参学に箇の道理有り。且く作麼生か是れ道理。還って委悉せんと要すや。良久して曰く、仏性巴鼻有り、狗子一角無し。未だ皮袋に入ることを免れず、猫児、狸奴を生ず。

上堂。僧が趙州に問うた、犬にも仏性が有るのか無いのかと。趙州は云った、有《う》と。又僧が問うた、犬にも仏性が有るのか無いのかと。趙州は云った、無《む》と。

この一段の公案の参究に当っては、一つの筋道がある。その筋道が何か、くわしく知りたいと思うか。しばらく沈黙の後云われた。仏性には有るとか無いのかの理屈がつけられるが、犬には理屈のつけようが無い。だから皮袋に収まる外はない。猫も子を生むより外はない。

●私解　道元禅師のこの日の上堂も明快である。境涯が澄みきっているから、このような明快な提唱が出来る。我々の修行も、このように明快でなければ修行の甲斐が無い。

229 **上堂。此の千百億の化身、一拄杖を経て、水を運び柴を搬《にな》って、蒲団数の諸仏を供養し、払子頭上に於て、同時に阿耨多羅三藐三菩提を得。同じく破木杓を如来・応供・正遍知・明行足・善逝・世間解・無上士・調御丈夫・天人師・仏・世尊と曰う。**

国を土塊と名づけ、劫を拳頭と名づく。正法・像法十二時と同じく、仏寿は三千大千世界の乾《かん》尿《し》橛《けつ》の如し。諸人還って会すや。若し会と道わば将錯就錯、若し不会と道わば、五戒も也た持《たも》たず。

上堂。諸君は千百億の化身仏である。わしの一拄杖の力で、水を運び柴をになって、蒲団の数程の諸仏を供養する。又わしの払子の力で無上菩提の悟りを手にする。だから破木杓は、そのまま如来・応供・正遍知・明行足・善逝・世間解・無上士・調御丈夫・天人師・仏・世尊（仏の十号）なのである。

国は土塊であり、無限の時間はこの拳頭であり、正法・像法は十二時と同じであり、仏寿と云っても、三千大千世界の糞かきべらに過ぎない。諸君はこの道理がわかるか。わかると云っても全くの錯りであり、若しわからんと云っても五戒にそむくこととなる。

●私解　迷悟を含め一切の観念から脱却した時、本来の仏に戻ることが出来る。それ迄は、修行の一本道あるのみ。

230
上堂。記得す。玄沙衆に示して曰く。常に汝等諸人を将《も》って、頂𩕳上に向って、敢て一糸毫をも誤借せずと。

師曰く、玄沙は恁麼。只月色の雲に和して白きことを知って、松声の露を帯びて寒きことを覚えず。且く道え、永平の意作麼生と。隻履既に葱嶺《そうれい》に帰ること久し。而今更に来端を問うことを止めよ。

上堂。思い出すことだが、玄沙が大衆に示して云われた。常にお前達は、頭の天辺から毛筋一本に至る迄借り物はないぞと。

師（道元禅師）は云われた。玄沙はこの通り云う。それは月の色が雲と一つとなって白いことは知っているが、松風が露を含んで寒いことを知らぬようである。

そこで永平（わし）の心はどうかと云うならば、達磨大師は片方の靴を持って、とっくに西天に帰って久しいのに、更に西来意を問うようなことは休めよと云いたい。

●私解　言わずもがなのことを問うことはやめよと云って、我々に本来成仏底の事実を悟れとせまっている。

231上堂。拄杖を挙して曰く、諸法の至極。拄杖を横たえて曰く、仏法の源底。這裏に聖諦法輪を転ず。所謂、苦諦・集諦・滅諦・道諦なり。

作麼生か是れ苦諦。森羅万象総《すべ》て這の一椀の茶裏に在り。作麼生か是れ集諦。瑞雲光り璨爛たり。作麼生か是れ滅諦。健なれば即ち坐禅、困ずれば即ち眠る。作麼生か是れ道諦。大道長安に通ず。這箇は是れ応化仏辺の事。

向上又如何。向上の苦諦を見んと要すや。卓拄杖一下す。向上の集諦を見んと要すや。卓拄杖一下す。向上の滅諦を見んと要すや。卓拄杖一下す。向上の道諦を見んと要すや。卓拄杖一下す。這箇は是れ仏祖向上の事なりと雖も、且く道え、永平の意作麼生。卓拄杖両下す。

上堂。拄杖を手に把って云われた。あらゆるものの究極じゃと。拄杖を横にして云われた、仏法の根底じゃと。このように四諦の法を説くのである。すなわち、苦集滅道の四諦である。

苦諦とは何か。森羅万象はすべてこの一椀の茶のうちにある。集諦とは何か。瑞雲の光が璨然と光り輝くことである。滅諦とは何か。身体がすこやかであれば坐禅し、くたびれれば眠ることである。道諦とは何か。大道は都の長安に通じていることである。しかしこれは、未だ応身仏・化身化の境涯である。

それでは向上に云ったらどうなるのであろうか。向上の苦諦とは、拄杖をドーンと一突きした事実。向上の集諦とは拄杖を、ドーンと一突きした事実。向上の滅諦とは拄杖をドーンと一突きした事実。向上の道諦とは拄杖をドーンと一突きした事実である。だがこれは、仏祖向上の事と云えるが、さて永平（わし）の心は何かと云うと、拄杖をドーンドーンと二度突いて是れじゃ！

●私解　道元禅師の心とは何か。只ドーンドーンの事実だけである。しかしこの事実だけの人となるのは、至難の業《わざ》であることを銘記しなければならない。

232上堂。**燈籠上に馬を走らしむるも、未だ免れず影を弄し光を弄することを。露柱裏に身を蔵すも、還た是れ依草附木なり。直饒《たとい》万法の爲に侶《とも》たらずと道うとも、万法の囲遶を顧りみず。正使《たと》い、説似《せつじ》一物《いちもつふ》不中《ちゅう》と道うとも、一物の猶在ることを覚えず。左転右転し、東よりし西よりす。棒を行じ喝を行ずるも、也《ま》た他に随い相随う。只独脱の一句の如きんば、作麼生か道わん。良久して曰く、煙村三月の雨、元是れ一家の春。**

上堂。燈籠の上に馬を走らせるような自由な働きが出来ても、なお影や光をもてあそぶ執われが残る。露柱にすっかり身を蔵したつもりでも、なお依草附木の執われが残る。たとえ自分は一切の執われから離れたと云っても、その一切に取り囲まれていることに気がつかない。

また何を説いても当らないと主張してもなお一物が残っているのがわからない。自分は自由に左転右転していると云っても、それは東西の枠の中のことである。棒喝も自在に行じ得ると云っても、所詮は相手に随ったまでに過ぎない。さて何ものからも超脱した一句を、どう云ったら良いであろうか。しばらく沈黙の後云われた。三月の雨にけむる村里では、どの家々も、もともとの春の生活を営むばかりであると。

●私解　禅を忘れ、悟りを忘れ、仏道は最早不要になったのも忘れ、生死を忘れ、解脱を忘れ去るのに、何年何十年何百年の修行が必要であろうか。しかしやらねばならないしやるしかない。
ふと気がつくと、それが極楽浄土の生活そのものなのである。

233上堂。挙す。黄龍和尚衆に示して曰く。菩提は言説を離る、従来得る人無し。須く二空の理に依るべし。当に法王身を証す。且く道え何をか二空の理と名づく。人空・法空・内空・外空、凡空・聖空、一切法空。二空の理総《すべ》て諸人の爲に説き了れり。

且く道え、何をか法王身と名づく。四大・五蘊《ごうん》・行住・坐臥・開単・展鉢・僧堂・仏殿・厨庫《ずく》・三門。是れ法王身にあらずと云うこと無し。若し能く此に於て薦得《せんとく》せば、乾坤・大地・日月・星辰、你諸人の眼睛を穿過し、四大海水、你諸人の鼻孔に流入せん。方《まさ》に知る、釈迦・弥勒の授記も但だ是れ虚名、臨済・徳山の棒喝も権《しばら》く為仮道なることをと。払子を以って、禅床を撃って下座す。

師云く、黄龍祖師、恁麼に道うと雖も、永平又且つ然らず。良久して曰く、瞿曇の授記如《も》し実無くんば、那ぞ二空の法王身を証せん。

上堂。公案を取り上げて云われた。黄龍慧南和尚が大衆に示して云われた。菩提（悟り）は一切の言説（理屈）を離れており、今迄に言説で手に入れた人は居ない。菩提を得るには、人法二空の道理に依らねばならない。それにより法王身（仏）を証するのである。さて二空の道理とは何か。それは人空・法空・内空・外空・凡空・聖空、つまり一切法が空ということである。これで二空の道理は、すべて諸君に説き了った。

さて次に法王身とは何か。四大・五蘊・行住坐臥・開単・展鉢・僧堂・仏殿・厨庫・三門、これらはすべて法王身でないものは無い。若しよくこの事実を手に入れることが出来れば、乾坤大地・日月星辰は諸君の眼を射抜き、四大海の水は諸君の鼻に流入することとなる。こうなれば、釈迦・弥勒の授記は名ばかりのものとなり、臨済・徳山の棒喝も方便に過ぎないものとなる。こう云って払子で禅床を打って下座された。

師（道元禅師）は云われた。黄龍老師はこのように云ったが、永平（わし）はこうは云わない。しばらく沈黙の後云われた。釈尊の授記が若し本当でなければ、どうして人法二空の法王身（仏身）を悟ることができようぞと。

●私解　釈尊の教え無くして真の仏道は無い。即ち血がにじむ修行せずして、人法二空の法王身を悟ることは絶対に不可能である。従って修行せずして、頭で仏道を理解しても、それらはすべて戯論にすぎない。

235 **上堂。本際の光を以って長夜の暗を洗う。当に恁麼の時、人人の耳裏、塗《ず》毒鼓《どっこ》を一撃両撃す。法性の智を以って、塵劫の疑いを破る。当に恁麼の時、箇々の鼻孔、返魂香《へんごんこう》を百熱千熱す。恁麼の行履、作麼生か道取せん。良久して曰く、鉄牛、頭白く三角を戴き、石女、壮年百媚を帯ぶ。**
上堂。本来具有の智慧の光を以って、長い間の無明の闇を洗い流す。まさにこの時、人々の耳の中の毒の太鼓が一度二度と鳴り渡り、法性の智慧が無量劫の迷いへの疑いを打ち破ってくれる。まさにこの時、人々の鼻は、死から生き返る返魂香のかおりを何度も何度も嗅ぐのである。
この時、どのように行動したら良いであろうか。しばらく沈黙の後云われた。鉄牛の頭が白くなると三角帽をかぶり、年増の石女は満面に媚をたたえる。

●私解　誰でも一度はこのような体験をしなければ、真の仏道を手に入れることは出来ない。これを見性悟道という。見性悟道を否定する者は、最早禅僧ではない。

237上堂。曰く。記得す、大唐杭州径山《きんざん》大覚禅師道欽。因に馬祖、人をして書を送って到らしむ。書中に一円相を作す。欽、緘を開き、円相の中に於て、一画の相を作して、却って封して回す。忠国師、聞いて乃ち曰く、欽師、猶馬祖に惑わさると。師曰く、永平今日、他《か》の国師・馬師・欽師三人同坑に落在するを看る。永平、而今《いま》他を出穴せしめ得てんや也《ま》た無しや。若し出穴することを得ば、恐らく是れ他、喪身失命せん。若し他を出穴すること得ずんば、豈善知識と称せんや。這の田地に到って、如何が行履して始めて得てん。良久して、拄杖を擲《てき》下《げ》して下座す。

上堂して云われた。思い出すことだが、大唐国、杭州径山《きんざん》の大覚禅師道欽に、或る時馬祖が人を使わして手紙を送った。その手紙には一円相が描かれていた。道欽は開封して、その円相の中に一を描いて、封をして返した。

忠国師は、その話を聞いて云われた。道欽師は馬祖に一杯食わされたなと。師（道元禅師）は云われた。わしは今日忠国師・馬大師・道欽師の三人は、同じ穴に落ち込んだと思う。わしは今、彼等を穴から助け出すことができるであろうか。若し助け出すことが出来れば、彼等は命がないであろう。若し助け出すことが出来なければ、どうして善知識と云えよう。この境地に到って、どのように行動したら良いであろうか。しばらく沈黙した後、拄杖を放り出して下座された。

●私解　忠国師も馬大師も道欽も道元禅師も拄杖を放り出した事実の外にはない。そこで下座された。

238 **結夏上堂。空を掘り地を平らげて鬼窟を構う。臭悪の水雲、撥《は》ねて天に撥《そそ》ぐ。混雑す驢牛と仏祖と。且《しばら》く道え、如何が二千年前の旧公案、今日挙揚す。良久して曰く、銅頭鉄額更に修練す。木杓土塊、自家の鼻孔自家に牽く。手を拍って笑う。**

夏安居の上堂。夏安居は空《くう》に徹して、心を平らかにする厳しい修行の開堂である。迷いや悟りの臭気芬芬《ふんぷん》たる雲水達が集まって、天を突き上げるような修行をする。仏祖や凡夫がごたまぜになっているが、所詮は、自分で自らの本来の面目を明らかにすることに尽きる。

安居は二千年前釈尊が始めた公案であるが、今日どのように挙揚したら良いであろうか。しばらく沈黙の後云われた。銅頭鉄額の強い意志を持って修練すれば、木杓も土塊も手を拍って笑うであろう。

●私解　熱鉄丸を飲み込むような強固な意志を持って修行しない限り、木杓や土塊が讃歎するような大悟を体験することは不可能である。

239上堂。**水に入って蛟龍を避けざるは、漁父の勇なり。陸行して虎兕を避けざるは、猟夫の勇なり。白刃前に臨んで、死を視ること生の如くなるは、将軍の勇なり。且く作麼生か是れ衲僧の勇。良久して云く、開単・打眠・展鉢・喫飯・鼻孔裏に気を出し、眼睛裏に光を放つ。還って向上の事有ることを知るや。飯飽快活、屙一堆。瞿曇の親授記を超過す。**

上堂。水の中に入って恐ろしい龍を避けないのは、漁師の勇気である。陸を歩いて、虎を避けないのは、猟師の勇気である。白刃を前にして、死を視ること生のように振舞うのは、将軍の勇気である。それでは、衲僧の勇気とはどんなものであろうか。

しばらく沈黙の後云われた。禅堂の単を開く、睡眠する、応量器を開く、食事をする。鼻から息を出し、眼から光を放つ。更にそれを上回ることがあるのを知っているか。それは飯を一杯食べて心地良くなり、糞をひと盛りたれる。そして釈尊から予言された将来、仏になることの証明さえ飛び超えてしまうことである。

●私解　求むべき仏道も悟りも、全く不必要となった時、本来成仏底の自己に安住することができる。それが我々の参禅の目標である。だが今日、それを実現出来る師家と自ら実行して止まない不屈の求道者がいるかどうかわからない。

240上堂。**釈迦牟尼仏大和尚、菩提樹下に在って金剛座に坐し、明星を見て悟道して曰く、明星出現する時、我と大地有情と同時成道すと。**

且く大衆に問う。大地の有情も恁麼に道う、釈迦老師も恁麼に道う。大衆道い得ずんば、永平却って道い得たり。

卓拄杖一下して曰く、這箇は是れ長連床上学得底。向上還た道うこと有りや。又卓拄杖一下して、這の両途に渉らずして又作麼生か道わん。良久して曰く。僧堂前、你諸人と相見し了れり。

上堂。釈迦牟尼仏大和尚は、菩提樹下で金剛座に坐し、明星を見て悟道して云われた。明星が現われた時、我と大地有情と同時に成道したと。

そこで大衆諸君に聞きたい。大地有情もこのように云い、釈迦老師もこのように云われた。若し大衆諸君が、このように云うことが出来ないならば、永平（わし）は次のように云おう。

拄杖をドーンと一突きして、これは僧堂で学び得たものである。その上更に何と云ったら良いであろうか。再びドーンと拄杖を一突きして、この両方にわたらないで、何と云ったら良いであろうか。しばらく沈黙して云われた。僧堂の前で、諸君ととっくに相見し了っているではないかと。

●私解　さてどのように相見し了っているのか室内で明示してもらいたい。若し明示出来なければ、釈尊の見明星悟道は、全く無駄骨折りとなってしまったと云うことになってしまう。

241上堂。日面月面、粥足り飯足る。漢来れば漢現ず。飽柴飽水。盧陵の米、山前の麦。初祖東土に来らず、二祖西天に往かず。箇箇壁立万仭、人人鼻孔前に在る。卓拄杖一卓して下座す。

上堂。あちらも日面仏、こちらも月面仏。皆粥飯に事欠かない。漢人が来れば漢人が現われ、柴も水も十分に足りている。だから盧陵の米と山前の麦を以って、もてなすことに不自由はない。そもそも初祖達磨大師は中国に来たことはないし、二祖慧可大師もインドに行ったことはない。一人一人は独立独歩で、各自の鼻はちゃんと前についておる。

そこで拄杖をドーンと一突きして下座された。

●私解　ドーン！　わかったか！　どこにも往かない本来の自己に気付けば、問題はすべて解決する。

245上堂。記得す。趙州因に僧問う、十二時中、如何が用心せんと。州いわく、你は十二時に使われる。老僧は十二時を使い得たり。你那箇の時をか問うと。

師曰く、趙州恁麼に道うと雖も、永平箇裏に到って、又且つ如何。你は十二時に使われる、你に許す、祖師禅を会することを。老僧は十二時を使い得たり、老僧に許す、如来禅を会することを。這箇は

是れ超仏越祖底の道理。作麼生か是れ仏祖屋裏底の道理。

良久して曰く、鉢盂は口を開いて飯を喫す。

上堂。思い出すことだが、趙州に或る時僧が尋ねた。十二時中どのように心を用いたらよいでしょうかと。趙州は云った。お前さんは十二時に使われ通しだが、わしは十二時を自由に使っておる。お前さんが聞いている十二時はどちらの話かなと。

師（道元禅師）は云われた。趙州はこのように云うが、永平（わし）は、ここで何と云おうか。お前さんは十二時に使われているが、それは祖師禅そのものである。わしは十二時を使っているが、それは如来禅そのものである。これは仏祖を越えた世界の話である。それでは仏祖の世界の話は、どうなるのであろうか。

しばらく沈黙の後云われた。それは応量器を開いて飯を食うことであると。

●私解　道元禅師の「鉢盂口を開いて飯を喫す」の語は、仏祖の談をはるかに超えた超仏越祖の談そのものである。

249**天童和尚忌上堂。先師今日精魂を弄し、仏祖の家風、扇《あお》いで雲を起こす。娑婆を悩乱す多少の恨み。無明の業識、児孫に及ぶ。**

天童如浄和尚の忌日に上堂。先師天童如浄禅師は、今日その精魂を尽して、仏祖の家風である正法眼蔵の雲を起こされた。そのため、娑婆の人達を悩乱させ、多くの人達の恨みを買った。だが和尚の無明の業識（正伝の仏法を伝えねばならないという和尚の迷い）は遠く今日の児孫である我々に及んでいるではないか。

●私解　我々の修行も、この天童和尚の無明の業識を修得し、後世に伝えていくものでなくてはならない。

250
八月一日の上堂。記得す。趙州因みに僧問う。道人相見する時如何と。州曰く、漆器を呈す。師曰く、趙州古仏、逸群の勢い有りと雖も、同参の儀無し。或《も》し人有って永平に、道人相見の時如何と問わば、他に祇対して道わん。八月仲秋漸く涼し、伏して惟《おも》う、大衆、尊候起居万福。

八月一日の上堂。思い出すことだが、趙州に或る僧が問うた。道人が相見する時は、どうされますかと。州は云った、漆器を呈すと。

師（道元禅師）は云われた。趙州古仏は飛び抜けた働きがある方だが、ここでは仏道を共に学ぶという働きがない。若し或る人が、永平（わし）に道人相見の時如何と尋ねたならば、彼に答えるであろう。時はまさに仲秋となり、漸く涼しくなりましたな。伏して思うに大衆諸君よ。ご機嫌よろしい毎日でまことに喜ばしいことでありますなと。

●私解　趙州の漆器を呈すというのは、漆器に盛った一椀の粥を差し出すということで、十分に同参の儀ある答えであると考えるが如何であろうか。

251宝治二年戊申三月十四の上堂。曰く、山僧、昨年八月初三の日、山を出でて、相州の鎌倉郡に赴き、檀那俗弟子の為に説法す。今年今月昨日寺に帰り、今朝陞座す。

這の一段の事、或いは人有って疑著せん。幾許の山川を渉って俗弟子の為に説法す。俗を重くして僧を軽んずるに似たりと。又疑わん、未だ曽って説かざる底の法、未だ曽って聞かざる底の法有りやと。然れども都《すべ》て未だ曽って説かざる底の法・未だ曽って聞かざる底の法無し。只他が為に説く、修善の者は昇り、造悪の者は堕す、修因感果、塼《かわら》を抛《なげ》うって玉を引く而已《のみ》と。

然も是の如くなりと雖も、這の一段の事、永平老漢、明得・説得・信得・行得す。大衆這箇の道理を会せんと要すや。良久して曰く、尀耐《ほたい》なり永平が舌頭、因と説き果と説いて由無し。功夫耕道多少の錯り、今日憐む可し水牛と作る。這箇は是れ説法底の句。

帰山底の句作麼生か道わん。山僧出で去る半年の余。猶孤輪の太虚に処するが如し。今日山に帰れば、雲喜ぶの気、山を愛するの愛、初めよりも甚だし。

宝治二年（一二四八年）戊申三月十四日の上堂で云われた。山僧は昨年八月三日山を出て、相州鎌倉郡に赴き、檀那俗弟子（波多野義重）のために説法し、今年の今月昨日帰山し、今朝上堂した。

この一段の事柄については、或いは疑問を抱いた者もあるであろう。即ち多くの山河を渡って俗弟子の為に説法された。これは俗を大事にして僧を軽んじたのではないか。又或る者は疑うであろう。未だ曽って説かず、未だ曽って聞かざる法があるのではないかと。

しかしながら、未だ曽って説かず、未だ曽って聞かざる法なぞは一切無い。わしは只俗弟子の為に、善き行ないをなす者は天に生まれ、悪事を為す者は地獄に堕ちる、即ち因果の道理は味ませないので、塼《かわら》（煩悩）を投げ捨てて、玉（悟り）を引き寄せるようにせねばならないと説いただけであると。

このとおりではあるが、この一段の事柄は、永平（わし）が明らめ・説き・信じ・行じてきたところである。大衆諸君は、この道理をよく理解したいと思うか。しばらく沈黙した後云われた。何としたことか、わしの舌が、理由もなく因果の道理を説いてしまったわい。今迄長年功夫弁道してきた誤りで、今日あわれな水牛となってしまったことよ。以上はわしが鎌倉で説法してきた一句である。

永平寺に帰山した今の一句は、何と云ったらよいであろうか。わしはこの山を出て、留守にすること半年余りであったが、その間、一輪の月が太虚に浮かぶようにカラッとして何も無い。今日山に帰ってきてみると、雲が喜ぶ気配を感じ、まわりの山々を愛する気持は、山を出た時より、一層強く感ずるばかりであるわい。

●私解　道元禅師にとっては、鎌倉への下向は、結果として極めて不本意なものであったに違いない。だからこそ、帰山した喜びは一しお強いものがあったことであろう。

252上堂。記得す。阿難迦葉に問う。師兄《すひん》仏の金襴の袈裟を伝うる外《ほか》、別に箇の甚麼をか伝うるやと。迦葉、阿難と召す。阿難応諾す。迦葉曰く、門前の刹竿を倒却著せよと。大衆這箇の道理を会せんと要すや。

良久して曰く、喚応弟兄同一声。釘を抽《ぬ》くこと未だ了らざるに、還って楔《くさび》を抜く。門前の刹竿を倒却し著《おわ》って、今、誰が家の乾屎《かんし》橛《けつ》とか作さん。

上堂。思い出すことだが、阿難が迦葉に尋ねた。師《す》兄《ひん》は仏から金襴の袈裟を伝えられたほかに、別に何を伝えられたのでしょうかと。迦葉は「阿難」と呼んだ。阿難は、「はい」と答えた。その途端、迦葉は「門前の刹竿（旗竿）をぶっ倒せ！」と云われた。大衆諸君よ。この道理を会得したいと思うか。

しばらく沈黙の後云われた。兄が呼び、弟が答えたのは同時である。迷いの釘を抜くや否や、悟りの楔《くさび》を抜き去っている。目の前の旗竿はとっくにぶっ倒されて、今は誰かの家の糞《くそ》かきべらとなってしまったであろう。

●私解　道元禅師のこのすばらしい提唱を聞けば、我々はどうしても悟らざるを得ない。さてどのように悟ることができるのか。室内で明示して頂きたい。

253**上堂。手を拍って手を授く、一二三四七の伝持。恩を知って恩に報ず、百千万億の建化《こんけ》。巌畔の老梅、海上の蟠桃《ばんとう》。一機歴々三昧塵々。**

然も是の如くなりと雖も、岳高く雪の釈《と》くること遅く、木老いて春の来ること緩かなり。甚《なん》としてか此の如くなる。還って委悉すや。老鶴月を夢みる無影樹、花蜂春を採《と》る萌《きざ》さざる枝。

上堂。手を拍って得た法を弟子の手に授けて、インドでも四七二十八代、中国で二三六代伝持されて来た。その法を受け継いだ者は、その恩に酬いるため、百千万億の教化門を開いて伝えて来た。その教えの中味は、岩の畔《ほとり》にある老梅のように気高く、海に住む仙人の庭に咲く桃の実のように偉大である。その働きは一つ一つ歴然としており、かつ一瞬一瞬跡を残さない。

そのとおりではあるが、ここ永平寺に於ては、山が高いため雪のとけるのは遅く、老木に春が訪れるのはゆるやかである。どうしてそうなるのか。くわしく知りたいと思うか。それは老鶴が月を夢みて眠るのは全く自分の影が無いからであり、蜜を求める蜂が、盛んに春の香りを採るのは、全く無心の働きだからである。

●私解　完全に自己を忘じた世界こそ、仏祖伝来の真の仏法なのである。

254 上堂。挙す。世尊一日陞座、文殊白槌して曰く。諦観法王法《たいかんほうおうほう》・法王法如是《ほうおうほうによぜ》と。世尊便ち下坐す。北塔の祚《そ》和尚曰く。文殊白槌して衆に報じて知らしむ、法王の法令は斬の如くなるべしと。会中若し仙陀の客有らば、眉間の毫相の輝きを待たずと。

門人雪竇重顕禅老の曰く、列聖叢中作者知る。法王の法令、斯の如くならず。会中若し仙陀の客有らば、何ぞ必ずしも文殊一槌を下さんと。

師曰く。両位の尊宿、文殊と同参すと雖も、未だ世尊と同参せず。諸仁者、還って世尊と同参底の道理を知らんと要すや。獅子吼音、獅子知る。法王の法、一に斯の如し。会中倶に是れ仙陀の客、更に文殊両両の槌を下さん。

上堂。一公案を示された。世尊が一日上堂された。これを見た文殊は、白槌して云われた。法王の法を諦観するに、法王の法はこの通り！（カチーン）と。世尊は直ちに下座された。

北塔の智門光祚和尚は云われた。文殊は白槌して大衆に告げて、法王の仏法は、只この外に無いぞ！と知らせた。しかし若し会中に仙陀婆のような利口な者がいたら、世尊が白毫相を放つ前（陞座される前）にとっくに世尊の真意がわかったであろうと。

智門光祚の弟子である雪竇重顕禅師は云われた。世尊会下の有能な弟子達は、法王の仏法が、そんなものではないことを知っている。若し会中に仙陀婆のような利口な者がいたら、文殊は一槌を下す必要はないぞと云ったであろう。

師（道元禅師）は云われた。二人の尊宿は文殊と同参できたと云えるが、未だ世尊とは同参出来ていない。諸君は世尊と同参する道理を知りたいと思うか。世尊の獅子吼は獅子だけが聞くことができる。法王の仏法は、このとおり只一つきりである。わしの会下の者は、皆仙陀婆の客ばかりである。だからわしは、文殊と一緒になって、一槌を下したい。諦観法王法・法王法如是と。

●私解　道元禅師に申し上げたい。会中倶に是れ仙陀の客ばかりならば、その一槌も必要ないのではありませんかと。

255上堂。三世の諸仏・諸代の祖師、天下を担《にな》い来って以って天下に蔵《かく》す。世間を擘破《ひっぱ》して、世間を出だす。箇の関棙子《かんれいす》を得る者、時に一尺を説得し、一尺を行得す。

身は肉団に非ず、心は是れ牆壁なり。眉毛は春山に低《た》れ、眼睛は秋海に碧《みどり》なり。百千の三昧諸塵に現じ、無量の法門万像に現ず。

上堂。三世の諸仏・歴代の祖師方は、天下を担いながら担っていることを知らない（悟りの跡がない）また世間の迷いを撃破して真の世間たらしめる。この肝心要《かな》めの所を手にしている者は、誰が出て来ても説得し、何が出て来ても適切に処理することが出来る。

このような人の身は肉団子ではない。心は物と一体であり、その人の眉毛は低く垂れ、眼は秋の海のように澄んでいる。何事に対しても、それと一如となり、どんな事態が生じても、それに応じた姿を現わすことが出来る。

●私解　まさに応無所住《おーむーしょじゅうに》以生其心《しょうごーしん》（応《まさ》に住する所無くして、以って其の心を生ず）の生活となる。

256浴仏上堂。挙す。宏智禅師、天童に住せし時浴仏の上堂に曰く、清徹性空の水、円明浄智の身。箇の中、体を洗わず、直下了として塵無し。

成仏有り、降神有り、彼岸有り、迷津有り。哆哆和和此れ其の始め、膠膠綴綴《こうこうてつてつ》此れ其の因、恁麼の時節、釈迦仏、悪水驀頭に澆《そそ》ぐとも、瞋《いか》ること莫れ。何ぞ須《もち》いん念彼観音力、自然に還著於《げんじゃくお》本人《ほんにん》。諸仁者、只杓柄の你が手裏に在る時の如きんば作麼生。一事に因らざれば、一智を長ぜず。

師曰く。師伯古仏は乃ち芙蓉の枝・丹山の児なり。恁麼に道うと雖も、永平児孫因みに一頌有り。生

時に震動す三千界、道処広く開く八万門。澆水驀頭無垢の体。一場の懡㦬、精魂を弄す。

降誕会の上堂。公案を取り上げて云われた。宏智禅師が天童山に住持していた時、降誕会の上堂で云われた。本来清らかな空の水を、完全円満な智慧に輝く身にそそぐのであるから、浴仏の身体を洗う余地は、本来無い。従って一切の塵が本来無いことを了《さと》るべきであると。

釈迦牟尼仏の生涯は、成仏があり、兜卒天降下があり、到彼岸があり、迷此岸があるが、赤子の泣き声が説法の始めであり、ハイハイしたのが教化の源である。生誕を祝うこの時、釈迦牟尼仏の頭に悪水をかけるが決して怒ってはなりません。観世音の力を念ずるまでもなく、その功徳は注ぐ本人に還ってくるのですから。さて諸君、木杓を手にした時、どうすれば良いか。この浴仏の一事がなければ、一智を増長させることは決して出来ないぞと。

師（道元禅師）は云われた。師伯古仏、即ち宏智禅師は、芙蓉道楷禅師の法孫であり、丹霞子淳禅師の法嗣である。その宏智禅師は以上のように道われるが、児孫である永平（わし）にも一頌がある。釈迦牟尼仏生誕時には、三千大千世界が震動し、説法に当っては、八万の法門を開かれた。今日、垢《けがれ》の無い身に頭から水を澆ぐのは、実は一場の恥かき事を、一生懸命やっているにすぎないのではないか。

●私解　道元禅師は、衆生本来成仏の世界には、一智も増長させる余地は全く無いではないかと宏智禅師に食ってかかっているが、果して我々は、まことにそのとおりと云えるかどうか。

257結夏上堂。宏智禅師曽って天童に住す。結夏の上堂に曰く。凡聖通同して一家を共にす。寂光の田地に生涯を看る。而今選仏心空し去れば、因みに丘園に覚花を開くこと有り。禁足九旬、未だ歩を挙せざる前の処所《ところ》を看、護生三月・物に触《ふ》れざる底の身心を体《さと》る。多身一身の中に在って安居し、一身多身の中に在って弁道す。所以《ゆえ》に道う、諸仏の法身我が性に入り、我が性同じく如来と共に合す。

又曰く、大円覚を以って我が伽藍と為すと。若し能く恁麼にし去らば、更に甚麼の事か有らん。且く作麼生か体悉して如来と合することを得てん。還た相委悉するや。三界のために身相を現ずること莫れ。十方を坐断して、性空を明かすと。

師曰く、宏智古仏、如来と合すと雖も、未だ如来と同安居せず。永平今日宏智と和合し、如来と同参す。還って委悉すや。良久して曰く、拈華微笑太《はなは》だ乖張《かいちょう》。剛《かえ》って瞿曇に乱一場せらる。手を把って共に行き仏殿を詣《もう》ず。眉毛相い結んで、僧堂に入る。

夏安居結制の上堂。宏智禅師が天童山に住していた時、結夏の上堂で云われた。凡人も聖人も一同に会して、本来の自己の田地に安住する安居に入った。ここで仏になる為に心を空じきることができれば、悟りの花を自分の庭に咲かせることが出来る。九十日の禁足の間に、一念が起きる前の消息を掴み、この三ヶ月の間に、身心なき身心を手に入れるのである。この境地を得れば、多くの人々の身は我が一身と一体となって安住し、我が一身は多くの人々の身と一体となって弁道することとなる。それ故、諸仏の法身は直ちに我が性となり、我が性は如来と一つであることがわかる。

又こうも云われた、仏の悟りを以って我が伽藍とすると。若しこの通りであるならば、更に何を求めることがあろうか。これ以上如来と一体となりようはなくなる。更にくわしく知りたいと思うか。

要するに、欲界・色界・無色界の三界に、身を現ずることを止めて、十方世界を坐禅の力で断ち切って、本来空の本質を明らめることであると。

これについて師（道元禅師）は云われた。宏智古仏は、如来と一つになることは出来たが、如来と共に安居することは出来ない。永平（わし）は今日、宏智と和して、如来と一つとなるだけでなく、如来と同じく安居したいと思う。このわけをくわしく知りたいと思うか。しばらく沈黙した後云われた。釈尊が拈華し、迦葉が微笑した話は、大げさなことである。それは、釈尊にひっかき回された場面と云える。わしは、ただ互いに手をとって仏殿に上って礼拝し、大衆と眉毛を結んで僧堂に入るだけであると。

●私解　道元禅師は、殊更に空だ仏道だと大騒ぎしていると、本当の仏道は、どこかへ行ってしまうぞ！　と、宏智禅師をダシにして我々に強く警告しておられる。

永平広録第三終り

永平道元和尚広録第四

永平禅寺語録

侍者　懐弉　編

258上堂。夜半に靴を穿《は》いて去って、達磨の眼睛を倫み得たり。天明に帽を戴《いただ》き来り、西堂の鼻孔を拽《ひ》き得たり。一去一来、譬えば秋声春声の如く、半開半合、宛も日面月面の如し。背手にして枕子を摸《さぐ》り得たり、分明に手眼通身す。臂を断って初祖に拝呈し、唯独り伝法得髄す。然も是の如くなりと雖も、直に須《すべか》らく上頭の関捩子を打開して始めて得べし。作麼生か是れ上頭の関捩子。良久して曰く。瞿曇の経・律・論を抛却して、横に鉄笛《てってき》を吹いて梅引を奏す。

上堂。善知識は或る時は、夜中に靴を穿いて出て行って、達磨の眼玉を盗んで来る。かとおもうと、夜明けに帽子をかぶってやって来て、西堂智蔵の鼻づらを拽《ひ》き回すこともやる。去ったかと思うとやって来る。あたかも秋風の音や春風の風情のようであり、把住放行する有様は、日面仏月面仏のようにはからいがない。

だから道吾は後ろ手で枕を探し出すことが自由自在に出来、二祖は臂を断って、初祖達磨大師の面前に拝呈して、只ひとり得髄の伝法を受けた。

以上のとおりではあるが、前記の善知識の働きは、法の肝心要めの鍵を開くことによって、始めて出来ることである。さて、その法の肝心要めの鍵とは何であろうか。しばらく沈黙して云われた。釈迦牟尼仏の経・律・論を投げ捨てて、独り鉄の横笛を吹いて梅花引の曲を奏することである。

●私解　求むべき仏道が全く無くなった時、始めて得られる境地を示されている。だがそれに至る迄は、やはり必死の猛修行が必要である。

260 **上堂。記得す、六祖黄梅の会に投じて碓坊に在り。因みに五祖、夜に逮《およ》んで密に自ら碓坊に詣《いた》って曰く。米白まれり也否やと。慧能曰く、白まれりも未だ篩《ふる》うことあらず。五祖、碓に於いて杖を以って三度び之れを撃つ。慧能、即ち箕《み》の米を以って三たび簸《ふる》って入室す。**

師曰く、且く道え、諸人両位の古仏と相見せんと要すや。卓拄杖三下す。若し人有り、這箇は是れ仏祖辺の学得底、作麼生か是れ透脱底の道理と道わば、卓拄杖三下す。又人有り、猶是れ長連床上の学得底、作麼生か是れ両三投に渉らざる底の道理と道わば、卓拄杖三下せん。

上堂。思い出すことだが、六祖が黄梅の会に投じて米つき部屋に居た時、或る夜五祖が、こっそり自ら米つき部屋に入って来て云われた、米は白くなったかどうかと。慧能は云った、白くなりましたが未だ篩にかけられておりませんと。すると五祖が米つき部屋で、杖で三度び臼を打った。慧能は箕の米を三度びふるって五祖の部屋に入室した。

これについて師（道元禅師）は云われた。諸君は二人の古仏に相見したいと思うかと。そこで拄杖で三度び打った。若し人が、それは仏祖の処で学んだ世界である。更に仏祖を透脱した世界は何かと云うならば、と云って拄杖で三度び打った。更に人があって、それは坐禅修行の結果手に入れた世界でしょう。三度び拄杖で打つこととは関係のない世界は何かというならば、と云って、拄杖で三度びドーンドーンドーンと突き立てた。

●私解　拄杖に用はない。只ドーンドーンドーンの事実以外に真の仏道はない。だがそれが本当にわかるには、どうしても一度自己を完全に忘ずる底の体験が必要である。頭でわかったと云っても、それは観念禅にすぎない。

262 **上堂。記得す。僧雲門に問う、如何なるか是れ透法身の句と。門曰く。北斗裏に身を蔵す。師曰く、雲門、道うことは太煞《はなはだ》道う、祇だ八九成を道い得たり。或いは人有り、永平に如何か是れ透法身の句と問わば、祇だ伊に向って道わん、釈迦を杓𦥑《しやくよう》し、達磨を斗量すと。**

上堂。思い出すことだが、僧が雲門に尋ねた。法身を透脱した一句はどんなものですかと。雲門は云った、北斗七星の中にすっかり蔵れてしまったわいと。

師（道元禅師）は云われた。雲門の答えはなかなか良いが、八十点か九十点である。若し或る人が永平（わし）に法身を透脱した一句はどんなものかと問うたならば、彼に向って言おう。柄杓《ひしやく》で釈迦をすくい、斗《ます》で達磨を量《はか》ると。

●私解　道元禅師はこのように仰るが、もっと端的に、柄杓《ひしやく》で水を汲み、斗《ます》で米をはかるで十分ではないだろうか。

263上堂。記得す。僧石霜に問う、仏性は虚空の如しと如何。石霜曰く、臥する時は有《う》。坐する時は無《む》と。

今日、永平試みに諸人の与《ため》に註破せん。如何なるか是れ石霜の道う、臥する時は有。玉輪、機を転じて笑い呵々。如何なるか是れ石霜の道う、坐する時は無。直下相逢うて相識らず。参。

上堂。思い出すことだが、僧が石霜に問うた。仏性は虚空のようだと云うのは、どんなことでしょうかと。石霜は云った。寝る時は寝るだけ、坐る時は自分はいない。

今日永平（わし）は諸君のために解説してあげよう。石霜が云う、寝る時は有《う》というのは、月が転ずるように笑うことであり、石霜が云う、坐る時は無《む》というのは、互いに相逢うていながら互いに気がつかないということである。わかったかな。

●私解　道元禅師の云われるとおりならば我々凡人が普段やっていることと全く同じであるが、それでは仏と我々とは、どこがどう違うのか。是非教えてもらいたい。

264上堂。劫前の機。肘後の印。用いて痕無く、空にして節《ふし》有り。作麼生《そもさん》か是れ恁麼の様子、無明業識の幢《はた》を竪起して顚倒《さかしま》に拈じ来る、乾屎橛《かんしけつ》。

上堂。一切の観念が生ずる前の働きは、ひじの後にある護身符（本来の自己）である。それは働きどおしであるが、中味カラッポでありながら、その時その時の特長を、節のように現わす。

その有様はどうかと云うと、迷いの旗竿を立てたかと思うと、それは一転して、くそかきべらを使うこと（ウンチを拭く）であったわい。

●私解　我々は毎日、朝から晩まで、迷いの生活の連続であるかと思っていたら、そいつはそっくりそのまま、悟りの丸出しであったわいと何時気がつくか。坐禅修行の本当の功徳はその外にはない。

265 **上堂。生也《しょうや》従来する所無く、担い来たり、又担い来る。死也亦去る所無く、担い去り、又担い去る。畢竟如何。心若し異ならざれば、万法一如なり。**
上堂。我々は生まれたことは本来無い。この事実を担い来り、担い来たれ。死んで去る所は無い。この事実を担い去り、担い去れ。

結局の所はどうなのか。若し一心きりになれば、万法どこへ行っても、只一心きりとなる。

●私解　これで生死問題は完全に解決する。このように解決出来るまで、正師について参禅することが、直の仏道である。
そしてこれは全人類共通の目標であり、この外に人類の救われる道はない。

266上堂。永平有る時は入理深談す。只諸人の田地穏密ならんことを要す。永平有る時は門庭施設す。只諸人の神通遊戯せんことを要す。永平有る時は奔逸絶塵す。只諸人の身心脱落せんことを要す。永平有る時は自受用三昧に入る。只諸人の手に信《まか》せて、拈得せんことを要す。

忽ち人有り出で来って、山僧に向って向上又作麼生と道わば、但伊に向って道わん、暁風摩洗して昏煙浄し、隠々たる青山、画図を展ぶと。

上堂。永平（わし）は有る時は、仏法の深い道理を説くが、それは諸君の心を平穏にさせるためである。わしは有る時は、方便を使って易《やさ》しく説くが、それは諸君を自由無礙にさせるためである。わしは有る時は途徹もない説き方をするが、それは諸君をして身心脱落させるためである。又わしは有る時は、あるがまんまのことを説くが、それは諸君が仏道を自由自在に活用させるためである。

さてそこで、誰かが出て来て、このわしに、それらをすべて超越したらどうなるのかと問うならば、彼に向って言うであろう。朝風が吹くと、もやが洗われて、すがすがしくなり、そのもやに隠れていた山々が、くっきりとその姿を現わしてくるなと。

●私解　説くべき法が無くなって、始めて真の仏道になることを知らねばならない。しかしその前に、説くべき時に説くべき法が自由に説けなければ、学仏道の人とは云えないことも知らねばならない。

267上堂。記得す。南泉因みに陸大夫曰く、請う和尚衆の為に説法せよと。泉因く、老漢をして作麼生か

説かしむ。大夫曰く、和尚豈に方便無からんや。泉云く、他《かれ》什麼をか欠少す。大夫曰く、四生六道に在ることを争奈《いかん》せん。泉云く、老僧伊《かれ》を教えず。大夫無対。

師曰く。這の山蛮子《さんばんす》、南泉を下らざること三十余歳。鬼魅魍魎、遂に其の便りを得たり。恁麼に道うと雖も、若し是れ永平ならば、或《も》し人有って、和尚衆の為に説法せよと請わば、他に向って道わん。説き来ること久しと。他若し四生六道に在ることを争奈せんと道わば、伊に向って道わん。我が這裏、幸いに一屙便ち了ることを得たり。他の四生六道を管して作麼かせんと。

上堂。思い出すことだが、南泉に陸亘大夫《りっこうだいふ》が問うた。どうか和尚、大衆の為に説法して下さいと。南泉は云った、わしに何を説けというのだ。大夫は云った、和尚には教化の方便がおありでしょうと。南泉は云った、衆生に何が欠けているというのだ。大夫は云った、だって四生六道に苦しんでいるではありませんかと。南泉は云った、わしは彼等に教えるものは何も無いよと。大夫は黙ってしまった。

師（道玄禅師）は云われた。この山男は、南泉山に在ること三十余年。とうとう鬼魅魍魎にすっかり参ってしまったなあ。南泉和尚は、このように云われたが、若し或る人が、わしに和尚大衆の為に説法せよと請うならば、彼に向って云うであろう。もうとっくに説き了っているわいと。又その者が、四生六道に苦しんでいる衆生をどうするのかと問うならば、彼に向って云うであろう。わしは一糞《くそ》たれ終った。四生六道なぞ考えるひまはなかったわいと。

●私解　道元禅師にとっては、一糞たれる外に仏道は無くなってしまった。だが今日このように端的に仏道を説ける師はもう居ないかもしれない。

268上堂。山に登らば須く頂きに到るべし。海に入らば須く底に到るべし。山に登って頂に到らざれば、宇宙の寛広なることを知らず。海に入って底に到らざれば、滄溟の浅深を知らず。既に寛広を知り、又浅深を知る。一蹋《いっとう》に蹋翻す四大海、一推《いっすい》に推倒す須弥山。恁麼に手を撒し家に到る人、甚麼としてか識らざる、雀噪鴉鳴《じゃくそうあめい》柏樹の間。諸人委悉せんと要すや。良久して曰く、観樹経行三七日、明星出現して雲漢を照らす。等閑に坐破す金剛座。誰か測らん、吾が家に壁観の有ることを。

上堂。山に登ったら必ず頂上に到らねばならない。海に入ったならば必ず底に達しなければならない。山に登って頂上に到らなければ、宇宙の広大なことがわからない。海に入って底に達しなければ、大海の浅深を知ることはできない。

既に宇宙の広大さを知り、大海の浅深を知れば、四大海を一蹴りに蹴り飛ばし、須弥山を一推《お》しに推し倒すことが出来る。このように一切を推倒出来た人（大悟徹底した人）が、どうして柏樹の間に、雀がさえずり鴉が鳴くのが、仏道の丸出しであることがわからないのであろうか。当然わかる筈である。

諸君。そのわけをくわしく知りたいと思うか。しばらく沈黙の後云われた。釈尊が菩提樹の下に坐して経行すること二十一日、暁の明星が東天に現われ、ふとそれをご覧になった途端、金剛座をぶち破って大悟された。それが我が家に、壁観の坐禅として今日伝わっていることを、誰が知るであろうか。当然わかっているであろう。

●私解　仏道の修行は、何と云っても先ず大悟することが先決である。だがその大悟の体験に執われていると、それはまた大きな迷いとなってしまう。その大悟の迷いを捨て切ってみると、何のことはない。朝起きたらおはよう、夜寝る時はお休みの外に仏道はなかったことがわかる。それは、とっくの昔から、我が家でやっていたことなのである。だがこのことは、実は言うは易く実現することは大難事なのである。

270上堂。塼《かわら》を磨いて鏡と作す是れ功夫。兀兀として思量する、道豈に疎《おろそか》ならんや。那辺に向って瞥地《べっち》を尋ねんと欲せば、又這裏に来たりて、觜盧都《しろと》たれ。且く道え大衆、永平と古人と是れ同か是れ別か。試みに請う道《い》え看ん。儻《も》し或いは未だ道えずんば、永平諸人の与《ため》に道わん。良久して、払柄《ほつへい》を以って禅床を撃って下坐す。

上堂。南岳のように塼を磨いて鏡にしようとするのが真の功夫である。また薬山のように兀兀《ごつごつ》と不思量底を思量する修行を疎《おろそ》かにしてはならない。このようにして瞥地《べっち》（悟り）を得ようとするならば、此処に来て口を閉じて坐禅すべきである。

さて諸君。永平（わし）と古人と同か別か。試みに云ってごらん。若し未だ云えぬというなら、わしが諸君の為に云って聞かせよう。しばらく沈黙の後、払子の柄で、禅床をパチンと打って下座された。

●私解　パチンの外に仏道は無い。否その仏道もどこかに雲散霧消してしまったわい。

271上堂。拄杖を拈じて曰く、横拈倒用、諸仏の眼睛を撥開《はっかい》す。明去暗来、祖師の鼻孔を敲落《こうらく》す。当に恁麼の時、目連・鶖子《しゅうす》、気を飲み声を呑む。臨済・徳山、呵呵大笑す。且らく道え、箇の什麼をか笑う。拄杖を靠《かか》げて云く、等閑に斜に壁に靠《かけ》れば、旧きに依って黒粼皴《りんしゅん》

上堂。拄杖を手に取って云われた。この拄杖を自在に使って、諸仏の眼を開けさせる。また昼夜これを振って、祖師の鼻っぱしをぶち折る。まさにこの時は、目連も舎利弗もびっくりして声も出ないであろうし、臨済や徳山は大笑いするであろう。一体何を笑うのか。ここで拄杖をかかげて云われた。こいつを一寸壁に斜めに立てかけてみると、相変らず黒光りしているではないかと。

●私解　ここでも道元禅師は、一切手打ち払った世界を明示しておられる。

272上堂。云く。惜しむべし身心脱落。眼睛霹靂《びゃくれき》として雲漢を昭《て》らす。怜《あわれむ》べし坐破金剛座。誰か識らん吾が家の壁観。

上堂して云われた。大切にすべきは身心脱落の体験である。眼は忽ち破れて、大空《たいくう》を照らす。尊ぶべきは釈尊が金剛座を坐破された体験である。その悟りが吾が家の軒先まで届いていることを誰が知るであろう。

●私解　道元禅師ご自身の身心脱落の体験が、釈尊の金剛座打破の体験と寸分の違いが無いことを宣言されておられる。

273上堂。**遮裏は是れ什麼の所在ぞ。説著することを得ず、行著することを得ず、入室することを得ず、上堂することを得ず、下語《あぎょ》することを得ず、入門することを得ず、解脱することを得ず。何の階級か之れ有らん。**

修証は即ち無きにあらず。高処は高平、是れ九山と之れ須弥山と。低処は低平、其れ八海と之れ大海と。向上には道膺《どうよう》と名づけず、直下に第二人無し。

上堂。是れは何か。こいつは説くことも出来ないし、行ずることも出来ないし、入室して聞くことも出来ないし、上堂して示すことも出来ないし、意見を述べることも出来ないし、入門する手だてもないし、解脱する方法もない。従ってどんな階級もつけようがない。

だからといって、修行や証りが無いわけではない。高いのは高いまんま。九山や須弥山のように。低いは低いまんま。八海や大海のように。この世界を雲居は、仏向上の世界から見れば、私は道膺《どうよう》ではありませんと答えたのである。この世界は誰もつら出し出来ないのである。

●私解　道元禅師には、求むべき仏道は完全に無くなってしまった。これを這裏の人という。

274 **天童和尚忌の上堂。天童今日錯《あやま》って行脚す。天台及び五台に往かず。万里哀れなるかな、寸草無し。潙山の旧主、牛と作り去る。**

天童和尚忌の上堂。天童如浄禅師は、今日誤ってあの世に行脚に出られた。しかし、天台山にも五台山にも行かず、哀れなことに万里無寸草の世界に行ってしまった。昔の潙山は、わしは百年後一頭の牛となって帰って来るぞと云われた。

●私解　さて天童如浄禅師は、今何処においでなのであろうか。室内で示してもらいたい。

275 **上堂。釈迦牟尼仏、人天に告げて曰く。上上の因縁の故に南洲に生まれ、下下の因縁の故に北洲に生まると。且く大衆に問う、作麼生か是れ下下の因縁、屙屎送尿。作麼生か是れ上上の因縁、早晨喫粥、斎時飯。初夜に坐禅し、半夜に眠る。**

上堂。釈迦牟尼仏は人天の大衆に告げた。上の上の因縁によって南洲（人間界）に生まれ、下の下の因縁によって北洲（寿命が一千年の楽土）に生まれるのであると。

さて諸君に聞きたい。下の下の因縁とは何か。それは大便し小便すること。上の上の因縁とは何か。それは朝に粥を食べ、昼に飯を食べる。初夜に坐禅をし、夜中に眠ることである。

●私解　すべては上上の因縁であり、下下の因縁である。その時その時を生き切る外に仏道は無い。

276天童和尚忌辰の上堂。天童今日、巾斗を翻《ひるが》えし、驢胎と馬胎とを踏倒す。狼藉一場、桶底《つうてい》を脱す。洞宗、祖師に託して来ること有り。

天童如浄禅師忌辰の上堂。天童和尚は今日とんぼ返り（遷化）されて、驢馬のお胎《なか》も馬のお胎《なか》も完全に蹴飛ばしてしまった。この乱暴な振舞いのお陰で、桶の底が抜けて身心脱落の境地を得られた。吾が曹洞宗門は、この心を祖師（わし）に託して正伝されてきたものである。

●私解　道元禅師は上堂して、このように述べられ、自らも身心脱落の境涯を得たことに感謝すると共に、宗門の精神は、この身心脱落の境地を受け継いでいく外にはないことを宣言されておられる。

今日宗門の法孫は、どこまでそれを実現実行しているかおうかがいしたい。

277中秋の上堂。払子を以って一円相を打して曰く、這箇は是れ什麼ぞ。這箇は是れ第幾月ぞ。正に是れ第二月。何ぞ但だ、日面月面のみならんや。明頭暗頭をも超越す。

喚んで衲僧の眼睛と作し得てんや、喚んで諸仏の眼睛と作し得てんや、喚んで天上の月円《まど》かなりと作し得てんや、喚んで人間の月半《なか》ばなりと作し得てんや、喚んで古人も此の月を看、今人も此の月を看る、如何ぞ古人の心、今人の与《ため》に説き難しと作し得てんや。

昨来、永平、這箇を打して両隻と作して、其の一片は秋水の中に落在す。船子《せんす》和尚、把り得て鉤《はり》と作し、江海を釣り尽し、金鱗を釣り尽して、鉤を離れること三寸にして、児孫をして道わしむ。其の一片は飛んで暮雲の端に上る。石鞏《しゃくきょう》和尚、彎《ま》げ得て弓と為し、鹿を射自《おの》れを射、一群の鹿を射、半箇の聖人を射ると。然りと雖も、未だ一射・半射、活有り殺有ることを知らず。或る処には玉兎と作し、或る処には碌塼《ろくせん》と作す。

永平、恁麼に道うと雖も、便ち是れ長連牀上の学得底なり。一円相を打して云く、若し這裏に向って又作麼生と道わば、大衆還って委悉せんと要すや。良久して曰く、塼《かわら》を磨して鏡と作して天辺に掛く。人は道う中秋の月一円と。枉げて功夫を用う、誰か笑わざらん。無明の業識、豈に生縁ならんや。

中秋の上堂。払子をもって一円相を描いて云われた。これは何か。これは幾番目の月かと。まさに是れは第二月である。だから日面仏・月面仏のみならず、差別・平等をも超越している。

これを衲僧の眼《まなこ》だと云えようか、これを諸仏の眼と作し得ようか、喚んで天上の円《まど》かな月ということができようか、又人間界の十五夜の月と喚ぶことができようか、古人もこの月を見、今人もこの月を見ているが、古人の心を今人が説くことは難しいのではないだろうか。

先程から永平（わし）は、この一円相を二月とした。その一片は秋の川原の中に落ちた。すると船《せん》子《す》和尚は、それを取り上げて鉤《はり》を作り、江海に垂れて、すぐれた魚を釣り尽した。その鉤から三寸ばかり離れたところで児孫（夾山善会《かっさんぜんね》）に道をゆずった。

もう一片は飛んで行って、夕暮の雲の端に上ったところ、石鞏和尚がそれを曲げて弓を作り、鹿を射とめ自分も射とめ、一群の鹿を射とめ、半箇の聖人（三平義忠）を射とめた。それでも石鞏和尚は、その一射半射の中に殺活自在の働きがあることをご存じない。或る時は玉兎（月）となり、或る時は石瓦となっただけである。

永平（わし）はこのように説くが、それは未だ僧堂の長連床の単の上で学んだことに過ぎない。こう云われて、再び一円相を描いて云われた。若しこの一円相に向って何か云うとしたらどうなるであろうか。皆の衆よ。もっとくわしく知りたいと思うか。しばらく沈黙した後云われた。塼《かわら》を磨いて鏡となして天に掛ける。それが中秋の名月だと云うと、人々は皆笑うかもしれないが、この無駄な努力が、人間として生まれた者の因縁なのではないかと。

●私解　中秋の明月（本来の自己）を知ろうと思ったら、迷いの生活は勿論、悟りという無駄な努力がどうしても必要であり、それこそ人間としてこの世に生まれてきた者の宿命である。だが今日、この宿命をまともに受けとめて、努力する人間がどの位いるであろうか。

278上堂。古人曰く。世尊の三昧・迦葉知らず。迦葉の三昧・阿難知らず。阿難の三昧・商那和修知らず。乃至吾に三昧有り、汝も亦知らずと。時に僧有りて問う、未審和尚の三昧、什麼人か知ることを得と。古人曰く、真金は炉中に試みることを仮らず。元脇《げんぼう》、精花にして徹底鮮かなりと。

師云く、古人恁麼に道うと雖も、永平は恁麼に道わず。世尊の三昧世尊知らず。迦葉の三昧迦葉知らず。阿難の三昧阿難知らず。商那和修の三昧商那和修知らず。吾に三昧有り、吾も亦知らず。汝に三昧有り汝も亦知らず。忽ち人有り出で来って、甚麼としてか知らずと問わば、他に祇対して道わん、来日大悲院裏に斎有りと。

上堂。古人が云った。世尊の三昧は摩訶迦葉は知らない。摩訶迦葉の三昧は阿難は知らない。阿難の三昧は商那和修は知らない。このようにして、このわしにも三昧は有るがお前さんにはわからないと。その時或る僧が問うた、では一体和尚の三昧は誰が知ることができましょうかと。古人は云われた。純金は炉の中に入れて試さなくても分かる。科挙の首席合格者を知らせる木札は誰が見ても鮮やかであると。

師（道元禅師）は云われた。古人はこのように道っているが、永平（わし）はそうは云わない。わしならば、世尊の三昧は世尊も知らない。迦葉の三昧は迦葉も知らない。阿難の三昧は阿難も知らないし、商那和修の三昧は商那和修自身も知らない。このわしにも三昧はあるがわしも知らない。お前さんにも三昧はあるがお前さんも知らない。若し誰かが出て来て、どうして知らないのですかと問うたならば、彼に答えて云おう。明日大悲院でお斎《とき》の振舞いがあるそうだよと。

●私解　誰も自分にある三昧は自分も誰も知らない。それは知りようがないからである。この事実がわかった時、自分というカタマリは本来どこにも無かったことがわかる。

279　**九月初一上堂。蒲団に倚坐《いざ》して箇の非思量を思量す。精魂を鼓弄《ころう》して、奇怪なり魔魅魍魎。住山の老僧、一口に仏と衆生とを呑む。踞地の獅子・一捉に兎と猛象とを得。図仏坐仏の磨甎《ません》を打破し来り、三乗五乗の疑網を笑殺し去る。**

切に忌む、他に随って道を悟り心を明らむることを。何ぞ渠儂の顚倒妄想を怕《おそ》れん。久しく直指単伝を抛って、只是れ虚を承け響を接す。向来の道理、還って委悉し得てんと要すや。良久して曰く、五葉花開く劫外の春、一輪の月白し暁天の上。

九月一日の上堂。坐蒲に端坐して一切の思量をぼっ越えた世界を思量する。このように精魂を傾けても、やっかいなのは分別妄想の魔魅魍魎である。

この山に住する老僧は、一口に仏と衆生を呑み込んでしまった。その有様は、丁度地に踞《うずく》まった獅子が、兎と猛象を一手にとらえたのに似ている。このようにして、仏とは何かと思い回らして、瓦を磨いて鏡とするような無駄な努力を打ち破り、三乗だの五乗だのという仏教教理の理屈を笑い飛ばしてしまう。

絶対にやってはならないことは、他人の口車に乗って道を悟り、心を明らめようとすることである。どうして自他の顚倒妄想を恐れることがあろう。このように迷うのは、直指単伝の坐禅をほったらかして、うそ八百の説経に耳を傾けようとするからである。

さて諸君は、今迄述べた道理を、もっとくわしく知りたいと思うか。しばらく沈黙した後云われた。一花が五葉に開くのは、時を越えた春のことである。ふと見ると、一輪の月が暁の天に輝いているではないか。

●私解　一切の思想観念を振り捨てて、只管に打坐する時、一輪の月が時空を超えて輝いている事実を悟ることが出来る。道元禅師亡きあと、この事実を本当に教えてくれる師は何処に居るのであろうか。

280 **上堂。直指人心拄杖。即心是仏拳頭。老婆親切、汝が為にす。無上菩提、大いに休す。**

上堂。直指人心とはこの拄杖のことである。即心是仏とはこの握り拳のことである。このように心の底から親切に諸君の為に説き尽した。これで無上菩提はお休みとなる。

●私解　拄杖。拳頭。この外に仏道は無い。これがわかれば、仏祖方は用済みとなるので、ゆっくり休みを取ってもらうこととなる。

281 **上堂。海に入って沙《いさご》を算え、空しく自ら力を費やす。塼《かわら》を磨いて鏡と作す、枉《まげ》て工夫を用いる。君見ずや、高高たる山上の雲、自ら巻き、自ら舒《の》ぶ。何ぞ親しく何ぞ疎ならん。滔滔たる澗底の水、曲に随い直に随って、彼無く此無し。衆生の日用、雲水の如し。雲水自由、人爾《しか》らず。若し爾《しか》ることを得ば、三界の輪廻、何れの処よりか起らん。**

上堂。海に入って砂の数を算えるように、仏教教理を学ぶことは空しい努力である。さりとて教理を離れて、悟りを得ようとして工夫するのも、丁度瓦を磨いて鏡とするようなもので無駄なことである。

諸君よ！　よく見てごらん。高い山の上の雲は、自然に巻いたり延びたりして、全く親疎の別は無い。又深々たる湖底の水を見てごらん。ごく当り前に、曲ったり真直ぐ流れるだけではないか。彼我の区別は全く無い。

人間の日常も、雲や水のようでなければならない。雲や水は自由自在であるが、人間はそうではない。若し雲や水のように自由自在ならば、三界（欲界・色界・無色界の迷いの世界）を輪廻したところで、一向気にかからないのではないか。

●私解　本来雲水（僧侶）は、このように自他の壁が無く、自由自在の生活が出来るのでなければならない。そうでなければ、生死流転に苦しむ衆生を済度することは、とても出来ない。

282

上堂。人人尽く夜光の珠を握り、家家自《おの》ずから荊山の璞を抱く。未だ回光返照せざれば、若為《いかん》が宝を懐《いだ》いて邦を迷う。道うことを見ずや。耳に応ずる時、空谷の神《しん》の如く、大小の音声足らずということ無し。眼に応ずる時、千日の照らすが如く、万像、影質《ようぜつ》を逃るること能わずと。若し声色の外辺に求めば、達磨の西来も也《ま》た大いに屈せん。

上堂。人々はすべて夜光の珠（仏性）を握っており、どの家もどの家も荊山の珠（仏性）を備えている。それなのに、どうして回光返照して悟らずに、その宝を抱きながら、他国をさまよい歩いているのであろうか。

古人も云っているではないか。仏性の声を耳にする時は、空谷のこだまのように、大小の声に応じて現われないものはなく、仏性の姿を眼にする時は、千の大陽が照らすように、すべての姿が、ぴったりと間違いなく現われないものはない。

それなのに、仏性を声色の外に求めようとするならば、達磨大師がインドから西来された教えを、大きくゆがめることとなってしまう。

●私解　本具の仏性は、このように声に現われ色に現われて明々白々である。どうしてそれに気がつかないのかと叱っておられる。

286 **上堂。即ち是の身心、陰聚《おんじゆう》に非ず。妙存卓卓、豈に情縁ならんや。無来無去、声色に応ず。還《また》た我、中に翻して八辺に徒《わた》る。対侍《たいだい》を亡じて、脚跟地に点ず。何の生滅かあらん。気宇天を衝《つ》く。然も是の如くなりと雖も、言うこと勿れ、殺仏《せつぶつ》終に果なしと。得仏の由来は、実に坐禅なり。**

上堂。この身心は五蘊（色受想行識《しきじゆそうぎようしき》）の集まりではない。実にすぐれた存在であり、思想観念の対象を超えている。来ることも無く去ることもない。それでいて声色に応じて現われる。又自他の境は無く、四方八方に展開する。

相い対するものはなく、大地にしっかりと立っている。生まれることもなく死ぬこともない。だから天を衝く気概がある。このようではあるが、この人は仏をも殺す力があるので、仏果（悟り）は無いなぞと云ってはならない。仏となるのは、実に坐禅の力に依るものだからである。

●私解　坐禅の功徳をこれ程までに説いた教えはない。坐禅こそ一切を救う根源であるから、これを毎日実行していきさえすれば良い。

291上堂。学道は須く大いに容易ならざることを知るべし。是を以って臨済は二十年、黄檗山に在って松杉を栽ゆ。然れども未だ黄檗の意を尽さず。徳山は三十年、龍潭に在って巾瓶《きんびょう》に労す。然れども未だ龍潭の意を会せず。深く怜愍《れいみん》すべし。深く怜愍すべし。

然も是の如くなりと雖も、近日臨済・徳山の如き臭拳頭を尋覓すれども、東西南北終《つい》に得べからず。道うことを見ずや、五台山頂に雲、飯を蒸し、仏前堦前に狗天に尿す。刹竿頭上に鎚《たい》子《し》を煎《に》る。三箇の胡孫、夜銭を簸《ひ》ると。

兄弟若し這裏に向って領略し得ば、便ち是れ三乗十二分教の意なり。祖意西来又且く如何。還って委悉せんと要すや。良久して曰く、自家の鼻孔自家穿《うが》ち、水心に向って火裏の蓮を求む。参。

上堂。学道は決して容易なことではないことを知るべきである。だから臨済は二十年黄檗山にあって松や杉を栽えて修行したが、黄檗の心を完全には手に入れていない。又徳山も三十年龍潭の下で侍者を勤めたが、龍潭の心を理解するに至っていない。このことに深く深く思いを至さねばならない。

さりながら、最近は臨済や徳山のような修行者を尋ね求めても、東西南北どこを探しても得ることは出来ない。しかし古人も云っている。五台山上では、雲が飯を蒸し仏前では犬が放尿している。旗竿の天辺で饅頭を煎、三匹の猿が夜中に銭を賭けている（仏道はどこにもある）と。

諸君が若しこの意がわかれば、三乗十二分教の意はわかったと云えよう。さて祖師西来意はどうであろうか。くわしく知りたいと思うか。しばらく沈黙の後に云われた。自分の鼻は自分でほじくる外はない。祖師西来意は、水中で火に燃える蓮を求めるように難しいと。

●私解　道元禅師は、仏道の参学は、臨済徳山といえども難しいことであると云い、更にしかし今日では、その臨済徳山のような人物を探し出すことも難しいことだと嘆いておられる。従って水中で火裏の蓮のような人物を求めたいと思っても、一体何処にいるのであろうかと。

292上堂。挙す。南泉衆に示して曰く。江西和尚道《いわ》く、即心即仏と。又道く、非心非仏と。我は恁麼に道わず。不是心・不是仏・不是物と。又道く、心は是れ仏にあらず、智は是れ道にあらず。又道く、平常心是道と。

師云く、二員の老漢既に恁麼に道う。永平長老又恁麼に道わず。吾且《しばら》く你に問わん。江西・南泉這裏是れ什麼の所在ぞ。心と説き、道と説き、物と説き、仏と説き、非仏と説き、非心と説く。

須らく知るべし、一片全く両箇無し。十方独露山川。知覚是れ道にあらず。仏性亦因縁なることを。甚《なん》としてか此の如くなる。喫飯銭を還し来れ。畢竟如何。良久して曰く、胡蘆藤種胡蘆纏う。

上堂。次の公案を取り上げた。南泉が大衆に示して云われた。江西の馬祖は即心即仏また非心非仏と云われた。しかしわし（南泉）はそうは云わない。ただ不是心・不是仏・不是物と云う。又心は仏ではなく、智は是れ道ではないと云う。亦平常心是道とも説くと。師（道元禅師）は云われた。二人の老僧はこのように道われるが、永平（わし）はそうは云わない。お前さんに聞くが、馬祖も南泉も、一体何の為に、心と説き、道と説き、物と説き、仏と説き、非仏と説き、非心と説くのであろうか。

よくよく知るべきは、心は心だけ物は物だけで二つは無い。十方の山川は只露われているだけ。知覚（観念）は道ではない。仏性きり因縁きりである。どうしてこうなるのか。わからなければ飯銭を返してもらいたい。とどのつまりはどうなるのか。しばらく沈黙した後云われた。ふくべのつるは、ふくべにまとわりつくだけであると。

●私解　禅は事実を事実と受け取るだけでその外にはない。それを心だ仏だ、道だ物だと説けば説く程、遠くはなれてわからなくなる。道元禅師の教示は端的である。

295上堂。鉢盂の柄・袈裟の角《すみ》、拄杖花を開き実を結ぶ。蒲団に根を生じ芽を長ず。釈迦は関に当り、燃灯路を回《めぐ》る。内外に身心無く、古今に仏祖無し。

北方の趙州和尚・南方の雪峰禅師、相逢うて識らずと雖も、識らずして相逢うことを得たり。遮箇の道理を体せんと要すや。良久して曰く、無心の道者は能く是の如し、未だ無心を得ざる也、大いに難し。

上堂。応量器に柄をつけるようなひたむきな努力と、袈裟の角《すみ》をたたむ着実な修行を続けていくと、その人の拄杖に花が開いて、道果の実が成る。よく見ると、坐布に根が生えて芽さえ出ているではないか。このような修行者がいる道場は、釈尊も門の外にあって中に入ることはしない。燃灯仏も回り路をして途中に足をとめる。このような衲僧は、忽ち身心脱落して、古今の仏祖も眼中に無い。

このような境涯の持ち主は、北方の趙州和尚と南方の雪峰禅師であろう。この二人はお互い会っていないので識ってはいないが、会えば必ず肝胆相照らすこととなろう。このわけを知りたいと思うか。しばらく沈黙の後云われた。この境涯は自己を忘じた者だけがわかるので、未だ自己を完全に忘じた体験の無い者には、到底見当もつかないであろうと。

●私解　ここでも道元禅師は、身心脱落の体験の重要さを述べておられる。我々もここに到る迄、ひたむきな修行に励めなければならない。

302 **臘月二十五の上堂。一年将に暮れんとす。又春に逢う。生滅因縁豈に人を煩わさんや。千差と万別とを拈得して、打成一片根塵を脱す。是の如くなりと雖も、自己を清浄法身と認むること莫れ。**
十二月二十五日の上堂。一年はまさに終ろうとしている。そしてすぐに春に出逢う。この自然の生滅の因縁は、人の知るところではない。一切の差別を打ち破って、打坐に打ち込み、迷いの塵を払い捨てるようにせよ。さりながら、この境地が清浄法身の丸出しであるなぞと、誤っても認めてはならんぞ！

●私解　只管に打坐する外に修行者のやることはない。そしてその只管打坐が、清浄法身の丸出しであるという悟りを含め、一切の観念から脱却して、打坐に打ち込むことが肝要である。

304上堂。大衆。夫れ学道は大いに容易ならず。所以に、古聖先徳、善知識の会下に参学し、粗《ほぼ》二三十年を経て究弁す。雲巌・道吾は四十年の弁道なり。船子和尚は薬山に在ること三十年にして、只箇の此の事を明らめ得たり。南嶽の大恵、曹谿に参学すること一十五年。臨済、黄檗山に在って松杉を栽えること三十年にして此の事を弁ず。

然れば則ち当山の兄弟《ひんでい》、須く光陰を惜しんで坐禅弁道すべき者也。諸縁に牽かるること莫れ。諸縁に若し牽かるれば、塵中の俗家に在って、空しく寸分の時光を過《すご》す者也。拳頭・弾指・歎息して、須く寸陰分陰の空しく過すことを惜しむべし。是れ則ち法身を惜しむ為なり。坐禅を惜しむ為なり。

初祖西来して諸行を務めず、経論を講ぜず、少林に在ること九年、倶だ面壁坐禅するのみ。打坐は則ち正法眼蔵涅槃妙心なり。嫡嫡面授し、親しく密印を承《う》けて、師資の骨髄証契し、見《けん》を伝う。唯此の一事のみ実《まこと》にして、余事は即ち不是なり。所以に梁の武帝、初祖に問う。如何なるか是れ聖諦《しょうたい》第一義と。祖曰く、廓然《かくねんむ》無聖《しょう》。帝曰く、朕《ちん》に対する者は誰《た》そ。祖曰く、不識。只この不識、人の知得すること無くして已に数代を経たり。

如今、大宋現在の諸山に、猊座《けいざ》に坐して人天の師と称する者、未だ嘗って会することを得ず。苦なる哉、苦なる哉。何《いか》に況んや我が日本国裏の人、箇の会を得たる人有らんや。汝等諸人、初祖の不識を会せんと要するや也《ま》た無しや。

夫れ仏祖の家裏には、本《もと》心性・仏性・識性底の道理無し。只、風火の因縁和合に依って、動転施為《しい》有り。而るに愚人、動転施為を認めて識神と為す者也。大衆、這箇の道理を会せんと要すや。良久して曰く、廓然無聖不識、汝皮肉骨髄を得たり。人有って更に如何と問わば、伊をして三拝依位せしめん。

上堂。大衆諸君。仏道参学はまことに容易ではない。それ故古聖先徳は、善知識の会下に参じて、ほぼ二〜三十年を参学に費やしている。雲巌・道吾は四十年の弁道である。船子和尚は薬山に参ずること三十年、漸くこの事を明らかにすることが出来た。南嶽懐譲禅師は六祖に参学すること十五年。臨済は黄檗山に在って、松や杉を栽えること三十年にして、この事を明らめることが出来た。

従って当山の諸君も、一筋に光陰を惜しんで坐禅弁道すべきである。世俗の因縁にひかれてはならない。若し世俗の縁にひかれると、世間の俗家に在って、空しく貴重な光陰を過すこととなる。拳を挙げ、指を鳴らし、ため息をして、一寸の光陰・一分の光陰も空しく過ぎるのを惜しまなければならない。これは則ち法身を惜しむことであり、坐禅を惜しむことなのである。

初祖達磨大師は、インドから西来して以来、諸行を務めることはせず、経論を講ずることもせず、少林寺に在ること九年間、ただ面壁坐禅することに専念された。これこそ正法の真髄であり悟りの丸出しなのである。それが代々師から弟子へと面授され、親しく仏道の真精神が師弟の間に受け継がれて、今日に伝えられてきたのである。仏道はこの一事のみが真実であって、その他の事は真実ではない。それ故、梁の武帝が初祖達磨大師に、「聖諦第一義とは何か」と問うた時、初祖は「廓然無聖」と答えられた。帝が「朕に対する者は誰か」と問うと、初祖は「不識《ふしき》（存じません）」と答えられた。この初祖の「不識」は誰もその真意がわからず、既に数代が過ぎてしまった。

現在、大宋国の諸山で、老師の坐にあって人間界・天上界の師と称する者で、未だかつて、この不識を会得した者はいない。まことにまことに、苦々しいことである。まして況んや、我が日本国の人で、これを会得した人がいるであろうか。諸君はこの初祖の「不識」を会得したいと思うか。

一体仏祖の教えには、もともと心性だの仏性だの識性だのという理屈は無い。ただ風火の因縁が和合して、動き回る働きがあるだけである。ところが愚かな者は、この動き回る働きを握《とら》えて自分自身（俺）だと思っているのである。大衆諸君よ。この道理を会得したいと思うか。しばらく沈黙の後云われた。「廓然無聖」「不識」の事実が諸君の皮肉骨髄として現われているだけである。更にそれはどういうことですかと問う者が居るならば、彼に向って云うであろう。三拝して元の場所に戻りなさいと。

●私解　この道元禅師の説法は、仏道の本質をずばりかつ完全に露呈しておられる。従ってこの説法が納得出来れば、仏道修行は卒業である。
しかしその為には、どうしても正師について三十年四十年或いは五十年百年修行して、一度自己を完全に忘ずる底の体験をすることが必須である。


305正月初十の上堂。挙す。僧投子に問う、如何が是れ第一月。投子曰く、孟春猶寒し。僧曰く、如何か是れ第二月。投子曰く、仲春漸く暖かなりと。

投子恁麼に道うと雖も、第一月・第二月の論、円覚経に出ず。永平、今晩雲水に向って箇の道処有

り。若し人永平に、如何が是れ第一月と問わば、他に向って道わん。粥足り飯足ると。又人有り、如何が是れ第二月と問わば、他に向って道わん。草足り水足ると。若し人有り、這箇の道理作麼生と問わば、他に向って道わん。拈来して百草頭辺を看れば、長養す枝々葉々の春と。

正月十日の上堂。公案を取り上げよう。或る僧が投子に問うた、第一月とは何かと。投子は云った、初春は未だ寒いなと。僧が問うた、第二月とは何かと。投子は云った、中春になると漸く暖かくなるなと。

投子はこのように云うが、第一月・第二月の論は円覚経に出ている。永平（わし）は、今晩雲水達に次のように云いたい。若し誰かが、第一月とは何かと問うならば、彼に向って云うであろう。粥も飯も十分と。又誰かが、第二月とは何かと問うならば、彼に向って云うであろう。草も水も十分と。若し又誰かが、それはどういうことかと問うならば、彼に向って云うであろう。そこら辺の草を見てごらん。枝々の葉はとっくに春を示していると。

●私解　第一月（平等）第二月（差別）の議論をしている限り、真実はわからない。真の事実は、即今即今の事実そのものしかないぞ！　と道元禅師は直示しておられる。

306 **上堂。身心脱落好参禅。猛に功夫を作して、鼻孔を穿つ。業識《ごっしき》茫茫として本《もと》の拠る可き無し。他に非ず、自に非ず、衆生に非ず、因縁に非ず。然も是の如くなりと雖も、喫粥を先と為す。**

上堂。身心脱落こそ参禅の秘訣である。それは、猛烈な参禅功夫によって、自己の鼻孔（本質）を穿つことが出来るからである。そうなると、思想分別のまんま、それが全く実体の無いものであることがわかり、自他だの、迷いの衆生だの、因果の道理なぞは一向気にかからなくなる。さりながら、ご飯を食べる時は食べるだけという妙味を味わうことが出来る。

●私解　道元禅師自らが体験した身心脱落こそ坐禅の極地であり、この体験が無い限り、真の禅者とは云えない。しかも、それは誰でも、正師について真剣に修行すれば、必ず味わうことが出来る。そうなると、真の自己の本質のまんまに生きる自由自在さを味わうことが出来る。

308 **上堂。生滅従来する所無し。霊雲笑う可し、百年の挑核を長ずることを。迷悟は其の位に依って住す。春風悦ぶべし、三陽の寒梅に属することを。然も是の如くなりと雖も、青山旧《ふるき》に依って碧崔嵬《へきさいかい》。**

上堂。もともと生滅するものはない。霊雲は百年も変らぬ桃の花を見て悟ったというが、笑うべきことである。迷うのも悟るのも一時の位にすぎない。春風が悦ばれるのは、三陽（正月）に寒梅が開くからである。このように移り変るように思われるが、青山は、もともと青々とそびえ立っているのである。

●私解　生滅はあるように見えるが、一瞬一瞬の法位の姿にすぎない。本質は全く変ることがない。その本質の青山が見えるかどうか。

311涅槃会の上堂。死魔見仏し仏魔笑う。悩乱する人天、哭すること未だ休《や》まず。怪しむこと莫れ、山僧笑哭せざることを。十方の諸仏も亦低頭す。這箇は是れ大家底。衲僧の分上又作麼生。良久して曰く、生を究尽し死を参得す。放行把住、風流を逞しうす。

涅槃会の上堂。死魔が仏にまみえたので、仏に出合った魔は笑い出す。しかし心乱れた人間界・天上界の人々は、今に至るまで泣き止むことはない。だがこのわしは、泣きも笑いもしないが、それを怪しんではならない。十方の諸仏は低く頭を垂れて謹しみ悼む。これが涅槃会の大方の受けとめ方である。衲僧の分際としては、どうあるべきであろうか。しばらく沈黙の後云われた。生を究め尽すと、死は何かがわかる。そうなると、許すのも許さぬのも、自由自在にあやつることが出来るようになる。

●私解　生を明らめ死を明らめて、生死の無い世界を手にすることが出来れば、何に対しても自由自在に対処することが出来るようになる。

312上堂。学仏法の漢は、先ず須らく仏仏祖祖の道処を知るべし。外道に混乱すべからず。兄弟須らく知るべし。明もなく暗も無く、闇を息めて明に帰す、明闇一相、善悪一心なりと。是の如く道う者は、皆是れ外道の見なり。若し外道の見を認めて仏祖の道と為さば、石を握って玉と為す者よりも愚かなり。兄弟見ずや、石頭道う、明中に当って暗有り、暗相を以って遇うこと勿れ。暗中に当って明有り、明相を以って観ること勿れと。

石頭曩祖の道う、明中に当って暗有りを知らんと要すや。卓拄杖一下す。石頭曩祖の道う、暗中に当って明有りを知らんと要すや。卓拄杖一下す。曩祖甚としてか道う、暗相を以って遇うこと勿れと。這箇の道理を明らめんと要すや。卓拄杖一下す。曩祖甚としてか道う、明相を以って覩ること勿れと。這箇の道理を明らめんと要すや。卓拄杖一下す。

曩祖又道う、明暗各々相い対して比するに前後の歩みの如しと。大衆前後の歩みを知らんと要すや。卓拄杖両下して曰く、前歩を喚んで後歩を作すことは即ち得ず。後歩を喚んで前歩を作すことは即ち得ず。作麼生か是れ恁麼の道理。卓拄杖両下す。

上堂。仏道を学ぶ者は、先ず仏祖の道とは何かを知るべきである。外道の見と混同してはならない。明も暗も無い（平等・差別無し）とか、闇を捨てて明に帰する（平等のみ）とか、明と闇とは一つ（平等即差別）とか、善悪は一心に帰するとかは、すべて外道の見解である。これらの外道の見を以って仏祖道であるとするならば、石を握って玉だと言うよりも愚かな行為である。

諸君。石頭も云っているではないか。明の中に暗がある。これを暗のみと云ってはならない。又暗の中に明がある。これを明のみと云ってはならないと。

石頭禅師の云う、明の中に暗がある。ということを知りたいと思うか。師は拄杖をドーント一突きした。又石頭禅師の云う、暗の中に明がある。ということを知りたいと思うか。師は拄杖をドーンと一突きした。又石頭禅師はどうして暗ばかりと云ってはならんと云われたのか。この理由を知りたいと思うか。師は拄杖をドーンと一突きした。又石頭禅師はどうして明ばかりと云ってはならんと云われたのか。この理由を知りたいと思うか。師は拄杖をドーンと一突きした。

更に石頭禅師は又云われた。明と暗は、丁度相対する前後の歩みのようなものだと。諸君は、前後の歩みとは何か知りたいと思うか。師は拄杖をドーン、ドーンと二回突いて云われた。前の歩みは後の歩みではない。後の歩みは前の歩みではない。それはどういうことか。師は拄杖をドーンドーンと二回突いた。

●私解　拄杖をドーンと一突きする。拄杖をドーン、ドーンと二回突く。この事実の外にはない。明も暗も無く、明暗双双も、一切の理屈は事実ではない。

314上堂。挙す。大証国師、一日侍者を喚ぶ。侍者応諾す。是の如く三たび召すに皆応諾す。国師曰く、将《まさ》に謂《おも》えり吾汝に孤負《こふ》す。却って是れ汝吾に孤負すと。

師曰く、国師三度び喚び、侍者三回《たび》応ず。仏魔一等来端を弁ず。狗子趙州無仏性。吾汝に孤負すは万法の為に侶と為さず。汝吾に孤負すは将に謂えり胡鬚赤と更に赤鬚胡有り。

然も恁麼なりと雖も、更に南陽国師の落処を委悉せんと要すや。良久して曰く、百千の獅子吼何ぞ怕《おそ》れん。天上人間の老野狐。

上堂。公案を取り上げよう。大証国師が、一日侍者を呼んだところ、侍者が応諾した。このように三度び呼んだが、三度とも応諾した。国師は云われた。わしはお前を眼中に置かなかったが、却ってお前こそ、わしを眼中に置いていないなと。

師（道元禅師）は云われた。国師が三度び侍者を呼んだところ、侍者は三度び応答したが、これは仏と悪魔が同時にやって来たのと同様であり、犬ころも趙州も共に無仏性である事実を示している。わしはお前さんを眼中に置かなかったというのは、お伴する者は誰もいないということであり、お前さんこそわしを眼中に置かなかったわいというのは、わしと同じ奴がもう一人いたということである。

さりながら、南陽国師の腹を知りたいと思うか。しばらく沈黙の後云われた。百千の獅子が吼えたところで何のおそれることはない。国師は天上界・人間界を手玉に取る老練な狐なのであると。

●私解　国師は侍者を三度び喚ぶだけで、侍者の腹をすっかり読み取って、しかも相手にしていない。とても国師に立ち向える者は、天上界人間界には居ないであろう。

しかしこの侍者も隅には置けない。国師の腹を知り尽して応答するのみ。このような人物は、やはり天上界人間界で見出すことは難しいであろう。

318**上堂。先師衆に示して曰く。参禅は身心脱落なりと。大衆還って恁麼の道理を委悉せんと要すや。良久して曰く、端坐して身心脱落すれば、祖師の鼻孔空華なり。壁観三昧を正伝するも、後代の児孫邪を説く。**

上堂。先師天童如浄禅師は大衆に示して云われた。参禅は身心脱落なりと。大衆諸君、この道理を明めたいと思うか。しばらく沈黙の後云われた。正身端坐こそ身心脱落の丸出しである。祖師方の悟りなぞは、全く空華のように意味はない。坐禅こそ達磨大師の壁観三昧を正伝しているものであるが、後代の児孫達は、この事実を知らず、邪説を説くばかりである。

●私解　正身端坐こそ身心脱落そのものである。ところが後代の児孫達は、この事実を知らず、禅とか悟りとか邪説を説くばかりではないかと道元禅師は云われる。しかしそれは悟り尽して、悟りが全く必要なくなった道元禅師だからこそ云えるのである。

319上堂。仏仏祖祖正伝の正法は、唯打坐のみなり。先師天童衆に示して曰く。汝等、大梅法常禅師、江《こう》西《ぜい》の馬大師に参ぜし因縁を知るやいなや。他《かれ》馬祖に問う、如何なるか是れ仏。祖曰く、即心即仏と。便ち礼辞して梅山の絶頂に入り、松花を食らい荷葉を衣《き》て、日夜坐禅して一生を過ごし、将《まさ》に三十年ならんとす。王臣に知られず、檀那の請に赴かず。乃ち仏道の勝躅《しょうちょく》なり。測り知りぬ。坐禅は是れ悟来の儀なり。悟とは只管坐禅のみなり。当山始めて僧堂有り。是れ日本国始めて之れを開き、始めて之れを見、始めて之れに入り、始めて之れに坐す。学仏道人の幸運なり。後に僧有り。大梅に向って道う、和尚馬大師に見《まみ》えて何の道理を得てか便ち此の山に住すと。大梅道う、馬祖我に向って道う即心即仏と。僧曰く、馬祖の仏法近日又別なりと。大梅云く、作麼生か別なる。僧云く、近日道う非心非仏と。大梅道く、這の老漢、人を惑乱すること未だ了期有らざる在り。任《さ》もあらばあれ、他は非心非仏、我は祇管《しかん》に即心即仏と。僧帰って祖に挙似す。祖曰く、梅子、熟せりと。

然れば則ち、即心即仏を明め得る底の人、人間を抛捨して深く山谷に入り、昼夜坐禅するのみなり。

当山の兄弟、直に須らく専一に坐禅すべし。虚しく光陰を度《わた》ること莫れ。人命は無常なり、更に何《いず》れの時をか待たん。祈禱。祈禱。

大衆、即心即仏の道理を会せんと要すや也《ま》た無しや。良久して曰く、即心即仏は甚だ会し難し。心とは牆壁瓦礫、仏とは泥団土塊なり。江西は道い来る拖泥帯水。大梅は悟り来たる依草附木。即心即仏什麼の処にか在る。喝!。

上堂。仏祖方が正伝して来た正法とは、只坐禅のみである。先師天童如浄禅師は大衆に次のように示された。お前達は大梅法常禅師が、江西の馬大師に参じた因縁を知っているかどうかと。

大梅が馬祖に、如何なるか是れ仏と問うた時、馬祖は即心即仏と云われた。大梅は忽ち礼拝して大梅山の頂に入り、松の実を食べ蓮の葉を着て、日夜坐禅をして一生を過ごし、それも三十年にもなろうとしたが、王臣に知られることもなく、施主の招きにも赴かなかった。これこそ仏道のすぐれた行跡である。

これを以ってみてもわかることとは、坐禅こそ悟りの実現実行であり、悟りは只管に打坐するだけで申し分はない。当山に始めて僧堂が作られたが、これにより我が日本国で、始めてこれを開き、始めてこれを見、始めてここに入り、始めて坐禅することが出来た。これは仏道を学ぶ者にとって、まことに幸運なことと云える。

さて後に僧があって、大梅に尋ねた。和尚は馬大師にお目にかかって、どのような道理を悟って、この山に住むようになったのかと。大梅は云った、馬祖はわしに即心即仏と云われたと。僧は云った、馬大師の仏法は最近は違いますと。大梅は聞いた、どのように違うのかと。僧は云った、最近は非心非仏と云っておられますと。大梅は云った、このオヤジめ！　非心非仏なら勝手に云ってくれ。わしは只即心即仏で十分じゃ！　と。僧は帰って馬祖に報告した。馬祖は云った、梅種熟せり（梅の実は十分熟したなあ！）と。

以上のとおり、即心即仏を明らかに手に入れた人は、世間を捨てて深く山や谷に入り、昼も夜も坐禅するだけである。当山の大衆諸君も、只々専一に坐禅すべきである。空しく月日を過してはならない。人の命はまことにはかない。今坐禅しないで何時できよう。切に願い、切に願うばかりである。大衆諸君。即心即仏とは何か会得したいと思うかどうか。しばらく沈黙の後云われた。即心即仏はなかなかわかりにくい。心とは目の前の牆壁瓦礫であり、仏とはそこにある泥団土塊である。馬祖は出し抜けに即心即仏と云っただけ、大梅は忽ちそれは草木泥土のことと悟っただけで、即心即仏なぞは、何処を探してもありはせんぞ！　馬鹿者！

●私解　坐禅こそ即心即仏の丸出しであり、山川草木、牆壁瓦礫、泥団土塊そのものである。そしてこの事実が、仏祖正伝の正法である。従って只愚直に坐禅に打ち込みさえすれば、必ず即心即仏の事実を大悟することが出来る。大悟の中身は坐禅そのものだからである。

321 **上堂。鈍使利使、即心即仏。通身遍身、何物無物。如何と問う有らば、劈面一払せん。**

上堂。貪・瞋・癡・慢・疑の除き難い煩悩も、身見・辺見・邪見・見取見・戒禁取見の除き易い煩悩も、それ等の心のまんま仏である。何故なら、その身そのものが、無限大で中味カラッポ（空性）

であるからである。更にその上、どうしてかと問う者がいるならば、その横っ面《つら》を払子で一打ちしてやろう。痛い！　わかったか！

●私解　一切の煩悩は、自我の観念の産物であるが、その観念を抱く身も心も、本来無限大で中味カラッポの空性《くうしょう》であることがわかれば、一ぺんに雲散霧消する。その修行が坐禅であり参禅である。勿論、それを正しく導いてくれる正師がどうしても必要である。

322結夏上堂。宏智結夏の上堂に、凡聖通同等、師、前の如く挙し了って乃ち云く。宏智古仏、如来と合すと雖も、永平児孫還って宏智古仏と合す。還って這箇の道理を相委悉し得るや。良久して曰く、雲水安居共に作家、豈に凡聖を拈じ、生涯を定めんや。衲僧の鼻孔一穿し去れば、夏に向って更に香し五葉の花。一分の飯は魔王波旬に著けて、安身立命の所に脱落せしむ。再三蝦蟆《がま》・海月《くらげ》を撈摝《ろうろく》して、跳網著岸の心を功夫せしむ。

十方の諸仏、永平の拄杖頭上に集まって安居し、永平の拄杖、十方諸仏の頂𩕳に於て弁道す。所以に曰く、諸仏の法身我が性に入り、我が性同じく如来と共に合す。又大円覚を以って我が伽藍と為し、身心安居、平等性智と。

若し能く恁麼ならば、更に甚麼の事有ってか如来と合し得てん。寥寥として九夏諸相を超ゆ。兀地端無し二十空。

夏安居の上堂。宏智禅師の結夏上堂での凡聖通同等の語を、師（道元禅師）は前のように挙げ終って云われた。宏智古仏はこのとおり、如来と一つになられたが、永平の児孫は、とっくに宏智古仏と一つとなっている事実をよく心得ているかどうかと。

しばらく沈黙の後云われた。雲水諸君は夏安居を共にする英雄であり、この生涯が凡だの聖だのと云う余地は全く無い。あ！　そうか！　とわかりさえすれば、夏安居そのものに五葉の花（真の仏道）の香りが立ちこめる。そして一椀の飯を魔王や悪魔に供養して、彼等を安身立命させ身心脱落させることが出来る。又蛙やくらげをも、再三すくい上げて、網から飛び出す心を功夫させることが出来る。

この夏安居中、十方の諸仏は、わしの拄杖の頭に集まって修行弁道する。又わしの拄杖は、十方の諸仏の頭の天っ辺で弁道修行する。だから宏智古仏の云うように、諸仏の法身がわしの本性と一体となり、わしの本性が如来と一つになる。又仏の大円覚（悟り）がわしの伽藍となる。それ故わしの身心の安居が平等性智そのものとなる。

この通りであるから、この安居以外、どうして如来と一つとなることができよう。静かに打坐する九十日の安居は、一切の相を超えており、兀兀と打坐することが般若の二十空そのものである。

●私解　九十日の安居中は只管に打坐する外に仏無く、悟り無く、仏道は無い。この事実を知ることが、夏安居の功徳である。

327 **上堂。正法眼蔵涅槃妙心、是れ仏仏の護念するところなりと雖も、仏法に汚染せられしめず。羅漢を**

して正伝せしむと雖も、声聞の法に堕せず。凡夫をして正伝せしむと雖も、衆生の法に堕せず。若しかくの如くならずんば、豈に今日に到らんや。甚《なん》としてか斯《かく》の如くなる。大衆這箇の関捩子《かんれいす》を委悉せんと要すや也《ま》た無しや。良久して曰く、三更月落ちて夜巣寒し。瓊林《けいりん》には宿らず千年の鶴。

上堂。正法眼蔵涅槃妙心（真の仏道）は、諸仏が護念されてきたものであるが、これが仏法だという痕跡はない。羅漢にも正伝されているが、声聞の法という観念は無い。また凡夫にも正伝されているが、衆生という執着はどこにも無い。

若しこのようでなければ、どうして今日迄法が伝わったであろうか。どうしてそうなのか。諸君はその秘訣を知りたいと思うか。しばらく沈黙の後云われた。夜中に月は落ちて真っ暗ですこぶる寒い。この冷えきった玉の林の巣には、千年の鶴も宿ることはない。

●私解　真の仏道は、迷いは勿論、悟りも含め一切の観念が寄りつかない真っ暗な冷たい世界である。そこには千年の鶴も寄りつかないと云う。ここに到って始めて仏道を完全に自由自在に使うことが出来る。

329上堂。曰く。明明たる百草頭、明明たる祖師意。他に於て未だ嘗って一ならず。自に於て未だ嘗って異ならず。若し只這れ便ち是ならば、当頭諱《いみな》に触る。若し祇だ遮《こ》れ不是ならば、甚麼の処にか蔵避せん。所以に道う、是無く非無く、即せず離せず。

三世の如来同じく此の義を宣《の》ぶ。一切の祖師倶に斯の妙を伝う。敢て問う、大衆且く道え、畢竟是れ什麼の義ぞ。良久して曰く、一枝の鉄笛縦横に吹く。是れ知音にあらずんば与《とも》に聴くこと莫れ。

上堂して云われた。明々たる一切の法（現象）はそのまま祖師意（本質）の丸出しである。かと云って一切の法と祖師意が一つということではなく、又全く別物ではない。一つだと云うと忽ち本物ではなくなるし、別々だと云うならば本質は何処に隠れてしまったのか。だから是でもなく非でもなく、つかず離れずと云うのである。

三世の諸仏は、此の微妙な義を述べてきたし、一切の祖師方も、この妙なる事実を伝えてきた。そこで聞きたいが、諸君云ってごらん、それはどういうことかと。しばらく沈黙の後云われた。一本の鉄の笛を自由自在に吹くが、本当に真実がわかった者でなければ、その音を共に聞くことは、とても出来ないなあ！　と。

●私解　現象即本質、本質即現象の妙味は真に大悟した者でなければ味わうことは出来ない。何故なら、この世の一切は、虚空の軽業《かるわざ》の千変万化だからである。そこで、その妙味を知りたいと思うなら、どうしても正師について大悟の体験をする外はない。大悟して始めて、現象とか本質とかが気にかからなくなる。

330上堂。記得す。僧趙州に問う、狗子に還って仏性有りや也《ま》た無しや。州曰く、無。僧曰く、一切衆生皆仏性有り。狗子什麼としてか無なる。州曰く、伊《かれ》に業識在る有るが為なりと。

師曰く、趙州恁麼の為人、最も親切なりと雖も、永平に若し人有りて、狗子に還って仏性有りや也た無しやと問わば、他に向って道わん。有と道うも無と道うも、二つ倶に是れ謗なりと。若し他更に如何と問わば、山僧、声に和して便ち棒せん。

上堂。思い出すことだが、或る僧が趙州に尋ねた。犬ころにも仏性があるのでしょうかと。趙州は云った、無《む》！ と。僧は云った、一切衆生皆仏性有りと云うのに、犬はどうして無なのでしょうか。趙州は云った、あいつの業識が犬ころにしてしまったからよと。

師（道元禅師）は云われた。趙州の学人への指導は、まことに親切なものであるが、このわしに、若し或る人が、犬ころにも仏性があるのかと問うたならば、彼に向って云うであろう。有ると云っても無いと云っても共に間違いであると。彼が若し更に、それはどういうわけですかと問うたならば、わしは、その声が終るか終らぬうちに、棒で打ってやると。

●私解　無門関第一則にも出てくる、有名な「狗子仏性」の公案である。犬に仏性の有る無しを論じている限り、趙州の無《む》！ の精神は永久にわからない。

無！ は道元禅師にピシャリと打たれて、痛い！ と云った途端出てくる事実そのものである。その意味では道元禅師の指導は、まことに直裁鮮明である。

331上堂。挙す。僧趙州に問う。世界未だ有らざるに早く此の性有り。世界壊する時此の性壊せず。如何なるか是れ不壊の性。州曰く、四大五陰。僧曰く、此れは猶是れ壊する底、如何なるか是れ不壊の性。州曰く、四大五陰。

師曰く、趙州古仏恁麼に道うと雖も、永平老僧亦道処有り。或《も》し人有って、世界未だ有らざるに早く此の性有り。世界壊する時此の性壊せず。如何なるか是れ不壊の性と問わば、他に向って道わん、牆壁瓦礫と。他若し此れは猶是れ造作底・壊する底、如何なるか是れ不壊の性と道わば、只伊に向って道わん、牆壁瓦礫と。

上堂。公案を取り上げて、或る僧が趙州に問うた。世界が存在しない前からとっくにこの性が有り、この世界が壊れる時も、此の性は壊れない。この壊れない性とは、どんなものですかと。趙州は云った、四大五陰（この身体よ）と。僧は云った、それは猶お壊れます。壊れない性は何ですかと。趙州は云った。四大五陰（この身体よ）と。

師（道元禅師）は云った。趙州古仏は、このように云うけれども、わしは又別の云い方をするよと。若し人が、世界が未だ存在しない前から此の性は有り、世界が壊れる時も是の性は壊れない。その壊れない性とは何かと問うならば、彼に向って道う、牆壁瓦礫（壁や瓦や石ころ）と。彼が更にそれらは猶造られた物・壊れる物です。壊れないものは何ですかと道うならば、彼に向って道う、牆壁瓦礫（壁や瓦や石ころ）と。

●私解　この身体も牆壁瓦礫も存在するように見えるが、全く生まれもしない死にもしない、中味カラッポの壊・不壊を超えた本性そのものである。この事実を、趙州も道元禅師も教えておられる。

この事実を悟る方法は只一つ。只管に打坐して自己を忘ずることに尽きる。それには、その体験を持つ明眼の師につくことが肝心である。

332上堂。正法眼蔵は明を超え闇を越ゆ。衲僧の鼻孔は悟に孤《そむ》き迷に負《そむ》く。所以に道う、破鏡重ねて照らさず、落花枝に上《のぼ》り難しと。

甚としてか恁麼なる。大衆還って委悉せんと要すや。良久して曰く、仏子此の地に住せんは、即ち是れ仏の受用したもうなり。常に其の中に在って経行し坐臥したもう。

上堂。正法眼蔵（真の仏道）は明暗（差別・平等）を超えており、これを手に入れた衲僧は、迷悟は眼中に無い。従って破鏡のように一切の分別は無く、落花のように情識の根は切れている。どうしてこうなるのか。大衆諸君。詳しく知りたいと思うか。しばらく沈黙の後に云われた。仏子が此の世界を手に入れると、忽ち仏の生活が始まる。仏は一切の分別・情識の根が切れたまま経行し坐臥するだけである。

●私解　真の仏道は、迷いは勿論悟りへの執われも無くなって、只《ただ》生活を任運堂堂と行なうだけである。迷っている我々にとっては、まるで夢のように思われるが、正師について只管に打坐を続けていけば、誰にでもやがて実現できる道である。

333上堂。外から放入せず内に放出せず。霹靂一拳せば、万事了畢す。然も是く如くなりと雖も、無二・無二分・無断。摩訶般若波羅蜜。

上堂。我々の本性は、外から入って来たものでもなく、内から出てきたものでもない。だが突然横つらをぶんなぐられれば、すべてが判明する。さりながら、この事実は、内と外の二つでもなく、この二つが分けられないというのでもなく、全く別物というのでもない。大きな大きな般若の智慧そのものなのである。

●私解　横つらをなぐられる。痛い！　それっきりの事実だけである。

334**上堂。直指人心、天地懸《はる》かに隔《へだ》たる。見性成仏。毫釐《ごうり》も差有り。黄檗、舌頭を吐く、未だ三千界を覆《おお》わず。**

青原一足を垂る、大虚空を踏翻す。甚《なん》としてか恁麼なる。大衆還って遮箇の道理を委悉せんと要すや也《ま》た無しや。良久して曰く、微笑破顔猶未だ休せず。

上堂。直指人心、見性成仏（人は自己の本心を直指されると、忽ち本性を悟って仏となる）の語を一寸でも観念で理解しようとした途端、真の事実と天地の差が出来て、全くわからなくなってしまう。黄檗が、百丈が師の馬祖に一喝されて、三日間耳聾した話を聞いて舌を巻いたというが、それも三千界を覆うまではいかない。

しかし青原が石頭に、一足を垂れて印証したことは、大虚空を踏翻する力がある。どうしてそうなのか。大衆諸君は、この道理を本当に知りたいと思うか。しばらく沈黙の後云われた、摩訶迦葉が釈尊の拈華を見て破顔微笑した事実の世界は、今も脈々と受け継がれているぞと。

●私解　道元禅師は、一寸でも観念が入った途端、事実ではなく真の仏道ではなくなることを上堂の度に説いておられる。

我々は、それが胆に銘ずるまで端坐参禅する必要がある。さもないと、瓦を握って金宝と為す愚を犯すこととなる。

335 **上堂。如来禅・祖師禅、往古は伝えず、今妄に伝う。迷執虚名何百歳ならん。怜《あわれ》むべし、末世の劣因縁。**

上堂。如来禅だの祖師禅だのという呼称は昔は伝えていない。中国に来てから無暗に伝えられている。この虚名への妄執に迷い出してから何百年経ったことであろう。まことに憐れむべき末世の劣悪な因縁である。

●私解　仏祖正伝の禅以外に真実はない。それがわからぬ連中が、妄称を珍重して、それが真実の禅であると誤解する。特に、この傾向は、知識遍重の現在において甚だしい。

337 **上堂。大衆。参禅は身心脱落なり。祇管打坐の道理を聴かんと要すや。良久して曰く、心縁ずること能《あた》わず、思いは議すること能わず、直に須く退歩荷担すべし。切に忌む、当頭に諱《いみな》に触《ふ》るることを。風月寒清なり古渡の頭《ほとり》、夜船撥転す瑠璃の地。**

上堂。大衆諸君。参禅は身心脱落なり祇管に打坐するのみの道理を聞きたいと思うか。しばらく沈黙の後云われた。心が境に振り回されないようにする。思いを観念化して次々に議論を続けようとしない。その心、その思いに成り切ってしまう退歩に力をそそぐようにする。くれぐれも観念遊戯に陥らないようにするのである。そうすると、澄み切った空にうかぶ明月が輝く、本来の我の古いハシケのほとりに立って、誰もいない夜に、極楽の世界にこぎ出す船を自由にあやつることが出来るようになる。

●私解　道元禅師は、ご自身が体験された身心脱落底の境涯を、このように示されている。我々の参禅の目標もまさにここにある。従って迷いは勿論、悟りも少しでも鼻につく限りは、修行未了と反省しなければならない。

338 **上堂。参禅して仏を求むるに、仏を図《はか》ること莫れ。仏を図って参禅せば、仏転《うた》た疎なり。塼解《かわらくだ》け鏡消《しょう》す。何の面目ぞ。纔《わずか》に知る、此《ここ》に到って功夫を用いることを。**

上堂。参禅は仏と作《な》ることであるが、仏を頭に描いてはならない。仏を頭に描いて参禅すると、仏はますます遠くに行ってしまう。塼《かわら》（迷い）を捨て、鏡（悟り）をも消してしまうと、どんな面目（世界）が現われてくるであろうか。ここに至って始めて真の坐禅工夫がどんなものかがわかる。

●私解　仏になりたい仏になりたいと思い描くと、それは観念禅に陥ってしまう。迷いも悟りも一切打ち捨てた非思量の坐禅を続けていきさえすれば、本来の自己に帰ることが出来る。それこそ真の参禅である。

339 上堂。挙す。趙州古仏、観音院に住して上堂。衆に示して曰く、明珠の掌に在るが如し。胡来れば漢現ず。老僧、一枝草を把って丈六の金身となして用い、丈六の金身を把って一枝草となして用う。仏は是れ煩悩、煩悩は是れ仏と。時に僧有り問う、未審、仏は是れ誰が家の煩悩ぞ。州曰く、一切人の与《た》めに煩悩なり。僧曰く、如何が免れ得てん。州曰く、免れることを用いて作麼かせんと。

師曰く、趙州古仏、恁麼に道うと雖も、永平亦少し許《ば》かり道処有り。大衆聴かんと要すや。忽ち人有り、未審、仏は是れ誰が家の煩悩と問わば、他に向って道わん。若し一枝草は一枝草の与《ため》に煩悩なり、若し丈六の金身は丈六の金身の与に煩悩なり。他若し如何が免れ得てんと道わば、他に祇対して道わん、免れることを要せば即ち免れんと。

上堂。公案を取り上げよう。趙州古仏が観音院に住していた時、上堂して大衆に示して云った。仏道は丁度明珠が掌にあるようなものである。エビス人が来ればエビス人が現われ、漢人が来れば漢人が現われる。わしは、この珠の働きで一枝草を一丈六尺の仏として用い、一丈六尺の仏を一枝草として用いる。だが仏も煩悩であり、煩悩も仏になると。時に或る僧が趙州に問うた。一体仏は誰のための煩悩ですかと。趙州は云った、すべての人の煩悩じゃと。僧は云う、どうしたら、それから免れることが出来ましょうかと。趙州は云った、免れてどうするんじゃと。

師（道元禅師）は云われた。趙州古仏はこのように云うが、わしはいささか云うことがある。大衆諸君は、それを聞きたいと思うか。若し人が忽ち、仏は誰の煩悩かと問うならば、彼に向って云おう。一枝草は一枝草が煩悩となり、丈六の金身は丈六の金身そのものが煩悩となると。若しその者が、どのように免れることができるのかと問うならば、彼に向って云おう。免れようと思うまんま免れているぞと。

●私解　迷いも悟りも、それに執われた途端自由かなくなる。その煩悩から免れようとするならば、免れようとする自己は元々無かったと気付く外はない。それが「免れることを用いて作麼かせん」であり、「免れることを要せば即ち免れん」である。

340上堂。**明明たる百草拈来して用う。水牛を養得して頭角生ず。頭角到る時、牛直に到る。南泉・潙嶠、春を得て耕す。**

且く道え、大衆、春を得て耕す時の底、什麼の消息か有る。還って会すや。良久して曰く、田を種《う》え飯を摶《まろ》むは家常の事、明月清風一生に富めり。

上堂。仏道を修行するには、諸方の明眼の師を尋ね、その指導を受ける。それにより水牛（本来の自己）を養っていくと、次第にその牛の頭角がわかってくる。そして一撃所知を忘ずる底の体験をすると、牛の本質の何たるかがはっきりする。南泉も潙山も、その牛を手に入れて春の田んぼを耕すことが出来た。

さて大衆諸君、その牛を手に入れて春の田んぼを耕す消息がどんなものかわかるかな。しばらく沈黙の後云われた。田んぼを耕し飯をまるめて食べるのは日常の事である。それがそっくりそのまま、清風明月、何のはからいも無くなった境涯で一生を暮らすことができるようになるということなんだよと。

●私解　この清風明月一生に富めり、という境涯を得た日常生活が出来るまでは、坐って坐って坐り抜くことが、どうしても必要である。

345 **上堂。塼《かわら》を磨いて以って鏡と作す、則ち身は四大に非ず。堂堂巍巍として存するが如し。鎚を磨いて以って針を得る、則ち心は五衆に非ず。明明了了として絶対なり。所以に一切の色、眼を礙えず。一切の声、耳を塞がず。一切の応、身を繫がず。一切の事、心を惑わさず。**

奪境也、驢の驢を覰るが如く。奪人也、井の井を覰るが如し。畢竟如何。風に嘶く木馬、山に棲むことを解し、月に吼ゆる泥牛、能く海に入る。

上堂。塼《かわら》を磨いて鏡を作るように、ひたすら坐禅に打ち込む身は、最早四大の身ではなく、巍々堂々たる本質の丸出しである。又鉄の鎚を磨いて針を作るように、ひたすら工夫三昧の心は、最早五蘊の心ではなく、明々了々たる本質の絶対権威の丸出しである。

従って、この時外界の色は一切眼に映らないし、一切の声は耳に入らない。又対面するものは身の障害とならず、何事が起っても心を惑わすことはない。

境を奪って主観のみというのは、驢馬が驢馬を見るように驢馬もいない。人を奪って客観のみというのは、井戸が井戸を見るように井戸もない。結極どういうことかと云うと、驢馬はヒヒーンとないて歩くだけ、牛はモーとないて泥水を渡るだけということである。

●私解　坐って坐って坐り抜いて坐禅する自己を完全に忘じてみると、主観も客観もない、只非思量の事実の生活あるのみとなってくる。この時何事も心にかかる雲の端もなくなる。禅はこのように具体的な実践の道である。

永平広録第四終り

永平道元和尚広録第五

永平禅寺語録

侍者　義演　編

346上堂。一世の年光夕電の中、万縁誰か繫《つな》がん。始終空《むな》し。縦《たと》い鼻孔面前に掛《かか》るを怜《あわ》れむとも、猶片時の弁道の功を惜しまん。

這箇は堂中衲僧の為にする底の句か、山頭老漢の為にする底の句か。又且《しばら》く如何。良久して云く、千峰の秋色時雨《しぐれ》に染む。頑石の住山、豈に風を逐《お》わんや。

上堂。この世の歳月は夕方の稲妻のように瞬時であり、あらゆる縁は、誰もつなぎ留めようもなく何時も空しい。だからたとえこの面前の身が可愛くても、片時も弁道の功を積む努力をしなければならない。

これは堂中の修行者をいましめる言葉か、はた亦このわしをいましめる言葉であろうか。さてどうであろうか。しばらく沈黙の後云われた。山々の秋の姿は時雨《しぐれ》にぬれている。じっとこの山に住む山僧は、決して世間の風を逐うことはない。

●私解　山深い永平寺に住む道元禅師は、只管に打坐する毎日であり、座下の修行者にも只この一事を教えるのみである。それは何故か。生死事大無常迅速だからである。

347 **九月初一の上堂。今朝九月初一、三打、板《はん》鳴って坐禅す。脱落身心兀兀たり。猶無手にして拳を行ずるが如し。**

九月一日の上堂。今朝は九月一日である。三度び板《はん》が鳴って坐禅が始まった。完全に身心脱落して只ぶっ坐るだけである。あたかも手が無い奴が拳をあげるように。

●私解　誰もいない。何も無い。只ぶっ坐るだけ！　道元禅師の教える只管打坐は、正にこのような坐禅である。

348 **上堂。七仏の蒲団、今穿たんと欲す。先師の禅板、已《すで》に相い伝う。眼睛鼻孔、端直なる可し。頂《いただき》は青天に対し、耳肩に対す。正当恁麼の時、又作麼生。良久して曰く、他の心猿と意馬とを管すること莫れ。功夫は猶火中の蓮の若し。**

上堂。過去七仏から伝えられたこの坐蒲は今や穴があこうとしている。先師天童如浄禅師から伝えられた禅板は、已にここに在る。坐禅に当っては、眼も鼻も真直ぐにして、頭は天に向かい、耳は肩に対するようにする。まさにこの時、一体どうなるのか。しばらく沈黙の後云われた。猿や馬のようにはね回る心は一切相手にするな。この坐禅は、火中の蓮のように稀有にして尊い姿である。

●私解　道元禅師が云われる真の只管打坐は、正にこのような坐禅のことである。

349上堂。古徳曰く、衆縁有るが故に生ずるが如く、亦衆縁有るが故に滅するや。答えて曰く、衆縁有るが故に生ず、生じ已って自然に滅すと。

若し是れ永平ならば又且《しば》らく然らず。人有り、衆縁有るが故に生ずるが如く、亦衆縁有るが故に滅するやと問わば、他に向って道わん。衆縁有るが故に生ずるが如く、衆縁有るが故に滅すと。既に是れ生も也《ま》た衆縁有るが故に生ず。滅も也た衆縁有るが故に滅す。畢竟作麼生。大衆還って委悉せんと要すや。良久して曰く、少林の三拝却って位に依る、鷲岳《じゆがく》の拈華、破顔有り。

上堂。古徳が云われた。もろもろの縁で生ずるように、もろもろの縁によって滅するのかという問いに対して、答えて云うには、もろもろの縁によって生ずるが、生じ了ると自然に滅するのであると。

若し永平（わし）ならば、そうは云わない。誰かが、もろもろの縁によって生ずるように、もろもろの縁で滅するのかと問うならば、彼に向って云おう。もろもろの縁によって生ずるように、もろもろの縁によって滅すると。

もともと生と衆縁は一つであり、滅と衆縁も一つである。どうしてそうなるのか。大衆諸君は、もっとくわしく知りたいと思うか。しばらく沈黙の後云われた。達磨大師の前で慧可は三拝して自分の席に戻って立ったね。亦霊鷲山で釈尊が花を拈じた途端、摩訶迦葉が破顔微笑したねと。

●私解　衆縁によって生滅が生ずるか否かというのは観念であって事実ではない。事実は、礼拝帰位自立であり拈華破顔微笑である。

350**上堂。惜しむべき哉皮肉骨髄。知音知って後更に知音。時の人、西来意を問わんと欲せば、面壁九年少林に在り。**

上堂。達磨大師が門下に伝えた皮肉骨髄の教えは、いくら惜しんでも惜しみ足りない大切なものである。わかったつもりでも、更に深く参究して自分のものとしなければならない。今の人が達磨大師がインドから中国に西来した仏道の真意を知ろうとするならば、面壁九年された達磨大師に見習わなければならない。

●私解　只管に打坐する面壁九年の外に、達磨大師の皮肉骨髄を手に入れて、仏道の知音となる道はない。

351**上堂。記得す、洞山高祖古仏曰く、道は無心にして人に合《かな》い、人は無心にして道に合《かな》う。箇の中の意を識らんと欲せば、一老は一不老なりと。**

永平雲孫、韻末を拝読して、曩祖の意を参尋せん。良久して曰く、大道無心にして人に合い、人無心にして道に合う。箇の中の意、如何ぞ識らん。蝦蟆未だ海老に参ぜず。

上堂。思い出すことだが、洞山高祖古仏が云われるには、仏道は中味カラッポだから人と一つであり、人も中味カラッポだから仏道と一体である。それはどういうことかと云うと、老は老のまんま不老であるということであると。

永平（わし）は洞山の遠孫なので、この偈を拝読して、高祖の意を尋ねたいと思う。しばらく沈黙の後云われた。仏の大道は、中味カラッポなので人と一つであり、人も中味カラッポなので大道と一体である。それはどういうことかと云うと、ガマ蛙は絶対に海老には参じないということである。

●私解　ガマ蛙はガマ蛙で一人前、海老は海老で仏道の丸出しである。それ以上誰にも参じようがない事実がわかるかと云われている。

352

上堂。記得す。香厳僧に問う、什麼の処よりか来る。僧曰く、潙山より来る。厳曰く、和尚近日何の言句か有る。僧曰く、人、如何なるか是れ西来意と問うに、和尚払子を竪起す。厳挙すを聞いて乃ち曰く、彼の中の兄弟《ひんでい》。作麼生か和尚の意旨を会す。僧曰く、彼の中商量して道く、色に即して心を明らめ、物に附《つ》りて理を顕わすと。厳云く、会せば即《すなわ》便ち会せん。不会ならば什麼の死急をか著くと。僧、却って問う、師の意如何。厳、還《ま》た払子を挙す。

師曰く、香厳老漢、是れ即ち是なり。然りと雖も、永平香厳と同参することを慕わず、潙山と共に歩むことを喜ばず。忽ち人有り、和尚の意旨如何と問わん。良久して、還って払子を挙して下座す。

上堂。思い出すことだが、香厳が或る僧に問うた、何処から来たかと。僧は云った、潙山より参りました。香厳は問う、和尚は近頃どんなことを説いておられるかと。僧は云った、或る人が如何なるか祖師西来意と問うたら、和尚は払子を立てられました。

香厳はそれを聞くと直ちに云った、堂中の僧達はどのように理解したかなと。僧は云った、堂内の雲水達は互いに議論した結果、すべての現象は心そのものであり、その物ごとに真理が現われているのだと考えましたと。香厳は云った、そう理解するのは勝手だが、わからん奴は死ぬ時どうするんじゃと。そこで僧は云った、和尚は一体どう思われますかと。香厳もまた払子を立てられた。

師（道元禅師）は云われた。香厳和尚は良いことは良いが、わしは香厳と同意見ではない。又潙山和尚にも同調しない。若し或る人が、それでは和尚の意見はどうかと問うたならば、と云ってしばらく沈黙の後、払子をツーと立てて下座された。

●私解　道元禅師は払子を立てて下座するのみ。これで潙山・香厳・僧の議論を一掃した。始めて真の仏道が露われた。さて、誰かが貴君はどうかと問うたならば、どのように答えるか。室内で明示してもらいたい。

353**開炉上堂。今日、永平火炉を開く。古鏡を拈じ来って而も図と為す。尋常の説法人皆聴く。誰か知る袈裟と鉢盂とを。**

開炉上堂。今日永平（わし）は僧堂の囲炉裏《いろり》を開いた。これこそ古鏡（真の仏道）を丸出しにして示したものである。通常の説法は皆聞くところであるが、袈裟を着、応量器を用いる。一体そいつが何かがわかるかな。

●私解　趙州は南泉の「平常心是道」の説示で大悟している。道元禅師も、この事実を我々にわからせようとしている。

354上堂。西天の諸祖は無心是仏と道い、江西の馬祖は即心是仏と道う。即心是仏と道うと雖も、是れ心猿意馬即ち仏とは道わず。近代の学人多少《そこばく》か錯って会す。或るは道う、一度び即心是仏に帰すれば第二世無しと。恁麼に会せば即ち断見外道に同じ。良久して曰く、即心即仏何の宗旨ぞ。児の啼くを制せんと欲して、一拳を打つことを。

上堂。インドの諸祖は無心是仏と云い、江西の馬祖は即心是仏と云う。馬祖が即心是仏と云っても、猿や馬のように飛びはねる分別心が、そのまま仏と云うのではない。最近の修行者は、そうだと誤って理解している。又或る者は云う、一度び即心是仏がわかれば、来世に生まれることはないと。このように理解するのは、まさに断見外道と同じである。しばらく沈黙の後云われた。即心即仏の本旨は何かと云うと、子供が泣くを止めさせようと、ゲンコツを一つ食らわすことであると。

●私解　このゲンコツを食らって、あ！　そうか！　とわかれば、仏道は忽ち手に入る。

355上堂。挙す。龍牙和尚の偈に曰く、学道は火を鑽《き》るが如し。煙に逢うて且《ま》た休《や》むこと莫れ。直に金星の現ずるを待って帰家すれば、是れ到頭なりと。龍牙和尚は一族の曩祖なり。徳海測る可からざるものか。

事已《や》むことを獲ず、永平児孫、謹んで韻末を続《つ》がんとす。良久して曰く、学道は火を鑚るが如し、煙を見て未だ休す可からず。驀直に金星を現ぜば、世間第一頭なり。

上堂して云われた。龍牙和尚の偈に、仏道の修行は、火打石で火を出すようなものである。煙が出てきても、そこで休めてはならない。火花が出るのを待って、家に持ち帰れば目的を達すると。龍牙和尚は仏家一門の先祖である。その徳は海のように広く、測ることは出来ない。

さりながら、万止むを得ず、子孫である永平（わし）は謹んで、この詩に和して続けてみたいと思う。しばらく沈黙の後云われた。仏道は火打石で火を起こすようなものである。煙が出たからと云って、そこで休めてはならない。火花ばかりになってしまうと、それが世の中で、最もすぐれたものになるぞと。

●私解　木をこすり始めてから煙が出て、火花が出、火が燃え上る。その火を家に持ち帰って自由自在に使うことが出来るまで、一貫して火ばかりだぞ！　というのが道元禅師の本音である。この事実が味わえるまで徹底した修行をするのが真の学仏道である。

359 **上堂。衲僧の拄杖、黒きこと漆の如し。世間の凡木と儔《ひと》しからず。籮籠を打破して、公案現ず。雪梅、頓に発《ひら》いて枝頭に上る。**

上堂。わしの拄杖は漆のように真っ黒で、世間一般の木とは全く違う。一切の束縛がふっ飛んで公案（事実）がニューと顔を出した。その有様は、寒梅が上の枝のあたりに、急に咲き始めたようだなあ！

●私解　道元禅師は、すっかり居なくなってしまった。寒梅がヌーと顔を出して、「お早よう！今朝は寒いなあ」と云うだけである。

360臘八上堂。行法二輪親しく転ずる処、菩提樹下覚華明らかなり。無量無数の大千界、依正一時に快楽生ず。我が本師釈迦牟尼仏大和尚世尊。今朝、菩提樹下金剛座上にあって坐禅して、等正覚を成ず。最初に説いて曰《のたま》わく、是の夜の四分三已に過ぎ、後の一分を余して、明将《まさ》に現ぜんとす。衆類の行皆来動せず。是の時、大聖無上尊、衆苦滅し已って菩提を得。即ち世間一切智と名づく。世尊恁麼に道う意作麼生。大衆還って委悉せんと要すや。良久して曰く、雪裏の玉梅只一枝、妙香鼻を撲《う》って、春に先がけて到る。

当時世尊復云く、往昔造作せる功徳の利、心に念ずる所の事、皆成ずることを得たり。速疾に彼の禅定の心を証し、又涅槃の岸に到る。有る所の一切の諸《もろもろ》の怨敵、欲界自在の魔波旬、我を悩ますこと能わず、悉く帰依す。福徳智慧の力有るを以ってなり。若し能く勇猛に精進を作し聖智を求めば、得ること難からず。既に得ば即ち尽くす諸苦の辺、一切の衆罪皆銷滅すと。

是れ則ち世尊菩提を成ずる時、最初に人天の為にする説法なり。法子・法孫知らずんばあるべからず。既に知ることを得了《おわ》らば、作麼生か道わん。

永平今朝、雲水の為に道わん。聴かんと要すや。良久して曰く、明星正に現じ、仏成道す。雪裏の梅花只一枝。大地有情同草木。未曽有の楽しみ、この時に得たり。

臘八接心での上堂。修行と仏法の二つの輪が一つになって転じた正にその時、菩提樹の下で悟りの華が明らかに咲き誇った。無量無数の大千世界は、国土もそこに住む衆生も同時に悟りの喜びにひたった。わが本師釈迦牟尼仏大和尚世尊は、この朝、菩提樹下の金剛座の上で坐禅して大悟なされた。始めに説かれた言葉は、この夜は四分の三が既に過ぎ、あとの一分を残して、正に夜が明けようとしている。すべての衆生は皆微動だもしない。この時大聖無上尊は、あらゆる苦しみを断じ尽して悟りを得たが、その智慧を世間一切智と名づけられた。世尊がそのように仰言る意図を、諸君はくわしく知りたいと思うか。しばらく沈黙の後云われた。雪に埋もれた梅の中で、たった一枝ではあるが、香り高い花をつけて、春はもうそこだよと云わんばかりに咲いているではないか。

その時世尊は又仰言った。昔から積んできた功徳の力によって、心の中で念じたことは、すべて成就することが出来た。またいち早くかの禅定の心を証して涅槃の岸に到ることが出来た。そこで今迄立ちふさがっていた一切の怨敵も、欲界の他化自在天の魔王も、最早わたしを悩ますことが出来なくなって、皆わたしに帰依することとなった。それはわたしに、それだけの福徳・智慧が備わったからである。従って諸君も勇猛に精進して、真の悟りの智慧を求めるならば、誰でも出来ることなのである。既にこの智慧を得たならば、直ちに諸々の苦悩を断ずることが出来、一切の罪やけがれは消滅する。

これこそ、世尊が悟りを成就されたとき、最初に人間界・天上界の人々のためになされた説法である。世尊の法子法孫達は、このことをよくよく、知らなければならない。既に知ることが出来たならば、何と云ったらよいであろうか。

永平（わし）は今朝、雲水諸君のために言おう。聞きたいと思うか。しばらく沈黙の後云われた。明星が正に出現したとき、仏は成道された。それは雪の中の梅花が、一枝咲いたのと同じである。大地のあらゆる生物も草木もすべて同時に花開き、未だ曽って味わったことのない喜びが、この時に満ちあふれたのである。

●私解　仏の成道の世界は、すべての人々が誰でも味わい得る世界であることを道元禅師は力強く宣言された。だから世間一切智なのである。我々もこの確信を持って修行すれば、必ずその成果を手にすることが出来る。時に建長元年（一二四九）十二月八日の成道会の上堂である。

368 **上堂。即心即仏、是れ風顚。直指人心、更に天を隔つ。三たび酌んで窮めんと欲す巨海の水、一時に勘破す野狐の禅。**

上堂。即心即仏はフーテンが云うことであり、直指人心も真の仏道とは天地の隔たりがある。大海の水を三度び酌んで汲み尽そうという勇猛心を持って精進することが出来れば、これらの野狐禅を直ちに勘破することが出来るであろう。

●私解　即心即仏も直指人心も、これを観念的に理解し、それが正しいと固執した途端に、直の仏道ではなくなってしまう。一切の観念への固執を吹き飛ばす勇猛精進の心だけが、自を救い他を救い一切を救うことができる。

369 **上堂。挙す。五祖廬行者の碓米坊《たいべいぼう》に到って云く、米白まれり也未だしや。行者曰く、白まりれも未だ篩《ふるう》こと有らずと。祖杖を以って臼を撃《う》つこと三下す。行者、箕の米を以って、三度簸《みたびひ》して入室す。**

師曰く、若し是れ永平ならば、又且《か》つ然らず。五祖若し永平に、米白まれり也未だしやと問わば、只五祖に向って道わん。星は北斗に従い、日は東に昇ると。五祖若し杖を以って撃たんと欲するを見ば、杖を捉住して祖に向って道わん、朝夕の請参一合相と。

上堂。公案を取り上げて云うには、五祖が廬行者の米つき部屋にやって来て、米は白くなったかどうかと聞く。行者は、白くなりましたが未だ篩《ふるい》がかかっておりませんと答えた。そこで五祖が杖で臼を三度打った。行者は箕の米を三度びふるって入室した。

師（道元禅師）は云われた。若しわしならばそうは云わない。五祖が若しわしに、米は白くなったかどうかと尋ねたら、只五祖に云うであろう。星は北斗七星に従い、日は東から昇りますと。五祖が若し杖で臼を打とうとしたら、その杖をつかんで五祖に云うであろう。朝夕只独参するのみと。

●私解　廬行者は修行の成果を五祖に露呈しただけであるのに対し、道元禅師は、本分上の世界を露呈している。どちらも仏道の丸出しではあるが、道元禅師はやや智に堕していないだろうか。やはり、廬行者の素直さを学びたい。

370上堂。挙す。南泉有る時衆に示して云く、江西の馬祖道く、即心即仏と。王老師は恁麼に道わず、不是心・不是物・不是仏。恁麼に道う還って過有りやと。趙州礼拝して出ず。時に僧有り。随《つ》いて趙州に問うて云く、上座礼拝し了って便ち出ず、意作麼生。趙州曰く、汝却って和尚に問取せよと。僧、上って問う。適来諗《しん》上座の意作麼生と。泉云く、他却って老僧が意旨を領得すと。

師曰く、南泉・趙州は父子の命脈、恁麼に道うと雖も、永平、而今少許《いまいささか》乱道せん。大衆還た体悉せんと要すや。良久して曰く、他却って老僧が意旨を領得し、亦乃ち南泉の意旨を領得す。

上堂。公案を取り上げよう。南泉が有る時大衆に示して云った。江西の馬祖は即心即仏と云ったが、王老師（わし）はそうは云わず、不是心・不是物・不是仏という。これに誤りがあるだろうかと。この時趙州は南泉を礼拝して出て行った。

その時或る僧が、趙州の後を追って行って尋ねた。上座が礼拝してそのまま出て行った意図は何でしょうかと。趙州は云った、お前さん自身で和尚に聞くが良いと。そこで僧は方丈に上って聞いた。先程の従諗上座の意図は何でしょうかと。南泉は云った、あいつはわしの心が良くわかっているんだよと。

師（道元禅師）は云われた。南泉と趙州の二人の親子の間では、このようなやり取りとなるが、永平（わし）は少しく違ったことを云いたい。諸君はそれを知りたいと思うか。しばらく沈黙の後云われた。趙州はわしの腹を良くわかっており、また南泉の腹の中もお見通しであるなあと。

●私解　道元禅師には、趙州が南泉に礼拝して部屋を出て行くことで、南泉の不是心・不是物・不是仏の事実を丸出しにしたことが、手に取るようにわかる。だからこのようにコメントされたのである。

371 **上堂。挙す。三祖大師の信心銘《しんじんめい》に曰く、至道無難《しどうぶなん》、唯嫌揀択《ゆいけんけんじゃく》と。大衆還《かえ》って曽《かつ》て三祖の意旨を学すや。且く道え作麼生か三祖の意旨。**

三祇劫を経歴して必ず至り、無量劫を経歴して必ず至る。即座を起たずして必ず至り、一念を起さずして必ず至る。故に云く至道無難と。唯嫌揀択と云うは、金翅鳥王の龍に非ずんば食わざる也。

上堂。公案を挙げよう。三祖大師の信心銘には、至道無難、唯嫌揀択とある。大衆諸君、今迄に三祖の意旨を学んだことがあるか。言ってごらん。三祖大師の意図は一体何かと。

三祇劫の長きにわたって何時でも至っており、無量劫の長きの間必ず至っている。

又即今この座を立つ前に必ず至っており、この一念が起きる前にとっくに至っている。だから至道は何も難しいことはない。また唯選り好みを嫌うというのは、金翅鳥王は龍の外は絶対に食べないということで、当りはずれは決して無いということである。

●私解　至道無難とは、朝起きたらお早よう。夜寝る時はお休みということで、何も難しいことではない。このことは祖父母・両親の昔から、子々孫々に至る迄続くことで、当たりはずれは絶対に無い。これを仏道という。

373 上堂。挙す。薬山因みに僧問う。兀兀《ごつごつ》地什麼をか思量す。山曰く、箇の不思量底を思量す。僧曰く、不思量底如何が思量す。山曰く、非思量と。

師曰く、有心已に謝す。無心未だ様ならず。今生の活命《かつみよう》、清浄を上と為す。

上堂。公案を挙げよう。薬山に或る僧が尋ねた、兀兀と坐禅する時、何を思量するのですか。山は言った、不思量の処を思量せよと。僧は言った、不思量の処をどのように思量するのですか。山は言った、非思量。

師（道元禅師）は言われた。有心のはからいは既に否定され、無心も未だ模範とはならない。今生の一瞬一瞬の命は、清浄さえ上回っていると。

●私解　真の坐禅は、迷いは勿論、清浄の境地と言われる悟りさえ超えた一瞬一瞬の命の発露である。悟りも頭にある間は、依然として迷いの衆生である。

374 上堂。挙す。南嶽初めて六祖に参ず。祖問う、什麼《いずれ》の処よりか来る。南嶽曰く、嵩山《すうざん》安国師の処より来る。祖曰く、是れ什麼物か恁麼に来る。南嶽措《お》くことなし。八載を経て後ち、六祖に告げて曰く、懐譲、和尚の当初《そのかみ》来りし時、其甲を接せんに、是れ什麼物か恁麼に来るを会得すと。六祖曰く、汝作麼生か会す。南嶽曰く、説似《せつじ》一物即不中《いちもつそくふちゅう》と。六祖曰く、還って修証を仮るやいなや。南嶽曰く、修証は即ち無きにあらず、汚染することは即ち得ずと。六祖曰く、是の不汚染、即ち諸仏の護念する所なり。吾も又是の如し、汝も又是の如し、乃至西天の諸祖も又是の如しと。

師曰く、曹谿・南嶽既に恁麼に道う。永平今日豈に道処無からんや。且く道え、大衆、還って委悉せんと要すや。羅漢の果頭、新擇滅《しんちやくめつ》、憍陳如《きようにんちよ》、無生を証得す。正当恁麼の時、又且つ如何。良久して曰く、譲公笑う可し当初《そのかみ》の事。力を尽くして道い来るも八九成。

上堂、公案を示そう。南嶽懐譲が初めて六祖に参じた時、六祖が問うた、何処から来たのかと。南嶽は言った、嵩山の慧安国師のところから参りました。六祖は言った、何ものがそのようにやって来たのかなと。南嶽は答えることが出来なかった。八年の歳月を経て六祖に申し上げた。懐譲、私は初めて和尚の処にやって来た時、私に向って何ものがそのようにやって来たのかと接得されましたが、それが今わかりましたと。六祖は言った、お前さんどのようにわかったのかと。南嶽は答えた、説似一物即不中（これだと申し上げたらすべて違います）と。六祖は言った、それは修行の結果悟ったことか。南嶽は言った、修証は無いわけではありませんが、こいつは修証のけがしようがありませんと。六祖は言った、けがしようが無い世界こそ諸仏が居られる所である。わしもこのとおり、お前もこのとおり、乃至インドの諸祖も皆このとおりであると。

師（道元禅師）は言われた。曹谿も南嶽も既にこのように言われた。わしも今日、どうして言わないでいられようか。さて、大衆諸君。もっとくわしく知りたいと思うか。初めて羅漢の悟りを得て煩悩を断じ尽くした仏弟子の憍陳如《きようちんによ》は、このとおり無生法忍を証得したが、まさにこの時、どうだったのであろうか。しばらく沈黙した後言われた。懐譲和尚は六祖に対し、その昔力を尽くして述べたてたが、笑う可きことに精々八九十点に過ぎなかったなあ！　と。

●私解　南嶽の言うのは精々八九十点に過ぎなかったというのは、道元禅師の見識であり、かつ会下の弟子達への警策である。道元禅師のこの心がわかって始めて、真の仏道が手に入ったということができる。

375上堂。**衲僧の学道は参禅を要す。脱落身心の法、見《げん》に伝う。一切の是非、都《すべ》て管せず。小小に同ぜず、普通の年。**

上堂。衲僧の仏道修行は参禅に尽きる。参禅とは、脱落身心であり、この事実が現在まで伝えられている。この事実は一切の是非善悪の観念から脱却しており、小乗の教えとは関係ない。梁の普通年間（七四八〜八二四）に伝えられた達磨大師の真実の仏道は是れである。

●私解　道元禅師は、この上堂で身心脱落、脱落身心の体験無き禅は仏道ではないと明言されている。

378上堂。**挙す。僧百丈に問う、如何なるか是れ奇特の事。百丈曰く、独坐大雄峰。或いは人有って老僧に、如何なるか是れ奇特の事と問わば、他に向って道わん、今日永平陞堂すと。**

上堂。公案を挙げよう。或る僧が百丈に問うた、最も奇特な事とは何でしょうかと。百丈は言った、独坐大雄峰。

若し或る人がわしに、最も奇特な事とは何でしょうかと問うならば、彼に向って言おう。わしは、今日上堂するよと。

●私解　百丈と道元禅師の答えのどちらが正しいか。両方か？　違う。それでは何が正しいのか。今日は朝から寒いではないか。わかったね。

379 六月初十、晴を祈る上堂。去年・今年、春夏秋冬、天下雨を降らして昼夜息《や》まず。百姓憂愁して五穀登《みの》らず。今、永平長老、国土の憂愁を済拯《じょう》せんが為に、先師天童の清涼に住せん時の晴を祈る上堂を挙して、又以って晴を祈る。所以《ゆえ》は何ぞ。仏法如《も》し加せずんば人天の苦を若為《いかん》せん。大衆還って永平が意旨を委悉すや。

先師未だ上堂せざる時、諸仏諸祖未だ曽って上堂せず。先師上堂する時、三世諸仏・六代の祖師、一切の鼻孔・万箇の眼睛、同時に上堂す。一刻も先んずるを得ず、半刻も後《おく》るることを得ざる也。

永平今日上堂するも、又復《ま》た是の如し。良久して言く、一滴息《や》まず両滴、三滴、適々瀝々、朝に連なり夕に至る。変じて滂沱《ぼうだ》と作るも奈何ともすること勿し。山河大地、風波を衮《こん》す。噴嚔《ふんしょう》を打すること一下して言く、総て衲僧の噴嚔一激を出でず。直に雲開いて日出ずることを得たり。払子を挙して曰く、大衆者裏《こり》に向って看よ。朗々たる晴空、八極を呑む。若し還って旧に依って水漉々《ろくろく》たらば、渾家羅刹国《こんけらせっこく》に瓢堕《ひょうだ》せん。

稽首す釈迦・南無弥勒。能く世間の苦を救え。観音妙智力。咄《とつ》。

六月十日、晴天を祈る上堂。去年から今年にかけ、春夏秋冬、天は雨を降らして昼も夜も止まない。百姓達は悲しみ、五穀も実らない。今日永平長老は、国土の憂いを救うため、先師天童如浄禅師が、清涼寺に住持しておられた時、晴天を祈る為に上堂された例にならい、晴天を祈るものである。そのわけは、仏法が若し加護することが無ければ、人間界・天上界の苦しみをどうしたら良いであろう。大衆諸君、永平（わし）の意旨がわかるか。

先師が未だ上堂されなかった時は、諸仏諸祖も未だ上堂されなかった。先師が上堂されると、三世諸仏・六代の祖師・一切の仏祖・万人の僧達が同時に上堂された。これは一刻も先ではなく、又半時の遅れも無い。

永平（わし）の今日の上堂も全く同様である。しばらく沈黙の後言われた。一滴又一滴・二滴・三滴雨だれが落ち、やがて朝から晩まで降り続き、更に大雨となるのをどうすることも出来ない。山河大地も、風が吹き波が立って止むことがない。そこでくしゃみを一つして言われた。すべてこのわしのくしゃみと同じじゃ。忽ち雲が開き、お日様が顔を出すであろう。そこで払子を取り上げて言われた。大衆諸君。よく見よ。朗々と晴れ渡った空が、四方八方の世界を包み込む。それでも元のまま水が流れるならば、すべての家が羅刹の国に漂流してしまうであろうと。

心から願う。南無釈迦・弥勒よ。世間の苦を救い給え。観世音菩薩の妙智力によって。咄！

●私解　大雨の時は、只只祈るだけ。その念力は天を貫き地を貫くであろう。

381上堂。仏法は聡明利智の能く解するところに非ず、又不聡明不利智の堪忍《かんにん》する所にも非ず。若し利智を以って道器と為さば、舎利《しゃり》弗《ほつ》、頞鞞《あんぴ》の説くを待って初果を得べからず。又舎利弗、阿羅漢を得し時、尚福増《ふくぞう》長者を度する事能わざるなり。

　其の舎利弗・年始めて八歳にして一切の論議師に勝《すぐ》れたり。況んや偈に曰くが如し、一切諸《もろもろ》の衆生、唯仏世尊を除いて、舎利弗の智慧及び多聞に比《くら》べんと欲するに、十六分中に於いて尚一に及ばずと。因に頞鞞《あんぴ》の威儀庠序《しょうじょ》なるを見て、就いて之に問う。汝が師は是れ誰ぞ、誰が弟子ぞと。頞鞞答えて曰く、悉達太子、生老病死を捨て出家修道し三菩提を得。是れ吾が師也。身子《しんし》又問う、師は何の法をか説く、答う、我年尚お幼稚にして学戒日残し豈に能く至真広説の第一義を演《の》べんや。身子言く、略して其の要を説け。頞鞞曰く、諸法は縁より生ず。是の法を因縁と説く。是の法は縁と及《とも》に尽く。我が師是《かく》の如く説くと。身子聞き已って初果を得たり。

　頞鞞、晨《あした》に出づるとき、仏已に之れに告げたもう。今日の所見、必ず是れ利人なり。応《まさ》に略して説法すべしと。略して四諦の中の三を説く。諸法縁より生ずとは苦諦なり。是の法は因縁を説くは集諦なり。是の法は縁と及《とも》に尽くは滅諦なり。身子聞き已って其の所止に還る。目連、先ず起《た》って迎逆《ごうげき》して之に謂って曰く。汝、甘露を得たり、応に共に嘗《な》む可しと。身子便ち為めに聞くが如くに説く。目連、之を聞いて又初果を得たり。汝等、須く知るべし。頞鞞は舎利弗を度す。乃ち仏法の証験なり。仏法の中には、智慧多聞を先と為《せ》ざるの道理明らかになり。

世尊、王舎城迦蘭陀竹園に在りし時、王舎城に一人の長者有り。尸利《しり》苾提《ひつだい》と名づく（普くには福増と言う）。其の年百歳にして出家の功徳、是の如く無量なりと聞いて、便ち自ら思惟すらく。我れ今何ぞ仏法の中に於いて出家修道せざらんと。即ち妻子・奴婢・大小を辞して、我出家せんと欲すと。其の人老耄せり。家中の大小、厭倦《けんえき》せずと言うこと莫し。其の言を軽賤《けいせん》し従い用いる者無し。出家せんと欲するを聞き、咸《みな》各々喜んで言く、汝早く応に去るべし、何ぞ以って遅晩なる。今正に時なりと。

尸利苾提《しりひつだい》、即ち其の家を出でて往いて竹林に趣き、世尊に見《まみ》えて出家の法を求めんと欲す。竹林に到り已って諸比丘に問う。仏世尊大仙・大悲広利天人は、今何れの所にか在《いま》すと。比丘答えて言く、如来世尊・余《ほか》に行いて教化利益して在《いま》さずと。尸利苾提又問う、仏大師に次いで智慧の上足。更に復た是れ誰ぞと。比丘、彼の尊者舎利弗を指示す。是《ここ》に往いて舎利弗の所に至って、杖を捨てて礼を作し白《もう》して言《もう》さく。尊者我に出家を聴《ゆる》せ。時に舎利弗、是の人を視已《おわ》って念《おも》わく、此の人老いて三事皆欠けたり。学問・坐禅・衆事を佐助すること能わず。告げて曰く。汝去れ、汝老いて年過ぎ出家することを得ずと。次いで摩訶迦葉・優婆離《うばり》・阿菟樓陀《あぬるだ》等の次第五百の大阿羅漢に向かう。彼皆問うて言く、汝先に余人に向かうや未だしやと。答えて言く、我先に世尊に向かうに世尊在らず。次に尊者舎利弗に向う。問う、彼何の所説ぞ。答えて曰く、彼我に告げて曰く、汝老いて年過ぐ、出家することを得ずと。諸比丘言く、彼の舎利弗・智慧第一なるに尚汝を聴《ゆる》さず。我等又復汝を聴さざる也。譬えば良医の善く胆病を知り、捨てて療治せずんば、余の諸子の医も又悉く手を拱《こまね》くが如し。当に知るべし是の人必ず相無きこと有りと。舎利弗の大智聴かざるを以って、其の余の比丘も又聴かず。

尸利苾提、諸の比丘に求むれども出家することを得ず。還って竹園を出でて門閫《もんこん》の上に住して悲泣懊悩し声を挙げて大いに哭す。我生れしより来《このかた》、大過有ること無し。何が故ぞ特に我が出家を聴さざる。

優婆離は剃髪の賤人、尼提《にだい》は下穢除糞の人なり。殃掘摩羅《おおくつまら》は無量の人を殺す。及び陀塞羇《だそつき》は大賤悪人なり。是の如き等の人すら尚《なお》出家を得たり。我に何の罪有ってか出家することを得ざると。是の語を作す時、世尊即ち其の前に湧出し、大光明を放って相好荘厳なり。譬えば忉利天王、帝釈の七宝高車の如し。仏、福増に問い給う。汝何が故に哭すやと。其の時、長者仏の梵音を聞き、心に喜踊を懐くこと、子の父を見るが如し。五体投地し仏の為に礼を作し、泣いて仏に白して言く、一切衆生、人を殺し・賤を作し・妄語・誹謗・下賤等の人、皆出家することを得たり。我れ独り何の罪あってか特に我が仏法の出家を聴《ゆる》さざる。我が家の大小、我が老耄を以って復た我を用いず。仏法に於いて出家を得ざらしめば、今設《たと》い家に還るとも、必ず我を前《すす》めず。当に何れの所にか趣くべき。我、今定めて此に於いて命を捨つべしと。

爾の時仏、尸利苾提《しりしつだい》に告げたもう。誰が能く手を虚空の中に挙げて、定めて是れ出家すべし、此の人応《かな》わず是れ老いたりと説くことを作さんと。長者白して言く、世尊は法転輪王第一の智子、仏に次いで第二の世間の導師舎利弗尊者、此れ我に仏法の出家を聴さずと。其の時、世尊大慈悲を以って、福増を慰喩し給うこと、譬えば慈父の孝子を慰喩するが如し。之に告げて言く、汝憂悩すること莫れ。我今当に汝をして出家することを得しむべし。

舎利弗は、三阿僧祇劫に精励苦行し、百劫に修福するに非ず。舎利弗は世世に難行し、頭を斫《き》り眼を挑《くじ》り、髄脳・血肉・皮骨・手足・耳鼻を布施するに非ず。舎利弗は身を餓虎に投げ、火坑に入り、身に千の釘《くぎ》を縁じ、身に千燈を刻《きざ》むに非ず。舎利弗は国城・妻子・奴婢・馬象・七宝を施与するに非ず。舎利弗は初阿僧祇劫に八万八千の諸仏を供養し、中阿僧祇劫に九万九千の諸仏を供養し、後阿僧祇劫に十万の諸仏世尊を供養し出家持成して尸羅波羅蜜《しらはらみつ》を具足するに非ず。舎利弗は、法に於て自在なるに非ず。何ぞ制して此れ応に出家すべし、此の人応ぜず老いたりと言うを得てん。唯我一人法に於て自在なり。唯願うらく我独り六度の宝車に乗り、忍辱の鎧《よろい》を被《き》て、菩提樹に於て金剛座に坐し、魔王の怨を降し、独り仏道を得たり。我と等しき無し。汝来って我に随え、我当に汝に出家を与うべしと。是の如く世尊種々慰喩したもうに、憂悩の身除き、心大いに歓喜して便ち仏後に随って仏の精舎に入る。大目連に告げて出家を与えしむ。何を以っての故に。衆生は縁に随って得度す。或いは仏に於て縁有れば、余人は則ち度すること能わず。余人に於て縁有れば、仏は則ち度すること能わず。舎利弗に於いて縁有れば、目連・迦葉・阿那律《あなりつ》・舎毘羅《しゃびら》等の一切の弟子、則ち度せざる所なり。是の如く展転して、其の有縁に随って余人は度せず。

其の時目連亦思わく、此の人年高く老耄也。誦経《じゅきょう》・坐禅《ざぜん》・佐助衆事の三事悉く欠けたり。然れども、仏法王勅して出家せしむ。理違《たが》うべからず。即ち出家を与えて具足成を受く。此の人、前世に已に得度の因縁を種《う》え、已に法の鉤《はり》を呑むこと魚の鉤を呑むが如し。必ず出ずることを疑わずと。

已に当に諸善功徳を修集せるなるべし。昼夜に精勤修集し、修多羅《しゅたら》・毗尼《びに》・阿毗曇《あびどん》を読誦して広く経蔵に通ず。汝等須く知るべし。舎利弗の大智は諸仏の功徳に及ばず。明らかに知んぬ、舎利弗の大智、仏世尊に比せんと欲するに終に不能なり。況んや近来の癡人、旧章古語の中に向って些子の語句を索《あつ》め得て以って智慧の種子と爲すは、畢竟仏仏祖祖単伝直指を参得すること能わざるなり。舎利弗の智、尚お不得たらしむ。況んや余人の智をや。索智の者、なお参得すること能わず。況んや索顚倒の種子者、豈仏祖の大道を得てんや。当山の兄弟、錯ること莫れ、錯ること莫れ。見ずや、古人の道わく、心不是

仏・智不是道と。大衆還って這箇の道理を委悉せんと要すや。良久して云く、比丘の法は師より先に臥せざる也。

上堂。仏法は聡明利智の者が能く理解出来るというものではない。かと云って、聡明でない利智にうとい者では、とても歯が立たない。若し利智の者こそ仏道の器であるというならば、舎利弗が頞鞞《あんぴ》が説くのを聞いて漸く初果を得るなぞということはあり得ないし、又舎利弗が阿羅漢果を得ながらお福増長者を済度出来なかったことも、あり得ない話である。

その舎利弗は八歳の時、既にどの論師よりも勝れていた。その様子は次の偈によってわかる。即ち、一切の諸々の衆生は、只仏世尊を除いて、舎利弗の智慧及び多聞に比べようとしても、十六分の一にも及ばないと。この舎利弗が或る時、頞鞞《あんぴ》の立居振舞いがあまりに優れているのを見て尋ねた。貴君の師は一体誰で、誰の弟子なのかと。頞鞞は答えて云った。悉達《しった》太子は生老病死の苦の世間を捨てて出家修道し、菩提の智慧を得られたが、この人が我が師であると。身子（舎利弗）は又尋ねた、師はどんな法を説くのかと。答えは、私は未だ年若く、受戒して日も浅い。どうして最高の真理であり広く説かれた法の第一義を述べることができましょうか。身子は云った、ではその要点だけを説いて欲しいと。頞鞞は云う、すべての法は縁によって生ずる。この教えは因と縁を説く。従ってこの法は縁に従って尽きる。我が師はこのように説くと。身子は聞き終ると忽ち初果を得た。

頞鞞がこの朝托鉢に出る時、仏が告げられた。今日お前が会う人は必ず智者である。会ったら、その人に略して法を説けと。そこで頞鞞は四諦《したい》の中の三つを略説した。諸法は縁より生ずというのは苦《く》諦《たい》の教えである。この教えは因と縁とを説くは集諦《じったい》、この法は縁に従がって尽きるというのは滅諦《めったい》の教えである。舎利弗は聞き終って所住地に還った。すると目連が、先ず立ち上って迎えて舎利弗に向って云った。君は甘露の法を手に入れたな、わしも一緒に味わいたいと。そこで舎利弗は、聞いたとおりに説いた。目連はこれを聞くと同じように初果を得た。お前達はよくよく知るべきである。頻鞞は舎利弗を済度したが、これこそ仏法の確かな証拠である。仏法が智慧多聞を第一にしない道理が明らかであろう。

世尊が王舎城の竹林精舎におられた時、王舎城に一人の長者がいて名を尸利苾提《しりひつだい》と云った（晋では福増《ふくぞう》と云う）。年齢は百歳であったが、出家の功徳が無量であることを聞いて、自ら考えた。わしは今仏法に会って是非出家したいと。そこで妻子・奴婢・大人・子供に別れを告げて、自分はどうしても出家したいと宣言した。その人は老いぼれていたので、家中の大人も子供も嫌《きら》わない者はいなかった。誰も彼もその言葉を馬鹿にして耳を貸す者はいなかった。しかしその人が、自分はどうしても出家したいというのを聞いて、皆は喜んで、お前さん早く行くがよい。どうしてぐずぐずしているのだ。今まさに出家のチャンスではないかと云った。

そこで尸利苾提は、家を出て竹林精舎に赴いて、世尊に見《まみ》えて出家の仕方を聞きたいと思った。竹林精舎に着くと、沢山の比丘に質問した。仏世尊大仙人で広く教化なされる大慈悲のお方は、今どちらに居られますかと。比丘の答えは、如来世尊は他《ほか》に行かれて教化中で、ここには居られません、であった。尸利苾提は又聞く、仏大師に次いで智慧第一のお弟子はどなたですかと。比丘は、彼の舎利弗尊者を指して示した。そこで舎利弗の所に行って、杖を捨てて礼拝して申し上げた。尊者よ、私に出家をお許し下さいと。その時舎利弗は、この人を見終って思うに、この人は年を取り過ぎて、三つの事はすべて勤まらない。学問・坐禅・仕事の手伝い、すべて駄目であると。そこで告げて云うには、お前さん、ここを出て行きなさい。お前は年をとり過ぎて出家することは出来ないと。尸利苾提は、次に摩訶迦葉・優婆離《うばり》・阿菟樓陁《あぬるだ》等の順に五百の聖者を尋ねたが、彼等が問うには、お前さんは前に他の人に聞いたかどうかであった。尸利苾提は答えて云うには、私は先に世尊を尋ねましたが不在なので舎利弗尊者の処に参りましたと。彼等は問う、彼は何と云ったか。答えは、彼が私に云うには、お前は年を取りすぎて出家することは出来ないということでしたと。すると比丘達は云う、彼の舎利弗は、智慧第一であるのに、お前の云うことを許さなかった。我々もお前の言うことを聞くわけにはいかないと。それは丁度名医が胆の病気を診察したが、その人を捨てて治療しなければ、他の医者は手を拱いて治療しないようなものである。よく知るが良い。この人には必ず死相が現われているのであると。このように、舎利弗の大智でも出家を聞き届けなかったので、他の比丘達も又聞き入れなかった。

尸利苾提は沢山の比丘に求めたが出家することが出来なかったので、竹林精舎を出て、門のしきいの上で悲しみ嘆き、悩みもだえて声をあげて大泣きしながら云った、私は生まれてからこのかた、大きな過ちを犯したことは無い。それなのにどうして出家出来ないのか。優婆離は髪をそる人であり、尼提《にだい》は掃除人、殃掘摩羅《おおくつまら》は無量の人を殺しており、陀塞羇《たそくき》は盗みの大悪人であった。このような人でさえ、出家出来たのに、我にどんな罪があって出家することが出来ないのかと。

この言葉を述べた時、世尊がその前に湧き出て来て、大光明を放たれた。その相好の荘厳さは、たとえば忉利天の王、帝釈が七宝の高車に飾られたようであった。仏は福増（尸利苾提）に尋ねられた。お前さんはどうして泣いているのかと。その時長者は、仏の音声を聞いて心が喜び踊ること、子が父に出合ったかのようであった。そこで五体を地に投げ出し仏に礼拝し、泣き泣き仏に申し上げた。一切衆生は、人を殺し、盗みをし、嘘を言い他を誹謗する。このような身でも皆出家出来たのに、私一人何の罪があって、特に仏法の出家を許して頂けないのでしょうか。私の家の大人も子供も、私が老いぼれているので私を相手にしてくれません。私は仏法において出家できなければ、今たとえ家に帰っても、私を家の中に入れてくれないでしょう。まさに何処に行ったら良いでしょうか。私は今ここで命を捨てる外はありませんと。

　その時仏は、尸利苾提に告げられた。誰が一体手を虚空の中に挙げて、この人は出家すべきである。この人は出家はかなわない。この人は年老いているからと説いたのかと。長老は仏に申し上げた。世尊は仏法を説かれる第一の智者であります。仏に次いで第二の世間の導師である舎利弗尊者が、私に仏法の出家を許されませんでしたと。この時世尊は、大慈悲を以って福増長者を慰め喩された。それは丁度、慈父の孝子を慰め喩すようであった。そのお言葉は、お前は憂い悩むことはない、わしが今お前の出家を許すであろう、であった。

　舎利弗は三阿僧祇劫の長い間精進苦行し百劫にわたる福徳を積む修行をしていない。舎利弗は何世も何世も苦行難行し、頭を切り眼をくり抜き、脳髄・血肉・皮骨・手足・耳鼻を布施したことはない。又舎利弗は、身を飢えた虎に投げ出し、火坑に跳び込み、身に千本の釘を打ち、身を千燈に刻《きざ》んだこともない。舎利弗は、国城・妻子・奴婢・馬象・七宝を施したこともない。更に舎利弗は、初阿僧祇劫に八万八千の諸仏を供養し、中阿僧祇劫に九万九千の諸仏を供養し、後阿僧祇劫に十万の諸仏世尊を供養し、出家持成して戒波羅蜜《はらみつ》を具足したことはない。舎利弗は法において自在を得ていない。それなのに、どうしてこの人は出家すべきである、この人は出家すべきでない、年老いているからと云うことが出来よう。唯私一人だけが法において自在であり、唯私だけが独り六波羅蜜のすぐれた車に乗り、忍辱の鎧を着て、菩提樹の下で金剛座に坐し、魔王の誘惑を降し、独り仏道を成就したのである。私と同等の者はいない。お前さんは私について来なさい。私はお前に出家を許そうと。

　このように世尊は、いろいろと長者を慰め諭されたので、長者の憂い悩みは除かれ、心に大きな喜びが生じた。そこで直ちに、仏の後に従って仏の精舎（竹林精舎）に入った。仏は大目連に告げて長者を出家させるよう命じた。それはどういうわけであろうか。衆生は皆縁に従って得度する。若し仏に縁があれば、外の人は出家させることは出来ない。外の人に縁があれば、仏は出家させることは出来ない。舎利弗に縁があれば、目連・迦葉・阿那律《あなり》・舎毘羅《しゃびら》等の一切の弟子は彼を出家させることは出来ない。このようにめぐりめぐって、その人に縁がある人によって出家するのであって、外の人は出家させることは出来ない。

　この時目連は又思った。この人は年を取り老いぼれている。誦経、坐禅、仏事の手助けの三事すべてが欠けている。しかし仏であり法王である世尊が命じて出家させる。その道理に違うことはできない。そこで直ちに出家させ具足成を受けさせた。きっとこの人は前世に於て、已に得度の因縁を植えており、已に法の鉤を呑み込んでいることは、丁度魚が鉤を呑み込んでいるようなものである。だから出家するのは何の疑いもないことだと。

　このようにして、長者は諸々の善功徳を修行し積むこととなった。昼も夜も精進し経・律・論の三蔵に通じた。お前達はよく知らねばならない。舎利弗の大智は諸仏の功徳に及ばない。はっきりしていることは、舎利弗の大智は、仏世尊と比べようとしても到底出来ないことである。況んや近頃のおろか者が、古い文章や古語の中から、少しばかりの語句を探しあてて、仏の智慧の種と思うのは、結局仏祖方が単伝してきた直指を参得することは不可能である。舎利弗の智慧すら役に立たない。況んや外の人の智慧は使いようがない。仏祖の智慧を追い求めてさえ参じ尽すことは出来ない。況んや顚倒した仏の智慧の種子を求める者が、どうして仏祖の大道を手にすることができようか。当山の雲水諸君、決して錯ってはならない、決して錯ってはならない。古人も云っているではないか。心不是仏、智不是道と。大衆諸君、この道理をくわしく知りたいと思うか。しばらく沈黙の後云われた。比丘の守るべき道は、師より先に寝ないということである。

●私解　真の仏道は、因果の法そのものであり、利智聡明或いは不利智不聡等の一切の観念を超えている。迷いにしろ悟りにしろ、少しでも頭に残る間は本物ではない。それに到る道は、釈尊が実行された不惜身命の修行を続ける外にはない。

383上堂。宿殖般若の種子に酬《むく》いて南州に生まれ、仏法に値《あ》う。明らかに知る、身の障り無く、法の縁あることを。但だ恨むらくは、不修にして未だ証験を得ざることを。不修と謂うは、未だ名利を抛《なげ》うたず、我、我所に執するなり。西天東地の仏々祖々、名利早く抛げうち来って永く我・我所を捨てて、専一に弁道して犯《ぼん》無く非無し。所以に仏法を得たる也。

汝等当に知るべし。正法・像法の行者、得法已に不同有り。後五百歳、猶《なお》亦解脱堅固・禅定堅固等の別異有り。況や今、末法に値い澆運《ぎょううん》に当る。縦い頭燃を救《はら》って精進勇猛なりと雖も、恐らくは正法・像法の時の人に斉《ひと》しからず。西天竺国に正法・像法の最中、既に得道・不得道有ることは、職《もと》精進・不精進に因る、辺地の境末法の今、人根を論ずるに、正像法の時と今時と、天地懸《はる》かに殊なり、果報を論ずるも、中印度の人と我国と、金沙比し難し。然れども、身に重障無く、上上の縁を得たり。慎んで退屈すること勿れ。如《も》し退屈せざらんには、当に勤めて精進すべし。所謂精進とは、名利を求めず、声色を愛せざるなり。

所以に、孔子・老子の言句を見ること勿れ。楞厳《りようごん》・円覚《えんがく》の教典を見ること勿れ。（時の人楞厳・円覚の教典を以って禅門所依と謂《おも》えり。師常に之を嫌う）専ら七仏世尊従《よ》り今日に至るまでの仏々祖々の因縁を学ぶべし、若し其れ仏祖の因縁を管せず、徒に名利の邪路を務《つと》めば、豈に是れ学道とせんや。如来世尊・迦葉祖師・西天二十八祖・東土六代、青原・南岳等、何れの祖師か、楞厳・円覚を用いて正法眼蔵涅槃妙心とする。又何れの祖師か、孔子・老子の涕唾《ていだ》を嘗《な》めて仏祖の甘露と爲す者ならんや。今大宋の諸僧、頻に三教一致の言を談ず。最も非なり。苦なる哉、大宋の仏法、地を払って衰えたり。古徳、皆世尊を以って老聃《ろうたん》に比することを嫌う。今の諸僧、皆如来と老聃と一致一等なりと談ず。須く知るべし、今時その人無きに依って是の如くの患《うれい》を致す。兄弟、若し看経を要せば、須く曹谿挙する所の経教に憑るべし。所謂法華・涅槃・般若等の経乃ち是れ也。曹谿未だ挙せざるの経は、用いて何爲せん。所以は何ぞ。古人の経論を披《ひら》くは偏《ひとえ》に菩提の為なり。今人の経論を披くは、但だ名利の為なり。夫れ仏の経教を説くことは、諸《もろもろ》の衆生に菩提を得しめんが為の故なり。今人名利の為に仏経を披き幾多の仏意に違《たが》う。況んや復、短慮を以って広学博覧に擬す。誠に是れ愚の甚だしきなり。

幸いに官途・世路を脱《まぬが》れて出家人と作り、比丘僧と作れり。還って声色名利を求願すること勿れ。若し声色に馳騁《ちてい》せば、乃ち出家人の恥辱なり。声色は是れ五欲なり。切に五根をして放逸にして五欲に入らしむること勿れ。見ずや世尊言《の》たまわく、汝等比丘、已に能く戒に住す。当に五根を制すべし、放逸にして五欲に入らしめること勿れ。譬えば牧牛の人の杖を執って此を視て、人の苗稼《みょうけ》を犯さしめざるが如し。若し五根を縦《ほしいまま》にせば、唯五欲のみに非ず、将に涯畔無うして制すべからざる也と。

然れば則ち仏祖の児孫、声色・名利の邪路に向かわざれ。声色に向かわずと謂うは、早く我・我所及び名聞利養を抛《なげう》って、須らく五根をして聰利ならしむべし。聰利と言うは、一度び名利をして抛つべく、吾我をして抛つべきを聞かば速やかに抛ち来るなり。是の如きの行者を名づけて大機と為し、名付けて最上根機と為す。未だ是の如くなること能わざるを名付けて敗器と為す。然も是の如くなりと雖も、作麼生が是れ牧牛、作麼生が是れ杖、作麼生が是れ苗稼《みょうけ》、作麼生が是れ之を視る、作麼生が是れ苗稼の主人。世人は必ず知ること莫し。只仏祖のみ有って正伝す。拄杖今永平の手裏に在り、乃ち縦に乃ち横に乃ち杖を執って視る也。更に又你に問う、還って牧牛を得るや。良久して曰く、箇の衲僧が拄杖有り。上堂・喫飯身に随う。自他の面目を一撃して、天上・人間隣を絶す。

上堂。我々は前世から生々世々般若の智慧の種を撒いて育ててきた功徳によって、幸いにこの南州に生を受け仏法に値うことが出来た。これを見ても、この身に障りが無く、仏法に縁があることは明らかである。ただ残念なのは、十分修行をせずに未だ本当の悟りを得ていないことである。十分修行していないということは、未だ名利の念を捨てず、自分と自分のものへの執着があることである。印度でも中国でも、仏祖方はいち早く名利の念を投げ捨てて、自己と自己のものへの執着を捨てる為、専一に弁道修行して、戒を犯すことはなく非事を行ずることをしなかったから、仏法を手に入れたのである。

皆の衆よ。よく知るべきは、正法の時代と像法の時代では、修行する者の仏法の会得に違いがある。仏滅後初めの五百年（正法時代）は解脱堅固、次の五百年（像法時代）は禅定堅固の違いがある。まして今末法の時代に値い、幸運にも仏法に逢って、頭についた炎を払いのけるような努力で、勇猛な精進をしても、恐らくは正法・像法の時代の人と同じ成果は得られないであろう。印度において正法・像法の時代の最中でさえ、仏智を得た者と得ない者の別があったが、それは只精進したか精進しなかったかにかかっている。所はこの日本の辺鄙な国であり、時は末法の時代である今は、人間の素質は正法・像法の時代とは天地の隔りがあり、修行の成果を論ずるならば、中印度の人と我が国の人とでは、金と砂のように比べものにならない。さりながら、我々はこの身に重障もなく、仏法に値うすぐれた縁に恵まれた。謹んで仏法から遠ざからないようにしなければならない。若し遠ざからないようにするには、仏法に精進することである。精進とは名利を求めず物欲に愛着しないようにすることである。

それ故孔子や老子の言句を見てはならないし、楞厳経や円覚経の経典に親しんではならない。（現代の人は楞厳経や円覚経は禅門所依の経典と思っているが、師の如浄禅師は常に嫌った）専ら過去七仏・世尊から今日に至る迄の仏祖の行ないを学ばねばならない。若し仏祖方の行ないに心を留めず徒らに名利の邪路を求めるならば、どうしてこれを仏道を学ぶということが云えよう。釈迦牟尼如来・

摩訶迦葉尊者・それ以後の印度の二十八祖・中国の六代の祖師、青原行思や南獄懐譲等の祖師方のうち、誰が楞厳経や円覚経を用いて正法眼蔵涅槃妙心だと言ったであろうか。又どの祖師が、孔子・老子の言葉の端をなめて、それが仏祖の甘露の語とする者がいたであろうか。ところが今や大宋国の多くの僧が、しきりに仏教儒教道教の三教は一致すると論じている。最大の誤りである。まことに苦々しいことであり、大宋国の仏法は地を払ったように衰えてしまった。昔の高僧達は、皆釈尊と老子を比べることを嫌った。ところが今の多くの僧達は、如来と老子は一致一等であると論じている。よくよく知るがよい。現代は真の人物が居ないので、このような誤りに陥っているのである。

兄弟達よ。若し経を読みたければ、曹谿大師（慧能）が挙げている経典を看るべきである。即ち法華経・涅槃経・般若経等がそれである。曹谿大師が挙げていない経を用いて何の役に立とう。そのわけは、昔の人が経論を繙くのは、ひとえに仏智を得る為であった。それに反し今の人が経論を繙くのは、只名利の為に過ぎない。実に仏が経を説かれたのは、すべての衆生に仏智を得させたい為であった。それに反し、今の人が名利の為に経を繙くのは、どれ程仏の本意に違反することであろうか。まして浅はかな考えで、自分の博学知識をひけらかそうとするのは、真に愚の骨頂である。

幸いに我々は官僚や世間のなりわいの路につくことをせず、出家人となり比丘僧となった。決して物欲名利を追い求めることをしてはならない。物欲に執らわれて駆けずり回ることは出家者として恥ずべきことである。物欲というのは五欲の対象（色《しき》声《しよう》香《こう》味《み》触《そく》）である。心して五根（眼《げん》耳《に》鼻《び》舌《ぜっ》身《しん》）を気ままにして、五欲にひきずり回されてはならない。釈尊も云っておられる。

「お前達僧たる者は、よく戒を守りなさい。そうすれば五根を抑制して気まま勝手に五欲の世界に入ることがなくなる。丁度牛を飼う人が杖を取ってこれを牛に見せ他人の苗代《なわしろ》に勝手に入らせないようにするようなものである。若し五根を勝手に振舞わせると、只五欲が果てしなく増大するばかりでなく、とても引き止めることが出来なくなってしまうぞ！」と。

従って仏祖の児孫たる物は、物欲名利の誤った道に向かってはならない。物欲に向かわないということは、自己と自己の物、及び名誉や利益を追い求めることを止めて、五根を賢く研ぎすますことである。賢く研ぎすますというのは、一度名利を投げ捨て自己を捨つべきと聞いたならば、直ちに捨て去ることとである。このような修行者を名付けて大機と云い、最上根機（最も偉大な人物）と云うのである。これが出来ない人を名づけて敗器（負け犬）と云う。このような次第ではあるが、牧牛とはどういうことか。杖とは何か、苗代とは何か、是れを見せるとはどういうことか、苗代の主人とは誰か。世間の人はきっとわからないであろう。只仏祖だけが正しくその内容を伝えている。

今その拄杖はわし（道元禅師）の手の内にあって、これを縦にしたり横にしたり自由自在で、かつその様子が良く見えるわい。そこでお前達に尋ねたい。諸君は牛を飼うことが出来るかどうかと。しばらく沈黙の後云われた。お前達一人一人が立派に拄杖を持っているではないか。上堂の時も喫飯の時も何時も身に従っている。自他の壁を一撃のもとに打ち砕いてしまうと、天上界も人間界も比較を絶した世界になるぞ、と。

●私解　道元禅師が、これ程までに懇切丁寧に禅の本質と、それに到る道筋を説いている上堂は外に無い。我々は末法の世に生を受けたとは云え、名利に執着する根源である自我への妄執を払却する精進（牧牛）に努めれば、必ず自他の壁を打ち破る大悟の体験を得て、人天の世界を越えた極楽浄土に生まれ返れることを確信をもって宣言されておられる。

386上堂。古仏云く、双樹に滅を示すこと八百余年、世界丘墟《きゆうこ》にして樹木枯悴し、人に至信無く正念軽微にして真如を信ぜず、唯神力を愛すと。何《いか》に況んや、今時双樹示滅の後、已に二千二百歳を経たり。明らかに知りぬ、人に至信無く、正念軽微なることを。学仏法の人、若し至信正念無くんば、必ず因果を撥無せん。古者の道く、因円《まど》かにして果満し、正覚を成ずと。且く道え、大衆、永平門下、仏法の因果如何が批判せん。還た委悉せんと要すや。良久して曰く、霊山の拈華也、慈悲落草。石鞏の彎弓《わんきゆう》也、習気猶お存す。

上堂。古仏（僧伽難提）は言われた。沙羅双樹の下で、釈尊が入滅されて八百余年になるが、世界は荒れ果てて樹木は枯れ、人々は真実の信を失い、只呪術の力を愛しているだけであると。ましして況んや、今日は仏滅後已に二千二百年経っていて、明らかに人々には真実の信は無く、仏道を信ずる正念は、まことにわずかとなってしまった。仏法を学ぶ人達に若しまことの信や正念が無くなると、必ず因果の道理を無視する結果となる。古人も云っている。因果が完全に備わって、正しい悟りが成就すると。

さて大衆諸君。永平（わし）は仏法の因果の理をどのように考えていると思うかな。詳しく知りたいと思うか。しばらく沈黙の後云われた。釈尊が霊鷲山で花を拈じて摩訶迦葉に示されたのは、因縁果満の慈悲一片心を示されたのであるが、馬祖の法嗣である石鞏慧蔵が弓をしぼって学人に法を示したのは、猟師の時の法執が未だ残っているようだなと。

●私解　僧伽難提は第二十三祖の古仏で、西暦三百年頃の人である。この時既に仏滅後八百年で真の仏道は地に落ちたと歎いておられる。

道元禅師が如浄禅師の下で大悟したのは西暦一二二五年で、達磨大師が印度から、中国に禅を伝えた西暦五七七年から既に、七百年が経過し、その時の大宋国の禅は全く滅亡に近いと批判されている。道元禅師が日本に帰国されてから八百年近くとなり、今日の日本の禅界がどのようになっているかは、周知のとおりである。

仏戒の中心は「殺すな。盗むな。嘘つくな」であるが、今日の世界は、「殺して。盗んで。嘘ついて」の全く因果の道理を無視した地獄絵となってしまっている。この混乱を静める唯一の方法は、全世界の人達が、毎日五分間で良いから静坐して、息の数をかぞえる数息観を実行することに尽きる。しかしそれを信じて実行する人は、ごくわずかかも知れない。

387上堂。記得す。曹谿古仏、法華経を読誦する僧、法達《ほうたつ》に示して云く、此の経は因縁出世を以って宗と為すと。曹谿古仏既に恁麼に道う。

永平児孫如何が道わん。所謂此の経は、諸仏の出世を以って宗と存す。且く道え、大衆曹谿が道処と永平が道処、是れ同か是れ別か。試みに請う断じて看ん。道うこと莫れ是れ同と、道うこと莫れ是れ別と。所以は何《いか》ん。諸仏の出世・豈に同別に関《かか》わらんや。道うことを見ずや、我れ及び十方仏、乃ち能く是の事を知ると。

上堂。思い出すことだが、曹谿古仏が法華経を読誦する僧法達《ほうたつ》に示して言われた。この経は、仏知見を開示悟入させる一大事因縁の為に、仏がこの世に現われた旨を説いたものであると。曹谿古仏は既にこのように云っておられる。

児孫である永平（わし）はどのように云おうか。所謂此の経は、諸仏がこの世に現われた所以を明らかにしたものである。さて大衆諸君。曹谿古仏が云うところと、わしの云うところと同じか別か、試みに云ってごらん。それは同じだとか、それは別だとか云ってはならん。何故か。諸仏が世に出るのに、同じだとか別だとかの理屈は無いからである。仏自身が云われているではないか。我と十方諸仏のみが仏智がどんなものかわかっていると。

●私解　道元禅師は「正法眼蔵・法華転法華」の巻で、曹谿と法達との問答を取り上げているが、曹谿は法達が既に仏智見を本来具有している事実に気づかせようとしている。法達もこの理を悟って、もともと寂光浄土の真只中に居る自分を見出している。これこそ仏智見の中味であり、諸仏がこの世に現われた所以である。

われわれの修行は、通例は悟りの体験を通じて迷いの自分が誤りであったことに気づくことと考えているが、これでは永久に迷悟の束縛から脱却できない。本来具有底の自己に回帰することが修行の王道である。

388上堂。曰く。昔日人有り高楼の上に在って、二比丘の楼前より過ぐるを見るに、二天有り道路を掃併《そうへい》し散花して後に随う。二比丘の回《かえ》るに及んで、次いで二鬼有り、比丘の前に在りて叱喝噀唾《しつかつせんた》して脚跡を掃除す。

其の人遂に楼を下って二比丘に所以を問う。二比丘乃ち言く、我等去る時共に仏理を談ず。回るときに至るに及んで却って雑語《ぞうご》を談ず。因って斯の如きを得たると。二比丘、感悟懺悔して去る。

汝等、此れ麁境界なりと雖も、子細に検点し将《も》ち来《きた》れば、乃ち是れ学道の人の最大事なり。所以は何ぞ。祇《た》だ情念瞥起《じようねんべつき》するが為に、外境現前す。念若し生ぜずんば、境の得可き無し。

古者の道《いわ》く、是の如きなりと雖も、這箇は便ち是れ諸天の花を散ずるに路有り。鬼神、覰見《ちよけん》するに便りを得ること乃ち是《かく》の如くなるべし。若し諸天花を散ずるに路無く、鬼神覰見するに便り無き時に当って又作麼生。

大衆委悉せんと要すや。先代未だ道わず、永平今道わん。良久して曰く、十六特勝と通明は、仏出世せず。利根の凡夫亦此の禅を修すれども而も無漏を発《おこ》さず。如来若し説かば亦無漏を発せん。

上堂して云われた。昔或る人が高楼に上って、二人の比丘が楼前を通るのを見ていた。すると二人の天界の者が、道を掃き花を撒いて後からついて行った。ところが二人の僧が帰る時は、続いて二匹の鬼が、僧達の前で怒鳴ったり唾を飛ばしながら、二人の僧の足跡を消して行った。

その人は不思議に思って、楼から下りてきて二人の僧にそのわけを聞いた。二人の僧が云うには、自分達は行く時は仏の教えについて話をしていたが、帰るときは雑談をしていた。それでこんなことになったと。二人の僧達は、心に悟るところがあって、懺悔して立ち去った。

諸君。以上は一寸とした心掛けの差だと思い勝ちであるが、子細に点検すると、仏道修行者にとって最も大切なことを語っている。その理由は、妄念が一寸でも起きると忽ち外境が現われる。従って若し妄念さえ起こさなければ、外境の現われる余地はなくなるということなのである。

古人も云っているが、そうではあるが、これは天界の者が花を道に撒いたから鬼神がこれを見つけてつけ込む隙を与えてしまったのであって、若し天人が花など撒かなければ、道がわからないので、鬼神も見つける手掛かりが無いことになろう。その時は、一体どうなるのであろうか。

大衆諸君よ。もっとくわしく知りたいと思うか。このことは今迄誰にも云わなかったが、永平（わし）が今云うことにしよう。しばらく沈黙の後云われた。十六の特にすぐれた禅観と、その上の通明禅では、仏は現われない。利根の凡夫が又此の禅をいくら修行しても、無漏の仏智を発《おこ》すことは出来ない。仏智が発るのは、如来の示された正しい禅のみである。

●私解　仏智が発《おこ》る如来の示された正しい禅とは何か。それは一切の智慧を越えた、「非思量の坐禅」のみである。

391**比丘尼懐義《えぎ》、先妣《せんぴ》の為に上堂を請う。云く、生也従来する所無し、猶衫を着るが如し。面目厳然たり。万法一に帰す。死也去る処無し、猶袴を脱ぐが如し。蹤跡《しょうせき》脱落す。一何れの処にか帰す。正当恁麼の時又且く如何。良久して云く、従来、生死相い干せず。罪福皆空にして住する所無し。**

比丘尼懐義《えぎ》が亡母供養の為に上堂を願ったので云われた。生《しょう》は来る処は無い。丁度下着を着るようなものである。そこに面目（真の事実）が厳然と現われている。従ってすべての事象は一に帰する。死は去る処が無い。丁度袴を脱ぐようなものである。そこには一切の理屈が脱落している。だから一に帰する処が無い。正にこの時一体どうなるのか。しばらく沈黙の後云われた。もともと生死は全く関係の無い事実である。罪や福も、その実体は全くカラッポで、留まる所は無い。

●私解　我々の生死は、丁度下着や袴を着たり脱いだりするのと全く同一のその時その時の事実のみということが、極く当り前に思えるまで、脱落身心の修行をすることに尽きる。

392 **十二月初十の上堂。二祖の立雪断臂を挙し了って云く、永平、今朝昨夜に遇い並《なら》びに冬雪を見るに、嵩山少室峰の当初《そのかみ》を憶うて、感懐悲涙胸に満ち襟《えり》を霑《うるお》すのみ。**

永平、今仏法の為師を敬う為に、雪に立ち臂を断ずること実に難しとすべからず。ただ恨むらくは、未だ其の師有らざる也。汝等須らく、慕古の志気を励ますべき者《もの》か。

頌に云く、雪々千里万里。片々同じならず別ならず。歌を逐い舞を逐うて乾坤新たなり。月を埋め雲を埋めて火井滅す。五葉六花、時に応じ節に応ず。夜凍及び歳寒を怕れず、澗松《かんしょう》山竹、虚心に説く。

十二月十日の上堂。二祖慧可大師が雪の中に立って自ら臂を断って、達磨大師の教えを乞うた因縁を説いた後に云われた。わしは昨夜から今朝にかけ、降り続いた冬の雪を見るにつけ、嵩山少室峰のその昔を思い起こして、感激の悲涙で胸が一杯になった。

永平（わし）は今、仏法の為また師を敬う為に、雪の中に立って臂を断つことは未だ難しいとは思わないが、恨むべきは、そのような師に会うことが出来ないことである。諸君は、このように慕古の志気を起こさねばならない。

そこで二祖をたたえる頌を示して云われた。雪・雪・雪。見渡す限りの一面の雪。雪の一片一片は同じでもなく別でもない。歌を歌い舞を舞いながら降りしきって、天地は一面真白である。月も見えず雲も見えず。炉の火も消え入るばかりである。五葉の梅花のように、雪の花が時に応じて現われてくる。凍った夜も年の暮の寒さもいとわない。谷川の松も山中の竹も、無心に仏法を説いているではないか。

●私解　虚心に説く澗松山竹こそ、立雪断臂して二祖が手に入れた正伝の仏法そのものである。

393**上堂。仏祖の家風、期有りて必ず会す。黒漆光を生じて内外に関《かか》わらず。又見る四山、青又黄。草庵、茅《かや》旧《ふ》りて新を把って蓋《ふ》く。従他《たとい》月色、窓に臨んで染むとも、惜しむべし風流宝貝《ほうばい》に代わることを。**

上堂。仏祖の家風は、時節が来れば必ず会得することができる。会得すると、真暗闇の衆生も、光輝いて内《うち》も外もない打成一片の境界となる。

当山は、春になると四方の山は青くなり、秋になると黄葉に染まる。草葺の屋根は、旧くなれば新しいものに代える。月影が窓に映る景色は格別だが、惜しいことに人々は、この風流を味わうことをせず、世間の欲楽にふけっていることよ。

●私解　正しい修行を続けていけば、必ず大悟して本家郷に帰る時節がやってくる。これは、人種・性別・国籍・信条の如何を問わない。

394**上堂。記得す、世尊因に五通仙人問う、世尊に六通あり、我に五通あり。如何なるか那一通と。世尊召して曰く、五通仙。五通応諾す。世尊曰く、那一通、你我に問うと。**

三界の世尊喚ぶこと一声、五通仙人応ずること一声。五通・六通・那一通。有辺・無辺・無有辺。盥《かん》水《すい》・点茶・和尚に供す。

永平門下、又且《しばら》く如何。五通仙人、本《もと》小釈迦の眼睛を偸《ぬす》んで、小釈迦を見んと欲することを期す。忽然として大釈迦を見得する時如何、良久して云く、仙人先の望む所に非ず。乞児飯椀を打破す。

上堂。思い出すことだが、世尊に或る時、五通仙人が問うた。世尊には六神通が具わっておりますが、私には五神通だけあります。もう一つの神通は何でしょうかと。その時、世尊は五通仙人と呼ぶと、五通仙人はハイと答えた。世尊は直ちに云われた。お前さんは、もう一つの神通は何かと、わしに聞いたのではなかったかねと。

三界（欲界・色界・無色界の迷いの世界）の師である世尊が一声呼ぶと、五通仙人はハイと一声答えた。これこそ五通・六通を越えた那一通そのもので、有辺・無辺の辺際を超えている。だから潙山和尚が昼寝の夢を当てよと命じたとき、弟子の仰山は盥に水を盛って差し出し、香厳は続いて茶を点じて献じ、各々和尚に神通を現わした。

さて永平門下ではどうであろうか。五通仙人はもともと自分に無いもう一通を釈尊から盗もうと思った。即ちそっと釈迦の道を盗んでその釈迦になろうとちっぽけな了見を起したが、あにはからんや忽ち偉大な釈尊の働きを手に入れる機会を得た。この働きを手に入れた時どうなるのであろうか。しばらく沈黙の後云われた。五通仙人は、初めに思ったのとは全く違った世界を手に入れたことになり、丁度乞食が十分な食を手に入れたので、今迄使っていた飯椀をぶちこわしたのと同様な境地になった。

●私解　この本当の通力を、本来我々は完全に備えていることを悟るのが、仏道修行の本旨である。

397上堂。仏祖の大道は、処として周《あまね》からずということなく、物として具《そなわ》らざるものはない。然も独《ひと》り宿殖般若の種子を殖《う》うる底の人のみ有って、堪忍する所なり。所以に道《いわ》く、色を以って見る可からず、声を以って求む可からずと。風は静かなり大千界、鳥は啼く山岳幽《かす》かなり。四衢《しく》明らかにして暁に似たり。六戸冷やかに秋の如し。半坐不疑の地、盃中に弓影浮かぶ。

上堂。仏祖の大道はどこにもあまねく現われており、あらゆる物に明らかに具わっているが、このことは前世から般若の智慧を植えてきた者だけが、成程と納得することが出来るのである。

従って外界の色を追究し、外界の声を追いかけている限り手にすることは出来ない。だがよく見、よく聞くことが出来ると、大千世界は風が静かに吹き、鳥は啼いて山中はひっそりとしていることに気が付く。そうすると、前後左右四方の道も明らかとなり、眼・耳・鼻・舌・身・意の六根も、秋のように爽やかとなる。ここに至ると、一寸坐っただけでも不疑の境地に至り、盃の中に浮かぶ弓影も弓影とわかって、それが最早蛇かと疑うことはなくなる。

●私解　仏道修行は生々世々の大事業である。不疑の地に至るまで続けることが大切である。

399 **上堂。云く。我が仏言えること有り。初め三乗を説いて衆生を誘進し、然る後但だ大乗を以って之れを度脱せしむと。**

且く大衆に問う、如来若し前説・後説を用うれば、人天に異ならず。亦十聖三賢に同じ。若し前後を用いずんば、甚《なん》としてか却って恁麼に道う。

大衆還って委悉せんと要すや。良久して云く、驢事未だ了らざるに馬事到来すと。

上堂して云われた。我が釈迦牟尼仏は云われた。初めに三乗（声聞・縁覚・菩薩）の教えを説いて衆生を誘引し、その後にただ大乗の法を説いて彼等を済度解脱させたと。

しばらく大衆諸君に聞こう。若し釈迦牟尼如来の説法に前説・後説があるならば、人間界や天上界と違いはない。又十聖三賢の菩薩と同じではないか。若し前説・後説が無いと云うならば、どうしてこのように云われたのであろうか。

大衆諸君。この道理をくわしく知りたいと思うか。しばらく沈黙の後云われた。前説（驢事）も後説（馬事）も、中味は全く変わりないからである。

●私解　仏は衆生済度のために説くのみであって、中味は何時も変らない。中味が違うと思うのは、衆生の迷いの程度による。

400 **上堂。恰々《こうこう》として綾縫無く、明々として覆蔵せず。鷲嶽《じゆがく》縦《たと》い迦葉に伝うるとも、少林豈に神光に授けんや。現成す処々合頭《がつとう》の語、具足す人々知見香。虚空演説し、森羅聴く。唇皮に掛けず挙揚を解す。汝等諸人、雲衆水衆。十二時中満眼・満耳、古を超え今を超う。誰か自・誰か他・何れか迷い・何れか悟る。還って体委悉し得るや。**

良久して云く、鎮州の蘿蔔を挙起すれば、盧陵の米価に何似《いずれ》ぞ。

上堂。仏道は元来完全無欠であって、とがった処も縫目も無く、明々として覆《かく》しようがない。この事実を霊鷲山で釈尊が摩訶迦葉に伝えたというが、少林寺の達磨大師は神光に授けようがない（伝・不伝を超えているので）。だから人々は、何時でも何処でも、この事実に出合い、誰もがこの智慧の香りをかいでいることがわかる。だから虚空が仏法を演説すると森羅万象がこれを聞き、舌の無い人が自ずと仏法を挙揚することとなる。

雲水諸君。このような仏道を、諸君は何時も眼に一杯、耳に一杯、昔も今も年がら年中実現しているので、自他を区別し迷悟を論ずる余地がない筈である。どうだ。このことを皆体得しているかどうか。

しばらく沈黙の後云われた。趙州の云う鎮州のでっかい大根を掘り起こしてごらん。青原の云う盧《ろ》陵《りょう》の米価がいくらか云えるだろうよと。

●私解　道元禅師の法眼は、このように明瞭である。この宇宙はこの事実しかないことを腹の底から体得するまで、坐禅を続けていきさえすれば良い。

401 **典座を請する上堂。天地一指、万物一馬。二は一に由って有り、一も亦放下す。鉢裏《はつり》の飯・桶裏《つうり》の水、一等に他、般若を談ず。火を挟《はさ》み灰を撥《ひろ》って米沙を洮《あら》う。功帰して還って這の保社に入る。然も是の如くなりと雖も、入の一字、凡聖の為にせず、自他の為にせず、迷悟の為にせず、正偏の為にせず、内外の為にせず、始終の為にせず。又作麼生。還って体悉し得てんや。良久して曰く、鼎《てい》辺文殊を管せず、柴を把って三度び吹いて啞ならず。**

典座を請する上堂。天地は只一指、万物は只一つきり。二は結局一に帰するが、その一も必要ない。真の事実は鉢裏飯《はつりはん》（米びつのなかの飯）桶裏水《つうりすい》（桶の中の水）だけである。一つ一つが般若の智慧を示している。典座の役目は、大をつかみ灰を払い米と沙とを抉《え》り分けることであるが、その一つ一つの功徳は、すべてこの禅堂に帰する。

そうではあるが、今新しい典座が、この禅堂に入ることは、凡聖・自他・迷悟・正偏・内外・始終とは全く関係ない。それでは一体何か。それが十分わかるかな。しばらく沈黙の後云われた。台所にあっては、たとえ文殊が現われても相手にするな。柴を炉にくべて三度吹く大説法をするだけである。

●私解　典座の役目の大切さを説くと共に、新しい典座が、このような大説法が出来る人物であることを大衆に示している。それと共に、典座自身も、この心構えを常に忘れてはならないことを示されている。

403上堂。挙す。曹山、徳上座に問う。仏の真法身は猶虚空の如し。物に応じて形を現わすこと水中の月の如しと。且く作麼生か箇の応ずる底の道理を説かん。徳云う、驢の井を覰るが如しと。山云く、道うことは即ち太煞《はなはだ》道う、只八九成を得たり。徳云く、和尚又如何。山云く、井の驢を覰るが如しと。師云く、驢の井を覰る・井の驢を覰る・井の井を覰る・驢の驢を覰る。身容心儀限り無し。物に応じて形を現ずること余り有り。活眼は環中を照らして虚を廓《ほが》らかにし、芥城劫石、妙に初めを窮む。腰頭、縦《たと》い風流袋を帯ぶも、家裏何ぞ一字の書無からん。

上堂、公案を挙げよう。曹山が徳上座に問うた。真の仏の法身は虚空と同じで、相手に応じてその姿を現わすが、あたかも水中に映った月と同じであると云われるが、この相手に応じてその姿を現わす道理を、どのように説いたらよいかなと。徳上座の答えは、驢馬が井戸を見るようなものですと。曹山は云った、良いことは良いが未だ八十点か九十点だなと。徳山は云った、それでは和尚は如何ですか。曹山は云った、井戸が驢馬を見るようなものじゃと。

師（道元禅師）は云われた。驢馬が井戸を見る・井戸が驢馬を見るということは、井戸が井戸を見、驢馬が驢馬を見るということである。即ち法身の姿、心識の働きは虚空のように限り無く、相手に応じた姿を、その時その時に現わすだけでとめどもない。悟りの眼は宇宙の環の中をカラッと照らすだけで中味は全くカラッポ。それも芥子劫盤石劫と云われる無限の時間続いている。旅に出る時、腰に巾着をぶら下げて出掛けるが、一歩踏み出した途端、家はカラッポとなる。

●私解　人生はカラッポの自分が、カラッポの宇宙を、カラッポの足で、カラッポで歩くだけ。
これを驢が井を見、井が驢を見、井が井を見、驢が驢を見ると云う。

404 **上堂。挙す。世尊衆と与《とも》に行く次いで、手を以って地を指して曰く、此の処宜しく梵刹《ぼんせつ》を建つべしと。帝釈一茎草を将《も》って地上に挿して云く、梵刹を建て已竟《おわ》ると。世尊微笑す。**
師曰く、明々たる百草更に春に逢う。一茎を拈得して用い得て親し。丈六の金身と梵刹と蓮宮未だ染まず水中の塵。殿裏元《もと》主と為って堂中、賓を接することを会す。等閑に仏に従って経行する処、三界如《し》かず仏道の人。

上堂。公案を挙げよう。世尊が或る時大衆と共に行かれた時、手で地面を指さして云われた。此処は寺を建てるのに良い処じゃなと。それを聞いた帝釈天は、直ちに一本の草を地上に挿して云った。寺を建て了りましたと。世尊はにっこり笑われた。

師（道元禅師）は云われた。世尊が地面を指さされたのは、百草が春に出逢ったようなもので、帝釈がそれに応じて一本の草を挿したのは、まことに親切な働きである。丈六の金身である釈尊と共に建立したその寺は、清浄な蓮宮であって、水中の泥や塵に染まる余地はない。世尊は元々この寺の主人であり、たくさんの衆生の客を接待されている。帝釈天が、たまたま仏に従って経行し、このような働きを示したが、この三界に於て肩を並べる者はいない、まことにすぐれた仏道の人と云わなければならない。

●私解　朝起きて顔を洗い着物を着る。朝食を頂いて会社に出掛ける。その一つ一つが梵刹を建て了る行事であることが納得できるまで、真剣な坐禅を続けるだけで良い。

405**上堂。五台山頂に雲飯《はん》を蒸し、仏前堦前に狗天に尿す。刹竿頭上に䭔子《たいし》を煎、三箇の猢猻《こそん》夜銭を簸《ひ》る。**

師云く、若し這裏に向って領覧し得ば、驪《り》龍《りゅう》到る処、雲雨を興す。其れ或いは未だ然らずんば、且く池の臘月の蓮の開くのを待て。参。

上堂。五台山頂で雲がご飯を炊いている。仏前の階段の前で犬が天に向って小便をしている。問答の旗竿の上で餅を焼いている。三匹の猿が夜中に銭勘定をする。

師（道元禅師）は云われた。若しこれらの公案が会得出来れば、そのすばらしい龍は到る処で雲を起こして雨を降らす大活躍が出来る。若しこれがわからないならば、十二月の真冬に池の中の蓮の花が咲くのを待て。即ち到底不可能だから真剣に坐禅に参ぜよと。

●私解　これらの公案は、すべて当り前のことを当り前にやるだけであるが、言葉尻にひっかかるとさっぱりわからなくなる。

406**臘八上堂。日本国の先代、曽って仏生会。仏涅槃会を伝う。然れども、未だ曽って仏成道会を伝行せず。永平始めて伝えて已に二十年なり。自今以後、尽未来際伝えて行ずべし。当に恁麼の時、永平門下且《しばら》く道え如何。梅花雪裏に一枝開く。春風の次第に吹くことを仮らず。大衆、這箇の道理を委悉せんと要すや。良久して曰く、十方世界光明を蒙り、一切衆生仏説を聞く。拄杖袈裟共に笑忻《しょうきん》し、僧堂仏殿鉢盂悦ぶ。**

臘八十二月八日の上堂。日本国では前代より、既に降誕会と仏の涅槃会を伝えているが、未だ曽って仏の成道会は伝えていない。今永平（わし）がこれを始めて伝えて已に二十年になる。今より後は、永久にこれを伝えて行じて貰いたい。

さて当にこの時、永平門下はどのように云うべきか示して貰いたい。見よ。梅の花が雪の中に一枚開いている。もう春風の吹くのを待つ必要はない。大衆諸君。この本当の意味を知りたいと思うか。しばらく沈黙の後云われた。十方世界は光明ばかり、一切衆生が聞くのは仏説ばかり。だから拄杖も袈裟も嬉しくなって笑い出し、僧堂も仏殿も応量器も、喜びに満ちあふれる。

●私解　十方世界は光明ばかり、一切衆生の聞くのは仏説ばかりという事実を手に入れて確信するのが、成道会の臘八接心である。

407上堂。**祖師に箇の方便有り。八倒未だ終らざるに七顚す。禅板・蒲団・拄杖、今時火中の蓮と作す。**

上堂。祖師方には、特別な方便手立てがある。それは七転び八起きして、衆生済度の為に大奮斗することである。そしてその為の道具は、禅板であり蒲団であり拄杖である。しかし今日、これ等の道具を自由自在に使える者は、火中の蓮のように非常に稀有なこととなってしまった。

●私解　道元禅師の頃、既に大宋国の禅は風前の灯であった。道元禅師は、その法灯を日本という新天地に根づかせる為に大奮斗されたが、遷化後既に七百五十年余を経て、幾人がその法灯を続《つ》いでいると云えるであろうか。

408上堂。（時に降雪、山嶽に積る）学仏道の漢、正見得難く、邪見脱し難し。正使《たとい》因縁・自然・断見・常見を遮却し得るも、若し色大我小・我大色小等に堕せば、乃ち是れ六十二見也。

或いは説く、空の大覚の中に生ずることは、海の一漚《いちおう》の発するが如し。或いは説く、当に知るべし、虚空の汝が心内に生ずること、猶片雲の大清裏に点ずるが如しと。我が仏の所説と称すと雖も、正に是れ我大色小なり。若し恁麼に見得せば、是れ三世諸仏の弟子にあらず、亦歴代祖師の雲孫に非ず。古来有徳有道、真に道心ある者、必ず誠心を以って明々に仏道・外道の見処の別なることを暁了して然る後に学仏す。所以に見成《げんじょう》するなり。

記得す。雲居、雪峰に問う。門外の雪消するや也《ま》た未だしやと。雪峰曰く、一片も也た無し。箇の什麼をか消せん。雲居云く、消せりと。

今日永平、一一注却せん。雲居問う、門外の雪消するや也た未だしや。才《わず》かに過去を論ずれば便ち彼《ひ》此《し》に堕す。畢竟如何。若し是ならば如是。雪峰道く、一片も也た無し、箇の什麼をか消せんは、初祖何ぞ達磨とせん。一場只是れ懡㦬《もら》。雲居道く、消せりは、笑う可し溝に塡《み》ち壑《たに》に塞《ふさ》がる、眼睛・髑髏野に遍《あまね》し。

上堂。(時に雪が降り山々に積もった)。仏道を学ぶ人々は、正見を得ること難しく、邪見から脱け出すことも難しい。たとえ、因縁や自然、断見や常見を除くことは出来ても、物は大きく我《が》は小さい、或いは我は大きく物は小さいという物我《もつが》対立の見解に落ちれば、六十二見の外道となってしまう。

或いは空《くう》を大悟したと説くのは、海中に生じた一つの泡に過ぎない。或いは心は全くカラッポと説くのは、一片の雲が大空に浮かんだようなものである。これらこそ我が仏の説かれたものと称するが、これこそ我は大きく物は小さい見解である、若しこのような見解を持つならば、それは三世諸仏の弟子でもなければ、歴代祖師方の遠孫でもない。古来徳の高い真の求道者は、必ず誠心誠意をもって仏道と外道の見解の違いを明らかにして、その後に仏道を学んだので、真の仏道を成就することが出来た。

ここで思い出すのだが、雲居が雪峰に問うた。門の外の雪はとけたか未だかと。雪峰は答えた、雪は一かけらもありません、何をとかすと云うのですかと。雲居は云った、そうだ雪はもともとないよなど。

今日永平（わし）は、この問答の一つ一つに注釈してみよう。雲居が聞いた、門の外の雪はとけたか未だかというのは、一寸でも過去を論ずるならば、それは彼我の相対論となってしまうことじゃ。それでは、結局どうなるのか。若し是れというならば是れっきりと云うことである。雪峰が云った、雪は一かけらもありません、何をとかすと云うのですかというのは、達磨を初祖と云っただけでキズがついて、お笑い物になるということである。雲居が雪はもともとないよねと云うのは、雪が溝を埋め谷をふさいで宇宙に満ち満ちているというような悟りのドクロが、その辺にウロウロしているのは、全く天下のお笑い草であるぞ！　ということであると。

●私解　道元禅師の法眼は、このように冴え渡って曇りが無い。悟りといえども、それが頭にある間は迷いである。さりとて、悟りもしないで理屈で禅を説いても、それは同じく迷いであって真の仏道ではない。

だからこそ、学仏道の人は、正見を得ること難く邪見を脱することは難しいと云われるのである。それではどうしたら良いか。どこ迄も自己反省しながら只管に打坐に努める外はない。又これを続けていくと必ず自ら悟ることが出来、無限向上の道をひたすら進むことが出来るようになる。

永平広録第五終り

永平道元和尚広録第六

永平禅寺語録

侍者　義演　編

414上堂。挙す。大唐洪州黄龍山普覚禅師、曽って上堂して曰く。十方仏土中唯有一乗法。頭上は是れ天、脚下は是れ地、作麼生か箇の一乗法を説かん。良久して曰く、開単展鉢豈に是れ一乗法にあらざらん。拈匙《ねんし》把筯《はちょ》、豈に是れ一乗法にあらざらんや。遂に拄杖を拈じて曰く、這箇は是れ什麼ぞ。若し喚んで一乗法と作さば、眉鬚《びしゅ》堕落せん。拄杖を以って禅床を卓して下坐す。

師曰く、黄龍恁麼に道うと雖も、永平且《しばら》く如何が道わん。遂に拄杖を拈じて卓一卓して曰く、這裏是れ什麼の所在ぞ。抗㘭《こうかん》・推阜《たいふ》、生仏・虚空、究尽の時常に無性。趯到《てきとう》の処《ところ》縁より起こる。舌を吐いて遍く覆う、手を信《の》べて拈じ来る。我が仏出ずる時悪世に非ずと雖も、本願を以っての故に三乗の法を説き、本願を以っての故に一乗の法を説く。且く作麼生か箇の一乗法を説かん。良久して曰く、困じ来れば眠り、健なれば坐禅す。飯飽いては筯《はし》を弄し、菜は後に羹《こう》は先なる、豈に是れ一乗の法にあらずや。暮八百朝三千、生々世々眼皮綻《ほころ》び、劫々年々鼻孔穿つ。豈に是れ一乗の法にあらずや。遂に拄杖を拈じて卓一卓して曰く、這箇は是れ什麼ぞ。若し喚んで一乗法と作さば牛頭に角無し。喚んで一乗法と作さざれば、馬頭に角有り。

上堂。公案を取り上げて云われた。大唐国の洪州黄龍山の普覚慧南禅師は、かつて上堂して次のように云われた。十方の仏土の中で只一乗の法だけがある。頭の上は天、足の下は大地。さてこの一乗の法を何と説いたら良いであろうか。しばらく沈黙して云われた。鉢盂を広げて応量器を並べる。是れこそ一乗法である。匙を取り箸を握る。是れこそ一乗法そのものである。遂に拄杖を取り上げて云われた、是れは何かと。若しこれを呼んで一乗法と云うならば、そのウソのため眉鬚堕落するであろう。そこで拄杖でドーンと禅床を打って下座された。

師（道元禅師）は云われた。黄龍はこのように云われたが、さてわしは何と云おうか。遂に拄杖を取ってドーンと一つ突いて云われた。是れは何か。窪んだ地面も小高い山も、衆生も仏も、虚空を究め尽くせば常に実体は無く、とどのつまりは縁に応じて生じたものばかりである。この無生・縁起の道理を口と手で全世界に示されたのである。釈尊がこの世に出られたとき、悪世ではなかったが、仏は本願を持っておられたので、三乗の法を説かれ、又本願を持っておられたので一乗の法を説かれたのである。さてこの一乗法をどう説いたらよいであろうか。しばらく沈黙の後云われた。疲れたら眠り、元気なら坐禅をする。十分食べたら箸を置き、お菜は後に汁は先に頂く。これこそ一乗法そのものである。夕方に八百、朝に三千の鐘を鳴らす。生々世々正法の眼を開き、年々無窮にわたって本来の自己を明《あき》らめる。これ一乗の法そのものである。遂に拄杖を取ってドーンと一突きにして云われた。これは一体何か。若しこれを喚んで一乗法と云うならば、牛の頭には角が無いと云うようなものであり、又これを喚んで一乗法ではないと云うならば、馬の頭に角があると云うようなもので、どちらも大きな誤りである。

●私解　すべての日常は一乗法そのものであるが、若しこれは一乗法であるとか、一乗法ではないとか頭に描いたら、それはすべて観念であって事実ではなくなる。一切の観念から脱却すると一乗法の事実だけとなり天下太平となる。

415上堂。挙す。玄沙羅漢に問う、三界唯心、汝作麼生か会す。羅漢椅子を指して玄沙に問う。曰く、和尚這箇を喚んで什麼とか作す。玄沙曰く、椅子。羅漢曰く、和尚三界唯心を会せずと。玄沙椅子を指して羅漢に問うて曰く、我這箇を喚んで竹木と作す、汝喚んで什麼とか作す。羅漢曰く、桂琛も亦喚んで竹木と作さん。玄沙曰く、尽大地一箇の仏法を会する人を覔《もと》むるに不可得なりと。

古徳既に恁麼。永平今日作麼生か道わん。椅子竹木・竹木椅子、一に非ず異に非ず。這底《このもの》に三界無く、三界に這底無し。既に恁麼に到りて又作麼生。良久して曰く、茫々たる三界縦《たと》い是れ唯心なるも、仏法を会する人を覔むるに一箇も終《つい》に得ず。明々たる唯心縦い是れ三界なるも、仏法を会せざる人、半箇を覔むるに得ず。

上堂。公案を挙げよう。玄沙が弟子の羅漢桂琛に問うた、三界唯心をお前さんはどのように会得しているかと。羅漢は椅子を指して玄沙に問うた。和尚はこれを何と呼びますかと。玄沙は云った、椅子。羅漢は云った、和尚は三界唯心を全くご存じありませんね。すると玄沙は、椅子を指して羅漢に訪ねた、わしはこれを竹木と呼ぶが、お前さんは何と呼ぶかと。羅漢は云った、桂琛もまた竹木と呼びますと。玄沙は云った、全宇宙に仏法を会得した人を求めても一人もおらんわいと。

古人は既にこのように云っておる。永平（わし）は今日何と云おうか。椅子と竹木・竹木と椅子は、一つでもなく異なるものでもない。これ（椅子）は三界ではない。三界はこれではない。この境地に到って又何と云おうか。しばらく沈黙の後云われた、この広い広い宇宙は心そのものではあるが、真に仏法を会得した者を探しても一人も居ない。この明々たる心は全宇宙そのものではあるが、仏法を会得していない者は半人もおらんなあ！　と。

●私解　会得する仏法は全宇宙どこを探しても、どこにもなかったわいと会得すれば、仏法を会得していない者は半人もおらんことが明瞭となる。しかしここに到るまでは、仏法を徹底会得する修行が是非とも必要である。

417上堂。記得す、僧趙州に問う、万法一に帰す。一何れの処にか帰す。趙州曰く、我青州に在って一領の布衫《ふきん》を作る。重きこと七斤と。

又僧古徳に問う、万法一に帰す、一何れの処にか帰す。古徳曰く、黄河九曲と。

師曰く、二員の老漢、恁麼に人の為にす。若し是れ永平ならば又且く然らず。忽ち人有り万法一に帰す、一何れの処にか帰すと問わば、祇だ他に向って道わん。一条の拄杖七尺余と。大衆委悉するや。良久して曰く、春来の意を問わんと欲せば、梅花自ら知らず。

上堂。思い出すことだが、僧が趙州に問うた。万法は一に帰すと云いますが、その一はどこに帰するのでしょうかと。趙州は云った、わしは青州で一枚の着物を作ったが、その重さは七斤だったかなあと。

又僧が古徳に尋ねた、万法は一に帰すと云いますが、その一はどこに帰するのでしょうかと。古徳は云った、黄河は九曲りして大海に注ぐわいと。

師（道元禅師）は云われた、二人の老漢はこのように人の為に説かれたが、若しわしだったらそうは云わない。若し誰かが、万法は一に帰すと云いますが、その一は何処に帰するのでしょうかと問うたならば、その者に向かって言おう。この一本の拄杖の長さは七尺程じゃと。大衆諸君、もっとくわしく知りたいと思うか。しばらく沈黙の後云われた。春はどこから来るのかと問うても、梅の花自らは全くご存じないぞと。

●私解　趙州も古徳も道元禅師も、全く同じ答えをしている。わしは仏法はとんと知らぬと。

419上堂。払子を以って一円相を打して曰く、身心脱落也、用いて勤めず。払子を以って一円相を打して曰く、脱落身心也、寂にして滅せずと。

二乗は困じて空無に堕し、凡夫は執して分別に纏《まと》わる。菩薩は這裏に到って区区として進修し、諸仏は這裏に到って嘮々《ろうろう》として演説す。

妙、三乗を出でて功万劫を超《こ》ゆ。水月茫茫として舟棹閑《しづか》なり。雪雲冉冉《ぜんぜん》として路岐絶す。既に恁麼の田地に到って又作麼生。良久して曰く、大弁は訥《とつ》なるが如く、大巧は拙なるが若《ごと》し。

上堂。払子で一円相を描いて云われた、身心脱落とは、毎日やっていながらやっていると思わないことである。又払子で一円相を描いて云われた、脱落身心とは、中身はカラッポのまんま姿形は変らないでそこにあるということであると。

だがこの事実を声聞・縁覚の二乗はわからないので、いたずらに空無の見に陥る。凡夫は有相の姿に執われて対立観念のトリコとなる。菩薩達はこの境地に到って一段と修行し進歩する。諸仏はこの世界に到って声高らかに説法する。

さてこの身心脱落・脱落身心の妙なる様は、三乗の境涯を超え、その功徳は無限の時間を超えている。あたかも月が広々とした海に映る中を、舟に棹さして進むように静かであり、雪雲が次から次と湧き出して小路を覆うように自由自在である。さて、このような境涯に到って一体どうなるのであろうか。しばらく沈黙した後云われた。真の雄弁は口べたのように見え、真に器用な者は下手のように見えるではないか。

●私解　身心脱落・脱落身心の人の境涯は外からはかり知ることはできないが、またそのことは本人自身も全くご存じないのである。仏道修行も、ここ迄到達しなければ本物とは云えない。

421上堂。溶溶曳曳《ようようえいえい》たり山上の雲、潺潺湲湲《せんせんかんかん》たり山下の水。試みに問う、其の間雲水の人、更に何れの処にか諸れ己《こ》に覓《もと》めん。其の心を脱落すれば、法・見聞を超え、其の智を究尽《ぐうじん》すれば、道・情謂を超ゆ。正当恁麼の時、諸人の体上に於いて又作麼生。両耳生来両肩に対し、霊雲曽って悟る桃花の辺。

上堂。ゆったりとたなびく山上の雲、さらさらと流れる山下の川の水。試みに聞こう。その中にあって、雲水諸君の本来の自己はどこにあるのかと。その求めようとする心を脱落してみると、事実は一切の見聞覚知を超えており、その般若の智慧が開けると、仏道は一切の凡情を超えていることがわかる。まさにこの時、我々のこの身体はどうなるのか。何んだ！　両方の耳はちゃんと両肩の上にあるし、霊雲和尚が咲きほこる桃の花を見て悟ったのは、当り前のことだったのである。

●私解　仏道修行する以上、どうしても一度は身心脱落・脱落身心底の大悟の体験が不可欠である。

422 **上堂。大利小利、何ぞ行市を免れん。王老師の売身は即ち且《しばら》く致《お》く。盧陵《ろりょう》の米価、人の価を酬ゆる有りや。若し人の価を酬ゆる無くんば、永年自ら売り自ら買わん。良久して曰く、如意摩尼《にょいまに》、大千に満つるも、争《いかで》か如《し》かん独り明窓に坐するには。知らざれば、虚しく度る幾光陰ぞ。知る者の修せざる什麼にか因る。**

上堂。大儲けしたとか儲けが少ないとかは商いでの事柄である。南泉和尚が、自分の身を売りたいが誰か買わんかという問答はさておいて、青原和尚の云う盧陵の米に、どんな価をつけたら良いであろうか。

若し誰も値をつける者がいないならば、永平（わし）が自分で売り値と買い値をつけよう。しばらく沈黙の後云われた。どんな高価な摩尼宝珠が大千世界に満ちあふれていても、ひとり月明かりの窓の下で、坐禅するのにまさるものがあろうか。このことを知らなければ、結局長い長い間、虚しく光陰をわたることになるぞ。このことを知りながら、なお修行しようとしないのは、一体どういうわけであるかと。

●私解　自己を救い他を救い、世界を救う唯一の道は、正身端坐の坐禅の外はない。人々はこの価値を知らないので、結局は、金・地位・名誉を追い求めて、空しく永劫の光陰をわたることとなってしまう。しかし、この正身端坐の価値を知り、その価値を具体的に教えてくれる師が、今や殆ど居なくなってしまった。

424**上堂。古徳曰く、皮膚脱落し尽くすと。先師曰く、身心脱落也と。既に這裏に到って且《しば》らく作麼生。良久して曰く、誰か道う、即心即仏、非心非仏は道に非ず。若し人、祖師の意を識らんと欲せば、老兎巣寒うして鶴の夢覚む。**

上堂。古徳（薬山）は云われた、皮膚がすっかり脱け落ちてしまったわいと。先師（天童如浄禅師）は云われた、身心脱落と。さてこの境地に到って何と言ったら良いであろうか。しばらく沈黙の後云われた。誰が云ったのか即心即仏・非心非仏と。これらは真の仏道ではない。若し人が真の祖師の心を知りたいと思ったら、月に巣ごもりした鶴が寒さのあまり、夢から醒めた境涯とでも云おうか。

●私解　皮膚脱落・身心脱落・即心即仏・非心非仏の夢から醒めて始めて漸くこの鶴の境涯がわ

かる。何故なら、どんな悟りも未だ迷いだからである。

425**上堂。記得す、地蔵、修山主に問う、甚麼の処よりか来る。修云く、南方。蔵曰く、南方近日仏法如何。修曰く、商量浩々地。蔵曰く、争《いか》でか如かん。我が這裏、田を種《う》え飯を搏《か》いて喫せんには。修曰く、三界を争奈《いかん》せん。蔵曰く、你什麼を喚んでか三界と作すと。**

地蔵和尚。紹修山主、恁麼に道うと雖も、永平老漢又道処有り。三界の三界を見るが如くならず、入出何ぞ妨げん内外無し。遮莫《さもあれ》、商量浩々地、世人の愛処、我何ぞ愛せん。既に這裏に到って畢竟作麼生。良久して曰く、地蔵和尚、春農早し。這裏田を種え飯を搏いて喫せん。

上堂。思い出すことだが、地蔵和尚が修山主に問うた、どこから来たか。修は云った、南方。地蔵は問う、南方の最近の仏法はどうじゃと。修は云った、あちらでもこちらでも問答商量が盛んです。地蔵は云った、わしの処では田植えをしたり、飯をたいて食べたりしているが、それには及ばんなと。修は云った、苦しんでいる三界の衆生をどうするんですか。地蔵は云った、お前さん何を呼んで三界と云うんだいと。

地蔵和尚と修山主のやりとりは以上だが永平（わし）には又言いたいことがある。三界は三界だけで、入っても出ても三界だけ、内も外もありはしない。たとえ南方で問答商量が盛んでも、それは世間の連中がやりたいだけで、わしの関心事ではない。この境地に到って結局何と云ったら良いであろうか。しばらく沈黙の後云われた。地蔵和尚の処では、春の農事は早い。わしは早速田植えをし握り飯を食べることにしよう。

●私解　地蔵和尚も道元禅師も、最早仏法のカケラも頭に無い。広い田圃なら、それこそ朝早く握り飯を腰にぶら下げて、田植えに精出さねば間に合わない。

426上堂。万機《ばんき》休罷《きゅうは》、千聖不携《ふけい》。父母も我が親にあらず、諸仏も我が道にあらず。親道は且《しばら》く致《お》く、你、什麼を喚んでか我と作す。

本色の衲僧、一条の活路に到ることを得て、以って逍遥す。所謂生滅有りと雖も去来に非ず、階級有りと雖も差別を免る。修証は即ち無きにあらず、汚染《おせん》すること即ち得ず。塵に背いて覚に合し、花を開いて果を結ぶ。

諸仏・衆生究尽し来れば乃ち実相也。既に是れ実相、甚為《なんとして》か諸仏無量無辺、衆生無際無究なる。大衆還って這箇の道理を委悉せんと要すや。良久して曰く、夜行を許さず、明に投じて須く到るべし。

上堂。一切の観念が無くなって、千聖といえども伝えることが出来なくなった世界は、父母未生以前の境涯であり、諸仏も出現する前の消息である。このような親密な世界はしばらく措いて、諸君は何をもって我《われ》と云うのか。

真箇の衲僧ならば、この一筋の大道に到ることが出来て始めて自由に振舞うことができる。この境地に到ると生滅しながら、去来の跡が無い。階級は有るが差別の念が無い。修行すれば悟りを得るが、修証に執われる跡が無い。六塵（眼耳鼻舌身意）そのまま悟りの丸出しとなり、六境（色声香味触法）の花が開いて、その果実を楽しむことが出来る。

諸仏だの衆生だのは、とどのつまりは、そのまま真実相の現われである。既にそれが真実相であるから、諸仏は諸仏で無量無辺、衆生は衆生で無際無窮の存在なのである。大衆諸君。この道理をもっとくわしく知りたいと思うか。しばらく沈黙の後云われた。夜中あちこちふらつくようなことをせず、真昼間の明るい時にお出でなさい。

●私解　真昼間ならば、立つ時は立つきり、坐る時は坐るっきりという真実相が明らかとなり、我が世の春を謳歌することが出来るようになる。

429 **上堂。趙州の狗子無仏性・狗子有仏性を挙し了って、師乃《すなわ》ち曰く、今日永平、一の山偈あり。亀毛兎角同類に非ず。春日花明らかにして、月の開くが如し。業識性と諸仏性と趙州の拄杖、一条に来る。**

上堂。趙州の狗子仏性無《む》！　狗子仏性有《う》！　の公案を提唱した後、師（道元禅師）は云われた。今日わしはこの精神を皆に示そう。これは亀の毛や兎の角のように無用のものではない。春の日に花が咲き、秋の夜に明月が照らすように、明々歴々たる事実である。即ち業識性（迷い）と仏性（本質）と趙州の拄杖は、全く一つの事実だけである。

●私解　全宇宙は無！　きり、有！　きり、拄杖きり！　の一事実のみである。

430 **上堂。二十五有に流転するの際《あいだ》、最も得難きこと有り。謂《いわ》ゆる生まれて仏法に値うことなり。既に仏**

法に遇うとも、菩提心を発《おこ》すこと亦最も難し。既に菩提心を発すとも、親を捨て出家すること亦最も難し。既に親を捨てて出家することを得るとも、又六親を引導して仏道に入ること亦最も難し。

諸仏成道の後、五事を行ずる内、父母の為に説法して仏道に入らしむるは其の一なり。是れ父母六親と雖も、若し其の子の比丘・比丘尼・沙門をして家に還り俗に還らしめ、又仏道を障《さ》うるの因縁を教うる者は、当《まさ》に知るべし、是れ悪父母なり、順《したが》う可からず。若し出家修道の因縁を教うる者は、当に知るべし、是れ菩薩父母なり。

曹谿高祖、昔盧行者たるの時、曽って貧母を辞して黄梅に参ぜんと欲し、僅かに母に四十両の銀を給して、以って其の衣粮に充《あ》つ。誠に是れ最も弁じ難きの事なり。先後の斉肩無きが如し。遂に則ち黄梅に参じて、八箇月の昼夜を経て眠らず休まず、米を舂《つ》いて衆に供す。大いなる哉。曽って八十生の善知識と爲って、忝《かたじけな》くも三十三代の祖師となる。果して俗人の頂冠《ちょうかん》なりと雖も、如来の仏衣を伝得すること西天東地、比類を得ること少なし。未だ嘗って得聞することを得ず。

儀鳳元年正月八日、南海の法性寺に届《いた》るに、夜、廊廡《ろうぶ》の間に寓するに、二僧、風幡を競い弁ず。祖為めに其の疑を決す。法師印宗という者有り。嘗って大涅槃経を講ず。衆の推重する所なり。其の語の異なるに服して、請問して勤渠《きんこ》す。祖、理を以って之れを暁《さと》す。宗、駭然《がいぜん》として起《た》って問う、何を以ってか此れを証すと。祖、直《じき》に得法の始末を叙《の》べて、信衣を出だして悉く瞻拝《せんぱい》せしむ。

印宗等、作礼《さらい》し已って復た問う、忍大師の附嘱、如何が指授すると。曰く、唯仏性を論じて、禅定・解脱を論ぜず、無漏無為なり。又問う、何が故に禅定・解脱を論ぜざる。曰く、是れ二法と為るは是れ仏法にあらず、仏法は是れ不二の法なりと。又問う、何をか不二の法と名づくる。曰く、法師の講ずる涅槃経に仏性を明かす。是れ不二の法なり。且《しばら》く高貴徳王菩薩の如し。仏に白して言く、世尊、四重禁を犯し五逆罪を作す、及び一闡提等、当に善根仏性を断ずべきや否やと。仏言く、高貴徳王菩薩よ、善根に二有り、一つには常、二つには無常なり。仏性は常に非ず無常に非ず。是れの故に不断なり。之れを不二と名づく。一つには善、二には不善。仏性は善不善に非ず。是の故に不断なり。之れを不二と名づく。蘊と界と、凡夫は二つと見る。智者は其の性無二と了達す。無二の性、則ち是れ実性なりと。故に知りぬ、仏性は乃ち不二の法なり。

即宗聞き了って起立合掌して、事《つか》えて師と為さんことを願う。且《ま》た衆に告げて曰く、此の居士は肉身の菩薩なり。我が講説する所は猶瓦礫の如し。彼の談論する所は、譬えば精金の如し。諸人信ずるや否やと。衆皆稽首し帰依す。十五日に至って、諸の名徳を会《あつ》めて之れが為に剃落す。二月八日、満分戒を知光律師に受く。

師云く、曹谿・印宗師資の講誦、既に能く是の如し。如来世尊・高貴徳王の所説所聞、已に是の如くなることを得たり。

今朝永平、雲水衆の為に重ねて之れを説かんと欲す。良久して曰く、向上の関棙《かんれい》を打開すれば、仏性なんぞ不二に関わらん。諸法本より自性無し。時の人乱りに言う、橘《たちばな》と枳《からたち》と。

上堂。衆生が二十五有の迷いの世界を流転する中で、最も得難たいことがある。それは生まれて仏法にめぐり値うことである。だがその仏法にめぐり値っても、菩提心を発《おこ》すことは最も難しい。更に菩提心を発しても、親を捨てて出家することは最も難しい。更に又親を捨てて出家することが出来ても、六親（父・母・妻・子・兄・弟）を導いて仏道に入らしめることは最も難しい。

諸仏は成道された後、五つの善行を修行するが、そのうち父母の為に説法して仏道に入らしめることがその一つである。たとえ父母六親であっても、若しその子の比丘・比丘尼の僧を家に還って還俗せしめるとか、又仏道の妨げとなる因縁を教えるならば、それは悪い父母であると知るべきである。決して従ってはならない。逆に出家修道の因縁を教えるならば、それは菩薩の父母であると知るべきである。

曹谿高祖が昔盧行者であった頃、かつて貧しい母と別れて黄梅の弘忍禅師に参ぜんとした時、わずか四十両の銀子を母に与えて衣食の糧《かて》としたことは、最も為し難いことであり、前後に肩を並べる者はいないと云える。盧行者は遂に黄梅の五祖弘忍に参じ、八ヶ月の間昼夜を問わず、不眠不休で米をついて大衆に供養した。すばらしい事ではないか。そして八十年の生涯を通じて善知識と称され、忝けなくも三十三代の祖師となられた。果して俗人の模範であったばかりでなく、如来から伝わった仏袈裟を伝えられたのである。インド・中国を通じ例を見ないことであり、未だかつて聞いたこともないことである。

儀鳳元年（六七六）一月八日、六祖は南海寺の法性寺に着いて、渡り廊下の間に泊まった。二人の僧が、風に幡が鳴るのを聞いて風が動くのか幡が動くのかを論じたのを聞いて、その疑問を解決してやった。その寺に印宗法師という者がいて涅槃経を講じており、大衆にも尊敬されていた。印宗法師は、六祖の言葉のすぐれているのに感服して、拝請して謹しんで質問した。六祖は道理を以って説いて聞かせた。印宗は驚いて起立して尋ねるには、何を以って証拠とされるのですかと。六祖は直ちに五祖から法を伝えられた経緯を述べ、その印としての法衣を出して一同に礼拝せしめた。

印宗等は礼拝が終ると又尋ねた。弘忍大師の付嘱のお言葉はどのような指示であったのかと。六祖は云った、唯仏性のみを説かれて、禅定とか解脱とかは論じられない。仏性は無漏であり無為であるからであると。印宗は又問うた、どうして禅定・解脱を論じないのですか。六祖は云う、禅定・解脱を論ずると仏性と二法となる。二法は是れ仏法ではない。仏法は不二の法であると。又問う、不二の法とは何ですか。六祖は云う、あなたが講じている涅槃経が仏性を明らかにしている。それこそ不二の法である。高貴徳王菩薩が仏に問うているではないか。世尊よ。四つの重大な戒を犯し五逆罪を犯した者、及び一闡提等は、善根の仏性を断じた者と云うべきかどうかと。仏は云われた、高貴徳王菩薩よ。善根に二つある。一つは常であり二は無常である。しかし仏性は常でもなく無常でもない。それ故仏性は不断である。これを仏性は不二というのである。又行ないは一つは善であり二は不善である。しかし仏性は善でもなく不善でもない。それ故仏性は不断である。之れを仏性は不二というのである。また蘊《おん》（内界）と界（下界）を凡夫は二つと見るが、智者はその本質は無自性で二つはないと覚っている。その無二の性が真実の性である。従って仏法は不二の法である。

印宗は聞き了ると起立合掌して、師として仕えたいと願った。そして大衆に告げて云うにはこの居士は肉身の菩薩である。私が今迄講説してきたことは瓦礫のようなものである。居士の論ずることは、あたかも精練した金のようなものである。諸君は信ずることができるかと。人々は皆頭を地につけて、六祖に帰依した。十五日になって、印宗法師は名徳を集めて、居士のために剃髪を行ない、二月八日には具足成を知光律師より受けさせた。

これについて師（道元禅師）は云われた。曹谿高祖と印宗法師の師弟のやり取りは、既にこのようである。如来世尊が説かれ、高貴徳王が聞いたことも既に以上のとおりである。

今朝永平（わし）は雲水諸君のために、重ねてこれについて説こうと思う。しばらく沈黙した後に云われた。仏道の素天辺の鍵をこじ開けて見ると、仏性は不二とは全く関係はない。すべてのものは、もともと自性は無い。只世人は江南では橘《たちばな》と呼ぶものを、江北では枳《からたち》と勝手に呼ぶだけである。

●私解　道元禅師は遂に六祖及び釈尊の不二の法をも超えてしまった。まさに真の報恩底と呼ぶべきであろう。

431上堂。記得す。盧行者五祖に詣《いた》る。祖問う、汝は是れ甚麼《いずれ》の人ぞ。盧曰く、嶺南人なり。祖曰く、何事をか求めんと欲す。盧曰く、作仏を求む。祖云く、嶺南人に仏性無し。盧曰く、人に南北有り。仏性豈南北有らん耶。祖是れ法器なることを知って、遂に行堂に入らしむ。

五祖・六祖恁麼に道うと雖も、永平児孫、聊《いささ》か道処有り。大衆還って委悉せんと要すや。一茎草を拈ずと雖も、未だ五茎の華を供せず。


上堂。思い出すことだが、盧《ろ》行者《あんじゃ》（六祖慧能）が五祖を訪れた時、五祖は尋ねた。お前はどこの人かと。盧行者は答えた、嶺南人です。五祖は云った。何を求めてやって来たのか。盧は云った、仏になりたいと思います。五祖は云った、嶺南人には仏性は無いよ。盧は云った、人に南北はあっても仏性に南北はございませんと。五祖は、これは仏法を学ぶに足る器であると知って、遂に行堂に入れた。

五祖と六祖とのやり取りは以上のとおりであるが、児孫である永平（わし）は、いささか云いたいことがある。大衆諸君、それを詳しく知りたいと思うか。それは、盧行者は五祖に一本の草を手に取って示すことは出来たが、未だ五本の美しい花を提供出来ていないなあ。

●私解　六祖は五祖に仏性という一本の草を示すことは出来たが、五本の咲き誇る花を示すことは出来ていないというのが道元禅師の見解である。

さてそれでは、その美しい花をどう示したらよいか。これは室内での参究課題である。

432上堂。仏仏祖祖の家風は坐禅弁道のみなり。先師天童の曰く、跏趺坐《かふざ》は乃ち古仏の法なり。参禅は身心脱落也。焼香・礼拝・念仏・修懺・看経を要せず。祇管打坐して始めて得てんと。

夫れ坐禅は乃ち第一に瞌睡《かつすい》すること莫れ。是れ刹那須臾《しゆゆ》と雖も、猛壮を先と為す。祖師の曰く、一の小阿蘭若《あらんにや》の如し、独り林中に在って坐禅して而も懈怠を生ず。林中に神有り、是れ仏弟子なり。一の死《し》尸《し》の骨の中に入って歌儛して来り、此の偈を説いて言く、林中の小比丘・何を以って懈怠を生ずる。昼来るに若し畏れずんば、夜当に更に復び来るべしと。是の比丘驚怖して起坐し、内に自ら思惟す。中夜復睡る。是の神復十頭を現じ、口中より火を出だす。牙爪剣の如く、眼の赤きこと炎の如し。顧み語って将に従って此の懈怠の比丘を捉えんとす。尒《そ》の時是の比丘大いに怖れて即ち起って思惟し、専精に法を念じて阿羅漢道を得たり。是れを自強精進と名づく。不放逸の力能く道果を得たり。誠なる哉誠なる哉。勧励有るが如くんば、即ち能く精進し・弁道し・坐禅して大事の因縁を成就する也。

又世尊の在世に一の比丘有り。十四難の中に於て思惟観察するに、通達すること能わず。心忍ぶこと能わずして、衣鉢を持して仏所に至り、仏に白《もう》して言わく。仏能く我が為に此の十四難を解いて、我が意を了ぜしめば、当に弟子と作るべし。若し解すること能わずんば、我当に更に余道を求むべしと。仏告げたまわく、痴人よ。汝本《もと》我に告ぐるに、若し十四難に答えば汝我が弟子と作らんと誓うことを要すや。比丘言く、不也《いな》。仏言く、汝痴人。今何を以ってか、若し答えずんば我弟子に作らずと云う。我は老・病・死の人の為に説法済度す。此の十四難は、是れ闘諍《とうじょう》の法なり。法に於て益無し。但是戯論なり。何を用いてか問うことをせん。若し汝が為に答うるとも、汝の心は了ぜず。死に至るも解せず。生・老・病・死を脱すること得る能わず。譬えば、人有り身に毒箭を被るが如し。親属は医を呼んで、為に箭を出だし薬を塗らんと欲せんに、便ち云う、未だ箭を出だすべからず。我れ先ず当に汝が姓字・親里・父母・年歳を知るべし。次に箭の出処を知らんと欲す。何の木ぞ、何の羽をもて作り、箭鏃は何人が作り何等の鉄ぞ。復弓を知らんと欲す。何の山の木ぞ、何の虫の角ぞ。復薬を知らんと欲す。是れ何れの処よりか生る。是れ何の種名ぞ。是の如き等の事尽く了了と之れを知って、然る後、汝が箭を出だし薬を塗ることを聴《ゆる》さんと。仏比丘に問う、此の人此の衆事を知り然る後に箭を出だすことを得べきや否やと。比丘言わく、知ることを得べからず。若し尽く此れを知らんこと待たば、則ち已に死せんと。仏言わく、汝も亦是の如し。邪見の箭・愛毒塗、已に汝が心に入るが為に、此の箭を抜かんと欲して我が弟子と作る。而も箭を抜かんことを欲せず、世間の常・無常・辺・無辺等を求尽せんと欲す。之を求めて未だ得ざるに、則ち慧命を失し、畜生と同死して、自ら黒闇に投ぜんとすと。比丘慚愧して深く仏語を識り、即ち阿羅漢道を得たり。

近日、我等聖を去ること時速し。悲しむ可し歎く可し。然る所以は、如来涅槃より二千余年、人の抜箭する無く、又仏弟子の林神と為って、我が党《ともがら》を勧励する無し。之を如何ともせん。然も是の如くなりと雖も、虚しく今時の光陰を渡る可からず。当に頭燃を救《はら》って坐禅弁道す可き者なり。仏々祖々、嫡々面授して坐禅を先と為す。茲に因って世尊六年端坐して弁道す。乃至、日々夜々、坐禅を先とし然る後説法する也。嵩嶽の曩祖九年面壁せり。而今、児孫世界に遍満す。乃至、当山に仏祖の大道を伝来す。則ち時の運也。人の幸い也。何ぞ弁ぜん耶。坐禅は身心脱落也。四無色に非ず、亦四禅に非ず。先聖猶識らず、凡流豈に図る可けんや。

如し人有り、作麼生が是れ永平が意と問わば、祇だ他に向って道わん。夏に入って開く日に向う蓮。伊若し這箇は是れ長連床上の学得底、仏祖向上又作麼生と道わば、良久して曰く、鼻と臍と対し耳と肩と対すと。

上堂。仏祖伝来の家風は坐禅弁道に尽きる。先師、天童如浄禅師は云われた。結跏趺坐は古仏の教えである。参禅は身心脱落するだけで良い。焼香・礼拝・念仏・修懺・看経は必要ない。祇管に打坐することにより始めて手に入る道であると。

従って坐禅において第一に心得るべきは、居眠りしてはならないということである。たとえ瞬時であっても猛烈勇壮を先とせねばならない。これについて或る祖師は次のように示されている。或る小さな寺の比丘が一人で林の中で坐禅していたが怠け心が生じてきた。その林の中に神が居て、それは仏弟子であった。一つの死骸の身の中に入って歌い舞いながらやって来て、偈を説いて云った。林の中の小比丘よ、どうして怠け心を生じたのか。わしが昼来ても畏れないならば夜に又やって来るぞと。この比丘はびっくりして驚き坐を立って、自ら反省したが、夜になると又眠ってしまった。この神は十箇の頭を現わして、それぞれの口から火を吐き出した。牙や爪は剣のようであり、眼の赤さは炎のようであった。比丘の方を振り向いて、眠ってはならぬと云いながら、まさにこの怠け心を起した比丘を摑まえようとした。その時この比丘は大いに怖れ起き上って反省し、一生懸命に仏法を心に念じたので阿羅漢果を得ることが出来た。これを自強精進と名づける。不放逸の力によって阿羅漢果を得たのである。まことにまことにこのとおりである。他から勧めはげまされれば、良く精進・弁道し坐禅により悟りを開くという一大事因縁を成就することが出来るのである。

又世尊在世の時に一人の比丘があった。異教徒が仏に提示した十四の難問について思惟し観察したが、それを明らかにすることは出来なかった。その比丘は耐えきれず、衣鉢を携え仏の在所に至り仏に申し上げた。仏よ。私の為に能くこの十四の難問を解いて私の心を安らかにして下さい。そうすれば私は貴方の弟子になりましょう。若し解くことが出来なければ、私は更に他の教えを求めなければなりませんと。仏はこの比丘に告げた。愚か者よ。お前は初めから、若しわしが十四の難問に答えれば、わしの弟子になろうと誓いを立てたのかと。比丘は言った、いいえと。仏は云われた、お前は愚か者である。何で今若し答えなければ、わしの弟子にならないと云うのであるか。わしは老・病・死に若しむ人の為に説法し済度するのである。ところがこの十四の難問は争いの手投に過ぎず、法の立場からは全く何の益にもならない。ただの戯論に過ぎない。どうしてそんなことを問おうとするのか。たとえわしがお前の為に答えたとしても、お前さんの心は安まらない。死に至っても解くことは出来ないし、まして生老病死の苦から脱け出すことは出来ない。それは丁度、ここに人があって、身体に毒矢を受けたようなものだ。親属は早速医者を呼んで毒矢を抜き出し薬を塗ろうとするのに、そいつは云う、未だ箭を抜いてはならない。わしは先ず抜こうとするお前さん（医者）の姓名・郷里・父母・年齢を知りたい。次にその矢の出所すなわち、何の木で何の羽根を持ち、矢じりは誰が作ったのか、どんな種類の鉄で作られたのかを知りたい。又弓について知りたいのは、どの山の木か、どういう虫の角か。更に薬について、どこで作られ、どういう種類のものかを知りたい。このようなことをすべて完全にわかってから、そいつは箭を抜き薬を塗ることを許そうと云う。そこで仏は比丘に尋ねた。この人はこれらの多くの事を知ってから箭を抜き出すことが出来るかどうかと。比丘は云った、知ることはできません。若しそのすべてを知ることを待っていたら、とっくに死んでしまうでしょうと。仏は云った、お前も又このようなものだ。邪見の矢に煩悩の毒が塗られて已にお前さんの心の中に入っている。この矢を抜こうとしてわしの弟子になったのではないか。しかるに矢を抜こうと思わないで、世間は常か無常か、辺際があるか無いかを求め究めようとしている。これを求めても、未だ手に入らないうちに、智慧の命が無くなって、畜生と同じ死に方をして、自ら暗黒の世界に落ちようとしているのであると。これを聞いた比丘は慚愧して、深く仏の言葉がわかって、遂に阿羅漢果を得たのである。

近頃、我々は聖なる釈迦牟尼仏から遠去かることの速さが増してきたのは、何とも悲しく歎かわしいことである。そのわけは、釈迦牟尼如来が涅槃に入られてから二千余年経つが、誰も毒矢を抜いてくれる人がいなくなったからである。又仏弟子で林の神となって、我々を勧め励ますものがいなくなったからである。これは如何ともし難いことである。しかしこのようではあるが、今の光陰を空しく過ごしてはならない。丁度頭についた火を振り払うように、坐禅弁道に邁進せねばならない。仏祖方が代々面授して伝えて来られたことは、坐禅を何よりも第一にすることである。まさにこのようにして、世尊は六年間端坐弁道されたのである。乃至日夜坐禅を先にして、その後に説法されてきたのである。嵩山の祖師達磨大師は、九年間面壁され、そしてその法孫が現在、世界に遍満しているのである。このようにして当山に仏祖の大道が伝来されたが、これまさに時の運によるものである。人間にとっての幸せである。どうして弁道しないでいられようか。坐禅は身心脱落することであり、無色界における四禅定でも、色界における四禅定でもない。（身心脱落の境地）は先聖でさえ知るところではない。まして凡俗のはかり知るところではない。

若し誰かが、そのように云う永平（わし）の意は如何なるものかと問うならば、彼に向って云う。夏になると蓮は日に向って開くと。その者が若し、それはなお長連床上の修行の結果、学び得たことである。仏祖を超えた消息はどうかと問うならば、しばらく沈黙の後云われた。鼻とヘソは相対し、耳と肩は相対すと。

●私解　仏祖伝来の家風は坐禅弁道の一語に尽きる。そして身心脱落底の境地を手に入れて、更に正身端坐を続けるのみ。これこそ道元禅師の究極の説示である。

433上堂。曰く。記得す、僧趙州に問う、如何なるか是れ祖師西来意。趙州曰く、庭前の栢樹子。僧云く、和尚、境を以って人に示すこと莫れ。趙州曰く、吾境を以って人に示さず。僧曰く、如何なるか是

れ祖師西来意。趙州曰く、庭前の栢樹子と。
師曰く、南無趙州古仏・西来の宗旨を拈出す。西来意若何《いかん》ぞ庭前の栢樹子。境を以って人に示さず。只栢を将って挙似す。敢て問う、諸禅徳、這箇の道理を会せんと要すや。良久して曰く、江南の橘を将って喚んで江北の枳《からたち》を作すこと莫れ。

上堂して云われた。思い出すことだが、或る僧が趙州に問うた、祖師西来意（達磨大師がインドから伝えた仏道の極意）とは何かと。趙州は云った、庭前の栢樹子。僧は云った、和尚、客観界の物で学人に示してはなりません。趙州は云った、わしは客観界の物で学人に示すことはせんよと。僧は云った、祖師西来意とは何ですか。趙州は云われた、庭前の栢樹子。

師（道元禅師）は云われた、趙州古仏に歸依致します。見事に西来意を示されたではないか。どうして西来意が庭前の栢樹子なのか。それは境を以って人に示しようがない事実だからである。即ち栢樹子しかない事実を示したのである。諸禅徳よ、この道理をくわしく知りたいと思うか。しばらく沈黙の後云われた。江南の橘《たちばな》は、江北では枳《からたち》と呼ぶ。理屈はないぞ！

●私解　全宇宙この栢樹子しかない事実がはっきりするまで、正身端坐する外はない。

434上堂。仏々祖々、先ず誓願を発《おこ》し衆生を済度して抜苦与楽す。乃ち家風なり。祇だ箇《こ》是の家風、明々として窮らず。
山高うして久しく月を見る。雲静かにして先ず空を知る。手を懸崖の下に撒《はら》って、身を万像の中に分

つ。任他《さもあらば》あれ、鳥道に登って自ら愛す、是れ神通。

上堂。仏祖方は皆先ず誓願を発《おこ》して、衆生を済度して苦しみを抜き楽を与えるのが乃ち家風である。ただただ是の家風は明々として、どこ迄も窮まるところがない。

山は高いほど久しく月を眺めることができ、雲が静かな程広い広い空を見ることができる。その為には、きり立った崖にぶら下って手を離し、自分の身をあらゆるものの中に投げ出していかなければならない。このようにして、鳥も通わぬ仏祖向上の道を登って初めて、自由自在に衆生済度の神通《じんづう》を自らも愛することが出来るようになる。

●私解　刻苦勉励必盛大。

436**上堂。記得す。僧趙州に問う、学人乍《さ》入《にゅう》叢林、乞う和尚指示したまえ。趙州曰く、喫粥了也《きつしゆくりようや》未だしや。僧云く、喫粥了。趙州曰く、鉢盂《はつう》を洗い去れと。**

趙州古仏既に恁麼に道う。永平、今山偈有り、良久して云く、翠竹桃花是れ画図。胡蘆藤種胡蘆に纏わる。赤鬚胡更に胡鬚赤。喫粥し了って鉢盂を洗う。

上堂。思い出すことだが、或る僧が趙州に問うた、私は初めて当叢林に参りました。どうか和尚ご指示ください。趙州は云った、お粥を食べたかと。僧は云った、お粥は頂きました。趙州は云った、それでは鉢盂を洗っておきなさい。

趙州古仏は、既にこのように明示されている。永平（わし）も今一偈を示そう。しばらく沈黙の後云われた、青竹と赤い桃の花は一幅の絵となるな。ひょうたんの蔓がひょうたんにからまっている。赤鬚の胡人と胡人の鬚が赤いのは同じこと。粥を食べたら鉢盂を洗う外はあるまいと。

●私解　道元禅師も云うだけ野暮と云わざるを得ない。喫粥了也未だしや。喫粥了！

437上堂。夫れ学仏法の漢は、用心・身儀太《はなは》だ容易ならず。凡夫・外道倶に坐禅を営む。然れども凡夫・外道の坐禅は、仏々祖々の坐禅と同じからざる也。然る所以《ゆえん》は、外道の坐禅は邪見・著味・憍慢有るが故也、若し其れ解会《げえ》外道に同ずれば、身心苦労すと雖も終《つい》に益無し。況んや逆人・闡提等に同ぜば、豈に仏法の身心有らんや。

世尊、一時羅閲城《らえつじょう》・耆闍崛山《ぎじやくつせん》の中に在り、大比丘衆五百人と倶なりき。其の時提婆達兜《だいばだつと》衆僧を壊乱し、如来の足を壊《やぶ》り、阿闍世をして父王を取って殺さしめ。復《また》羅漢・比丘尼を殺して大衆の中に在って是の説を作す。何れの処にか悪有らん。悪何れよりか生ぜん、誰か此の悪を作して当《まさ》に其の報を受くべき、我亦此の悪を作して其の報を受けずと。

時に衆多の比丘有り。羅閲域に入り乞食して此の語を聞き、食後に衣鉢を摂取し、尼師壇を以って右肩上に著けて、便ち往いて世尊の所に至って、頭面礼足し一面に在って坐して世尊に白して曰く、提婆達兜愚人、大衆の中に在って是の説を作す。悪を作すとも殃無く、福を作すとも報い無し、善悪の報受くること有ること無しと。

其の時、世尊諸々の比丘に告げ給う、悪有れば罪有り、善有れば福有り、善悪の遇・皆報応有りと。

便ち此の偈を説きたもう。愚者は審《あきら》かに自ら明かす、悪を為して報有ること無しと。我、今預《あらかじ》め善悪の報応を了知す。是の如ければ諸の比丘当に悪を遠離すべし。福を為して惓むこと莫れ。諸の比丘当に是の学を作すべしと。其の時。諸の比丘仏の所説を聞いて、歓喜奉行せり。

世尊、復諸の比丘に告げたもう。提婆達兜は五逆の罪を起こす。身壊し命終って、摩訶阿鼻城獄の中に生ずと。此れを以って当に知るべし、若し邪見等を起こす者は、必ず仏法の身心を断絶せしむる也。若し仏法の身心を断絶する者は、仏祖の坐禅弁道を得ざる也。先師天童道く、参禅は身心脱落也と。既に身心脱落を得れば、必ず邪見・著味・憍慢無からん。祈禱祈禱。

上堂。一体仏法を学ぶ者は、その心構え、身の持ち方は決して容易なものではない。凡夫も外道も共に坐禅はやる。しかし凡夫や外道の坐禅は、仏祖方の坐禅と同じではない。その理由は、外道の坐禅は、邪見・執着・憍慢が有るからである。従って若し会得した中味が外道と同じであるならば、身心をいくら苦労しても、結局何の益も無くなる。まして五逆を犯す者、闡提（信不具）と同じならば、仏法の身心となることは到底出来ない。

世尊が或る時、王舎城の霊鷲山に大比丘衆五百人と共におられた時、提婆達多は、衆僧の和合を破り、如来の足を傷つけ、阿闍世に父王を殺させ、又阿羅漢と比丘尼を殺しながら、大衆の中に在って次のように説いた。即ちどこに悪があろうか。悪はどこから生ずるというのか。誰がこの悪を為してその報いを受けるというのか。わしも又この悪を為しても、その報いは受けておらんではないかと。

その時、多くの比丘が王舎城に入って、托鉢してこの語を聞いた。食事後、袈裟や応量器を収めて、坐具を右の肩の上に着けて、世尊の所に行って申し上げた。提婆達多という愚人が人々の中にあって、このように説いております。則ち悪を作しても何の殃いも無く、福を作しても何の報いも無い。善悪の報を受けることはないと。

その時、世尊は諸々の比丘にお告げになった。悪を作せば罪があり、善を作せば福がある。善悪の行いには皆それに応じた報いがあると。そして次の偈を説かれた。愚かな者は詳細に明言する。悪を作しても報いは無いと。しかし私は今明らかに善悪に応じた報いがあることが予知できる。だから諸比丘よ、まさに悪から離れねばならない。そして福を作すことをたゆまず行え。諸比丘よ。まさにこのとおり学ぶべきであると。この時諸々の比丘達は、仏の説法を聞いて歓喜し承知し、そのとおり行なうことを決意した。

世尊は、又諸々の比丘に告げられた。提婆達多は五逆罪を行ったから、その身がこわれ命が尽きると、無間地獄の中に生まれるであろう、これでもって良く知るがよい。若し邪見等を起す者は、必ず仏法の身心を断絶することとなる。若し仏法の身心を断絶させた者は、仏祖の坐禅弁道を得ることは出来ない。

先師天童如浄禅師は云われた、参禅は、身心脱落することである。この身心脱落の境地が手に入れば、必ず邪見・執着・憍慢が無くなる。そうなることを心から祈るばかりである。

●私解　この道元禅師の説法が、まことにその通りと受取ることができるかどうか。若し未だそう云えないならば、そう云えるまで、只管に打坐すべきである。そうすれば、必ず身心脱落して我が意を得ることが出来るであろう。

438上堂。曰く。古来学仏法の人、或いは草庵に独居し、或いは精舎《しょうじゃ》に共行す。独居の輩は多く鬼魅魍魎に侵さる。共行の人は天魔波旬に嬈《なやま》されること少し。未だ仏道の通塞《つうそく》を明らめず空しく至愚の独居を守る、豈に錯《あやま》りに非ずや。今常に叢林の長連床上に在って、昼夜に弁道すれば、魔子嬈《なやま》すことを得ず、鬼魅侵すことを得ず。誠に是れ善知識。又則ち勝友也。

遂に挙して曰く、趙州因に僧有り問う、見説《きくな》らく和尚親しく南泉に見《まみ》ゆと、是なりや否や。趙州曰く、鎮州に大蘿蔔頭《だいらふとう》を出だすと。趙州古仏曽って恁麼に道う、趙州の道処を知及すること也《ま》た得べからず。今日僧有り、永平に和尚親しく天童に見ゆと、是なりや否やと問わば、永平伊に向って道わん、永平が拄杖老梅樹と。

上堂して云われた。古来仏道を学ぶ者は、或いは草庵に独居するか、或いは叢林で道友と友に修行する。独居する連中は、多くは妖怪変化に悩まされることが多く、共に修行する者は、天界の魔王や悪魔に悩まされることは少ない。未だ仏道の本質を明らめないうちに、空しく極めて愚かな独居に固執することは、まことに誤りである。今は常に叢林の坐禅の単の上にあって、昼夜弁道すれば、悪魔も悩ますことは出来ず、妖怪も侵すことは出来ない。まことに叢林には善知識もいれば、又勝れた道友がいるからである。

ここで公案を取り上げて云われた。或る僧が趙州に尋ねた。お聞きしたところに依ると、和尚は親しく南泉にお目にかかったとのことですが本当でしょうかと。趙州は云われた。鎮州ではでっかい大根が取れるのおと。

趙州古仏は、かつてこのように示されたが、この趙州の道わんとするところを知ることはまことに難しい。さて今日誰かが、永平（わし）に向って、和尚は親しく天童浄祖にお目にかかったといわれますが、本当でしょうかと尋ねた者がいたら、わしは彼に向って道うであろう。わしの拄杖の木は老梅じゃよと。

●私解　趙州も道元禅師も、真の仏道そのものをニューと突き出しているので、我々にはさっぱりわからない。

その本意を知るには、どうしても正師について叢林で道友と共に、真剣に自己を忘ずる底の坐禅に打ち込む外はない。そしてその結果、自己を忘ずることが出来れば、なんだ！　そんな簡単なことだったのかと納得することが出来る。

439 **上堂。一切の如来無仏性。同時正覚先時成ず。当に知るべし、学道の諸菩薩、仏性何ぞ仏性を縁じて生ぜん。**

上堂。一切の如来は無仏性（仏性なぞは全くご存じない）である。それは、とっくの昔に正覚を成じておられるからである。仏道を学ぶ諸菩薩よ。当に知るべきは、仏性は、これ以上仏性をよすがとして成じようがないのである。

●私解　すべての諸仏諸菩薩は、この仏性きりの世界で如去《にょこ》如来《にょらい》しておられるだけである。

443上堂。縦《たと》い鉄眼銅睛と雖も、猶是れ喞𠺕《しつりゅう》の漢と作す。飯籮《はんら》・水桶に参徹して、当頭《はじめて》少分を陳《の》ぶべし。記得す。百丈因に僧問う、如何なるか是れ奇特の事。百丈云く、独坐大雄峰。永平に或いは人有って、如何が是れ奇特の事と問わば、祇だ他に向って道わん。吉祥山に上堂すと。

上堂。たとえ鉄や銅のような霊利の漢であっても、なお霊利の漢という執われが残る。飯びつや水桶のように、全くご存じない人にして少しく仏法を語ることが出来る。

ここで思い出すことだが、百丈に或る僧が問うた、この上なく素晴らしい事とは何でしょうかと。百丈は云った、独坐大雄峰と。

永平（わし）に誰かが、この上なく素晴らし事とは何かを尋ねたならば、彼らに云うであろう。わしは吉祥山（永平寺）に上堂したところであると。

●私解　誰も居ない、従って全く自分が居ない世界で、立ったり坐ったり出来る人こそ、奇特の事と云えよう。

444上堂。記得す。阿難白《もう》して云く、今日出城して一の奇特の事を見る。世尊曰く、汝何の奇特の事を見る。阿難曰く、城に入る時、一の攢楽人の舞を作すを見る。城を出る時、総《すべ》て無常を見る。世尊曰く、我昨日亦一の奇特の事を見る。阿難曰く、未審世尊何の奇特の事をか見る。世尊曰く、我城に入る時、一の攢楽の舞を作すを見る。城を出る時も亦攢楽の舞を作すを見ると。世尊・阿難倶に奇

特を見る。攢楽同じと雖も、存・没忽ちに異なる。
今朝若し人有って永平に、和尚も亦奇特の事を見るや也《ま》た無しやと問わば、他に向って、道わん。我出城せず、我入城せず、攢楽の舞を作すを見ざるも、亦一の奇特の事有ることを見ると。脱《も》し或いは和尚何の奇特の事をか見ると問うこと有らば、他に向って道わん、昨日出入の息、今朝も亦出入すと。

上堂。思い出すことだが、阿難が世尊に申し上げた。今日城を出て一つの珍しい事に出合いましたと。世尊は云った、お前さんどんな珍しいことを見たのかと。阿難は云った、城に入る時、一人の楽人が舞いをするのを見ましたが、城を出る時、彼は死んでおりましたと。

世尊は仰言った、わしは昨日一つの珍しい事に出合ったよと。阿難は云った、世尊よ。どんな珍しいことに出合ったのですかと。世尊は云った、わしが城に入る時、一人の楽人が舞いをするのを見たが、城を出る時も、その楽人が舞いをしているのを見たよと。世尊も阿難も、共に珍しいことに出合った。一人の楽人を見たのも同じであるが、一方は死んでおり、もう一方は生きていたことで大違いである。

今朝若し誰かが、永平（わし）に和尚も又珍しいことに出合ったかどうかと問うならば、彼に向って云うであろう。わしは城に入りもしないし出もしない。一人の楽人の舞うのも見ないが、一つの珍しいことに出合ったよと。彼が若し、和尚はどんな珍しいことに出合ったのかと問うならば、彼に云おう。昨日も出入の息をしたが、今朝も又息が出たり入ったりしていると。

●私解　実は我々の命の長さは、本当は一呼吸の間しかない。だから昨日息をしていた自分が、今朝もちゃんと息が出来ることは全く稀有なことなのである。

従って人の命の長さは、三十年・五十年・百年と思っているのは、全くの錯覚であり誤解であって、まことに稀有な珍しいことなのである。釈尊はこの事実を我々に教えている。道元禅師もそのとおりである。

445 **上堂。拈華微笑、魚、網に遊ぶ。三拝伝衣、鳥、籠に入る。諸法因縁、還って及尽すれば、却り来って活計す。黒山の中。**

上堂。世尊が花を拈じて摩訶迦葉が微笑されたのは、丁度魚が網の中で遊ぶように、完全に捕らわれの身となってしまった。また達磨大師が慧可大師に仏衣を伝えた時三拝したのは、丁度鳥が籠の中に入れられたように、完全に捕らわれてしまった。

だがこの因縁のまんま因果の本質を究め尽くしてみると、因縁果報の黒山のまんま完全に自由な生活を満喫することが出来るようになる。

●私解　因果無人《いんがむにん》の事実を悟るのが仏道修行の根本である。すなわち因果即無性であり、無性のまんまの因果の展開である。まことに自由自在の極楽世界が現成する。

446 **上堂。仏と謂《い》い祖と謂う、混雑することを得ざれ。仏と謂うは七仏也。七仏とは荘厳劫の中に三仏あり。謂く毘婆尸仏《びばしぶつ》・尸棄仏《しきぶつ》・毘舎浮仏《びしゃふぶつ》なり。賢劫の中に四仏あり。謂く拘楼孫仏《くるそんぶつ》・拘那含牟尼仏《くなごんむにぶつ》・迦《か》**

葉仏《しようぶつ》・釈迦牟尼仏《しやかむにぶつ》也。此の外に更に仏と称すること無し。

然る所以は、毗婆尸仏・多く付法蔵の遺弟有りと雖も、倶に祖師と称し、或いは菩薩と称す。未だ曽って乱《みだ》りに仏・世尊と称すること有らず。必定、尸棄仏の出生に至って仏と称す。行満じ劫満ずる所以なり。乃至尸棄・毗舎浮等の仏の後、正法・像法の時も亦復た是の如し。賢劫の中に於て、拘楼孫仏も亦付法蔵の遺弟有りて相続して仏法を住持すと雖も、未だ彼彼《ひひ》を称して仏と為さざる也。必定して拘那含牟尼仏を以って仏・世尊の出世と称する也。

乃至、迦葉如来・亦復是《またまたかく》の如し。今の釈迦牟尼仏の法も亦是の如し。迦葉尊者は西天の初祖也。菩提達磨は二十八祖也。迦葉尊者の如きは、三十相を具す。謂く、白毫肉髻《びやくごうにつけい》を欠けるのみ。仏、迦蘭陀に在って、五百の比丘と倶《とも》なりき。時に迦葉乞食して前《すす》んで仏の所に至り、却って一面に坐す。仏言く、汝年老長大にして、志衰《おとろ》え根弊《つかれ》たり。乞食及び十二頭陀を捨つ可し。亦請を受け並に長衣を受くべしと。迦葉曰く、我、仏の教えに従わじ。若し如来成仏し給わずんば、辟支仏《びやくしぶつ》と作らん。辟支仏の法は、寿《いのち》を尽すまで蘭若の行を行ず。仏、言く、善き哉善き哉。饒益する所多し。若し迦葉、頭陀の行を行じて在世せば、我が法久しく住して人天を増益し、三悪道滅して三乗の道を成ぜんと。又迦葉、天人の称して仏と為すを聞いて、起って仏の足を缺《う》けて曰く、仏は是れ我が師、我は是れ弟子なりと。迦葉此の語を説く時、人天疑いを散ず。是の如きの功徳を具すと雖も、未だ迦葉を称して仏と為さず。

又迦葉、頭陀既に久しく鬚髪《しゆはつ》長く、衣服弊《つか》れて仏所に来詣す。諸々の比丘慢を起こす。仏命じて仏の半坐に就いて共に坐せしむ。迦葉肯《うけが》わず。仏言く、吾に四禅・禅定の息心有り。始めより終に至って耗損有ること無し。迦葉も亦然り。吾に大慈有り、一切を仁覆す。汝も亦是の如し、体性亦慈なり。吾に大悲有り、衆生を済度す。汝も亦是の如し。吾に四神三昧有り、一は無形・二は無量意・三は清浄積・四は不退転なり。汝も亦是の如し。吾に六通有り、汝も亦是の如し。吾に四定有り、一は禅定・二は智定・三は慧定・四は戒定なり。汝も亦是の如し。

又一人の婆羅門仏に白《もう》さく、昨《きのう》婆羅門有り、我が家に至る、何者か是れなる。仏、迦葉を指す。又問う、此れは沙門なり、婆羅門に非ずと。仏言く、沙門の法律、婆羅門の法律、我皆知れり、迦葉も亦爾《しか》り。迦葉の功徳、我と異ならず。何が故に坐せざると。諸の比丘仏の所説を聞いて、心驚き毛竪つ。世尊本因縁を引き給う。昔聖王有り、文陀竭《ぶんだかつ》と号《なず》く。高才絶倫なり。天帝、徳を欽《たつと》び、千の馬車を遣し、闕《けつ》に造《いた》って王を迎う。天帝出候して王と同座す。相娯楽し已って王を送って宮に還す。昔、迦葉、生死の座を以って吾に命じて同坐せしむ。吾、今成仏す。正法の座を以って其の往勲に報ず。仏に対して坐る時、天人咸《ことごと》く仏なりと謂う。尊者是の徳を具すと雖も、未だ称して仏と為さず。

況んや澆季全く一徳無きの輩、猥りに吾は是れ仏なりと称す。豈に謗仏・謗法・謗僧を免れん。大愚痴なり。豈に三悪の中に墜落することを免れんや。迦葉より已後、達磨に至るまで二十七世、或いは是れ羅漢・或いは是れ菩薩・仏世尊の正法眼蔵を伝うとも、未だ称して仏と為さず。仏は是れ行満作仏する所以也。祖は是れ解《げ》備《そなわ》り嗣法する也。仏果菩提、猥りに成ずることを得ず。此の道理を明らかに知るは、実に是れ仏祖の嫡子也。

作仏は必ず三阿僧企耶《ぎや》大劫を経、或いは必ず無量無数不可思議劫を経、或いは必ず一念の頃《あいだ》を経る。三の不同有りと雖も、難に非ず、易に非ず、長遠の時に非ず、頓速の時に非ず。或いは拳頭裏に在って成仏し、或いは拄杖頭上に在って成仏し、或いは衲僧の頂𩕳上に在って成仏し、或いは衲僧の眼睛裏に在って成仏す。然も是の如くなりと雖も、作仏の劫・名号・国土・所化の弟子・寿命・正法・像法は必ず先仏の記別を受くる也。祖師も亦此の仏の記し給う所に授く。乱るべからず。

明らかに知る、斯の如きの道理・乃ち是仏祖正法眼蔵涅槃妙心の付嘱なり。大衆、還た這箇の道理を委悉せんと要すや。良久して曰く、必然として掃破す太虚空、万別千差尽く豁通す。師子、児を教う師子の訣《おしえ》、一斉都《すべ》て画図の中に在り。

上堂。仏祖と一口に言うが、仏と祖とを混同してはならない。仏というのは七仏のことである。七仏というのは、荘厳劫の中に三仏がおられる。則ち毘婆尸仏《びばしぶつ》・尸棄仏《しきぶつ》・毘舎浮仏《びしゃふぶつ》である。又賢劫の中に四仏がおられる。即ち拘楼孫仏《くるそんぶつ》・拘那含牟尼仏《くなごんむにぶつ》・迦葉仏《かしょうぶつ》・釈迦牟尼仏《しゃかむにぶつ》である。この外に仏と称される者はいない。

そのわけは、毘婆尸仏が法を伝えた弟子達は多くいたが、いずれも祖師と称し或いは菩薩と称したが、決して乱りに仏・世尊と称することはなかった。必ず尸棄仏が世に出て来られて仏と称したのである。それは、この仏においても、修行が満ち劫が満ちたからである。それ以後、尸棄仏・毘舎浮仏等の仏の後、正法・像法の時代においても、又このとおりであった。更に賢劫中においても、拘楼孫仏も又付法の弟子達は多くいて、仏法を相続し住持されたが、決して彼らを仏と称することはなかった。拘那含牟尼仏を以って仏・世尊の出世と称したのである。

それ以後、迦葉仏も亦この通りであり、現在の釈迦牟尼仏の法も亦この通りである。摩訶迦葉尊者はインドにおける初祖であり、菩提達磨は二十八祖である。迦葉尊者は三十相を具えており、仏に比べてわずか白毫相と肉髻相を欠くだけであった。仏が竹林精舎に在って五百人の比丘と共に居られた。その時摩訶迦葉尊者は、托鉢を終えて、仏の前に進んで坐った。仏は言われた、お前は年を取り身心共に弱っている。托鉢や十二頭陀行は止めて、施主の請食《しょうじき》を受け、長衣を受けるのが良いであろうと。迦葉は云った、私は仏の仰せに従がうわけには参りません。若し世尊が成仏され給わなければ私は辟支仏となったでありましょう。辟支仏になれば、命が終るまで林の中で孤独な修行をしなければなりませんと。仏は云われた、善き哉善き哉。きっと有益なことが多くあるであろう。若し迦葉が頭陀行を行じて一生を終れば、わが仏法は久しく存続して人間界・天上界は栄え、地獄、餓鬼・畜生の三悪道が無くなって、声聞・縁覚・菩薩の三乗の教えが成就するであろうと。又迦葉は、天人達が彼を称して仏と云っているのを聞くと、起ち上って仏の足に口をつけて云った。仏は是れ私の師であり、私は仏の弟子でありますと。迦葉尊者がこの言葉を説いた時、天人達は忽ち疑いをはらした。このような功徳を具えていたけれども、未だ迦葉尊者を称して仏とは云わないのである。

又迦葉尊者は、頭蛇行が久しく続いたので、鬚や髪は伸び、衣服はぼろぼろになって、仏の処にやって来た。その時多くの比丘達は彼を侮る心を起こした。仏は摩訶迦葉に命じて仏の半坐を分けて共に坐らせようとしたが、迦葉は承諾しなかった。仏は云われた、わしには四禅定があって、分別心を静めて始めから終り迄身心の消耗は無いが、摩訶迦葉もまたそのとおりである。わしには大慈心があって一切の衆生を覆うことが出来るが、お前も又そのとおり、身体も心も大慈心に満ちている。わしには大悲心があって一切の衆生を済度するが、お前も又そのとおりである。わしには四神三昧がある。一つは無形三昧・二には無量意三昧・三には清浄積三昧・四には不退転三昧であるが、お前も又そのとおりである。わしには六神通があるが、お前も又その通りである。わしには四定がある。一つは禅定・二には智定・三には慧定・四には戒定であるが、お前も又そのとおりであると。

又一人の婆羅門が仏に申し上げた、昨日或る婆羅門が私の家に参りました。どなただったでしょうかと。仏は迦葉尊者を指さした。婆羅門は又質問した。この人は沙門であって婆羅門ではありませんと。仏は云われた、沙門の規則も婆羅門の規則もわしは皆知っておるが、摩訶迦葉も同様である。摩訶迦葉の備えている功徳は、わしと異なることはない。どうしてわしの半坐に坐らないのかと。多くの比丘達は、仏がこのようにほめるのを聞いて、心は驚き身の毛が立った。

そこで世尊は過去世の因縁を説かれた、昔文陀竭《ぶんだかつ》と名づけられた聖王がいた。才能が高いことは並外れであった。そこで帝釈天は、その徳を尊んで千の馬車を遣わし、宮殿に到って王をお迎えした。帝釈天は出向いて王と同席に坐った。互いに親しく歓談した後、帝釈天は王を送って宮殿にお返しした。その昔、摩訶迦葉は世間の座を、わしに命じて同坐させたのである。わしは今仏と成って正法の座を半分分けて、摩訶迦葉がその昔半坐を分けた功績に報いようとしたのであると。このように摩訶迦葉が仏と相対して坐した時、天人達は皆迦葉を仏なりと云ったのである。迦葉尊者は、このような徳を身につけていたが、未だ自ら称して仏と云わないのである。

まして況んや末の世となり、徳も無い連中が、猥りに自分は仏なりと称するのは、どうして仏を謗《そし》り・法を謗《そし》り・僧を謗《そし》る罪を免れようか。大愚痴の至りである。このような連中は、どうして次の世に地獄・餓鬼・畜生の三悪道に落ちるのを免れようか。摩訶迦葉より以後、達磨大師に至る二十七世、或いは羅漢として、或いは菩薩として、仏世尊の正法眼蔵を伝えてきたが、未だ称して仏という者はいない。仏は行が満ちて仏と成った者であるからである。祖は解が備わって法を嗣ぐ者であって、仏果菩提を猥りに成ずることは出来ない。この道理を明確に知る者こそ、実に是れ仏祖の正しい後継者なのである。

仏と成るには、必ず三阿僧祇大劫を経るのであり、或いは必ず無量無数不可思議劫を経るのであり、或いは必ず一念の間を経る必要があるのである。このように三種の違いはあるが、それは難易を超え、長遠頓速の時を超えている。或いは一拳頭の働きで成仏し、或いは拄杖の働きによって成仏し、或いは修行僧の頭の天辺で成仏し、或いは修行僧の眼睛において成仏する。このように成仏の因縁は異なるが、成仏の劫・名号・国土・教化の弟子・寿命・正法・像法については、必ず先仏の証明を受けなければならない。祖師も亦この仏の証明を授けられなければならない。これは決して乱してはならないことである。

このような道理を明らかに知るのが、乃ち仏祖の正法眼蔵涅槃妙心の付嘱なのである。大衆諸君よ。この道理をもっとくわしく知りたいと思うか。しばらく沈黙した後云われた。忽ち太虚空を掃い捨ててみると、途端に千差万別の姿が融通無礙に展開する。これこそ獅子がその児に授ける教えであって、すべては画図の中にあるように明らかである。

●私解　真の仏道には仏伝（仏から仏への伝法）と祖伝（仏から受け継いだ法を祖師から祖師へ伝える）と明確に別れており、祖師の法は仏から受け継いだ法を、次の仏が現われる迄継承する菩薩行である。

釈迦牟尼仏の次の仏は、釈尊滅後五十六億七千万年後に、この地球上に現われると預言されている弥勒仏である。その間この正法を伝える責任が、すべての祖師の肩にかかっている。果して今日、その責任を負うことが出来る祖師ありや。

447上堂。記得す。圭峰宗密道《いわ》く、知の一字、衆妙の門と。黄龍死心禅師道く、知の一字、衆悪の門と。二員の先徳、後学口誦して今に至って絶えず。斯れに因って闇《くら》き者は雌雄を論ぜんと欲す。数百年来、用捨、人に随う。然も是の如くなりと雖も、宗密の道う、知の一字衆妙の門、未だ外道の抗を出でず。所謂知は必ずしも妙ならず、必ずしも麁ならず。黄龍の道う、知の一字衆悪の門、猶偏小の見を帯す。所謂知は未だ必ずしも悪ならず、未だ必ずしも善ならず。

今日永平。両員の道う処を質《ただ》さんと欲す。大衆還って委悉せんと要すや。良久して曰く、大海若し足ることを知らば、百川応に倒流すべし。

上堂。思い出すことだが、圭峰宗密《けいほうしゅうみつ》禅師は、知の一字は衆妙の門であると云った。一方黄龍死心《おうりゅうししん》禅師は、知の一字は衆悪の門であると云っている。これについて仏法に暗い者は、どちらが本当か雌雄をつけようとするが、教百年来、いずれを取るかは人によって異なる。このようではあるが、宗密の云う、知の一字は衆妙の門であるという主張は、未だ外道の知の穴ぐらから出ていない。何故なら知は必ずしも妙でもないし粗でもないからである。又黄龍の言う、知の一字は衆悪の門であるという主張だが、未だ近視眼のきらいがある。何故なら知は必ずしも悪でもないし善でもないからである。

そこで今日永平（わし）は両人の主張するところを点検したいと思う。大衆諸君。このことをもっとくわしく知りたいと思うか。しばらく沈黙の後に云われた、若し仏法の大海が本当に手に入っているならば、そこに流れ込む百千の川は、全く眼中にないではないか。

●私解　一切の知を超えているのが仏法の大海である。この大海が本当に手に入れば、一切の知は知のまんま知でなくなるので、そのまんまで何の問題も無くなる。

449上堂。謂く。**坐禅は煙雲を坐断して功を借らず。打成一片未だ曽って窮らず。身心脱落、何ぞ支体ならん。豈に骨髄の中に相伝す可けんや。既に恁麼なり、如何が通ぜん。瞿曇の手脚を奪却して、一拳に虚空を拳倒す。業識茫々として本《もと》無し。種草茎々として風を発《おこ》す。**

上堂して云われた。坐禅は世間の評判を断ち切って、何か手柄を求めることはせず、ひたすら、どこ迄も坐と一つになっていく修行である。すると身心脱落して、身も心も更に骨髄までも一切跡かたが無くなる。

既にこのようになると、どこにも通じようが無くなる。釈迦牟尼仏の手足を奪って一撃のうちに虚空をぶち破ってしまう。分別の業識が次から次へと起ってくるが、そのまんまで実体は無い。いろいろな観念の草が伸びてくるが、それがそのまんま仏道の熏風の香りとなる。

●私解　非思量の坐禅を続けていきさえすれば、必ず身心脱落の境地を得て、自己無き自己の千変万化の生活を味わうことが出来るようになる。

450上堂。**氷を鑽《き》って火を得る、誰が力にか憑《たよ》る。命を拚《す》て功夫して死門に入る、脱体一交翻《かえ》って活を得る。一場の懡㦬《もら》、精魂を弄す。這箇は是れ長連床上の学得底。向上の一竅《いっきょう》又作麼生。良久して曰く、徐に行いて踏断す流水の声、縦《ほしいまま》に観て写し出だす飛禽《ひきん》の跡。**

上堂。氷をきりもみして火を出すような希有なことを誰が出来ようか。それが出来るのは、仏道修行の為に身命を投げ捨てて、奮斗努力して大死一番し、更に大活現成するという大悟の体験が出来て始めて可能となる。しかしたとえそれが出来たとしても、本分の世界から見ると、恥さらしのことであり、又徒らに心を労することにすぎない。何故なら、それは未だ僧堂の単の上で学び得た境地に過ぎないからである。

その執われを超えた真の事実は、一体どんな世界であろうか。しばらく沈黙の後に云われた、山あいを流れる清澄なせせらぎに足を踏み入れて静かに歩き出すと、何時しか我を忘れて、せせらぎの音を聞いてはいるがその音もなくなる。突然一羽の雁が一声高く鳴いて飛び去っていく。その跡はどこにも無いではないか。

●私解　誰もいない何んにもないが、あるがまんまにあるだけ。これをあるがまんまのありつぶれの世界という。

451**九月初一の上堂。功夫猛烈、生死を敵《たお》す。誰か愛せん、世間の四五支。縦い少林三拝の古きを慕えども、何ぞ忘れん、端坐六年の時。**
恁麼の見得、永平門下又作麼生か道わん。良久して曰く、今朝九月是れ初一。打板坐禅旧儀に依る。切に忌む、睡中に惑を除かんと要することを。瞬目及び揚眉を教うること莫れ。

九月一日の上堂。猛烈な修行をすれば必ず生死の迷いから透脱することが出来る。そうなれば、最早世間の四事（飲食・衣服・臥具・医薬）や五欲（財・色・飲食・名誉・睡眠）を愛する必要があろうか。たとい、少林寺で慧可大師が達磨大師に三拝して、法の髄を得たという昔を慕ってもなお、釈尊が端坐六年された事跡を忘れることは到底出来ない。

さてこのことはわかったとしても、永平（わし）の門下は、これにどう対処するか。しばらく沈黙の後云われた、今朝は九月一日。板を打って坐禅を始めるのは、昔からの仕きたり通りである。特にやってはいけないことは、居眠りしたり、迷いを捨てよう捨てようとあせったり、釈尊の揚眉瞬目はどんなことかと思いめぐらすことである。

●私解　ただひたすら坐禅に打ち込みさえすれば、一切の惑いから脱却して、本来の自己に立ち戻ることが出来る。それまでは決してあせらず打坐を続けることである。

452**上堂。記得す。洞山初めて雲巌に参じて問う、無情説法、什麼人か聞くことを得てん。雲巌曰く、無情説法、無情聞くことを得たり。洞山曰く、和尚還って聞くや否や。雲巌云く、我れ若し聞くことを得**

ば、汝吾が説法を聞かざる也。洞山曰く、恁麼ならば則ち某甲、和尚の説法を聞かざる也。雲巌曰く、我が説法汝尚を聞かず、何況《いかに》んや無情の説法をや。山遂に偈を呈して曰く、也《や》太奇《たいき》也大奇。無情説法不思議。若し耳を将《もつ》て聴かば終《つい》に会し難し。眼処に声を聞いて方《まさ》に知ることを得てんと。

又南陽国師、因に僧問う、無常還って説法す耶と。国師曰く、熾然《しねん》として説法す。僧曰く、無情説法、何人か聞くことを得る。国師曰く、諸聖聞くことを得。僧曰く、和尚も還た聞くや否や。国師曰く、我れ聞かば即ち諸聖に同じ。

師曰く、国師道う、諸聖聞くことを得と。雲巌道う、無情聞くことを得と。然も恁麼に道うと雖も、甚麼としてか、凡夫聞くことを得と道わざる。且く道え、無情甚麼の法をか説くと。或いは永平に問うこと有らば、即ち伊に向って道わん、這箇の法を説くと。良久して曰く、無情説法不思議。三世の如来之れを信受す。更に阿誰《たれ》有りてか還って会することを得てん。一枝の拄杖、等閑に知る。

上堂。思い出すことだが、洞山が初めて雲巌に参じて問うた、無情説法は誰が聞くことが出来ましょうかと。雲巌は云った、無情説法は無情になれば聞くことが出来ると。洞山は云った、和尚も又お聞きになりますかと。雲巌は云った、わしが聞いた説法はお前さんは絶対に聞くことはできんよと。洞山は云った、それならば、私は和尚の説法はお聞きしません。雲巌は云った、わしの是の説法を聞かないで、どうして無情の説法がわかるかい！（この一言で洞山は大悟した。そこで）洞山は偈を呈して申し上げた。何とすばらしいことではないか！ 何とすばらしいことでしょう！ 無情説法ほど不思議なものはないではないか。若し耳で聞こうとしたら絶対にわからない。眼で声を聞いた時（全身が耳になってしまった時）はっきりわかることが出来たわい！ と。

又南陽慧忠国師に或る僧が問うた。無情もまた説法するでしょうかと。国師は云った、盛んに説法するよと。僧は云った、無情説法は誰が聞くことができましょうかと。国師は云った、聖人は皆聞くことが出来る。僧は問うた。和尚も又聞くことが出来ますかと。国師は云った。わしが聞いたら聖人になってしまうではないか！　と。

師（道元禅師）は云われた、慧忠国師は聖人が聞くことが出来ると云い、雲巌は、無情が聞くことが出来ると云っているが、どうして凡夫が聞くことが出来ると云わないのか。さて無情は一体何を説くのであろうか。若し永平（わし）に問う者がいれば、彼に向って云おう。コイツじゃ！　と。しばらく沈黙した後云われた、無情説法ほど不思議なものはない。三世の如来は皆それがわかる。それ以外の誰がそれがわかるであろうか。だがこの一本の拄杖は、このとおりわかっているではないか。

●私解　一切衆生は朝から晩まで、晩から朝まで、無情説法を聞きどおし聞き、かつ使いどおし使っているが、それに気付いていない。一本の拄杖の方がはっきりわかっている。それがわからないならば、その拄杖で頭を一撃してやろう。あ！　そうだったのか！　とわかるであろう。

455上堂。記得す。薬山、高沙弥《こうしゃみ》に問う、汝看経より得たるや、請益《しんえき》より得たるや。沙弥云く、看経より得ず、亦請益より得ずと。薬山云く、大いに人の看経せず請益せざる有り。什麽としてか得ざる。沙弥曰く、他無しとは道わず、只是れ肯て承当せず。

今日永平。句句に註脚せん。薬山曰く、汝看経より得たるやは、得と未得と且く挙

頭よりすと。沙弥云く、看経より得ず亦請益より得ずは、曽って趙州に到らざるに先ず趙州の茶を喫すと。薬山曰く、大いに人の看経せず請益せざる有り、什麼としてか得ざるは、一切衆生無仏性と。沙弥曰く、他、無しとは道わず、只是れ肯て承当せずは、一切衆生有仏性と。

忽ち人有って永平に什麼としてか恁麼に道うと問わば、祇だ他に向って道わん。元《もと》諸空を要することは、有を破せんが為なり。既に諸有無し、何の空をか要せん。

上堂。思い出すことだが、薬山が高沙弥に尋ねた。お前さんは経典により仏法を会得したのか、それとも師の教えにより仏法を得たのかと。沙弥は云った、経典に依ることもなく、師の教えに依ることもありませんと。薬山は云った、経典にも師の教えにもよらぬ人もいるが、お前はどうして、それらに依らないのか。沙弥は云った、経典や師の教えによる者も無いわけではありませんが、私はそれを肯うことは致しません。

今日永平（わし）は、それぞれの句に注釈してみたいと思う。薬山のお前さんは、経典により仏法を会得したのか師の教えによって会得したのかについては、会得も不会得も、拳頭そのものということである。沙弥が云った経典に依ることもなく師の教えに依ることもないというのは、趙州の処に行く前に、とっくに趙州の茶を飲んでいたということである。次に薬山が云われた、経典にも師の教えにも依らぬ人もいるが、お前はどうしてそれらに依らないのかというのは、一切衆生無仏性（頼るべき仏性無し）だからである。更に沙弥が云った、経典や師の教えに依る者もないわけではありませんが、私はそれを肯がうことは致しませんというのは、一切衆生有仏性（仏性ばかりで肯う余地なし）だからである。

（師は又云った）若し誰かが永平（わし）にどうしてそのように云うのかと問うならば、彼に向って云ってやる。もともと空を説くのは、有への執着を破るためである。とっくに諸有が無ければ、どうして空を説く必要があろうと。

●私解　もともと会得すべき仏法は、どこにも無かった事実に目覚めることが、仏道修行の眼目である。だが、このことをはっきり教えて導いてくれる師が、現在何人いるであろうか。

456 **上堂。永平に箇の正伝の句有り。雪裏の梅花只一枝。中下は多く聞いて多く信ぜず。上乗の菩薩は信じて疑うことなし。**

上堂。永平（わし）には先師天童如浄禅師より正伝した一句がある。それは、雪裏の梅花只一枝である。中下根の者は、多くはその内容がわからないので誰も信じない。しかし上根の菩薩は、皆信じて疑うことはない。

●私解　この上堂は、道元禅師の真情を吐露したものである。全宇宙只一枝の雪裏の梅花のみ。この事実を信ずることが出来る迄は、正師について本気になって参禅し、徹底自己を忘ずる体験をすることに尽きる。そして、それが手に入るまでは、決して退転することのない強い菩提心を持つことである。

457上堂。仏祖の大道を参学するに、人道是れ最なり。三洲是れ機なり。畜生間《まま》に有り。大事を明らむるの時節、四季是れ同也。中に就いて、春は則ち霊雲の桃花を見て大事を明らめ、秋は則ち香厳の翠竹を聞いて大事を明らむ。

霊雲和尚、一時《あるとき》桃花洞に於て豁然として大事を明らめ、頌を作り大潙に呈して曰く、三十年来剣客を尋ぬ、幾回か葉落ち又枝を抽《ぬき》つ。桃花を一見してより後、直に如今に至るまで、更に疑わずと。測り知りぬ、三十年の弁道なることを。今人須く其の蹤を慕うべし。

又香厳和尚、大潙の下に投じて、稍《やや》教年を経たり。大潙曰く、汝章疏《しょうしょ》の中に記得すると、老僧が説く底を聞くとを除いて、老僧が為に一句を道い将《も》ち来れと。香厳、章疏の裏《うら》を看るに、都《すべ》て一句を得ず。大潙に向って道う、某甲道い得ず。却って請う和尚道え。大潙云く、汝に向って道うことを辞せず、向後却って我を罵ること在らんと。香厳云く、某甲今生禅を会することを望まず。且く長く粥飯を行ずる僧と作らんと。遂に章疏を把って曰く、画餅は飢を充たさずと。便ち焚却して去り了る。後に南陽忠国師の庵基に到って卓庵して居す。一日閑暇の日、道路を拚掃するの次《つい》で、沙礫《ほとばら》を迸しむ。竹に当って響を発するの時、忽然として大事を明らむ。即ち頌を作って曰く、一撃所知を忘ず、更に修治に依らず。動用に古路を揚ぐ、悄然の機に堕せずと。遂に沐浴して威儀を具して、遥かに大潙に向って焼香礼拝して云く、大潙大和尚は是れ我が大師なり。恩、父母に踰《こえ》たり。当時《そのかみ》若し我に向って道わば、豈今日の事有らんやと。香厳和尚は学海の嶮難、亦復是《かく》の如し。

今日の人、須らく両員の芳躅を慕うべし。永平聊《いささ》か霊雲禅師の韻《いん》を続《つ》がん。剣を求めて舟を刻《きざ》む胡と越と。遅々たる春日幾《いくばく》か枝を尋ぬ。期せずして一見する桃花の処。眼綻《ほころ》び心穿《うが》ちて疑うに足らず。

又一偈あり、香厳和尚に道著す。等閑《なおざり》に古路の沙礫を掃う、何ぞ初めて翠竹の声を聞くに似ん。正当恁麼の時、又作麼生か道わん。四海涯《はて》無し草露を添う。八年未だ了らざるに一言生ずと。且く道え、大衆、這の両位の尊宿分上又且つ如何。良久して曰く、百千の破鏡重ねて照らさず、飛乱せる落花枝に上り難し。

上堂。仏祖の大道を参学するには、人間界が最適である。須弥山をめぐる四洲のうち、北洲を除く三洲の人々が良い。畜生も時には仏道を明らめることがある。人間界では大事を明らめる時節は、四季を問わない。しかし中では、春に霊雲和尚が桃花を見て悟り、秋には香厳和尚が竹の音を聞いて大悟したことが有名である。

霊雲和尚は或る時、桃花洞に於て豁然として大悟した。その時、頌を作って潙山に呈して云った。三十年来善知識を尋ね歩いた。幾度か葉が落ち枝が出てくる歳月を要したことであろうか。ところが一度び桃花を見てから後は、今に至る迄、仏法にいささかの疑いが無くなったわいと。これでわかる通り、霊雲は三十年の長きにわたる弁道であった。今の人はよくよく霊雲の足跡を慕わなければならない。

又香厳和尚は、潙山の会下に身を投じて約数年が経過した。潙山は云った、お前さんが経典の注釈で学んだこと、老僧が説いたこと憶えたことを除いて、お前さん自身の言葉で、わしに仏法の一句を持ってこいと。香厳は経論の注釈を探してみたが、一句を得ることは出来なかった。そこで潙山に云った、私には道うことは出来ません。どうか和尚お教えくださいと。潙山は云った、お前さんに道うことは構わんが、若し云ったら、今後お前は私をうらむことになるであろうと。香厳は云った、私は今生では禅を会得することは望みません。これからは、粥飯の給仕僧となって、大衆に仕えましょうと。遂に経典の注釈書を手にして云った、画にかいた餅は飢を満たすことは出来ない。こう云って注釈書のすべてを焼却してしまった。その後南陽慧忠国師の庵の跡に行って、そこに庵を建てて暮らすこととした。或る日閑を見て道を掃除していた時、小石をはね飛ばした。それが竹に当ってカチーンと音がした。この音を聞いた途端、忽然として悟りを開いた。そこで早速頌を作って云った。この一撃で一切の理屈が吹き飛んでしまった。これで悟るための修行は不用となった。只日常の生活の上に古人の悟りを現わしていくだけとなり、気分が落ち込むことはどこかに消え失せてしまったわいと。遂に沐浴して威儀を正し、はるか潙山に向って焼香礼拝して申し上げた。潙山大和尚は私の真の大師である。その恩は父母の恩を超えている。その昔若し私に向って何か言われていたら、どうして今日の私がありましょうかと。香厳和尚が仏法参学の道の上で、よじ登り難いきり立った山であることは、以上のとおりである。

今日の参禅者は、この二人のすぐれた跡を慕わねばならない。永平（わし）は霊雲禅師の頌に韻をつけたいと思う。

霊雲禅師は進んでいく舟のへりに落した剣の位置をしるして、北の胡《こ》の国・南の越《えつ》の国とあちらこちら尋ね回って、のどかな春の日を、どれ程無駄な骨折りを重ねたものであろう。だが或る日、はからずも桃の花を一見して、眼の蓋《おお》いが破れ心のつかえが脱け落ちて、疑う余地が全く無くなったではないかと。

又香厳和尚についても一頌がある。ふとしたことから古い小路で小石を掃《はら》い、初めて竹に当った本当の音を聞くことが出来た。正にこの時の状況を何と云ったらよいであろうか。これこそ四海はてしの無い仏法の修行の道に、草露を添えたものと云えよう。その道のりは、八年の長きにわたったが、その一言はすばらしい。

さて大衆諸君。この二人の尊宿の境涯を何と云ったら良いであろうか。しばらく沈黙の後云われた。百千にくだけた鏡は、二度と照らすことはなく、飛び散った落花は再び枝に上ることは絶対に出来ない。

●私解　霊雲和尚も香厳和尚も、このように素晴らしい大悟を体験されたが、破鏡落花のように、その跡かたはどこにも無くなってしまった。そうでなければ、真の大悟とは云えない。

458上堂。一塵挙ぐれば大地収まり、一花開いて、世界起こる。一念透脱すれば八万四千の塵労頓に除く、一句機に当れば八万四千の法門成就す。譬えば網を挙ぐれば則ち網随い、領《えり》を挙ぐれば則ち裘《かわごろも》随うが如し。一を無量と為し、無量を一と為す。小中に大を現じ、大中に小を現ず。一毫端に於て宝王刹を現じ、微塵裏に於て大法輪を転ず。

且く道え大衆作麼生か是れ宝王刹を現じ、作麼生か是れ大法輪を転ず。遂に払子を挙起して曰く、看よ看よ。這の宝王刹・這の転法輪。無量の戒・定・慧・解脱・解脱知見の薫修する所、無量の三昧・陀羅尼・百宝光明の成就する所。大衆、還って這箇の道理を委悉せんと要すや。良久して曰く、祖師、参禅を説似し、燕子、実相を深談す。生仏無辺有辺、拈花瞬目何ぞ謗《そし》らん。

上堂。一塵を取り上げると大地はすべて此処に収まる。一花が開くと忽ち世界中の花が咲く。一念に透脱すると八万四千の煩悩は忽ち無くなる。一句が学人に契当すると、八万四千の法門が直ちに現われる。それは丁度、網の一端を持ち上げると網全体がついて上がり、衣のえりを挙げると毛の衣がすべてついてくるようなものである。一が無量であり、無量が一である。小の中に大が現われ、大の中に小が現われる。一本の毛筋の端に仏国土が現われ、一微塵の中に仏の大説法が聞こえる。

さて大衆諸君よ。仏国土が現われ仏が大説法するとはどういうことか言ってみよ。遂に払子を取り上げ突き立てて言われた。よくよく看よ！　この仏国土・この大説法を。これが無量の戒・定・慧・解脱・解脱の知見の香りがする処であり、無量の三昧・神咒・百法の光明が成就する処である。大衆諸君は、そのわけをくわしく知りたいと思うか。しばらく沈黙の後云われた。祖師は参禅を説き、燕は実相の声を響かす。衆生と仏とは、無辺と有辺の違いがあるように見えるが、世尊の拈花瞬目の教えからは、謗《そし》る余地は全く無いぞと。

●私解　一の外に仏法はない。一即全宇宙だからである。この事実を説かれたのが、世尊の拈花瞬目である。衆生と仏とは天地の隔りがあるように見えるが、一の事実さえ悟れば、衆生と仏は一如となる。

459**上堂。霊山の拈花、百億未だ見ず。嵩嶽《すうがく》の付随、一臂《いっぴ》全身。鶴と鳧《かも》と千断し万続す。嶽と鑿とを億夷し百塞す。既に恁麼なることを得れば、弁道工夫、凡を超え聖を超ゆ。法、法位に住し、世相常住な**

り。正当恁麼の時、又作麼生か道《い》わん。大衆還って委悉せんと要すや。良久して曰く、草鞋踏破して人の会する無し。帰って家山に到って便ち休す。

上堂。霊鷲山において釈尊が花を拈じたことは、百億の大衆にはわからない。嵩山において、達磨大師が法の真髄を伝えたのは、臂を断った慧可大師のみが全身で受けとったものである。これは鶴《つる》（師）と鳧《かも》（弟子）とが千断万続した切磋琢磨の結果であり、又山（師）と谷（弟子）とが億度び平らかにし、百度び塞《ふさ》ぐ努力の成果である。既にこのような弁道工夫に依れば、凡を超え聖を越えた境涯に至ることが出来、すべてのものは、それぞれの法位に安住したまま、真実の世相を現わす。まさにこの時、又何と言ったらよいであろうか。大衆諸君よ。くわしく知りたいと思うか。しばらく沈黙した後云われた。猛修行の為、どれ程のわらじを踏み破ったかは誰にもわからない。本分の家郷に帰って大安心した人のみが知ることが出来る。

●私解　真の仏道は、それを完全に継承した正師と、命掛けの菩提心を持った弟子があって始めて正しく継承される。

463上堂。身心脱落・皮肉骨随、豈に自他に拘わらんや。微笑破顔・地水火風、未だ曽って相離れず。正当恁麼の時、還た這箇の道理を相委悉すや。良久して曰く、昔年《むかし》曽って決す龍蛇の陣、今日還って稚子の歌に同ず。

上堂。身心脱落と皮肉身髄とは全く一つであり、釈尊の破顔微笑と地水火風は、未だ曽って離れたことはない。まさにこの時、この道理をくわしく知ることが出来るか。しばらく沈黙の後云われた。昔、身心脱落以前は、これ等は龍蛇の陣のように、相対立するものであったが、今日身心脱落の後は、丁度幼児の歌のように、全く一つのものとなったわい。

●私解　身心脱落の大悟の体験をすると皮肉骨髄は皮肉骨髄のまんま皮肉骨髄ではなくなって全く一つとなる。破顔微笑の釈尊の体験が手に入ると、地水火風はそのまんま釈尊の大活躍と一体となって壁が無くなる。道元禅師は、この事実を体験されたので、何の抵抗も無く、このように云うことが出来る。

465 **上堂。是非を坐断し、離微を超越す。仏祖の陶冶《とうや》、修証の範囲。髑髏や眉底の活眼、空劫や句中の玄機。青原緒式《ちょしき》の麒麟閑歩し、薬嶠《やっきょう》金毛の師子、威を全うす。相逢うて必ず手を把《と》る、大道本帰《もとむね》を同じうす。**

上堂。是非の分別を坐断し、主観客観の執われを超越する。これが仏祖方の学人を陶冶する方法であり、修証の目指すところである。このような分別が死んだ髑髏になると、眉の底に生きた眼が開ける。主客の執われが無くなった空劫（カラッポ）の人になると、言葉のすぐれた働きが出てくる。それ故青原の許には、赤土色の麒麟（石頭）が静かに歩みを始め、薬山の許には金色の獅子（雲巌）が勢いを振るうこととなった。この二人が出合って手を取り合えるのは、大道が元々一に帰するものだからである。

●私解　参禅弁道の目標は、一切の分別を坐断し脱却することに尽きる。これに成功すると、全くカラッポの世界に立った正しい判断力と行動力が出てくる。こうなるとこの混迷した人間界にあって、仏国土の極楽浄土の生活を実現することが出来る。

　こう聞くと我々は、何としても参禅を始め、続け、そしてこの理想の目標を是非達成しようとするのが、自然の働きではないだろうか。

470 上堂。黄龍普覚禅師上堂に曰く、三祖の曰く、円かなること太虚に同じ、欠くること無く余ること無し。良《まこと》に取捨に由る、所以に不如なりと。諸仏に在っても増さず、凡夫に処しても減せず。既に不増不減なり。什麼としてか無上菩提を証すること有り、什麼としてか生死に堕在すること有る。只良《まこと》に取捨に由る所以に不如なるが為なり。

　諸仏は無心なるが故に無上道を証し、凡夫は有心なるが故に生死に堕在す。所以に教中に道く、夢幻空花水中の月の如し、生死涅槃空花の相に同じと、此に於て見得せば、畢鉢《ひっぱ》巌《がん》の前に話会することを休めよ。曹谿路上に商量すること好し。払子を以って禅床を撃って下座す。

　今日永平、黄龍の頭角を奪い、黄龍の髻珠《けいじゅ》を載いて、雲と為し雷と為して雲水に流布す。大衆還って這箇の道理を委悉せんと要すや。円かなること太虚に同じ、欠くること無く余ること無し。所以に諸仏は無上道を証す。円かなること太虚に同じ、欠くること無く余ること無し。所以に凡夫は生死に堕在す。又什麼としてか取捨を免れ得て、不如を脱落せん。這箇の道理を知らんと要すや。最後有の菩薩必

ず金剛座に坐す。初発心の菩薩必ず菩提心を発す。此に於て見得せば、円かなること太虚に同じ、欠くること無く余ること無し。

上堂。黄龍普覚禅師が上道して云われた。三祖大師は云われた。我々は仏性を完全に備えているが、それは大虚空と同じである。欠けることも無く余ることも無い。しかし取捨の念を起こすことにより完全でなくなってしまう。実に仏性は諸仏だからといって増えるわけではなく、凡夫だからといって減るわけではない。共に不増不減なのである。それにもかかわらず、どうして諸仏は無上菩提を証し、どうして凡夫は生死に堕在するのであろうか。それは只取捨の分別に由るため、真如と一つになれないからである。

諸仏は分別心が無いから無上道を証することが出来、凡夫は分別心があるため生死に堕在するのである。それ故、経の教えの中にもあるが、生死涅槃は夢幻空花や水中の月のようなものであると。この道理を納得出来れば、経論について回って議論することを止めて、曹谿六祖の教えを参究すべきである。このように云って、黄龍は払子で禅床を打って下座された。

さて今日永平（わし）は、この黄龍和尚の云われた要点をつかみ、その精神を載いて、これを高く掲げて雲水諸君に伝えたいと思う。大衆諸君。この道理をくわしく知りたいと思うか。黄龍和尚が云うように、仏性は完全円満で大虚空の如く、欠けることもなく余ることも無い。だから諸仏は忽ち無上道を証するのである。仏性は完全円満で大虚空の如く、欠けることもなければ余ることもない。だから凡夫は生死に堕在するのである。それは取捨の分別に因ると黄龍は云うが、それではどうしたら、その取捨の分別から免れることができて脱落することが出来るのか。そのわけを知りたいと思うか。それは一生補処の菩薩は必ず金剛座に坐し、初発心の菩薩は必ず菩提心を発するのである。この道理を見透すことが出来れば、仏性は完全円満で大虚空の如く欠けることもなければ、余ることもないことがわかるであろう。

●私解　仏となるにいと易き道あり。我が身をも心をも放ち忘れて、仏の家に投げ入れて、仏のかたより行ないもてゆく時、力をも入れず心をもついやさずして仏となる。この純粋な菩提心こそ、完全円満な太虚と同じ仏性の働きである。

永平広録第六終り

永平道元和尚広録第七

永平禅寺語録

侍者　義演　編

471 **上堂。曰く。問有り答有り、屎尿狼藉《しにょうろうぜき》。問無く答無し、雷霆霹靂《らいていびゃくりゃく》す。十方大地平沈し、一切虚空迸裂す。外より入るを放《ゆる》さず、内より出ずるを放さず。一槌痛下して万事了畢す。且く恁麼の時又作麼生。良久して曰く、再三総《すべ》て画図の中に在り、猛劈《もうへき》は従教《さもあらば》深夜の雪。**

上堂して云われた。盛んに問答商量すると仏道が栄えているように見えるが、それは糞尿のように汚ない。問答の余地の無い一切皆空の世界は、稲妻や雷鳴の響きのように全く跡方が無い。この問答商量からも一切皆空からも脱却すると、外も内も無くなって、只カチーンの一撃だけとなる。

さて一体この時、どうなるのであろうか。しばらく沈黙の後云われた。昨夜から深々と降り積った雪は、一幅の絵となって眼前に現われているではないか。

●私解　ここでも道元禅師は、先師天童如浄禅師から教えられた「雪裏の梅花只一枚」の境涯を露呈されておられる。

472上堂。挙す。三祖大師曰く、至道無難《しどうぶなん》、唯嫌揀擇《ゆいけんけんじやく》と。這箇を見聞して、知らざる者は則ち曰く、諸法善悪無く一切邪正無し、但だ性に任せて逍遥し縁に随って放曠す。所以に一切の善悪、邪正、揀擇せずして趣向すと。

或いは曰く、所謂不揀擇とは、言語を用いて道わざる也。但だ円相を打《た》し、払子を竪起《じゆき》し、卓一拄杖し、拄杖を擲《なげう》ち、掌一掌し、喝一喝し、蒲団を拈来し、拳頭を拈来して対すれば便ち得たりと。恁麼の見解、未だ凡夫の窟を出でず。若し人永平に作麼生か是れ唯嫌揀擇底の道理と問わば、祇だ他《かれ》に向って道わん。金翅鳥王は生龍に非ざれば食わず、補処の菩薩は兜卒に非ざれば生ぜずと。

上堂して公案を取り上げて云われた。三祖大師は云われた、至道無難《しどうぶなん》、唯嫌揀擇《ゆいけんけんじやく》と。これの本当の精神がわからない者は、次のように云う。即ち、すべてのものは本来善悪は無いし、一切のものに邪正は無い。只本性に任せて振舞い、縁に従って自由にやりさえすればそれで良い。それが一切の善悪・邪正にかかわらず、仏道に従う道であると。

また或る者は云う、三祖大師の云われる不揀擇（区別しない）というのは、言葉を用いて道わないということで、ただ円相を描くとか、払子を立てるとか、拄杖を立てたり、拄杖を投げたり、一掌を与えたり、一喝したり、又蒲団を持ってくるとか、拳を振り上げるとかして応対すれば、それで良いという。

このような見解は、未だ凡夫の領域を出ていない。若し誰かが永平（わし）に唯嫌揀擇の精神は何かと問うならば、彼に向って道おう。金翅鳥王は生きた龍しか食べないし、一生捕処の菩薩は、兜卒天でなければ生まれないと。

●私解　金翅鳥王も一生補処の菩薩も、その行ないはすべて事実のみで、一切の観念の入る余地はない。これを唯嫌揀擇の生活と云う。

473上堂。曰く。崇嶽《すうがく》の高祖曰く、我が滅後八千年、我が法、糸髪ばかりも移らず、我が在世の如くならんと。

我が仏如来の道く、滅後遺法の弟子を蔭《おお》わんが為の故に、白毫一相の功徳を留在すと。又曰く、遺法の弟子を利益《りやく》せんが為の故に、二十年の仏寿を留め与えて、弟子を蔭覆《いんぷ》すと。

今日永平、偶《たまたま》一頌有り。良久して云く、臘月の寒梅、月光を含む。雪山、雪上に更に霜を加う。如来の毫相《ごうそう》猶今に在り。遠孫を利益すること豈に度量せん。

上堂して云われた。嵩山の高祖達磨大師は云われた。我が滅後八千年、我が仏法は、糸一筋髪の毛一本も変わることなく、我が在世の如く続くであろうと。

我が釈迦牟尼仏如来は云われた。わが滅後、遺法の弟子を覆い護るために、白毫光の一筋の功徳を留めておこうと。又云われた、遺法の弟子を利益《りやく》するために、寿命を二十年縮み与えて、後々の弟子達を覆い護ると。

今日永平（わし）はたまたま一頌を作った。しばらく沈黙した後云われた、十二月の寒梅が月の光に照らされている。雪山の雪の上に更に白い霜が積っている。釈迦牟尼如来の白毫相が、今ここにこのようにあるではないか。そして我等遠孫の為に、沢山の利益を与えておられる。その利益は、とてもとても量り知れないなあ！　と。

●私解　達磨大師も釈迦牟尼仏も、我等法孫を加護せんと、並々ならぬ決意と努力を払われた。その法益を、我々は道元禅師と同じように、どれだけ真剣に受けとめそれを享受し、更に後世に伝える努力をしているであろうか。手を胸に当てて、よく考えたい。

474 **上堂。時節因縁の仏性、刹那前後に円成す。但自ら長時に退歩せば、乱中の酪分明ならん。**

上堂。既に時節因縁が到来している仏性は、一瞬一瞬、前後左右にこのように完全無欠に現われている。だがそれを納得する為には、二十年三十年の長時にわたる退歩の修行が必要である。それを実行すれば、必ず乳はもともとチーズの原料であったことが明らかとなる。

●私解　これは最も短い上堂の語であろう。しかし仏道修行の端的を明確に示しておられる。我々はもともと仏であるが、この事実を知る人間は一人もいない。だから明眼の師について、二十年三十年の退歩の修行（本当の自己何者ぞと追究する修行）が是非必要であり、それを実行すれば、誰でも必ず本来の完全無欠の自分に出合うことが出来る。その実例が道元禅師である。

476 **上堂。修証現成す。以って其の時劫を窮むること無し。因果円満す、以って其の始終を限ること無し。法を以って界と為せば、則ち中辺無し。智を以って身と為せば、則ち向背無し。**

且《しばら》く道え、恁麼に行履する時又作麼生。良久して曰く、三千世界、恩臨を載く、一切衆生、化導に従う。

上堂。修証はこのとおり現成しているから、何時から修の始まりで証の終りかは究めようが無い。因果はこのとおり完全円満であるから、何時が因で何時が果か、始終を決めることは出来ない。宇宙一杯法ばかりであるから、中辺の決めようはない。この身は仏智ばかりで内外玲瓏として、表も裏も無い。

さてこのような生活をしていたら、一体どうなるのであろうか。しばらく沈黙の後云われた、三千世界はこの恩を蒙らぬものは無く、一切衆生はすべてこの化導に従うばかりである。

●私解　修行の結果悟りを得て仏となるというのが我々の常識であるが、それは全く誤解であった。我々はもともと完全円満な仏智ばかりの生活をしていたのである。

しかしこの事実が、どうしても納得出来なければ、納得出来るまで、正師について学ぶ外はない。必死に学んでいけば、必ずこの事実がわかる時節が到来する。

477上堂。記得す、趙州の道わく。木仏火を度《わた》らず、金仏炉を度らず、泥仏水を渡らず、真仏屋裏に坐すと。大衆委悉すや。

如何なるか是れ木仏。拘留孫佛《くるそんぶつ》是れ也。如何なるか是れ金仏。拘那含牟尼仏《くなごんむにぶつ》是れ也。如何なるか是れ泥仏。迦葉仏《かしょうぶつ》是れ也。如何なるか是れ真仏。釈迦牟尼仏是れ也。甚《なん》としてか恁麼に道う。良久して曰く、**如来の妙色身、世間に与《とも》に等しき無し。**

上堂。思い出すことだが、趙州は云われた。木仏は火を渡らない。金仏は炉を渡らない。泥仏は水を渡らない。真仏は屋裏に坐しておられる。大衆諸君。この言葉をくわしく知りたいと思うか。木仏とは何か。拘留孫仏がそれである。（火を渡れば焼ける）。金仏とは何か。拘那含牟尼仏がそれである。（炉を渡れば必ずとける）。泥仏とは何か。迦葉仏がそれである。（水を渡れば必ず溺れる）。真仏とは何か。釈迦牟尼仏がそれである。どうしてこのように云うのか。しばらく沈黙の後云われた、如来のすぐれた色身は、世間において、較べようがない程すばらしいからである。

●私解　一切衆生は、皆如来の智慧徳相を具えている。この事実を、釈迦牟尼仏は我々に教えておられる。

479上堂。曰く。三世諸仏、諸代の祖師、一切人天大衆の為に施設す。一法有り、謂く、生死長く、生死短し。若し貪・瞋・痴に依れば即ち生死長し。若し戒・定・慧に依れば即ち生死短し。

爾の時仏前に徳女有って仏に白《もら》して言《もう》さく、世尊、貪・瞋・痴何に依って有なると。仏、徳女に告げ給わく、無明に依って有なり。徳女言わく、若し貪・瞋・痴無明に依って有ならば、諸法皆有ならん也。仏、徳女に告げ給わく、汝言え、無明内《うち》に有りや也《ま》た不《なし》や。女言わく、不也。仏言わく、外に有なりや也た不《なし》や。女言わく、不也。仏の言《のたま》わく、内外に非ず有なりや也た不《なし》や。女言わく、不也。仏の言わく、是の如く有るなりと。

如来世尊、既に恁麼に道う。永平雲孫道わずんばあるべからず。今日徳女有って、永平に、無明何れの処にか在ると問わば、祇だ伊に向って道わん、直饒無明の依処を認得すとも、未だ永平が払子を免れずと。

上堂して云われた。三世諸仏も歴代の祖師も、一切の人間界・天上界の大衆のために方便を設けられた、只一つの教えがある。それは、生死は長くもあり、また短かくもあるということである。若し貪・瞋・痴に依れば生死は長く、若し戒・定・慧に依れば生死は短い。

この説法を聞いた徳女が、仏前に進んで仏に申し上げた。世尊よ。貪瞋痴は何に依ってあるのでしょうかと。仏は徳女に告げ給うた、無明に依ってであると。徳女は云った。若し貪瞋痴が無明に依って有るならば、あらゆるものが存在することになりますね。仏は徳女に告げられた。お前さん云ってごらん、無明はお前の内にあるのかどうか。いいえ。仏は云われた。それでは外にあるのかどうか。女は云った。いいえ。仏は云われた、それでは内でも外でもないところに有るのか。女は云った。いいえ。仏は云われた、無明はそのように（拠り処が無く）有るのだと。

如来世尊は、既にこのように云われている。如来の遠孫である永平（わし）も云わないわけにはいかない。今日徳女があって、永平に無明は何処にあるのかと問うならば、ただ彼女に云おう、たとえ無明が拠り処が無いとわかっても、なお永平（わし）の払子で打ちのめしてしまうぞ！　と。

●私解　この道元禅師のお言葉で、無明は完全に木っ端微塵となってしまった。これで生死問題は完全に解決された。

480上堂。一切衆生、輪廻生死の際《あいだ》、南洲の身を受くること最も難く最も稀なり。如来一日、土を撮《と》つて指甲上に置いて衆会に示して言く。三千大千世界の土や多き、我が指甲上の土や多きと。時に阿難、仏に白《もう》す。三千大千世界の土多し、如来の指甲上の土に比す可からずと。世尊告げて言く、南洲の人身を受くる者は、指甲上の土の如く、南洲の人身を受けざる者は、三千大千世界の土の如し。生まれて仏法に値うこと亦此れより稀なりと。

大衆既に受け難きの人身を受け、値い難きの仏法に値えり。須らく頭燃を救《はら》って弁道すべし。記得す、馬鳴尊者、富那夜奢尊者に問う。我仏を識らんと欲す、何者か即ち是なる。奢曰く、汝仏を識らんと欲す、識らざる者是なり。鳴曰く、既に仏を識らず、焉んぞ是なることを知るや。奢曰く、既に仏を識らず、焉んぞ不是なることを知らん。鳴曰く、此れは是れ鋸の義。奢曰く、彼は是れ木の義。奢問うて曰く、鋸の義とは何ぞ。鳴曰く、師と平出す。鳴曰く、木の義とは何ぞ。奢曰く、汝我に解せらる。鳴豁然として省悟す。

忽ち人有って、永平に鋸の義とは何ぞやと問わば、他に向って道わん、天地懸隔と。木の義とは何ぞや。他に向って道わん、毫釐有差と。

上堂。一切衆生が生死の世界を輪廻するが、この南洲（地球上）に身を受けることは、最も難しく殆んど稀なことである。釈迦牟尼如来が或る日、土を指の甲の上に置いて、大衆に示して言われた。三千大千世界の土と私の指の甲の上の土とどちらが多いかと。時に阿難尊者が仏に申し上げた。三千大千世界の土の方がずっと多く、とても如来の指の甲の上の土とは比べようもありませんと。そこで世尊は大衆に告げて云われた。南洲に人間として生を受ける者は、この指の甲の上の土のようなものである。そして南洲に人間として生を受けない者は、三千大千世界の土のように多いのであると。更に南洲に生まれても、仏法に遇うのは、指の甲の上の土よりも稀なことなのであると。

大衆諸君よ。諸君は既に受け難き人身を受けたばかりでなく、遇うことが稀な仏法にも値うことができた。だから頭の上についた火を払いのけるように、一生懸命仏道の修行をしなければいけない。思い出すことだが、馬鳴尊者が富那夜奢尊者に尋ねた。私は仏を識りたいと思います。仏とはどのような方でしょうかと。富那夜奢は云った、お前は仏を知りたいと云っておるが、その仏を知らないというのが仏そのものだよと。馬鳴は云った、既に仏を知らないというのに、どうしてそれが仏だとわかりましょうか。富那夜奢は云った、とっくに仏を知らないのに、どうして仏ではないとわかるのかねと。馬鳴は云った、これは鋸《のこぎり》の議論ですと。富那夜奢は云った、これは木の議論じゃと。又云われた、鋸の議論とは何かね。馬鳴は云った、師と私の議論は五分五分ですと。更に問うた、木の議論とは何でしょうか。富那夜奢は直ちに云った、お前さんは木だから、とっくにわしに切り倒されたんだよと。これを聞いた途端、馬鳴は完全に自己を忘じて豁然として大悟した。

若し人が永平（わし）に鋸の義とは何かと問うならば、彼に向って道おう。天地懸隔《てんちけんかく》（馬鳴と富那夜奢は天地の差程違う）と。若し木の義とは何かと問うならば、彼に向って言おう、毫釐有差《ごうりうさ》（馬鳴と富那夜奢との差は毫釐で殆んど無い）と。

●私解　仏を求めようとした途端、天地懸隔となり、仏道を手に入れることは、釈尊の指の甲の上の土のように難しくなる。仏を求めようとする自己を忘じた途端、毫釐有差となり、忽ち真の仏道を手に入れることが出来る。

482上堂。仏法二度震旦に入る。一には跋陀婆羅菩薩伝来して、瓦官寺に在って秦朝の肇法師に伝う。一には嵩山高祖、菩提達磨尊者、少林寺に在って、斉国の慧可に伝う。肇法師の伝、今既に断絶す。可大師の稟授《ぼんじゅ》九州に弘まる。我が党《ともがら》、宿殖般若の種子に酬いて、殊勝最上の単伝に値《あ》いて修習することを得たり。当《まさ》に頭燃を救《はら》って精進すべし。

仏言《のたま》わく、二人の罪人有り。謂く一人は三千大千世界の衆生を殺す。一人は大智慧を得て坐禅の人を罵謗《めぼう》す。二人の罪何れの者か是れ重き。仏言《のた》まわく、坐禅の人を毀謗するは、猶三千大千世界の衆生を殺すよりも勝れたり。測り知りぬ、坐禅の其の功徳・最勝甚深なることを。

乃ち云く、在単多劫参禅の客、還って見る一条の拄杖烏《くろ》きことを。正当恁麼の時、更に脱落底の道理有りや也《ま》た無しや。良久して曰く、将に謂えり、胡鬚赤と更に赤鬚胡有り。

上堂。仏法は二度中国に伝えられた。その一つは跋陀婆羅《ばつだばら》菩薩が伝来して、瓦官寺に於て泰朝の肇《じょう》法師《ほっし》に伝えたものである。もう一つは、嵩山の高祖菩薩達磨大師が少林寺に於て、斉国の慧可大師に伝えたものである。肇法師に伝えられたものは、今は既に断絶し、慧可大師が受け継いだものが、中国全土に広まった。我々は過去世に植えた般若の種子のお蔭で、今最高にすぐれた正法に出合い修行する機会に恵まれた。だから、頭についた火を必死に消すように、精進しなければならない。

仏が言われた。ここに二人の罪人がいる。一人は三千大千世界の衆生を殺した人で、もう一人は悟りの大智慧を得ながら、坐禅する人々をののしり誇る人である。この二人の罪では、どちらが重いと思うかと。仏は云われた。坐禅する人々をののしり誇る人の罪は、三千大千世界の衆生を殺した人の罪よりはるかに重いと。これを以ってしても、坐禅の功徳が最も勝れかつ深いことがわかるであろう。

そこで師（道元禅師）は云われた。長年僧堂の単で参禅した者は、この一本の拄杖の黒さ（如浄禅師伝来の法の重み）がわかるであろう。その黒さがわかると、身心脱落の境地は一体あるのか無いのか。しばらく沈黙の後云われた。エビス人の鬚は赤いと思ったら、何と赤鬚のエビス人ばかりではないかと。

●私解　将《まさ》に謂《おも》えり胡鬚赤と更に赤鬚胡ありと云えるまで、身心脱落底の坐禅を実行する必要がある。道元禅師はそのお手本である。

483上堂。若し此の事を論ぜば、十方の諸仏、修証は無きにあらず、一切の祖師、汚染することを得ず。是れを以って霊山百万億の衆、独り迦葉をして住持せしめ、黄梅七百の高僧、唯だ行者《あんじや》を選んで伝法す。

豈に是れ庸《よう》流の能くする所ならんや。庸流に非ざる者は誰そ。謂《いわ》く真の出家者なり。夫れ真の出家者は、直に須らく丈夫決烈の籌《はかりごと》を秉《と》って、精進勇猛の幢《はた》を建つべし。遂に則ち仏祖の鑰匙子《やくしす》を拈得して、向上一重の関を打開し、自己の家財を運出して、一切の孤露を賑済《しんさい》す。正恁麼の時、方に最初《はじめ》仏の

恩徳に報いると云って、払子を以って禅床を撃って、下座す。

上堂。若し真の仏道を論ずるならば、十方の諸仏、一切の祖師方は、修行と証悟が無いわけではないが、これに汚染（執着する）されることは決して無い。だから霊山には百万億の大衆がいたが、独り摩訶迦葉尊者のみが仏道を住持し、黄梅には七百人の高僧がいたが、唯だ盧行者のみが選ばれて、法を伝えられたのである。

これはとても凡庸な者が成し得るものではない。では凡庸な者ではない者とは誰か。それは真の出家者である。真の出家者は、必ず大丈夫の漢で、確固不抜の力量を持ち、勇猛な精神の旗をかかげる者でなければならない。このような漢にして、初めて仏祖の錠を開ける鍵を手にして、仏向上の関門を打ち破り、自己の財産をすべて放出して、一切の孤独な衆生を救うことが出来る。まさにこの時、始めて仏の恩徳に報いることが出来るのであると云われて、払子を以って禅床をパチーンと撃って下座された。

●私解　真の仏道を継承するには、決死の覚悟と強固な菩提心を持って、熱烈な修行に励み、最早修証すべきものがなくなった者でなければ、その任に耐えられない。道元禅師は、そのような者が現われるのを強く望んでおられる。

485 **上堂。曰く。夫れ仏祖の児孫は必定して仏祖の大道を単伝す。我が仏如来言《のたま》わく、仮令《たとい》百劫を経るとも、所作の業亡ぜず、因縁会遇の時、果報還って自ら受くと。**

第十九祖鳩摩羅多《くもらた》尊者、闍夜多《しややた》尊者に示して曰く、且《しばら》く善悪の報に三時有り、凡人は但だ仁は夭《よう》に、暴は寿に、逆は吉に、義は凶なるを見て、便ち因果亡《な》く罪福虚《むな》しと謂《おも》えり。影響相い随って毫釐も忒《たが》うこと靡《な》きことを知らず。縦《たと》い百千劫を経るとも亦磨滅せずと。

仏祖の道斯の如し。仏祖の児孫直に須《すべか》らく骨に刻み肌に銘ずべきのみ。外道六師の中の第一富蘭那迦《ふらんなか》葉《しよう》、諸弟子の為に是の如きの言を説く。黒業《こくごう》有ること無く黒業の報いも無し。白業《びやくごう》有ること無く白業の報いも無し。黒白業無く黒白業の報いも無し。上業及び下業の有ること無しと。第六尼乾陀若提子《にけんだじやだいす》、諸弟子の為に是の如きの言を説く。悪も無く善も無し。父も無く母も無し。今世も無く後世も無し。阿羅漢も無く修道も無し。一切衆生八萬劫を経て、生死の輪に於て自然に得脱す。有罪、無罪、悉く是の如しと。

明らかに知る。仏祖の所説と外道の邪見と終に同じうす可からざることを。謂く、業報に三種有り。一には現在受業、二には生受業、三には後受業。此の三種の業は、影響の相い随うが如く、鏡を以って像を鋳るに似たり。謹んで大衆に白す。至切至切。

上堂して云われた。仏祖の児孫たる者は、必ず仏祖の大道を正しく伝えなければならない。我が釈迦牟尼如来は云われておられる。たとえ百劫を経ても、自分の作った業は消えることはない。因と縁が会い遇う時は、その果報は必ず自分自身が受けることとなると。

第十九祖鳩摩羅多尊者が闍夜多尊者に示して云われた。善悪の報には三時がある。普通の人は、善良な人が早死にし、粗暴な人が長生きし、不正な者に善いことがあり、正義な者に不幸があるのを見ると、すぐに因果は無く罪福は空しいものだと思う。それは、因果は物影や音響と同様に、相従っていささかも違いはなく、たとえ百千万劫を経ても磨滅することが無いことを知らないからである、と。

仏祖の教えはこのとおりである。従って仏祖の児孫たる者は、このことをよく骨に刻み肌に銘じなければならない。外道の六師の中の第一富蘭那迦葉は、弟子達に次のように説いている。世に悪業の有ることは無くその報いも無い。善業も有ることは無くその報いも無い。悪と善がまざった業も無くその報いも無い。上業の人天の業も、下業の三悪道も無いと。又第六の尼乾陀若提子は、多くの弟子達に次のように説いている。世には悪も無く善も無い。父も無く母も無い。今世も無く後世も無い。阿羅漢も無く修道も無い。一切衆生は、八万劫を経て生死輪廻を繰り返すうちに自然に解脱する。罪有る者も罪無き者も、皆このようなものであると。

これではっきりわかったことは、仏祖の説くところと外道の邪見とは、結局同じではないということである。仏説は、業報に三時があるという。一つは現在の業を現世で受ける現在受業。二つには現在の業を次生で受ける生受業。三つには現在の業を次生以後の生で受ける後世業である。この三種の業は、物と影、音と響きが相い随がうようなものであり、又鏡を以って像を写すのに似ているのである。大衆諸君。謹んでこの事を申し上げる。切に切に。

●私解　因果の道理は歴然として私無く、その結果は何時か必ず自分自身が受けることとなる。これは我々の本質が空性即ち零で無限大であるという事実から来るもので、私情の挿しはさむ余地は無い。従って、坐禅修行により、我々の本質を大悟しない限り、因果律は本当には信じられない。

従って、我々は参禅により自己の本質を悟る努力を続けるとともに、この仏説である因果の道理を信じ護持することが大切である。

486涅槃会の上堂。曰く。二千年前の今日、我等が本師釈迦牟尼如来、娑婆世界に般涅槃す。西天竺の菩提樹、今日に遇う毎に、枝低《た》れ葉萎《しぼ》む。如来の涅槃を憂うるなり。此の涅槃の道理、初祖破顔の処に向って相看ること莫れ。二祖礼拝の時に向って認得すること莫れ。豈衲僧に向って円相を打して以って卜度せんや。豈作家に向って禅床を撃して以って商量せんや。

六祖曹谿大鑑禅師、志達禅師に示して云く、無上の大涅槃、円明にして常に寂照す。凡夫は之れを死と謂い、外道は執して断と為す。諸々の二乗を求むる人は、自ら以って無作と為す。尽く情所計に属す。六十二見の本《もと》なり。

然れば則ち出入隠没に非ず、生滅去来に非ず。然れども機縁感会して現般涅槃するのみ。今夜、双樹に涅槃すれども、又常在霊山と言う。何れの時か、慈父を見んことを得てん。孤露にして空しく世間に留まる。然も是の如くなりと雖も、大千娑界の雲孫、正当恁麼の時作麼生か道わん。良久して曰く、鶴林月落ちて暁何ぞ暁けん。鳩尸《くし》花枯れて春、春ならず。恋慕何為《いかん》せん顛狂の子、紅涙を遮《とど》めて良因を結ばんと欲す。

涅槃会の上堂で云われた。二千年前の今日、我等の本師釈迦牟尼如来は、この娑婆世界の西インドで涅槃に入られた。今日に遇う度に、菩提樹は枝は低れ葉はしぼんで、如来の涅槃を悲しむ。この涅槃の有様は、初祖摩訶迦葉尊者が、世尊の拈花を見て破顔微笑した世界とは異なるし、又二祖慧可大師が、達磨大師に礼拝した世界とは全く違う。まして衲僧が一円相を描くことで間に合うものではなく、師家が禅床を打って示す世界とは全く異なる。

六祖曹谿大鑑慧能禅師が、志達禅師に示して云うには、無上の大涅槃は完全円明で永久に寂静の世界である。凡夫はこれを死と云い、外道は断に執着する。多くの声聞縁覚の二乗を求める人々は、これを無作と考える。これ等はすべて分別に基づくもので、六十二見（観念）の大本であると。

従って仏の涅槃は、この世に出たり入ったり隠れたり亡くなったりすることではなく、又生滅去来に関係することでもない。しかし機縁が熟して感応すると、涅槃の事実がはっきりしてくる。世尊は今夜、沙羅双樹の下で涅槃に入られたが、実は常に霊鷲山に居られると云う。さて我々は何時、その慈父釈尊にお会いすることができようか。我々はひとり取り残されて、空しくこの世間に留まっている。このとおりではあるが、この大千世界の遠孫達よ。まさにこの時、何と云ったら良いであろうか。しばらく沈黙の後云われた。沙羅双樹を照らしていた月は落ち、暁が来ても未だ夜は明けない。クシナガラの花は枯れ、春とはいえ未だ春の暖かさはない。慈父を恋い慕う顚倒の子はどうしたら良いであろうか。落つる涙をおさえて、ひたすら仏との良縁を願うばかりである。

●私解　六祖大師も道元禅師も、一切の観念から脱却できれば、涅槃に入られた常在霊鷲山の慈父釈尊にお会いすることが出来ると云われる。しかしこれを実現することは、我々にとってはまことにまことに至難の業と云わなければならない。

488上堂。記得す。趙州因に僧問う。如何なるか是れ祖師西来意。州云く、庭前の柏樹子。僧云く、和尚境を以って人に示すこと莫れ。州云く、吾境を以って人に示さず。僧曰く、如何なるか是れ祖師西来意。州曰く、庭前の柏樹子と。

近代の学人、趙州の意を会せず、趙州の言学せず、深く憐憫す可き者なり。或るは云く、趙州、学人をして一点も見解せしめざらんが為に、所以《ゆえ》に前来も也《ま》た庭前の柏樹子と道い、後頭も也た庭前の柏樹子と道うと。或るは云く、一切の言語悉く是れ説禅なり。所以に前後同じく以って柏樹子と道うと。是の如き等の輩、稲麻竹葦の如し。然れども趙州の道処に於て、将に春夢を著《つ》けんとするに也た未だ得ざる在り。

今人有りて永平に如何なるか是れ祖師西来意と問わば、他に向って道わん。蒼波迢々として三周を渉ると。他若し和尚境を以って人に示すこと莫れと道わば、須く他に向って道う。吾境を以って人に示さずと。他又如何が是れ、和尚境を以って人に示さざる底の道と問わば、祇だ他に向って道わん。霊山の瞬目豈に時節ならんや。微笑破顔尚お未だ休まず。四五千条花柳の巷、二三万座管絃の楼と。

上堂。思い出すことだが、趙州に或る僧が問うた、祖師達磨がインドから中国に西来された精神は何でしょうかと。趙州は云った、庭前の柏樹子。僧は云った、和尚、外境の物で示してはなりません。趙州は云った、わしは外境の物で示してはおらんよ。僧は聞いた、祖師達磨がインドから中国に西来された精神は何でしょうかと。趙州は云った、庭前の柏樹子と。

最近の修行者は、この趙州の心がわからない。そして趙州のこの言葉の真意を学ぼうとしない。まことに憐れなことである。或る者は云う、趙州は学人に一切考えさせまいと思って、前も庭前の柏樹子と云い、後も庭前の柏樹子と云われたのだと。又或る者は云う、一切の言葉はすべて禅を説いている。だから前も後も柏樹子と答えたのだと。このような連中がゴマンといる。しかし、このような見解は、趙州の言葉に春の夢のような説明をしただけで真実ではない。

今或る人がこの永平に、祖師達磨がインドから中国に西来した真意は何かと問うならば、彼に向って道おう、達磨は青海原を超えて三年がかりで中国にやって来たのだよと。彼が若し、和尚外境の物で示してはなりませんと云うならば、直ちに彼に向って道う、わしは外境の物で示してはおらんと。彼が又和尚が外境の物で示していないという精神は何かと問うならば、彼に向って道う。霊鷲山で釈尊がまばたきされたのは、その時だけのものではないよ。また、迦葉が破顔微笑したのも、今に至る迄続いているのだよと。見てごらん。四五千本の花柳が咲きほこっており、二三万座の管弦の音が高楼で鳴り響いているではないかと。

●私解　有名な趙州の庭前の柏樹子の公案を、道元禅師は見事に我々に示しておられる。何時でも何処でも庭前の柏樹子の花盛りであり、高楼で響き渡る管弦の音ばかりである。この世界を手にする道は只一つ。身心脱落底の坐禅をすることである。だが身心脱落したと思う自分がいる間は、決して趙州の柏樹子ではない。

490上堂。云く。記得す、南嶽懐譲禅師、初めて曹谿に参ずるの時、六祖問う、汝什麼の処よりか来る。

譲云く、嵩山安国師の処より来る。祖曰く、是れ什麼物か恁麼にし来る。譲措くこと罔《な》し。終に八年に至って、譲、祖に告げて云く、懐譲某甲初めて来りし時、和尚某甲を接して、是れ什麼物か恁麼にし来ると云うを会得すと。祖云く、汝作麼生か会す。譲曰く、説似《せつじ》一物《いちもつ》即不《そくふ》中《ちゅう》。祖云く、還って修証を仮るや也《ま》た無しや。譲曰く、修証は無きにあらず、汚染すること即ち得ずと。祖曰く、只是の不汚染、即ち諸仏の護念し給う所なり。汝も亦是の如し、吾も亦是の如し、乃至西天の諸祖も亦是の如しと。

師曰く、還って這箇の道理を委悉せんと要すや。六祖の什麼の処よりか来ると問うとき、南嶽に代りて云く、久しく響く和尚道徳の風、此に来って礼拝す、下《あ》情《じょう》感激の至りに勝《た》えずと。六祖又是れ什麼物か恁麼に来ると問わば、南嶽に代って六祖に向って曲身問訊《もんじん》叉手《しやしゅ》して道わん。即辰季《そくしんき》春《しゅん》極めて暄《あたた》かなり。伏して惟《おもん》みれば和尚尊候、起居万福と。人若し南嶽の道う説似一物即不中の意旨如何と問わば、祇だ他に向って道わん。任他《さもあれ》茅草《ぼうそう》の青くして猶嫩《わか》きとも、春日遅遅として庵を結ばんと欲すと。又六祖の道う只是れ不汚染、即ち諸仏の護念し給う所なり、汝も亦是の如し、吾も亦是の如し、乃至西天の諸祖も亦是の如し等の意旨如何と問わば、又他に向って道わん、優鉢羅華日に向って開くと。

上堂して云われた。思い出すことだが、南嶽懐譲禅師が初めて曹谿六祖大師に参じた時、六祖が問うた。お前さん何処から来たのかと。譲は云った、嵩山の慧安国師の処から参りました。六祖は云った、その来た奴は何者かと。懐譲は答えることが出来ず、遂に八年が経過した。或る日懐譲は六祖に申し上げた。私が参りました時、和尚は私を接得して、来た奴は誰かと仰言いましたが只今わかりましたと。六祖は云った、どうわかったのか。懐譲は云った、説似一物即不中（何か云ったらすべて間違いです）と。六祖は云った、それは修行して悟った結果かと。懐譲は云った、修行して悟ることは無いわけではありませんが、修証のけがれはどこにもございませんと。六祖は云われた。そのけがれの無い世界こそ、諸仏が大切に護っておられることである。お前もそのとおりであり、わしもそのとおりである。又西天の諸祖もそのとおりであると。

これについて師（道元禅師）は云われた。この道理をくわしく知りたいと思うか。六祖が若し何処から来たかと問うならば、わしは南嶽に代って云おう。長い間和尚の徳風を慕ってここにやって来て礼拝致します。私は感激に堪えませんと。六祖が又その来た奴は誰かと問うならば、南嶽に代って、六祖に向って身をかがめ問尋叉手して申し上げる。三月の春の暖かい季節となって、謹んで思います。ご老師にはご法体ご安泰で何よりでございますと。誰かが若し、南嶽が云った説似一物即不中の意味は何かと問うならば、彼に向って云おう。たとえ茅の草が未だ青く若くても、春の日が長い間に庵を作ろうと思うと。又六祖が只この修証のけがれが無い世界こそ、諸仏が大切にして護り、お前もそのとおり、わしもそのとおり、西天の諸祖もそのとおりの意味は何かと尋ねるならば、彼に向って云おう。千年に一度しか咲かない青蓮華は、必ず太陽に向って開くと。

●私解　南嶽が手に入れた説似一物即不中の境涯は、一切の観念が掃絶された世界であり、これこそ仏境涯そのものである。

従って道元禅師が、這箇の道理を委悉せんと云われて述べられた言葉は全く不要なものである。道元禅師もつい老婆心が出たのであろう。

491上堂。流転生死の中に、如来の出世に遇うことは、最第一の果報なり。如来の在世に遇わずと雖も、正法に遇うことを得るは其の次なり。正法に遇わずと雖も、像法に遇うことを得るは又その次なり。正法、像法に遇わずと雖も、猶仏法未滅の末法に遇うことは、是れ則ち世の優曇花《うどんげ》、人の芬陀利花《ふんだりげ》なり。輪王に比せず北洲に比せず。

既に遇い逢うことを得たり、最も真実に修行弁道すべきの時なり。先達の覓《もと》むるところは唯だ是れ正見のみなり。不錯の見を得んと欲する也。今如来の正法眼蔵涅槃妙心無上菩提を以って、猥りに禅宗と号す、是れ錯《あやま》りなり。豈に見毒無からんや。

西天二十八代嫡々相承す。二十八祖菩提達磨尊者、万里を辞せず航海すること三年にして遂に振旦に到って南海広州に届《とど》く。時に梁の武帝普通八年也。梁武に相見す。梁武重んぜず、祖遂に国を出でて魏の嵩山に入り、少室峰の少林寺に寓して面壁九年す。神光を得て法を伝え衣を伝う。五伝して曹谿に至って、両《ふた》りの神足有り。謂《いわ》く、青原の弘済大師と南嶽の大慧禅師なり。青原に唯《ただ》一子有り、謂く石頭《せきとう》也。南嶽に唯一子有り、謂く江西《こうぜい》也。

後代須く知るべし、上古猶人を得ること多からざることを。当時《そのかみ》豈近代の如き邪魔、魍魎無からんや。江西は百丈を得、石頭は薬山を得。江西・石頭・薬山・百丈の如きの祖師、今日有るべからざる也。此の如きの祖師在世の時、未だ仏法を以って禅宗と称することを聞かざる也。二三百年より已来《このかた》、猥りに禅宗と称す。未だ出処の根源明らかならず。頗る妄称ならんや。

石門の林間録に曰く、菩提達磨初め梁より魏に之き、嵩山の下に経行し、少林に倚杖《いじょう》して面壁して燕《えん》坐《ざ》するのみ。習禅には非ざる也。之れを久しくして世人其の故を測ること莫し。因って達磨を以って習禅と為す。夫れ禅那は諸行の一なるのみ。何ぞ以って聖人を尽すに足らん。而るに当時の人、之れを以って、史を為《つく》る者、又従って茲《これ》を習禅の列に伝《つら》ね、枯木死灰の徒と伍《とも》たらしむ。然りと雖も、聖人は禅那に止《とど》まるのみに非ず、而も禅那に違せずと。然れば則ち往代にも亦道を明らむるの師有り。如今《いま》道を聞くの人無し。哀れむべし、哀れむべし。邪魔・魍魎《もうりょう》・野獣・畜生、猥りに禅宗と号し、謬って法華・華厳等の宗と雌雄を論ず。澆季人無き所以也。

仏祖の単伝は唯だ是れ我が釈迦牟尼仏の正法也。阿《あ》耨《のく》多《た》羅《ら》三藐《さんみゃく》三《さん》菩《ぼ》提《だい》なり。所以に須らく知るべし、仏法の中には法華・華厳等有り。法華・華厳等各々の中に各々の仏法有るには非ず。然れば則ち、法華・華厳等の八万四千の法蔵、悉く是れ仏祖単伝せり。法華・華厳等の外に別に祖師道有るに非ず。所以に諸宗と比肩すべからざる也。唯だ国の王を得たるが如し。無上菩提の為に道を求むるの輩、仏祖単伝・直指無上の正法を以って、禅宗と称すべからざる者なり。若し禅宗と称せば、仏祖の児孫にあらず、又見毒有るべし。

良久して曰く、仏法本《もと》名相の表に非ず。後人謬《あやま》って許多《あまた》の名を立つ。少林の面壁、縦《たと》い相以たりとも、禅宗と号して、有情を惑わすこと勿れ。

上堂。生死を繰り返す人間界に生まれて、釈迦牟尼仏如来の在世にめぐり合うことは、最大の果報である。如来の在世に遇わなくても、正法に遇うことが出来れば、其の次の果報である。正法に遇わなくても、像法に遇うことができれば、その次の果報である。正法・像法に遇わなくても、仏法が滅亡しない末法の時代に遇うことは、世間の優曇花のように、又人間界の白蓮花のように稀な果報である。この果報は転輪王に逢い北洲に生まれる果報にも比べられない程の稀なことである。

我々は既にその幸いに遇うことが出来た。従って最も真剣に修行弁道すべきである。先輩達が求めたものは、正見即ち誤りなき正しい見解のみである。決して誤ってはならない見解である。従って今我々が出合った如来の正法眼蔵涅槃妙心無上菩提を、みだりに禅宗と称するのは全くの誤りであり、決してこの誤った見解の毒に犯されてはならない。

インドの二十八代の祖師である菩提達磨尊者は、正しい後継者として、正法を伝えたが、万里の道を遠しとせず、三年間の航海の後、遂に中国に渡り、南海の広州にたどり着いた。時に梁の武帝、普通八年（五二七）であった。達磨大師は梁の武帝に会ったが、武帝は初祖を重んじなかった。そこで初祖は梁の国を出て、魏の国の嵩山《すうざん》に入り、少室峰の少林寺に住して面壁すること九年、その間に二祖の神光を得て法と仏衣を伝えた。それから五伝して曹谿六祖に至り二人の高弟を得た。一人は青原弘済大師であり、もう一人は南嶽大慧禅師である。青原には只一人の弟子石頭希遷があり、南嶽にも只一人の弟子江西の馬祖が出来た。

後代の者は必ず知らねばならないが、上古でもなお本当の人物を得ることは多くはなかった。その当時でも、近代のような邪見の者や悪魔がいなかったわけではない。その中にあって、江西は百丈を石頭は薬山を得たのである。江西・石頭・薬山・百丈のような祖師は、今日ではとても見出せない。このような祖師方が世におられた時は、仏法を禅宗と称することは決して聞かなかった。この二三百年このかた、やたらと禅宗と称するようになった。そしてその出所も明らかでない。まさに妄称である。

石門の林間録では次のように述べている。菩提達磨は初め梁の国から魏の国に行った。嵩山の下に行き、少林寺に掛錫し面壁坐禅するのみであった。これは習禅（禅定だけを目的とする禅）ではない。だが面壁坐禅を続けるだけだったので、人々はその本来の目的がわからなかった。そこで達磨を習禅者と思い込んでしまった。そもそも禅定は諸行の中の一つであるが、達磨のような聖人の行とは全く異なる。だが当時の人達は、これを同じだと考え、史伝を作る時、習禅篇の中に入れて、枯木死灰の禅定者と同列に置いてしまった。然しながら、達磨のような聖人は、単に禅定のみに留まるものではない。かといって禅定に反するものでもないと。この記述を見ても、昔でも仏道を明らめた人はいた。しかし現在は、本当の仏道を聞き得る人がいない。何と悲しいことではないか。まことに悲しいことである。邪見を持った悪魔や、野獣・畜生と同様の連中が、無暗に禅宗禅宗と称し、誤って法華宗や華厳宗等と優劣を論じている。これは世も末となり、明眼の人がいなくなったからである。

仏祖方が単伝された正法は、只我が釈迦牟尼仏が正しく伝えた法、最尊最上の無上菩提だけである。従ってよくよく知るべきは、この正伝の仏法の中に、法華・華厳等があるのであって、法華・華厳等の中に、その各々の仏法があるのではない。従って法華・華厳等の八万四千の法蔵の悉くは、仏祖単伝の正法であって、法華・華厳等と別に祖師の仏法があるのではない。従って釈尊の正法は、諸宗と肩を並べることは出来ない。国で云えば、国王を得たようなものである。そこで無上菩提の為に、真の仏道を求めんとする者は、仏祖が正伝した、直指無上の正法を、禅宗と名づけるようなことをしてはならない。若し禅宗と称するならば、仏祖の児孫ではなく、邪見の毒に犯された者と云うべきである。

しばらく沈黙の後、師（道元禅師）は云われた。仏法はもともと名で示されるものではない、後人が間違っていろいろな名をつけたにすぎない。達磨大師が少林寺で、面壁坐禅された姿が習禅のそれと、たとえ似ていたとしても、これを禅宗と称して、人々を惑わしてはならないと。

●私解　正伝の仏道は、一切の邪見即ち一切の思想・観念・認識を超えた事実（正見）を手に入れて、自分の生活の中に実現し実行することである。そのためには、達磨大師が実行された面壁端坐を、九年・十年・二十年・五十年実行して、思想・観念を創り出しそれに執着して止まない自我意識を完全に滅却し去ることである。至難の業であるが、それを実現実行しようとする強固な菩提心があれば必ず可能である。

493 **上堂。挙す。臨済、黄檗の拄杖六十を喫して後、大愚に参ず。黄檗の意を知って黄檗に還る。檗曰く、這の風顛漢《ふうてんかん》、参堂し去れと。**

大衆、這の一段の因縁を会せんと要すや。良久して曰く、棒頭の眼、百千の日の若し。従来の夢を照破して覚《さ》めしむ。罰に非ず賞にあらず。痛処親し、老婆心切、何ぞ少なかる可き。

上堂。公案を取り上げて云われた。臨済が黄檗の拄杖六十棒をくらった後、大愚の所に行って黄檗の真意を知り、再び黄檗のもとに帰った。黄檗は云った、この風来坊め！　僧堂に行って坐れ！と。

大衆諸君。この公案の真意を知りたいと思うか。しばらく沈黙の後云われた、黄檗の六十棒は、百千の太陽のような輝きを持っている。臨済はそれにより、今迄の迷いの夢から完全に覚めることが出来た。この棒は、臨済にとって罰でもなく賞でもない。只痛い！　という事実に出合って、黄檗の老婆親切が如何に大きいかを思い知らされたのである。

●私解　有名な臨済大悟の因縁である。臨済禅師といえども、この大悟の体験が無ければ、祖師の一員にはなれなかった。我々の修行も決して途中で妥協してはならない。

496 **上堂。曰く。兄弟《ひんでい》、好箇の時光、直に須らく努力すべし。時、人を待たず。須く頭燃を救《はら》うべし。覿《てき》面《めん》に相付す、豈に言宣を仮らんや。**

対眼投機、喚んで参玄の上士と作す。若し能く是《かく》の如くならば、所以に宗風墜《お》ちず。正当恁麼の時、又且く如何。良久して云く、四蛇足を画く、我が意に非ず。一世勤修す仏祖の心。

　上堂して云われた。兄弟達よ。今や絶好の時節である。一途に修行に専心努力せよ。時は人を待たない。丁度頭についた火を必死に払いのけるように、一生懸命修行するのである。そうすれば必ず本来の自己に目覚める。これは理屈ではない。

　明眼の宗師に出合い、その機に身を投ずる。これこそ、仏道参学の上士と云う。若しこのような修行が行なわれていけば、仏祖の宗風が衰えることはない。まさにこの時はどうであろうか。しばらく沈黙の後云われた、生・老・病・死の四魔は、我が意にかかわらずせまってくる。だからこそ、この一生は仏祖の心を勤修する外はない。

●私解　先ず姿勢を正して深呼吸で息を調えて普通の息に戻る。その息に従って、先ず息を静かに吸って吐く時ひと一つと心の中で数える。次の息を静かに吸って吐く時ふた一つと心の中で数える。十まで数えたら最初の一つに戻る。これを数息観と云うが、この数息観を毎日五分間で良いから実行する。これこそ仏祖の心を勤修する道である。これを毎日続けることが、自己を救い、他を救い、世界を救い、宇宙を救う唯一の道である。

497上堂。初祖の西来は震旦の温至なり。前後妙なりと雖も、嵩嶽独り親し。迢々として航海三周、兀々として面壁九歳、児孫遍く天下に満ち、嫡嗣《てきし》、適々吾が朝に臨む。謂つ可し、国初めて戒・定・慧の本主を感得すること、民の王を得たるが如し。人方《まさ》に身・口・意の善根を決定して闇に燈を得たるが如し。誠に是れ優曇花開いて一切愛敬し、獅子哮吼《こうく》して妖怪倶に休す。是れを以って青原、盧陵の米に定価し、南嶽、即不中を説似す。日面月面・眼睛豁開し、明頭暗頭・鼻孔高直なり。黄梅・黄檗拄杖を拗折し、雲巌・雲居蒲団を拈来す。既に恁麼なることを得たり、空しく過すべからず。直に須く、熾然に頭燃を救《はら》って、猛利に勤めて勇猛なるべし。正当恁麼の時、作麼生か行履せん。還た委悉せんと要すや。良久して曰く、塼を磨いて鏡と作す、誰人か笑わん。翠竹黄花画図に入る。管すること莫れ、商量浩々地。田を種えて必ず是れ功夫を作せ。

上堂。初祖達磨大師が印度から中国に西来されたのは、中国に春の暖かさをもたらしたものである。中国への仏教の伝来は、前後すぐれたものがあるが、嵩山の達磨大師の法は特に親しいものである。初祖は、はるかに遠いインドから三年の航海を経て中国に到り、嵩山において兀兀たる面壁坐禅を九年間、その間に児孫は広く中国の天下に満ち満ちた。その正嫡である私は、我が国に伝えたが、これはこの国が初めて、戒・定・慧の本主を感得したもので、丁度民が国王を迎えたようなものである。またこの国の人々が、身・口・意の三業の善根を、はっきり決定したことであって、闇夜に燈明を得たようなものである。まことにこれは三千年に一度咲く優曇華が開いたようなもので、すべての人々が愛し敬った。その様は獅子が一度吼えると、妖怪が一度に沈黙するようなものである。

この仏法を得て、青原行思は盧陵の米価を決定し、南嶽懐譲は説似一物即不中を説くことが出来た。日面仏も月面仏も大悟し明頭も暗頭も鼻高々となり、黄梅も黄檗も拄杖を折り、雲巌も雲居も坐蒲で之れを示した。このような実例があるのであるから、大衆諸君は空しく日を過ごしてはならない。頭についた火を夢中で消すように、猛烈な意気込みで勇猛果敢に修行すべきである。

まさにこの時、どのように行動したら良いか。詳しく知りたいと思うか。しばらく沈黙の後云われた、瓦を磨いて鏡にしようとする一見無駄な努力を誰が笑い得ようか。青い竹も黄色い花も、仏道を示す画図である。だから、いろいろと議論することは止めよ。ひたすら心田に種を植える地道でひたむきな努力を続けよと。

●私解　道元禅師は、この上堂でもひたむきな坐禅を愚直に行なうことをすすめておられる。それが自己を救い、他を救い、世界を救い、宇宙を救う道なのである。

500 **上堂。若し禅を論じ道を説き、玄を談じ妙を演《の》べて宗風を挙揚するは、只当人分上の如し。一毛端裏**

に於て、無量の諸仏・諸祖有って、菩提心を発し、大行を勤修し、等正覚を成じ、大法輪を転じ、広く仏事を作す。汝等還って知り、還って見るや也た無《ま》しや。

又一塵の中に於て宝王の刹を現じ、法幢を建立す。仏説・法説・比丘僧説・刹説・塵説・衆生説・山河大地説・古今一時説、未だ嘗って間断あらざる也。

既に能く恁麼なり。応に諸々を忽《おろそか》にし軽慢すべからず。仏祖の単伝、学道の現前也。正当恁麼の時、便ち仏祖・或いは凡・或いは聖、久学・晩進の分上に於て、作麼生か道わん。良久して曰く、但覚ゆ花開いて世界馥《こうば》しきことを、誰か知らん、鼻孔一時に穿《う》がたんとは。払子を擲《てき》下《げ》して下座す。

上堂。若し禅を論じ仏道を説き、玄々微妙の法を述べて、宗風を挙揚するならば、その功徳は当人の分上に還ってくる。一毛端の上にも諸仏・諸祖が現われ、それが菩提心を発揚し、仏祖の行事を勤修し、すぐれた悟りを成じ、大法輪を転じてそれらが、広く仏事を作すこととなる。諸君は、この道理を知りかつよく見えているかどうか。

それだけではない。一塵の中に仏国土を現じ、仏の道場を建立している。このとき仏が説き・法が説き・僧が説き・国土が説き・一塵が説き・衆生が説き・山河大地が説き・古今が同時に説いて、その間一瞬たりとも間断はない。

既にこのとおりであるから、すべての物事をおろそかにしてはならない。それらは仏祖から正伝された学道が現前したものだからである。さて正にこの時、仏祖或いは凡聖、久学・晩進の境界に於て、どのように云ったら良いであろうか。しばらく沈黙の後云われた、仏祖方が悟りの花を開くと、世界中が馥郁たる香に満たされる。だが、同時にすべての衆生が同じ香に満たされていることを誰が知ることが出来ようか。どうだわかったか！　と払子を投げ捨てて下座された。

●私解　禅を修行してその成果を人様に説くことは、どこまでも仏祖の行事であってその成果と功徳は、すべて自分に還ってくる。説法を聞いてくれる人達は、実はすべて自分の師である。その師を救うことが出来なければ、その罪はすべて指導者が負うこととなる。道元禅師ではないが、ここで払子を擲下して下座する外はない。

502**上堂。先師天童上堂して衆に示して曰く、記得す、僧古徳に問う、深山巌崖の中、還って仏法有りや也た無しやと。古徳曰く、有り。僧曰く、如何が是れ深山巌崖中の仏法。古徳云く、石頭、大底は大、小底は小と。**

先師云く、深山巌崖の問、石頭大小の答。崖崩れ石迸裂《ほうれつ》す、虚空鬧聒々《にょうかつかつ》と。

師曰く、二尊宿恁麼に道うと雖も、永平更に一路を資せん。忽ち人有り、深山巌崖還って仏法有りや也た無しやと問わば、他に向って道わん。虚空消殞し頑石点頭すと。然りと雖も、猶是れ仏法辺の事。畢竟如何。払子を擲下して下座す。

上堂。先師天童如浄禅師が上堂して大衆に示して云われた。思い出すことだが、或る僧が古徳に問うた。深山のきり立った崖の中にも仏法があるでしょうかと。古徳は云った、有るよ。僧は問うた、深山のきり立った崖の中は仏法はどんなものでしょうかと。古徳は云った、大きい石は大きく、小さい石は小さいと。

先師天童は云われた、深山の切り立った崖の問いに対し、（古徳は）石の大小で答えているが、その崖は崩れ、石はつん裂かれて、ただ虚空の大活躍があるだけではないかと。

これについて師（道元禅師）は云われた。二尊宿はそれぞれこのように云っておられるが、永平にも一言ある。若し忽ち人が出てきて、深山の切り立った崖の中にも仏法があるかどうかと問うならば、彼に向って云ってやろう。虚空も無くただ石ころだけがあるだけじゃと。しかしこれも未だ仏法の臭《くさ》みが残っているな。それでは結局のところは一体どうなのか。払子を投げ捨てて下座された。

●**私解**　道元禅師は、一切の理屈を放り出して一真実を示して下座された。これで、仏道とか仏法とかは跡かたも無くなってしまった。実はそれが本当の仏道であり仏法なのである。

504 **仏樹先師忌辰の陞堂。挙す、古仏曰く、身は無相の中より生を受く、猶諸《もろもろ》の形像を幻出するが如し。幻人の身識本来無なり、罪福は皆空にして所住無しと。**

師云く、受生は且く致《お》く、作麼生か是れ無相底の道理。還た聴かんと要すや。是の法は法位に住し、世間相は常住なり。這箇は是れ唯仏与《ゆいぶつよ》仏乃能究尽底《ぶつないのうぐうじんてい》の道理。今日恩を知り、恩に報ずる底の一句作麼生。良久して曰く、如来未だ越えず、因果を明らめんことを、菩提必ず兜率天に生ず。

仏樹先師（明全和尚）忌辰の上堂。古仏は云われた。この身は無相から生を受けた。従って、諸々の姿形は幻出されただけで、この幻の人の身心は本来無である。罪福も皆空無であって、住《とど》まる処は無いと。

師（道元禅師）は云われた、生を受けることはしばらく措くとして、無相とはどういうことか聞きたいと思うか。法華経では是の法は、それぞれの法位に住し、世間の相はそのまま常住であるといわれている。これこそ、仏と仏とのみが究め尽くした道理である。そこで、本日仏樹先師への報恩の一句は、何と云ったらよいであろうか。しばらく沈黙の後云われた、如来と云えども、明らめた因果の理を超えることは出来ない。最後身の菩薩は、必ず兜卒天に生まれるのであると。

●私解　一切は在るがまんまのありつぶれ、ありつぶれの在るがままである。この道理は、如来と云えども越えることは出来ない。

506**臘八上堂。今夜如来正覚を成ず。功夫脱落して眼睛《がんぜい》明らかなり。三千世界衆生の類、一等に他の与《ため》に微笑生ず。然も恁麼なりと雖も、永平門下衲僧の分上又作麼生。良久して曰く、雪裏の梅花春色妙なり。一条の拄杖黒光清し。**

臘八接心での上堂。今夜如来釈迦牟尼仏は悟りを成就された。菩提樹下における坐禅功夫により完全に身心脱落して悟りの眼は明瞭となった。この時三千大千世界の衆生は、すべて如来と共に微笑した。このとおりであるが、永平門下の衲僧諸君は果してどうであろうか。雪の中の梅の花は、既に春の到来を告げ、この一本の拄杖は、このとおり黒光りしてすがすがしいではないか。

●私解　衲僧諸君よ。既に春が到来し、黒光りしている拄杖の働きがわかるかどうかとせまっている。

509上堂。曰く。夫れ学仏道は見解須らく正なるべし。見解若し邪なれば、光陰虚《むな》しく度《わた》る。近代皆云う、諸人応諾の処、即ち諸人の本命、冷暖自知の処、即ち諸人の主人公。向来乃ち是れ仏性、更に第二人有る可からざる也と。

若し恁麼に会せば、則ち先徳の呵する所也。見ずや竺尚書、長沙岑《しん》和尚に問う。蚯蚓斬って両段となる、両頭倶に動く、未審《いぶかし》仏性阿那箇頭にか在ると。沙曰く、莫妄想《まくもうぞう》。書曰く、動ずるを争奈《いかん》せん。沙曰く、只風火の未だ散ぜざるが為なり。書対無し。沙、尚書と喚ぶ。書応諾す。沙曰く、是れ尚書の本命にあらずや。書云く、即今の祇対を離却して第二箇の主人公有る可からず。沙云く、尚書を喚んで今上と作す可からず。書曰く、与麼ならば則ち総に和尚に祇対せざる、是れ弟子が主人公なること莫しや否や。沙曰く、但祇対のみに非ず、老僧に祇対せざる、無始劫より是れ箇の生死の根本なり。乃ち頌を示して曰く、学道の人真を識らざること、祇だ従来の識神を認むるが為なり。無始劫来生死の本、痴人は喚んで本来人と作すと。

此の頌は、乃ち後学晩進の明鑑也。古を照らし今を照らし、邪を照らし正を照らす。若し這箇の明鑑を拈得すれば、乃ち尚書を喚んで今上と作すの錯を離れん。又妄想・仏性の錯を離れん。

夜来、長沙、永平の払子頭上に来たり宿して眠り、寐語《びご》の声を作すこと再三斯の頌を誦す。乃ち永平、聊か其の韻を続《つ》ぐ。良久して曰く、学道は直《じき》に須らく真を体達すべし、祖師未だ識と神とを弄せず、尚書設使《たとい》今上と称すとも、千万年の中一人も莫し。

上堂して云われた。仏道を学ぶ者は、その見解が正しくなければならない。見解が間違っていると、むなしく月日を過ごすこととなる。最近の人達は皆云う、諸君が応諾する日常が本来の自己であり、諸君が冷暖自知するものが、そのまま主人公であり、仏性そのものであって、それ以外に第二の主人公は無いと。

若し仏道をこのように理解するならば、必ず先徳のお叱りを受けることとなる。かつて竺尚書が長沙景岑《けいしん》和尚に尋ねた。蚯蚓《みみず》を切って二つにした時、両方とも動いていますが、仏性は一体どちらにあるのでしょうかと。長沙は云った、馬鹿なことを考えるな！と。尚書は云う、でも両方とも動いているではありませんか。長沙は云った、それは風火（四大）が散らないだけのことじゃと。尚書はだまってしまった。すると長沙は、すかさず尚書！と喚んだ。尚書が返事をすると、長沙は云った、それが尚書の本当の命じゃと。尚書は云った、只今和尚と応対している自分を離れて主人公と呼ぶものはありませんと。長沙は云った、そいつは本物ではないよ。尚書は云う、それならば、和尚と応対しなければ、それが私の主人公なのですねと。長沙は云った、わしと応対するお前だけではない、わしと応対しないお前も、大昔から生死輪廻の大本じゃと。そこで頌を作って示された。

「仏道を学ぶ者が真実がわからないのは、昔から自分（識神）があると思っているからである。それは無始劫から続いている生死の大本である。しかし愚かな者はそれが本当の自分だと誤解している」と。

この頌は後学晩進の者にとって、明らかな手本である。これは古今を照らし邪正を弁別する鏡である。若しこの明らかな鏡を会得することが出来れば、尚書を呼んで、そのままで今上帝（本来の自己）とする誤りから離れ、又迷いのまんま仏性そのものと考える誤りからも離れることが出来る。

昨夜来、長沙和尚が永平（わし）の払子の上にやって来て宿り眠る中で、しきりに寝言を云ってこの頌を再三唱えていた。そこで、わしも長沙の頌に韻を合わせて一頌を作った。しばらく沈黙の後云われた。

「仏道を学ぶ者は、ひたすら真実を体得しなければならない。祖師方は未だかって迷いの分別を本来の自己として用いることはなかった。たとえ竺尚書が、自分は本来の自己であると言い張ったとしても、千万年経っても、只の一人もこれを肯う者はいないぞ！」と。

●私解　現代の禅界は、この従来の識神を以って本来の自己（仏性）と説いて平然とする者が大宗を占めている。これは長沙和尚も云うとおり、「無始劫来生死の本」であって迷いの上塗りに過ぎない。どうしても、一度自己を完全に忘ずる底の大悟の体験をして出直す必要がある。

510上堂。曰く。学道の人、因果を撥無《はつむ》する事を得ること莫れ。因果若し撥《はら》えば修証終に乖《そむ》く。百丈野狐の話《わ》を挙し了って乃ち曰く、或る者疑って曰く、野狐は是れ畜生なり、那ぞ五百来生を知ることを得んと。此の疑い最も愚かなり。汝等須く知るべし。衆生の類、或いは畜、或いは人、生得の宿通を具すること之れ有ることを。或いは云く、不落・不昧乃ち一等なり。然れども堕脱は只是れ自然なるのみと。是の如きの見解は乃ち外道なり。

今日永平、一句語を著けん。若し不落因果と道わば、必ず是れ因果を撥無す。若し不昧因果を道わ

ば、未だ他の隣珍を数うることを免れず。良久して曰く、多歳住山す烏拄杖、龍と作って一日風雷を起こす。

上堂して云われた、仏道を学ぶ者は因果を無視してはならない。因果を無視するならば、修証は絶対に成就しない。

百丈野狐の公案を挙げ終って云われた。或る者は疑って、野狐は畜生だから五百生したことなぞはわからないであろうと。この疑いは最も愚かなことである。諸君よ。よく知るべきは、衆生の或る者は、畜生であれ人間であれ、生まれながら、宿世に通じている者がいるのである。また或る者は不落因果と不昧因果は同じであるから、狐に堕すること、狐から脱することは、ごく自然の働きにすぎないと。このような因果を無視した見解は外道である。

今日永平（わし）は一句をつけたいと思う。若し不落因果と主張するならば、それは因果を無視したこととなる。しかし不昧因果と主張するならば、隣りの家の宝を数えるようなもので、全く自主性は無い。そこでしばらく沈黙の後云われた、長年この永平寺の山中に住して使い慣れたこの拄杖が、忽ち龍となって、疾風迅雷の働きを起こすではないかと。

●私解　さてどのような疾風迅雷の働きを起こしたのであろうか。それは極めて簡明である。朝起きたら「お早よう」。夜寝る時は「お休み」である。それが不落不昧両采一賽の事実である。

513**上堂。云く、夫れ仏法を学習すること最も得難しと為す。所以は如何。縦い発心に実有りと雖も、魔**

に落ちることを知らず。病を発することを覚えずんば、道心破敗し修証退堕す。真《まこと》に憐憫す可き者也。

近代の学者、聡明の魔に嬈《なや》まされて以って悟道と為し、名利の病を発するに値《あ》うて以って効験と為す。但だ一生一身を損壊するのみに非ず、亦能く多生曠劫の功徳善根を損壊す。是れ乃ち学人の最も悲しむ可き也。

所謂悟りは太《はなは》だ容易に領覧せざる也。思量分別の能く解する所に非ず、聡明利智の暁了する所に非ず。魔嬈《まにょう》を認めて大悟と為し、病患に執して功徳と為す。豈に錯らざらんや。兄弟《ひんでい》、直に須らく審細に参学して、魔を治し病を療ずべし。所謂魔とは、父母・師長・兄弟・骨肉・親昵《しんじつ》・従僕の類を現じて、頻頻《しきり》に強いて退道の因縁を説く。亦諸仏・菩薩・諸天・羅漢等の身を現じて又能く学者を教諭して云《いわ》く、仏道は長遠にして久しく勤苦《ごんく》を受く、自調には如かず。身命を長養し安穏快楽にして恒に世間に在って、衣食豊饒に五欲自恣して得道自然なり。大道《だいどう》何ぞ彼此に関わらん。造次《ぞうじ》顛沛《てんぱい》、性に帰する也と。或いは棄捨すべきこと難きの因縁を説いて、道を退転せしむ。学者知って須《もち》う可からざる也。

記得す。僧、京兆華厳休静《きゅうじょう》禅師に問う。大悟底の人却って迷う時如何。休静曰く、破鏡重ねて照らさず、落花枝に上り難しと。

師云く、永平今日、華厳の境界に入り華厳の辺際を廓《ほがらか》にす。事、已むことを獲ず、両片皮を鼓す。或いは人有って、永平に大悟底の人却って迷う時如何と問わば、只伊に向って道わん、大海若し足ることを知らば、百川応《まさ》に例流すべしと。

上堂して云われた。一体仏法を学ぶことは最も難しい。何故なら、たとえ菩提心を起こした時は真実であっても、その後魔に落ちることを知らず、病いに取りつかれていることに気付かず、その為道心が無くなって、修行し悟りを開こうとする気持ちが退堕してしまう。まことに憐れなことである。

　近頃の求道者は、聡明という魔に取りつかれて、それが悟道であると思い、又名利の病いにかかって、それが悟りの成果であると誤解してしまう。それは只今生《こんじょう》の一生の身をけがすばかりでなく、多生にわたり永劫の功徳善根を損ない破壊する結果となる。これは学人にとって、最も悲しむべきことである。

　仏法において真の悟りは容易にわかるものではない。それは思量分別で理解できるものではなく、聡明理智で明らかにできるものではない。それなのに魔に取りつかれてそれを大悟だと思い、名利の病いに執われてしまったのを功徳であると思ってしまう。それは全くの錯角である。

　そこで兄弟達よ。直ちに審細に参学して、聡明の魔を治し、名利の病いを直さねばならない。魔というのは、父母・師長・兄弟・骨肉・親戚・下僕の類の身を現わして、しきりに仏道から身を引くことを勧めるものである。又諸仏・菩薩・諸天・羅漢等の身を現わして、仏法を学ぶ者達に教え諭《さと》して云うには、仏道修行ははるかに遠く久しいもので、艱難辛苦に堪えなければならない。だから自分流儀に合わした方が良いし、身命の長養を心掛け、安穏快楽に暮して、世間にあって衣食豊かに五欲を欲しいままにして得道をはかるのが自然の道である。この大道と仏道との間に、あれこれの違いがあるものではない。又七転八倒する中に仏道があるのであるという。或いは恩愛の絆を棄てることは大変難しいという因縁を説いて、仏道から退転せしめるのである。従って、仏道を学ばんとする者は、このようなことをよく心得て取り上げてはならない。

思い起こすことであるが、或る僧が華厳休静禅師に尋ねた。大悟した人が迷った時（大悟を忘却した時）は如何でしょうかと。休静は云った。こわれた鏡は二度と照らさない。散った花は決して枝には戻らないと。

師（道元禅師）は云われた。永平（わし）は今日、華厳休静和尚の境界を隅から隅まで明らかにすることが出来た。そこで止むなく口を開いて云う。若し或る人が、わしに大悟した人が迷った時は如何ですかと問うならば、彼に向って云うであろう。大海がもうわしは十分満足じゃと云った途端、海に注ぐ百川は逆流せざるを得なくなると。

●私解　休静禅師の「破鏡不重照、落華難上樹」の語は、真の仏法を示したもので、聡明利智で仏法を理解している者には、とても歯が立たない。まして名誉や地位や金が自分の懐に入ってくると、それは自分の修行の功徳だと思って有頂天になる禅者には、何のことか見当もつかない。道元禅師は、このように厳しく修行者の心得を示しておられる。だからこそ、仏法を真に学ぶことは最も難しいのである。

514解夏上堂。弄精魂の智を以って身と為す也。他を説いて未だ自を説くことを了らず。非思量の法を以って界と為す也。有辺還って是れ無辺なり。其の応用を論ずれば、清風遍ねし。其の修証を論ずれば、老鶴眠る。既に恁麼なれば、琉璃殿上忽ち秋色、明月堂前幾《いくば》くの暁天ぞ。正恁麼の時如何、還た会すや。良久して曰く、園驢八百馬三千、補処は第四天に生ずと雖も、偏正曽て本位を離れず、無生那ぞ因

縁を語ることを得ん。

夏安居解制に当って上堂して云われた。夏安居中は、思量分別を投げ捨てる智を以って精進すべきであって、自他を説く余地は無い。思量をぼっ越えた世界に入るので、有無の辺際を越える。その働きの功徳を論ずるならば、いたるところ爽やかな風が吹き渡る。その修行の結果の悟りの境地は、丁度老いた鶴が古松の上で眠るように寂静である。既にこのようであれば、安居を終ってみれば、瑠璃殿（仏殿）の上には忽ち秋の気配が訪れ、明月堂（僧堂）の前には暁天の星を数える程になってきた。まさにこの時何と云ったら良いであろうか。しばらく沈黙の後云われた、禁足から解放された雲水達は、元気な姿を現わし、一生補処の菩薩は、安居の功徳で第四兜卒天に生ずる。しかし偏（客観）も正（主観）も共に事実の丸出しで、無生（空）だの因縁（色）だのと論ずる余地は全く無い。

●私解　真の安居は、我無し・他無し・一切無しの事実の世界を実現するのみである。道元禅師の道場では、これが当り前であったのであろうが、さて果して今日では、どうであろうか。

515**天童忌上堂。云く。先師今日忽ち行脚、趯倒《てきとう》す従来生死の関。雲惨《いた》み風悲しんで渓水潑《そそ》ぎ、稚児恋慕して尊顔を覓《もと》む。這箇は是れ遷化円寂底の句。永平門下、恩を知り恩に報ずる底の句又作麼生か道わん。良久して曰く、恩を恋うる年月、雲何ぞ綻《ほころ》びん、涙衲衣を染めて紅にして斑《まだら》ならず。**

天童如浄和尚の忌辰上堂で云われた。先師天童和尚は、今日忽ちあの世に行脚に出られた。そして今迄の生死の関門をすべて踏み倒された。雲は傷《いた》み、風は悲しみ、谷川の流れもしぶきを上げた。しかし幼稚な弟子の私は、先師を恋い慕って何とか尊顔を拝したいと思う。これは先師の遷化円寂を悼んでの言葉であるが、弟子である永平（わし）の報恩の言葉は何と言ったらよいであろうか。しばらく沈黙の後云われた、先師の恩を思うて長い年月を経たが、その間愁いの雲の晴れたことはない。涙は納衣にしたたり落ちて、一面紅となってしまった。

●私解　先師天童如浄禅師の忌辰に当って先師を憶う熱情を表わされた。これは勿論先師の恩に報いんが為の言葉であるが、同時に、先師無き後の中国に、最早如浄禅師のような師がいなくなり、急速にさびれゆく法の行く末を思う血涙であったに違いない。

516上堂。龍樹祖師曰く、坐禅は則ち諸仏の法也。而うして外道も亦坐禅有り。然りと雖も外道には著味《じゃくみ》の過有り、邪見の刺有り。所以に諸仏・菩薩の坐禅には同じからず。二乗声聞も亦坐禅有り。然りと雖も二乗は自調の心有り、求涅槃の趣有り。所以に諸仏・菩薩の坐禅には同じからざる也。

師曰く、龍樹祖師既に恁麼に道う。須らく知るべし、二乗・外道、坐禅の名有りと雖も、仏祖相伝の坐には同じからざることを。近代宋朝の諸山杜撰の長老等、未だ此等の道理を知らず。蓋し是れ仏法の衰微也。兄弟須らく知るべし、祖師は唯仏法の正脉を伝えて面壁坐禅す。

後漢の永平より以来、依文解義《えもんげぎ》の坐有りと雖も、全く其の実無し。唯独り祖師の伝のみ。誠に是れ仏法の親伝なる者也。面壁坐禅仏祖伝う。外道・二乗の禅に同じからず。機先開き得たり機先の眼、譬えば臘月火中の蓮の如し。

上堂して云われた。龍樹祖師は云われた。坐禅は諸仏の教えである。しかし外道もまた坐禅がある。しかし外道の坐禅には味著する欠点がある。従って諸仏や菩薩の坐禅とは同じではない。二乗の声聞縁覚にも坐禅があるが、二乗には自己を調え涅槃を求める著味がある。従って諸仏や菩薩の坐禅とは同じではないと。

師（道元禅師）は云われた。龍樹尊者は既にこのように云われている。よく知るべきは、二乗や外道には坐禅の名はあるけれども、仏祖正伝の坐禅とは同じではない。近代の宋朝の諸山のいい加減な長老達は、未だこの道理を知らない。恐らくこれは、仏法が衰えたからである。兄弟達よ。よく知るがよい。歴代の祖師達は、只仏法の正しい法統を伝えて、面壁坐禅をしてきたのである。

後漢の永平十年以降、文に依ってその意義を理解する坐禅は有っても、全くその真実義は無くなってしまった。唯ひとり祖師方のみ真実義を伝えてきた。誠にそれこそ仏法を親しく伝えるものなのである。即ち面壁坐禅こそ仏祖の伝えるもので、外道や二乗の禅とは同じものではない。それは、一切の分別を打破した世界を直視する眼である。それはたとえば、十二月に火中に咲いた蓮のように稀有なことなのである。

●私解　正伝の坐禅は、一切の思想観念をぼっ超えた只管打坐《しかんたざ》であって、悟りさえ乗り越えたものである。ここに至るには、どうしても、その体験を持つ正師について学ばなければならない。

517上堂。記得す、西天の第二十祖闍夜多《しややた》大士、鳩摩羅多《くもらた》尊者に問う。我が家の父母、素《もと》より三宝を信

ず。而も嘗ってより疾瘵《しっさい》に縈《まと》わる。凡そ営作する所、皆不如意。而るに我が鄰家、久しく旃陀羅《せんだら》の行を為すとも、而も身常に勇健にして所作和合す。彼れ何の幸かありて、我何の辜《つみ》かあると。

尊者曰く、何ぞ疑うに足らんや。且《しばら》く善悪の報に三時有り。凡そ人は但《ただ》仁は夭。暴は寿《なが》く、逆は吉、義は凶なるを見て、便ち謂《おも》えり、因果亡じ罪福虚しと。殊に知らず影響相い随って毫釐も忒《たが》うことなく、縦《たと》い百千万劫を経るとも亦磨滅せざることを。時に闍夜多、是の語を聞き已って、頓に所疑を釈《と》く。

或《も》し人永平に、如何なるか是れ現報と問わば、祇だ他に対して道わん。現報は乃ち蕎麦也と。或いは如何が是れ生報と問うこと有らば、祇だ他に対して道わん。生報は乃ち大麦也と。或いは如何なるか是れ後報と問うこと有らば、祇だ他に対して道わん。後報は乃ち好堅樹也と。

上堂。思い出すことだが、インドの第二十祖闍夜多大士が鳩摩羅多尊者に問うた。我が家の父母は、もともと三宝を信じております。しかるに常に病にかかり、およそやる事なす事皆うまくいきません。ところが隣家は、長いこといやしい事をしていても身体は至って強健で、やる事なす事すべてうまくいっております。隣りは何故幸福で我が家はどうして不幸なのでしょうかと。

尊者は云われた。何の疑うべきところがあろう。一体善悪の報には三時ということがある。凡そ多くの人達は、仁愛ある者が若死にし、粗暴な者が長生きし、悪い奴に良い事があり、正しい事をする者が悪い目に会うのを見ると、因果なぞは無く罪福はむなしいものと思うのである。しかしこれは本当のことを知らないからであって、因果の道理は、影の形に従い、響きが音に随うように寸分の誤差は無く、たとえ百千万劫経っても磨滅することはないのであると。之れを聞いた闍夜多は、今迄抱いていた疑いを即座に解消することが出来た。

さて若し誰かがこの永平に現報（順現報受業）とは何かと問うならば、彼に向って云おう、現報とは今年蒔いた種を今年刈り入れる蕎麦であると。若し生報（順次生受業）とは何かと問うならば、彼に対して云おう、生報とは今年蒔いた種が来年実る大麦であると。若し又後報（順後次受業）とは何かと問うならば、彼に云おう、後報とは長い間地中に埋もれて、百年後に芽を出す好堅樹であると。

●私解　因果必然の理を説いた有名な公案である。因果の道理は、我々の本質が空性《くうしょう》であることと表裏一体の道理であって、本質の空性が信じられない者には、どうしても因果の道理はわからない。従ってこの道理が真に信じられる為には、どうしても一度大悟して、我々の本質がカラッポである事実を徹底確認しなければならない。

しかし逆に闇夜多のように、因果必然の道理を聞いて、直ちにその理を完全に信じられるならば、同時に自己の本質の空性を完全に手に入れることが出来る。闇夜多はこの理を知り直ちに信ずることが出来たので鳩摩羅多尊者の法を嗣ぐことが出来た。

518上堂。払子を以って一円相を打し了って払子を拈起して云く。我若し拈起すれば汝等喚んで諸仏出世と作す。我若し放下すれば汝等喚んで祖師西来と作す。我若し円相を打せば汝等喚んで諸仏の護念し給う所、祖師の護念し給う所と作す。

忽然として拈起せず、放下せず、円相を打せずんば、汝等什麽の処に向ってか卜度《ぼくたく》せん。直饒卜度し得るも、笑うべし無生の知見、笑うべし鬼窟の活計ならん。
然も是《かく》の如きなりと雖も、永平門下更に長処有り。大衆長処を見んと要すや。又払子を拈起して良久して云く。大衆会すや。若し会せば諸仏の法身我が性に入る。若し未だ会せずんば、也《ま》た我が性同じく如来と共に合す。

大衆作麼生か是れ諸仏の法身、我が性に入り、我が性同じく如来と共に合する道理。良久して云く、早朝喫粥、斎時飯、初夜坐禅、中夜眠る。

上堂。払子で一円相を描き了って、その払子を高く掲げて云われた。わしが払子を持ち上げれば、諸君はこれを諸仏出世と云う。わしが払子を投げ捨てれば、諸君はこれを祖師西来と云う。わしが若し払子で円相を描けば、諸君はこれを諸仏が大切に護るもの、祖師方が大切に護るものと呼ぶであろう。

若し忽ち払子を掲げず、投げ捨てもせず、円相も描かなければ、諸君はどう思うか。たとえ何か思量できても、それは役に立たない観念であり、笑うべき妄想に過ぎない。

たとえそうではあっても、永平門下には更にすばらしい働きがある。諸君は、そのすばらしい働きを見たいと思うか。再び払子を持ち上げて、しばらく沈黙の後云われた。諸君わかったかな。若しわかったと云うならば、諸仏の法身が自分の本性と一つになったのである。若し未だわからないと云うならば、自分の本性が如来の本性と一体となったのである。

さて大衆諸君。諸仏の法身が自分の本性と一つになったとか、自分の本性が如来の本性と一体となったとはどういうことか。しばらく沈黙の後云われた、早朝に粥を食べ、昼には飯を食べる。初夜には坐禅をし夜には眠ると。

●私解　道元禅師は、真の仏法を縦横無尽に説いておられる。この提唱が本当にわかれば、仏道修行は卒業である。わからなければ、わかるまで正身端坐を続ける外はない。またそれだけで十分である。

522上堂。云く。記得す、先師天童、天童に住せし時、上堂衆に示して曰く、衲僧打坐す。正恁麼の時、乃ち能《よ》く尽十方世界の諸仏諸祖を供養す。悉く香花《こうげ》・燈明・珍宝・妙衣・種々の具を以って恭敬供養すること間断無し。汝等知るや、見るや。若し也た知得せば、道うこと莫れ空しく過すと。若し也た未だ知らずんば、当面に諱却《ききゃく》することを得ること莫れと。

師曰く、永平、天童の法子と為ることを忝《かたじけ》のおして、天童の挙歩と同じうせず。然りと雖も天童に一等して打坐し来る也。如何が天童堂奥の消息に通ぜざらん。且《しばら》く道え、作麼生か是れ恁麼の道理。良久して云く、衲僧打坐の時節、道うこと莫れ、塼を磨し車を打すと。十方の仏祖に、妙衣・珍宝・香花を供養す。正当恁麼の時、更に雲の為に水の為に、示誨する処有りや。大衆を顧視して云く、凡類何ぞ能く聞見し及ばん。自家一たび喫す趙州の茶。

上堂して云われた。思い出すことだが、先師天童如浄禅師が、天童山に住していた時、上堂して大衆に示して言われた。衲僧が打坐する正にその時は、全宇宙の諸仏諸祖を供養しているのである。その時は、香花・燈明・珍宝・妙衣・種々の道具をすべて捧げて恭《つつ》しみ敬《うや》まい供養し続けるのである。

お前達はそれがわかるか、又はっきり見えるか。若しこのことがわかれば、打坐は空しく時を過ごすなぞとは云えない。若し又このことがわからないのに、坐禅をいみきらうことをしてはならないと。

師（道元禅師）は云われた。永平（わし）は悉けなくも、天童如浄禅師の法嗣となったが、如浄禅師と同じ道は歩かない。しかし如浄禅師と、同等の打坐を続けてきたので、どうして如浄禅師の奥儀に通じないということがあろうか。さてどうして、そういうことが云えるのか。しばらく沈黙の後云われた。衲僧が打坐する時、その坐禅は、塼《かわら》を磨いて鏡とする努力であり、又車を打って車を動かそうとする努力（一見無駄のように思われる努力）であることは当然のことである。だがそれが十方の仏祖方に、妙衣・珍宝・香花を供養することなのである。まさにその時、雲水諸君に示誨することがある。そこで大衆を見回して云われた。坐禅の功徳は、凡人のよく見聞し得るものではない。一度自己を忘じて真の我が家に帰って始めて趙州が勧めるお茶の味が納得できるのであると。

●私解　道元禅師は師の天童如浄禅師を上回る親切な説法をして、大衆の一切の観念を掃絶してしまった。初めて趙州の喫茶去《きつさこ》の味をあじわうことが出来た。

523上堂。今朝九月初一。板を打して大家坐禅す。切に忌む低頭《ていず》瞌睡《かつすい》することを。斉《ひと》しからんと思うこと来賢を見るに在り。附木依草に陳《なら》ぶことを休めよ。外に窮臘の蓮を求むること莫れ。

脱落身心兀兀《ごつごつ》たり。蒲団旧きと雖も新たに穿つ。正当恁麼の時又如何。良久して曰く、修証は無きに非ず、誰か染汚《ぜんな》せん、豈に十聖及び三賢に同ぜんや。

上堂。今朝は九月一日である。板を鳴らして大衆は坐禅を始める。首を低れて居眠りすることは厳禁である。ただただ古来の賢人と等しからんと思わなければならない。附木依草のように何かに執われてはならない。それは十二月に蓮を求めるように無駄事である。

兀兀として坐禅する。それが脱落身心である。蒲団は旧いが一坐一坐は全く新たな坐である。まさにこの時、何と云ったら良いであろうか。しばらく沈黙の後云われた。修行すれば悟りは開ける。しかし修行は修行、悟りは悟りで全く関係無い（不染汚）のである。だから十聖や三賢の坐禅とは、全く異なるのである。

●私解　この説示がどれだけ納得できるか。この坐禅が本当に実行出来た時、悟りは全く無用の長物であったことがわかる。しかし、それは悟りを否定したのではない。悟り無き禅は仏道ではない。だが悟りへの執着がある間は、これまた真の仏道ではない。このことを教えてくれる師は、今日は皆無かもしれない。第一真の悟りとは何かを明示してくれない。ましていわんや不染汚の世界をや。

524
源亜相《げんあしょう》忌《き》上堂に曰く、父母の恩に報いることは乃ち世尊の勝躅《しょうちょく》なり。恩を知って恩に報ずる底の句作麼生か道わん。恩を棄てて早く無為の郷に入る、霜露蓋《なん》ぞ消せざらん慧日の光。九族生天猶お慶《よろこ》ぶべし。二親の報地、豈に荒唐ならんや。

挙す。薬山坐する次いで、僧有って問う、兀兀地什麼をか思量す。山云く、箇の不思量底を思量す。

僧曰く、不思量底、如何が思量す。山云く、非思量。

永平今日、這の則の因縁を頌出して、二親の為に報地を荘厳す。良久して云く、非思量の処思量を絶す。切に忌む玄を将って喚んで黄と作すことを。剝地識情倶に裂断すれば、鑊湯炉炭も也《ま》た清涼。

源の亜相（久我通具《くがみちとも》）の忌日に上堂して云われた。父母の恩に報いることは、世尊が示されたすぐれた行跡である。今私は父母の恩を知って、その恩に報いんとするものであるが、さてその報恩の言葉は何と云ったらよいであろうか。それは父母への恩愛を捨てて、直ちに無為の世界に入ることである。するとその智慧の光に照らされて、煩悩は霜か露のように消える。その功徳は九族さえ天に生まれさせる慶事となる。私の両親が居られる冥土を荘厳しない筈はないであろう。

ここで思い出す公案だが、薬山惟厳禅師が坐禅をしていた時、或る僧が尋ねた。兀兀と坐禅をして何を考えておられるのですかと。薬山は云った、考えのない世界を考えていると。僧は云った、考えのない世界をどう考えられるのですか。薬山は云った、非思量（一切の考えが尽き果ててしまったわい）と。

永平（わし）は今日、この公案の功徳を以って両親のおられる報土を荘厳する。しばらく沈黙の後云われた、一切の考えが尽き果てた非思量の世界は、黒白黄《くろしろきい》を論ずる余地は無い。大地は裂け一切の識情（観念）が消えた世界に入れば、地獄の釜の熱湯もそれを湧かす炉炭も、そのままでさわやかな清涼の世界となるではないかと。

●私解　道元禅師の両親への報恩の供養は徹底している。薬山の云われる非思量の坐禅によって、一切の識情を裂断している。たとえ両親が地獄の責め苦に遇っていても直ちに清涼の世界へ救い出しておられる。

525 **上堂。古先老漢云く、学道は見聞覚知を用いず。若し見聞覚知を行ずれば、即ち是れ見聞覚知にして、学道に非ずと。**

所以に永平道う、仏道は神を須《もち》いて悟りを待つこと莫れ。文字語言の伝を容《ゆる》さず。轟々たる霹靂《びゃくれき》縦《たと》い参究すとも、何ぞ根塵・名相の辺を脱せん。壁観磨《ま》塼《せん》面々たり。功夫精進連々たり。身心纔《わず》かに虚劫を肯ずいて、方《まさ》に鉢盂の口円《まどか》なるを見ん。

這箇は是れ長連床上の学得底、仏祖向上の道、又且く如何《いかん》。良久して曰く、馬祖・馬鳴頭尾正し。黄梅・黄檗風前を弄す。一行三昧巾斗を打すれば、七仏の袈裟覆《おお》って肩に在り。

上堂。古の先達老漢（司空本浄）が云われた。仏道を学ぶということは、見聞覚知の頭を使うことではない。若し見聞覚知の頭を使うならば、それは見聞覚知に過ぎず、仏道の参学ではないと。

それ故永年（わし）は道う。仏道は頭を使って悟りを待ち望んではならない。理屈や観念で追い求めてはならない。たとえ天地を轟かすような理路整然たる説明が出来ても、心の底にひそむ迷いや執われから、脱却することが出来ようか。壁に向ってひたすら坐禅をする。瓦を磨いて鏡にしようとするような一見無駄な修行を続ける。或いは公案功夫し、師と問答精進に励む。その結果、わずかでも身心脱落とは、こんな境地かと悟ることが出来て、始めて鉢盂（応量器）の口が円《まる》いまんまでよかったわいと気付くことが出来る。

しかしこれ等は坐禅の単の上で学び得たものに過ぎない。仏祖方が手に入れた一段向上の道とはどんなものであろうか。しばらく沈黙の後云われた、馬祖も馬鳴尊者も共に正しい。黄梅・黄檗の家風は繁栄した。だが彼等の説く一行三昧の仏法を、いっぺんに蹴飛ばすことが出来てこそ、七仏伝来の袈裟は、もともと我が肩にかかっていたことがわかるのだぞと。

●私解　この道元禅師の提唱は、余程法眼が明らかでないとわからない。これを見ても、先ず見聞覚知すなわち思想や観念で、仏法を理解しようとしても、全く歯が立たないことがわかる。また少々の見性とか悟りの体験では、依然として隔靴掻痒の感を免れない。

　俺は大悟徹底したという迷いから脱却できた時始めて「七仏の袈裟覆って肩に在り」の境地がいささか手に入る。しかしそれも手に入ったと思い上った瞬間に露と消えて、自分では気付かない迷路に入ってしまう。まことに学仏道は厄介な代物である。

526 **上堂。須く知るべし、作仏《さぶつ》は新古に非ざることを。修証は豈に唯だ辺際の中ならんや。道うこと莫れ、本来無一物と。因円果満、時有って通ず。**

且く道え、大衆。甚《なん》としてか此の如くなる。良久して云く、花開けば必ず真実を結ぶ、青葉秋に逢うて即ち紅なり。

　上堂。よくよく知るべきは、仏と作るのは新古とは関係ない（もともと仏）。修証も修行の結果証るという辺際は無い（修証は一如）。だから本来無一物は云うだけ野暮な話である。原因と結果は完全円満で、一瞬一瞬がその事実そのものである。

さて大衆諸君。どうしてこのように云えるのか。しばらく沈黙の後云われた。菩提心の花が開けば、直ちに真実の道果が実を結ぶ。丁度青葉は秋になると紅葉するように。

●私解　因果は本来無一物の仏そのものである。従って一寸でも理屈で仏道を理解している人にとっては、この上堂は全くわからない。腹の底から納得出来るまで坐る外はない。

529**上堂。記得す、南泉衆に示して云く。王老師身を売り去らん。還って人の買う有りやと。時に僧有り、出でて云く、某甲買わん。泉云く、貴《たつ》としと作さず、賤《いや》しきと作さず、作麼生か価を酬わん。僧対無し。**

趙州答えて曰く、来年和尚の為に一領の布衫《ふさん》を作らんと。大衆、這の一段の因縁を会得するや。永平、雲水の為に流通せんと欲す。還って委悉を得てんや。良久して曰く、身を売ること未だ了らざるに、軽価を酬ゆ。攙奪《さんだつ》憐れむべし行市の人。蒿草《こうそう》・栴檀《せんだん》多少の要ぞ、一龍八馬、各々春に逢う。

上堂。思い出すことであるが、或る時南泉が大衆に示して云った。わしは身を売ってしまいたい。誰か買う奴はおらんかと。その時、或る僧が出て来て云った、私が買いましょうと、南泉は云った、高くてもいけない、安くてもいけない。いくらで買うのかと。僧は答えることが出来なかった。

趙州が答を買って出て云った。来年和尚のために、一着の布衫を買ってさし上げましょうと。大衆諸君。この一段の問答がわかるかどうか。永平（わし）は諸君の為に解説しようと思うが、よくわかるかどうかな。しばらく沈黙の後云われた、南泉は身を売り渡さないうちに、趙州に安値をつけられてしまったわい。趙州のやり方は、真昼間市場で盗みをする行商人と同じではないか。だがこの働きで、蒿草（よもぎ）と栴檀（香木）の値段の差がどの位か明らかとなり、一龍（名馬）も八馬（駑馬）も各々気持ち良い春に出合うことが出来たではないか。

●私解　趙州の働きは群を抜いている。南泉が身を売りたいと云っても、趙州にとっては、どれ程の価値も無い。せいぜい、来年に布衫を一着買ってやるのが精一杯であると値をつけた。この趙州の言葉で、よもぎも栴檀も、名馬も駑馬も、安心することが出来たではないか。

永平広録第七終り

あとがき

二〇一三年九月趙州録を発刊した後、再び日本禅界の最高峰たる道元禅師の、私としては未踏頂の「永平広録」にどうしても挑戦したい衝動にかられ、無謀にも着手することとした。そして三年余の悪戦苦闘の参究の末、結果的には未熟な作品を世に出すこととなってしまった。

しかし「永平広録」は、序文でも述べたとおり、道元禅師が日本に帰られて、一二三三年、三十四歳の時、興聖寺を開創され、一二四四年越前に大仏寺を開堂、一二四六年永平寺と改称、一二五三年五十四歳で遷化される迄の二十年間の上堂の語を筆録したものである。

道元禅師が中国で天童如浄禅師の会下で体験した世界は、眼横鼻直《がんのうびちょく》なることを知って人に瞞ぜられなくなった境地であった。そこで日本に空手還郷《くうしゅげんきょう》され、一毫無仏法《いちごうむぶっぽう》の境涯を興聖寺に於て始めて披露され、十年間この世界を会下の大衆に徹底されることに専念された。

越前に移られた大仏時代の二年間は、法の中味は変らないが、参禅は大悟の体験も含め、一切の観念から脱却することが肝要であることに、力点が置かれるようになったと思われる。そうすることにより、完全無欠の自己に真に目覚め、生死を根底から脱却することが出来ると思われたからに違いない。

さらに大仏寺が永平寺に改称されたのは一二四六年四十七歳の時であるが、それから五十四歳の遷化までの八年間は、次第に円熟する境涯を露呈されるようになってくる。すなわち次第に仏道とか禅とかを超えた仏境涯を楽しむようになられ、只、只事実の人となってしまわれたように思われる。だからこそ、只管打坐しか用はなくなってしまったのである。

道元禅師の禅は只管打坐《しかんたざ》（ただ坐るのみ）と云われるが、ここに至るまでには、中国における如浄禅師の許での、身心脱落・脱落身心の大悟の体験が根底にある。そしてこの大悟への執着から脱却して、一毫無仏法の境涯を得て如浄禅師より嗣書を授与される迄に二年余の参禅を続けておられる。しかしこの確信も未だ観念の粕があるからこそ、興聖寺時代の十年間は、この観念を払拭する人知れぬ修練に専念されたに違いない。だからこそ大仏寺時代は、一切の観念からの脱却の重要性を説かれたのであろう。その後は、仏道からも脱却した完全な仏境涯となられた。従って、道元禅師の説かれる只管打坐は、この仏境涯の露呈そのものなのである。

「永平広録」の参究により、道元禅師の境涯の深化を学ぶにつれ、己れの境涯の未熟さを反省し、さらに一段の究道に邁進したいとの思いを新たにした次第である。

窪田慈雲

著者紹介

窪田　慈雲（くぼた　じうん）

1932年東京に生まれる。1949年安谷白雲老師に初相見。1955年横浜国立大学経済学部卒。1969年安谷白雲老師に受戒。光山巍堂の居士号を受く。1971年安谷白雲老師より大事了畢の証明を受け、慈雲軒の軒号を受ける。1973年安谷白雲老師遷化後、山田耕雲老師に師事。1975年ロンドンに於て再見性。1983年宗教法人三宝教団正師家に任命される。1985年山田耕雲老師より嗣法。1989年山田耕雲老師遷化に伴い、三宝教団第三世管長に就任、2004年10月三宝教団管長を退任（山田凌雲老師継承）。以後ドイツミュンヘン郊外ヴァイアン禅堂の指導は継続。2005年３月代々木上原禅道場指導開始。2009年１月盛和塾禅会指導開始。2011年５月下村満子「生き方塾」禅会指導開始。2015年１月ヴァイアン禅堂指導終了（佐藤窮霊老師継承）。現在に至る。

著書に『悟りなき悟りへの道』『瑩山禅師「伝光録」にきく』『坐禅に活かす「正法眼蔵」』『魂に響く「正法眼蔵」』『心に甦る「趙州録」』（以上春秋社刊）

道元禅師『永平広録』私解

2016年７月20日　第１刷発行

著者©＝窪田　慈雲
発行者＝澤畑　吉和
発行所＝株式会社春秋社
〒101-0021　東京都千代田区外神田2-18-6
電話　(03)3255-9611(営業)　(03)3255-9614(編集)
振替　00180-6-24861
http://www.shunjusha.co.jp/
印刷所＝信毎書籍印刷株式会社
製本所＝黒柳製本株式会社
装　幀＝鈴木　伸弘

ISBN 978-4-393-15340-6　C0015　　Printed in Japan
定価はカバー等に表示してあります

窪田慈雲

坐禅に活かす「正法眼蔵」現代訳抄

道元の主著であり難解をもってなる「眼蔵」がスラスラ読める。通読できるように配慮された訳文に坐禅をしてみようという人のために親切な解説を付した実践的「眼蔵」入門。　4000円

窪田慈雲

魂に響く「正法眼蔵」現代訳抄

『坐禅に活かす「正法眼蔵」』に引き続き前著に未収録の「眼蔵」の各巻を収録。禅がいかに生活と不離不即の「信」に貫かれたものかを明かす「眼蔵」入門。待望の完結巻。　4000円

窪田慈雲

心に甦る「趙州録」

唐代末の禅者・趙州の面目は禅をも超えた宗教者としての存在の大きさである。その趙州の全貌を知るために『趙州録』を通読可能な現代語訳として原文と共に提示し私解を付す。　3000円

唐子正定

正法眼蔵「仏性」参究

道元の主著「正法眼蔵」の中でも特に難解な巻として知られる「仏性」の巻を宗教哲学的に徹底・論理的に読み解く。道元の論理に沿って明らかになる「成仏」の核心を示す。　4200円

平出精擇

ずいひつ禅問答

禅問答＝公案をめぐり、師家と修行者が悟りに向かって真剣勝負のやりとり。この密室の世界を織り込みつつ公案の謎を明らかにし生死の真実に悠揚たる筆致で迫る渾身の一書。　5000円

▼価格は税別